国家出版基金项目
NATIONAL PUBLICATION FOUNDATION

法治中国创新研究
主编 肖金明

科学立法规律与机制

石东坡 著

山东大学出版社

图书在版编目(CIP)数据

科学立法规律与机制/石东坡著. —济南:山东大学出版社,2018.12
(法治中国创新研究/肖金明主编)
ISBN 978-7-5607-6262-3

Ⅰ. ①科… Ⅱ. ①石… Ⅲ. ①立法—研究—中国 Ⅳ. ①D920.0

中国版本图书馆 CIP 数据核字(2018)第 289164 号

责任策划:尹凤桐
责任编辑:尹凤桐
封面设计:张　荔

出版发行:山东大学出版社
社　址　山东省济南市山大南路 20 号
邮　编　250100
电　话　市场部(0531)88363008
经　销:新华书店
印　刷:山东新华印务有限责任公司
规　格:720 毫米×1000 毫米　1/16
27.25 印张　432 千字
版　次:2018 年 12 月第 1 版
印　次:2018 年 12 月第 1 次印刷
定　价:39.00 元

总 序

一

前些年，有一部名为《法治中国》的政论片引人注目，它由“奉法者强”“大智立法”“依法行政”“公正司法（上）”“公正司法（下）”“全民守法”六集构成，比较全面地呈现了改革开放以来尤其是党的十八大以来中国法治建设取得的重大成就。如果说这部政论片还有什么需要改善和加强的地方，那就应当是进一步突出宪法在法治中国建设中的基础地位，凸显依规治党和依法执政对于依法治国战略实施的关键作用，强化法治社会理论与实践对于法治国家建设的重大价值，更加完整地表述新时代全面依法治国、建设法治中国战略的内涵和外延。从一定意义上讲，在推进国家治理体系和治理能力现代化进程中，法治中国是一个需要特别涵养的概念，它已经超出了传统的法学和法治知识体系，强烈需要中国法治理论创新、制度创新和实践创新。基于此，法治中国的时代命题似乎还可以更严谨一些，可以完善各集题名为：第一集“奉法者强，尊宪者威”，第二集“依规治党，依法执政”，第三集“科学立法，良法善治”，第四集“严格执法，依法行政”，第五集“公正司法，司法公信”，第六集“全民守法，法治社会”。这不仅可以进一步加强《法治中国》的完整性，更能够在世界视野中深层次地反映法治建设的中国元素、中国特色和中国风格。

“法治中国创新研究丛书”就是这样一部体现法治建设中国元素、中国特色和中国风格的创新性理论成果。该成果以“奉法者强，尊宪者威”为信条，将党内法规与法治建设、科学立法与良法善治、行政创新与法治政府、公正司法和司法公信、法治社会与社会治理等新时代重大理论和实践命题整合为一个研究系列，或以新内容或以新视角，面向更为宏阔和更有深度的法治中国建设伟大实践，在如下几个领域或方向上的学术创新和理论深化取得了重要进展：

一是秉持法治创新的基本理念，确认“政党—国家—社会”的分析框架，基于在党内法治、国家法治、社会法治三条战线上全面推进法治的逻辑认识，以党内法规现象为研究对象，运用一般法学原理和方法探讨党内法规制度的形成和运作；从提升党内法规研究学理化水平、推动党内法规学学科化的角度，系统探讨党内法治的基本范畴和特别逻辑，超越传统法学与传统法治的视野与范式；在考察中国共产党党内法治历史经验的基础上，分析党内法规制度逻辑，研究党内法治实践规律，深化党内法治理论研究，形成“理论—历史—制度—实践”的党内法治研究框架体系。

二是以立法的科学性为基本出发点，以法治运行的逻辑起点——立法现象为主要研究对象，遵循“实践—规律—制度”的分析理路，探讨科学立法的经验与规律，探索完善立法制度体系的机制与路径，致力于深化科学立法研究，推动立法学学科不断成熟发展，全面提升我国立法实践的科学化、规范化与法治化水平；基于为全面依法治国、建设法治中国战略实施提供坚实立法支持与有力法治保障的实际需要，反对立法虚无主义与法律万能主义，坚持用实践的、发展的、全面的眼光认识立法现象，正确处理立法与法治、改革、发展、反腐等重大命题的逻辑关联；在法学学科体系中明确立法学的智识贡献，多维和真实地揭示立法现象的本质与规律，进而检视和构造立法实践的制度依据、行动过程、产出形态、利益方案和表达方式。

三是以人民主体性为根本出发点，以非强制性的行政权力形态——行政软权力为主要研究对象，从功能主义的理论视阈出发探索行政软权力理论形态及其实践经验，以深入推动中国特色社会主义法治政府建设，推动行政程序法制、行政伦理法制和社会价值评价法制的发展，并坚持“法治国家、法治政府、法治社会一体建设”的基本思路，紧扣时代脉搏，关注行政自主领域软权力治理的实践和法治化路径，回应了行政软权力及其法治化的理论难题，构建起一个比较严谨的理论范畴与体系，为行政国时代硬权力治理与软权力治理相结合的现代行政法治提供理论依据，对创新中国行政法理论和完善中国公法学理论体系，具有重要学术价值，对推进全面依法治国、建设法治中国，深入依法行政、建设法治政府，推进新时代国家治理体系和治理能力现代化，具有重大现实意义。

四是将立法、执法与司法确定为法治国家建设的三个基本维度，明确它们对法治国家、法治政府、法治社会一体建设的重要作用，尤其强调司法是制约权力、保障权利实现的最后一道屏障，立基于四十年改革开放宏大背景之下叙事，贯穿“权利与权力之间的制约平衡”基本逻辑，将公正司法置于各种关系之中予以观察和界定，对公正司法的逻辑与路径展开系统的学理阐述，尤其是打破以往仅从司法主体或者司法过程探讨司法公正的传统，更加注重司法公正的实现逻辑及其路径，将司法改革与公正司法紧密相连，以公正司法的目标方向引导司法改革，以司法改革完善公正司法的维护和实现机制，并按照通过司法改革走向司法公正的逻辑进路，重点探讨司法改革的重大现实问题，分析司法改革面临的迷局和存在的隐患，防范司法改革中的“撕布效应”，以及深化司法改革须正确处理的多重关系。

五是遵循国家法与民间法共治的法治逻辑，呼吁关注以社会权利为基础的民间法现象，基于法治社会中民间法与国家法的关系、民间法的现状以及民间法如何回应社会结构变化等多元角度分析，提出“社会三元结构理论”与回应型民间法的一般理论，夯实民间法与法治社会关系的理论基础，阐明民间法对于法治社会建设的重大意义和积极作用，将法治发展的历史视为一部激昂的政治发展史和一部鲜活的社会发展史，表达了法治依赖于有法有治、政治受制于权力博弈、社会常呼唤多元价值的重要观点，强调法治社会需要在一个严谨又不失活力的宪法框架内，促进政府与社会有界、国家与民间相融，发挥国家法、律令法条的宏观框架作用和民间法、社会规范的“生活化”效应，以促成法治与德治相结合、自治与共治相统一的社会样态。

二

法治中国建设的目标指向近代以来中国人民孜孜以求的民族复兴和国家富强。在历史维度上，法治中国建设必须依托党的领导制度和中国特色社会主义制度予以展开，依规治党也好，良法善治也好，政府法治、司法公信、社会法治也好，都是在这一历史维度下法治中国建设的内在要求，是法治建设所不可缺少的中国元素、重要环节和核心内容。

山东大学肖金明教授等所著《党内法治逻辑与范畴》一书，着眼于完善和发展中国特色社会主义制度，建设中国特色社会主义法治体系，建设社会主义法治国家，推进国家治理体系和治理能力现代化的战略目标，依循党领导人民治国理政新理念新思想新战略，以坚持党的领导、人民当家作主、依法治国有机统一为主线，将“坚持依法治国、依法执政、依法行政共同推进，法治国家、法治政府、法治社会一体建设”与依规治党、依法执政、依法治国有机统一连线，主张通过党内法治推进党内治理，通过党内法治联动国家法治，推进党和国家治理体系和治理能力现代化，科学阐释“党的治理现代化—依规治党、法治政党—依法执政、依法行政—依法治国、法治国家—国家治理现代化”的法治中国建设逻辑体系。

该书在分析党内法规的概念与特征、价值与功能、类型与历史、现象与定位等基础上，侧重于探讨党内法治的一般含义与基本逻辑、党内法治体系的基本构成与建设路径，关照党内法规制度创新，形成覆盖党的领导和党的建设各方面各领域的党内法规制度体系，涵盖党内法规运行“制定—实施—监督”程序与机制的各层面全过程，探讨党内法治与国家法治、政党法治与党内法治、党内法治与社会法治、依规治党与以德治党等党内法治重大前沿问题。探究党内法治逻辑与范畴，目的在于深化党内法规的科学研究，推进党内法规学科建设，对实践中的中国法的形态和体系的新变化作出学理阐释，以丰富发展中国特色社会主义公法学知识体系、理论体系和学科体系，创新发展中国特色风格气派的法治知识体系、理论体系和话语体系。

浙江工业大学石东坡教授所著《科学立法规律与机制》一书，以提升立法活动的科学化水平、构建更为完善的立法制度体系为目标，着眼于在新时代的历史方位中进一步加强和改进立法工作，形成完备的法律规范体系，让立法为全面深化改革提供法治动力，为全面依法治国夯实制度基础，致力于完善和发展中国特色社会主义制度，建设中国特色社会主义法治体系，推进国家治理体系和治理能力现代化。

该书以立法实践开篇，以立法科学结章，确立和解析立法的一系列实践范畴和法理范畴，从本质上将立法确认为一种政治、法律的实践活动，主张在“大数据时代”趋势和新科技背景下重构立法调查及其方式方法，深度把握立法需求体系，萃取立法理性、科学立法设计、运用立法评价以求把握立法效果、发挥立法效应，并始终以审议为中心，突出代议民主权利作为立法决定权利（力）的本源性，在宪制前提和共识基础上开展相对充分的博弈，全面、具体、细密地考量各种利益主张、价值分歧与设计方案，为立法需求者供应具有正当性、合法性、可及性、协同性的法律产品，进而通过置身国家和地方立法实践的切进考察，凝练和锻造立法之法理，发展新时代立法实践所需要的具备阐释功能和批判功能的立法学理论、立法学学科和立法科学。

山东大学（威海）门中敬教授所著《行政软权力与法治政府建设》一书，以推进法治政府建设和国家治理能力现代化为目标，以行政软权力治理法治化为主题，基于行政国时代行政职能多元化背景和行政软权力的概念建构，阐释了行政软权力的权力属性及其理论和现实意义，分析了行政软权力的主要特征、价值与功能、内在作用机理等，重塑了行政权的内部构造，并建构起“行政硬权力—行政软权力”的行政权二元构造理论。

该书在行政权的二元构造理论基础上，探讨了支撑行政软权力发挥实际效用的传统伦理文化、现代法治文化和社会制度规范等软权力资源，以及功能主义模式下行政软权力的法律控制模式——一种符合目前中国国情的，以程序主义法范式为主导的，由行政程序法制、行政伦理法制和社会价值评价法制等复合而成的行政软权力规制模式，形成了比较完备的软权力治理及其法治化理论体系，并依循上述思路回顾了改革开放四十年来政府软权力治理的实践历程，总结了软权力治理的重要成就和基本经验，对行政软权力治理的未来进行了展望。

武汉大学秦前红教授等所著《公正司法的逻辑与路径》一书，从制约权力和保障权利两个方面出发，强调多方主体（部门）及多个制度配合对公正司法的重要性，分别探讨了公民权利与公正司法、最高法院与公正司法、司法如何吸纳民意、检察机关与公正司法、监察改革与公正司法、人民监督员制度与公正司法、宪法实施与公正司法等实质问题，尤其强调司法自身的规律性和能动性对公正司法的重大影响。基于司法规律对公正司法的作用，突出了尊重并运用司法规律能力的重要意义，循由司法规律实现社会正义；特别强调程序公正这一司法规律的重要性，认为程序公正是司法公正的前提，并对“司法能动性”消解或挑战司法规律的许多认知进行了深刻反思，通过分析金融危机中司法权的能动性、司法能动与司法节制以及中美司法能动主义比较，阐明了司法能动性对公正司法的作用及其限制。

该书关注公正司法的域外经验，主要选取了美国和欧盟的一些经验样本进行比较分析，着重介绍了美国最高法院通过裁判说明塑造法院权威的方式、《欧洲司法改革报告（2011～2012）》以及域外经验对中国的启示和借鉴意义。

北京市委党校吕廷君教授所著《法治社会的民间法之维》一书，以国家与民间对比视角探讨民间法对于法治社会的意义，强调与国家法相比的民间法更具“生活化”和地方性色彩，基于丰富多彩的民间法现象客观上勾勒出的一幅法治社会的民间法图景，分析了民间法具体的表现形式和民间法中蕴含的权力与权利逻辑，对厘清法治社会中国家法与民间法的权力边界，分析社会权利与国家权力、政治国家与民间社会之间博弈的意义。观察分析法治社会中存在的乡规民约、订婚制度、民间禁忌、谣言规制和民间信仰等不同形式的民间法，发现部分民间法现象的权力向度与规范属性，以及以“微信”中的权利与权力关系为例证，阐释科技发展解构传统社会权力时所带来的民间法的相应变化。

该书特别关注法治社会中民间司法和民间法治文化，分析了民间司法所具有的独特进路和基本原则，尤其是不同于国家司法所体现的更多内心制约和行为自觉，民间司法对于法治社会建设的独特意义；阐释了“价值—理念—思维”多层次的民间法治文化，通过法文化的“软权力”消除民间法治的灰色地带，以及对民间法与国家法互相协调、形成合力共治的法治社会格局的积极作用。

三

改革开放以来，政治经济社会的变化和发展得益于解放思想、经济建设和民主法治。就法治而言，它当然应当与民主联系起来，民主与法治的关系决定着国家制度的质量和治理的水平。改革开放初期提出的“发展社会主义民主，健全社会主义法制”的政治论断写入1982年宪法，至今仍有重大意义。现行宪法第五次修改，新宪法修正案将“社会主义法制”修改为“社会主义法治”，这不仅是再次强调法治超越法制的意义，更重要的是强化民主与法治的关系，这是改革开放四十年后更加突出的事关国家治理现代化的重大命题。

什么是法治？法治当然与人权息息相关，它是权利的可靠保障，规范权力和保障权利，这是千真万确的。2004年的宪法修正案宣告国家的人权立场：国家尊重和保障人权。党的十八大在描述全面建成小康社会的目标时阐述了完整的法治逻辑体系：依法治国基本方略全面落实，法治政府基本建成，司法公信力不断提高，人权得到切实尊重和保障。新时代以来，中国法治的走向受制于两条主线：权利法治需要进一步加强，治理法治需要给予高度关注。人权与善治已经在法治中国建设进程中高度关联，人权思维和善治逻辑将共同决定着中国法治的进程和水平。这无疑对中国法学尤其是公法学提出了时代要求，面向党的十八大以来中国法治理论创新、制度创新、实践创新所带来的中国法体系的显著变化，中国法学需要一次适应新时代需要的根本性变革和重构。

三十年前，苏联法学理论主体影响消沉，西方法学理论多元影响补位，激活了当时处于僵化状态的法学理论体系，实现了改革开放以来中国法学的第一次变革和重构。比较而言，改革开放四十多年后发生的再一次法学变革和重构则更具根本性和革命性，它以治理革命为时代背景，以法治中国建设为现实依托，以法学中国化为根本目标和本质特征，将是中国法学在第一次变革和重构基础上的转型并升级。这也正是“法治中国创新研究丛书”的学术努力方向和学术价值所在。

肖金明

2018 年 12 月

前 言

法制与法学绵延至今,已经并将继续存在对立法在经济社会协调发展中的意义截然相反的认识。进言之,法制虚无主义,就是立法虚无主义,即在根本上认为创制法律规范、确立法律制度对社会主体、社会运行、社会正义和社会安全并不具有实质性的作用;而法律万能主义,亦可归之为立法万能主义。这并不仅仅意味着对立法的推崇,而是意味着对立法的规范作用和社会作用在利益实现、权力支配和社会控制上的盲目自信或者说自负。由此,不能不基于社会历史发展的实践基础和实践观点,如商品之于市场一样,以立法实践为起点和归宿,确立和解析立法的一系列实践范畴和法理范畴。立法实践,本质上是在社会实践、政治实践的基座和视域中,在制度实践、政策实践的运行和存在中,以自身特有的素质与功能作为社会运行规范体系的反应和供给、硬核与支架的。那么,具有解释性和批判性的立法理论,尤其是立法科学或学科,就不应仅仅是描述立法开展的主体、过程,在其依存性和复杂性上,则几乎是社会科学的进入和浓缩、转换和提纯。这不意味着破坏立法学的学科自立性和独立性,而是多维和真实地且并不违和及片面地揭示立法。作为法学学科,既具有在法学学科体系中的明确和独到的智识贡献,又具有在法律实践全域的渗透和支撑的方法功用的立法学始终根植于对立法实践结构的透视,以法规范的生成为焦点,以民主科学、宪制法治、公平正义的社会内涵为尺度,赋予和检视立法的制度依据、行动过程、产出形态、利益方案和表达方式。立法实践的内在矛盾是双重的，在于立法主体之间在经济社会发展中的不同配位及其利益、价值的不同基础，以及立法行动与作为立法对象的社会实情之间的矛盾。为此，立法调查要达致对社会实情和诸种立法主体的社会关系的真正深刻的感知与把握，就是一个求实、求是过程，即深度把握立法主体的共同立法需求，以及其中立法决策主体的特定立法目标。进而，立法是以符合社会客观规律的应有立场，萃取立法理性、科学立法设计、运用立法评价以求对立法效果进行长时段、预见性、较精准的把握，并始终以审议为中心，将代议民主权利作为立法决定权利(力)的本源予以应有体现，在宪制前提和共识基础上开展相对充分的博弈，更为细密、全面和具体地考量各种利益主张、价值分歧与设计方案，供应具有正当性、合法性、可及性、协同性的法律规范。通过置身国家和地方立法实践的切进考察，凝练和锻造立法之法理，应当是步入新时代后体系时段的立法发展所需要的具备阐释功能和批判功能的“学”与“术”。

石东坡

2018年10月8日

目 录

第一章 科学立法实践 …………………………………………… (1)

第一节 科学立法实践研究综述与评价 ………………………… (2)

第二节 科学立法实践的界说 ………………………………… (4)

第三节 科学立法实践的特点 ………………………………… (12)

第四节 科学立法研究意义与前瞻 …………………………… (17)

第二章 科学立法调查 …………………………………………… (20)

第一节 大数据时代的立法调查 ……………………………… (21)

第二节 大数据应用对传统立法调查局限性之克服 ………… (24)

第三节 立法调查中大数据技术方法应用之设想 …………… (30)

第四节 积极审慎地推进“数据化立法” …………………… (34)

第三章 科学立法需求 …………………………………………… (44)

第一节 科学立法需求研究综述 ……………………………… (45)

第二节 科学立法需求的溯源与条件 ………………………… (47)

第三节 科学立法需求的萌生与定位 ………………………… (51)

第四节 科学立法需求的聚合与表达 ………………………… (55)

第四章　科学立法理性 …………………………………………… (65)

第一节　立法理性:立法设计主观层面的揭示 ………………… (66)
第二节　科学立法理性:集体理性的基本表现状态 …………… (68)
第三节　科学立法理性:实践展开过程的若干要素 …………… (74)

第五章　科学立法设计 …………………………………………… (87)

第一节　科学立法设计问题的提出 …………………………… (87)
第二节　科学立法设计的界定与实施阶段 …………………… (89)
第三节　社会理想:法律规范设计的目标 …………………… (92)
第四节　科学立法设计的类型化思维方法 …………………… (95)
第五节　《立法法》第六条意蕴的内核:科学立法设计 ………… (104)

第六章　科学立法评价 ………………………………………… (109)

第一节　法律规范设计中廉洁性评估的研究 ……………… (110)
第二节　法律规范设计中廉洁性评估的分析 ……………… (113)
第三节　法律规范设计中廉洁性评估的诊断样本 ………… (116)
第四节　法律规范设计中廉洁性评估的地方实验 ………… (121)
第五节　对《立法法》修改的建言与期待 …………………… (124)
第六节　社会影响评价机制在立法前期中的应用 ………… (128)

第七章　科学立法审议 ………………………………………… (138)

第一节　科学立法审议及民主性问题研究 ………………… (139)
第二节　立法审议制度、实践及其代议民主基础的局限性 …… (142)
第三节　容纳审议民主的合理性、必要性及若干备选举措 …… (149)

第八章　科学立法参与 ………………………………………… (163)

第一节　科学立法参与的研究评价与问题提出 …………… (163)
第二节　科学立法参与的制度评析和经验参照 …………… (167)

第三节　科学立法参与制度的设计路径与选项 …………… (173)
第四节　特定立法参与的类型分析:律师参与立法 ………… (182)
第五节　制度化与法治化:公众立法参与的必然跃迁 ……… (202)

第九章　科学立法博弈 ……………………………………… (239)

第一节　立法博弈研究的溯源 ……………………………… (239)
第二节　确认和规制立法博弈的制度基础 ………………… (244)

第十章　地方立法 …………………………………………… (255)

第一节　2016年温州、湖州、衢州市立法比较评估 ………… (255)
第二节　设区的市立法起始阶段比较评估与提升条件 …… (273)
第三节　浙江省地方立法的现状 …………………………… (286)

第十一章　立法学科 ………………………………………… (336)

第一节　立法学科发展的含义与意义 ……………………… (341)
第二节　中国立法学进程的简要回顾 ……………………… (346)
第三节　当前立法学境遇的基本评估 ……………………… (356)
第四节　立法学学科建设的发展趋势 ……………………… (361)

附　录 ………………………………………………………… (384)

主要参考文献 ………………………………………………… (405)

第一章
科学立法实践

时代的需求是理论的号角，理论的深化支撑实践的进步。完善中国特色社会主义法律体系，是《中共中央关于全面深化改革若干重大问题的决定》所确立的全面深化改革新时期加强民主政治制度建设的一项宏伟任务。这表明，在我国立法征程中，尽管已经步入"后体系时代"，但是重点领域立法的弥补和加强，立法体制机制的探索和改革，立法质量效益的提高和优化，不应成为愈加瞩目于宪法和法律的实施从而被遮蔽的问题。而立法实践的发展变革，需要全面总结此前实际工作中正反两方面的经验，同时更需要深刻剖析作为立法理论的根本支点、立法学科的基石范畴的"立法实践"观。因为立法本质的揭示、立法定义的概括，既是认识的最高凝结，又是实践的主观原点。立法何以能够"通过调整社会关系，规范人们行为、设定价值目标去引领实践、推动改革、促进发展"①，如何"更好地发挥立法在表达、平衡、调整社会利益方面的积极作用"②，取决于看待和开展立法实践的深层意识和内在信奉。因此，本书不拟针对立法进程的参与、起草、论证、协调、审议、备案机制问题，或者

① 王兆国：《积极推进新形势下立法工作——在第十八次全国地方立法研讨会上的讲话》，《中国人大》2012 年第 17 期。

② 霍小光：《张德江在广东调研时强调：切实提高立法质量》，《中国人大》2013 年第 11 期。

立法权限划分或主体类型、关系等立法体制问题进行论述，而是就立法实践的“理解的前结构”加以反思、追问、解析，以期汲取实践的哲学理论、思维和方法，明晰立法实践的本质和特征，在为立法科学夯实基座的同时，助力于立法实践本身的绩效提升。

第一节 科学立法实践研究综述与评价

立法是不是立法实践的理论形态的高度浓缩？在将“实践”隐含或者删除的同时，是不是意味着对立法的关照和透视将难以完全秉持实践的认识路线和本质观点？对此，在立法学的视域中，将聚焦在对立法的界定或者说定义这一基础问题之上。但是这又波及整个立法学的研究议题之上。何谓“立法”？对立法持有何种基本立场？揭示和重视立法的哪一侧面属性？这一切将映现和折射在对立法的研究议题选择和研究模型构建之中。

在我国，对立法的本质研讨沿袭了法的本质的探索历程，是一个依次为意志表达论、规律反映论和利益调节论的不断转变和逐步深化的过程。意志表达论，作为法律、立法的本质揭示之一，尽管可能有着为夸大法律制定中的恣意空开方便之门的嫌疑，但是不能否弃其中的国家意志的形成和表达，是法律直接的决定和型构力量。而规律反映论，将法律、立法置于社会生活客观规律得以反映和表达的基座之上，力求克服意志表达论的局限与哪怕并非有意的放任后果上的缺憾。可是对其中客观规律如何得以转换为具体的、生动的法律规范所拟设的行为模式或关系范型，则是没有予以逻辑环节上的灌注的。利益调节论，是在近年来就法律、立法的本质、功能和价值等的分析中侧重在法律调整对象上深化认识的产物。但是这样将法律、立法关注重心锁定在其指向的客体即社会关系的实质内容，而对于立法实践主体及其实践活动过程等更为体现法律、立法本身的方面则有所忽视。尽管有助于揭示法律形成和创制以及实施过程中的利益表达、博弈、衡量和调适等的机制与方法，但是，对立法在调节社会利益关系的诸多活动中有着哪些自身的特点、特质，则是缺乏剖析的。

新近的研究，出现了对于立法的本质、功能、价值、地位等再思考的动向，尤其是出现了对于立法与改革关系的辩证思考，且就我国三十余年以来立法中的经验主义、工具主义、理性主义等加以审视和辩驳，以回应立法实践中对其“引领功能”的客观性、可能性与操作性的思虑。[①] 同时还有用吸取和运用政策科学的视角与方法，尤其是政策评估、绩效评价的理论与方法，在立法后评估、立法参与机制、立法中的利益表达协商博弈机制等方面的研究。有学者进而提出在公共政策与(地方)立法之间的转换动力、基点、要件与模式，并力图确立法治主义的社会治理“制高点”。[②] 另有学者主张在法律体系向法治体系转变过程中，立法学嬗变的走向是从立法原理的认识论、立法价值的价值论、立法制度设计的本体论转向以立法技术为中心的方法论研究。

从以上可知，首先，域外法学在总体上对于立法实践的忽视使得立法哲理的探究相对缺失，近年来对立法法理学的研究尚且处于起步阶段。其次，国内对“后体系时代”的立法进行的反思和前瞻同样处于伊始阶段，而且如果没有在一个更深的刻度上标示立法的本质、结构和功能，那将严重制约在操作层面对于立法本身的改革和完善。再次，政策科学的理论方法和基础的汲取与运用，固然可以更加复合式地考察立法实践活动，但是有着将立法与政策相混同的缺憾。立法与其他的政策工具之间的差异何在？立法实践活动在政策制定和实施的系统中的特殊性质有哪些？这一切则是需要进一步解释的。又次，对立法学的发展转向，似乎应予以审慎对待，我们不敢苟同，至少是这一转向似乎尚未来临。最后，立法学研究应当全面深入地就立法实践与立法理念、立法权利与

---

① 比如2012年国家社科基金即有“改革开放条件下立法的预见性研究”立项。

② 参见涂青林:《地方立法对公共政策的吸收机制初探》,《人大研究》2013年第10期。

立法权力、立法程序与立法参与、立法反映与立法设计等加以研究，重点是解析立法实践的要素与机理，并以此牵引和推动立法体制、机制、技术的研究与探索。可见，尝试提出和论证确立“立法实践”的理论范畴，远非满足和滞留在对于最基础的核心范畴“立法”的描述式的、形式化的定义上，不仅是术语、概念的辨正、“正义”，而且有着在立法学学科建设上对于诸种立法学的概念、范畴的界定、甄别、归总和梳理的溯源与正本的意义，有着促进在现实立法活动中进行全局思考、贯通立法与其所处的改革时代、社会生态之间的基本关系、立法内在的主体结构、信息输入、行为过程与法案构设、规范生成和效力效应之间的基本关系的正面价值。

■ 第二节 科学立法实践的界说

法治是人类社会政治生活的高级阶段和文明形式，法制是政治文明中制度文明的主要组成和骨干架构，法律是富有较高技术含量的社会行为规范，法律实践是包括立法等具体实践环节或类别在内的、开放的、完整的社会控制系统工程。立法是法律实践作为调整社会关系的重大实践活动的组成部分之一，本质上是实践的，是制度文明或者说政治文明的形成过程、承载形式。立法实践是在一定社会生活成员的参与下，一定的社会政治活动主体表达其制度需求，制定、修改、认可、补充或者废止法律规范的实践活动。

这并不是对以往立法定义的复述，而是对立法在实践观照下的重新界定，也是我国立法学不断深化的必然。此前，就立法的定义而言，大致有以下三种观点：第一，立法的形式化定义及其演变。较早的立法概念试图由法律概念摹写而来①，随后该观点的简述或者说调整到“作为一般立法的内涵，仅包括作为它的本质属性反映的各种具体立法所具有的共同特征”②。这样就不可避免地仅仅立足一种形式化的要素概括或者说活动描述。这种定义的益处在于能够求取各种立法实践活动的共同要素和通识内容，局限可能在于难以将立法的内在本质和特有属性传达和表征出来。或许正是囿于这种定义难以传递立法的内涵、功能等实质因子，该观点逐步有所修正。现今表述为：立法是对权利资源、权力资源及其他有关资源进行法定制度性配置的活动，是对个人和组织在国家生活和社会生活中的义务或责任的法定制度性确定，也是对所有社会主体的社会行为和社会自由的范围所作的法定制度性界定。立法的实质是将在国家生活和社会生活中占据主导地位的社会主体的意志，上升为国家意志。很显然，这种界定对于多侧面和更纵深地认识立法实践，有着启发意义。第二，立法的过程形定义。有学者倾向于将立法不限定在“法律文本的草拟”的意义上认识，而是更加强调以更为实质的“法律规范内涵的确立”这一层面和性质上，并主张立法是一个针对“人们之间权利义务关系的安排”，应当视作“科学的发现过程”，更胜过一个在立法语言、条文、结构等技术方面的“设计过程”。③ 其看待立法的丰富与全面的内涵方面比将其作为外在的“技术设计过程”的观点有所进步。还需要注意，我们所主张的立法设计不仅仅是甚至主要还不是对于外在的立法技

---

① “立法是以政权的名义，由有权的政权机关依据一定程序，运用一定技术，为体现执政阶级的意志所进行的，制定、认可、修改、补充和废止具有普遍性、明确性、肯定性的并以特殊的政权强制力为后盾的社会规范的活动，立法所体现的执政阶级的意志最终决定于社会物质生活条件。”（周旺生：《立法学》，北京大学出版社 1988 年版，第 156 页）

② “立法是由特定主体，依据一定职权和程序，运用一定技术，制定、认可和变动法这种特定社会规范的专门活动。”（周旺生：《应当重视立法基本概念的研究》，《法学评论》1994 年第 3 期）该文表明，对于立法学的基石范畴、范畴层次与体系、范畴标准与提炼等，在立法学的学科创建阶段是非常自觉的。（参见石东坡：《论当代中国立法学学科建设问题》，周旺生主编：《立法研究》第 3 卷，法律出版社 2002 年版，第 4、10 页）

③ 参见魏宏：《技术设计过程，还是科学发现过程？——论立法过程的思维和研究方式》，《江苏社会科学》2002 年第 4 期。

术的应用的意义上，而是在法律规范及其所内在蕴含的行为方式上的设计以及相应的程序、责任等构成要素的设置。第三，立法的哲理化定义，这便流露出将立法实践作为一个清醒对待的理论范畴的积极取向。有学者提出了立法实践的客观对象的界定问题，并且重视理性与经验在立法实践中的不同作用及其关系。[①] 这就意味着要在一个更为深厚的基座上剖析立法，而这一基座只能够是实践，即立法所归属的制度实践、决策实践、法律实践、政治实践乃至于严格意义上的社会实践。

与此同时，值得借鉴的是在英美法系就成文立法的起草进行的研究。[②] 尽管法律起草的研究主要是在实施过程和方法技术的层面上，但是已经蕴含着立法实践的基本规定性上的丰富信息，是可以和应该进行提炼和总结的。其中就如何进行社会问题的定位与解析，如何分析检视其中的立法需求与立法可能，如何将社会问题的立法解决方案进行正当性、合理性和可行性的论证，如何撰写研究报告、设计立法解决方案，如何起草法案，在法案起草中如何以善治为目标防止腐败的发生，加强立法前期决策过程中的廉洁评估等的社会影响评价，等等，实际上已经触及立法实践的内在矛盾及其实现机理的关键问题。这些为我们树立和丰富立法实践范畴给予了有力的支持。因此，立法实践的理论概括是对立法基于社会实践观之下，自觉运用实践的思维对立法本质的再解释和立法特质的再揭示。

首先，立法实践是一种政治实践活动，是在一定社会公共问题出现，并且触及或者有可能触及相关不同社会阶级阶层的利益关系格局，从而

---

① 参见汪永清：《论提高立法质量的认识论基础》，周旺生主编：《立法研究》第1卷，法律出版社2000年版，第495页。另有在其他视角下、汲取有关学科观点而对立法作出的一些基本判断。比如有学者受法律经济学或经济分析法学的影响，将立法视为一种“追求立法效益最大化”的经济活动。（参见汪全胜：《立法效益研究：以当代中国立法为视角》，中国法制出版社2003年版，第6页）

② 赛德曼夫妇的法律起草研究，以及比较立法研究，特别是在发展中国家进行立法试验的理性反思与立法过程的模型总结，是有典范意义的。（参见[美]安·赛德曼、罗伯特·鲍勃·赛德曼、那林·阿比斯卡：《立法学理论与实践》，刘国福等译，中国经济出版社2008年版）

具有一定政治色彩，纳入社会政治决策的视域，成为其中特定议题之后所发生的一种宏观的、根本的国家决策活动形式和环节。甚至在当代社会，立法实践不仅具有国内的政治性质，而且还在一定程度上被染上了一些地区政治、国际政治的因素。需要强调的是：作为政治实践活动，立法实践不能够与一定的（不论是帕森斯在社会学理论中分析的正式的还是非正式的）社会组织内部的、相对于整个社会而言的局部社会生活主体之间自主的、自律的、契约形式或者（如奥尼尔森所说的）集体行动供给形式的制定组织规则或者行为规则的活动相混淆或者等同（尽管那样仍然是社会学研究或者在新制度经济学中关于行为习惯甚至行为认知的研究之中给予同样的对待和关注的）。因为从理论上讲，按照二元化的思维对于社会与国家在领域、层次、功能等方面进行的区分以及实践中重视社会的自主管理、促进社会的相对独立的发育都促使我们不能够抹杀立法实践的政治属性，毕竟其中的利益的博弈具有通过压力集团、政党组织和国家机关以及代议人员在基本政治制度与具体的政治行为程序的基础上加以展开的特殊性质。在哈耶克看来，立法实践就是一种相对于社会自生自发秩序、对于其产生重要影响甚至消极作用的规则创制活动。这其中就已经表露出立法实践的政治性。在国家主权范围内，由于全球治理机制中存在、容纳着并行、重叠的组织、规范及其实施的机制多样性、复杂性（Regime Complexity）①，立法具有作为提供调整社会利益关系的正式制度、行为规范的公共产品的集体行动机制的性质、地位和作用，具有其整体性和统一性。即便在一个国家的立法权限划分体制上，有着多种立法权力主体能够制定不同的有效的规范性法律文件，有着不同程度的制度密度，但是，其相互之间应该避免在同一调整对象和效力空间上的重叠、冲突、抵触和分歧，维系和保障其一致性。尽管这种制度供给及其规范形态在现实中不可避免地产生垄断性、单一化和僵

① 参见[美]艾伦·布坎南、罗伯特·基欧汉：《全球治理机制的合法性》，《南京大学学报》（哲学·人文科学·社会科学版）2011 年第 2 期；王明国：《全球治理机制复杂性的探索与启示》，《国外社会科学》2013 年第 5 期。

硬化，但是其制度弹性的保持和内部的整合并不足以否定其整体性并由此向着碎片化或者分散化转向。

其次，立法实践是一种法律实践活动，是在法律运行机制中承担提供和更新法律制度规范的任务与职能，“其直接目的是要产生和变更法这种特定的社会规范”[①]。不同于其后的相关法律实践活动的任务和作用，同时在结构和过程上也有差异。立法实践的特有本质是对于社会主体间的交往关系的制度化、规范化、法律化。法律实践是指把主体的法律意识转化为现实社会所要求的法律规范，以及执行、维护和遵守这些法律规范，以维护社会关系，维护社会秩序的全部活动。[②] 它是包括法律的制定和实施，即立法、执法、司法、守法和护法的整个过程。法律实践中的首要环节和基础工作就在于，使被一定物质生活条件所决定的、反映和符合社会历史规律的社会行为规则和社会交往方式为执政的统治阶级及其联盟或者人民群众所认识和认可，在其价值观念和法律意识的论证支持下上升为国家意志，转化为法律规范。也只有在这样的立法实践活动的基础上，才有可能开展将法律制度规范在现实生活中得以实现并进而转化为一定的社会关系、社会秩序的后续活动过程。

再次，立法实践是一种制度实践活动。立法实践不仅是社会制度规则的供给与完善的基本渠道，而且本身也是在既定的制度基础上、制度背景下开展和进行的，从而和其他的国家政治管理活动特别是直接运用权力予以强制行使等形式区别开来。只有遵循既定的主体制度、程序制度才能保证立法实践活动的有效开展，其所制定的规范性法律文件才能具有正当基础和法律效力。这其中存在着悖论，即宪政制度作为立法实践的前提又不断地被立法的制度成果所改变。立法实践虽然在宪政制度等根本或者基本制度的框架下进行，但是其并不真正完全地忠实于这

---

① 周旺生主编：《立法学》，法律出版社 1995 年版，第 27 页。

② 我国学者对于法律实践的基础理论的研究尚很匮乏，有学者进行了这种描述和归纳，但是其中将立法实践环节仅仅看作是客观见之于主观的活动，值得商榷。因为立法实践不仅仅是立法意识的形成，还要进一步真正客观地见之于外在的、实存的法律规范。（参见文正邦：《当代法哲学研究与探索》，法律出版社 1999 年版，第 387～390 页）

些制度的原初的内容与要求。其实，这实质上恰恰是立法作为制度的供给、制度的发展、制度的创新的主要渠道和中介环节的必然结果。立法实践是制度实践循环往复、不断上升的基本口径。从一般的功能上或价值中立的角度观察，之所以存在和实施制度，即是对社会熵及其增大的削弱与克服。

在制度主导的、依据制度的或者说制度的生成与实现的实践过程中，制度的制定和运行都不可避免地因为制度本身的冲突、漏洞、叠加，以及制度的保障条件和社会资源支持的适配障碍，同样会滋生和蔓延社会系统的混乱、无序与破坏。如罗伯特·基欧汉所指出的："在不少领域，正在运作的机制或尾随的机制，正在变成机制复杂性。"[①]加之，不可否认的是，在我国一元两类多层次立法体制之中，立法主体的多样化、司法解释的"立法化"难以为法规规章备案审查制度统一在协调整合的法律体系中。

第一，要辩证对待"机制复杂性"，其既有积极因素，又有消极因素，是制度实践、立法实践作为实实在在的"实践"所具有的必然性和偶然性、主观性和客观性相交织的"副产品"、伴生物。

第二，在其积极性上，甚至可以说是在国内有助于舒缓改革决策与立法决策之间的紧张关系，在国际乃至全球治理中有助于增进其民主性和动力性，是有别于传统的一元化封闭性的权力中心或大国左右的单边行为及其无效、失灵的"成长型、复合型"治理机制的客观表现，能够在一定程度上克服"垄断制度的功能性障碍"，"弥补和避免单一制度存在的漏洞"。[②] 其消极性，则是在国内、国际多边制度交叠形成的制度空间、法律空间的背景下，客观上的多元、重叠、冲突、交集、互补但是繁复带来社会治理的失灵等诸多弊病。因为毕竟多边机构、扩展着的分散的权力主体所拟制和推动的政策、法律网络及其实施的分散游离、各行其是、另起

---

① Robert O. Keohane, "Twenty Years of Institutional Liberalism", *International Relations*, Vol. 26, No. 2, 2012, pp. 128-129.

② Robert O. Keohane & David G. Victor, "The Regime Complex for Climate Change", *Perspectives on Politics*, Vol. 9, No. 1, 2011, pp. 7-23.

炉灶等导致整体的法律规范不仅在整个社会治理规范体系中与其他类别的规范、制度之间存在冲突，也有属于法律规范之中的混乱不堪、驳杂无适。

第三，对于在国内乃至于全球治理机制中面临的机制、制度、法律规范及其实施层面的复杂性问题，并不是放任其存在的哪怕中性的、非负面的效果，而正是需要努力通过国内、国际制度设计的理性选择和合理分工等途径，搭建不同治理机制之间沟通协同的中间贯通、协商对话和相向而行的管道，弥合和增进在各种要素机制之间的协调性和综合性，在单一性、整体性的国内统一法制、国际治理机制与分散化、碎片化的放任治理形态之间寻求其可能的具有更高参与度、透明度、容许性、遵约率的"整合式、协同性"的治理机制。简言之，从制度、机制、法律乃至社会治理的复杂性到实效性，关键是制度的设计能否发挥协调和疏浚的作用。其中，制度设计本身的民主性、科学性就成为制度能否发挥实质作用的关键和依托。可见，立法实践作为制度实践中的"中枢"所具有的素质与作用是关乎全局的。

最后，立法实践是一种集体理性活动。① 集体理性又可以称为"群体社会思维"②，是在具有一定利益诉求的共同性的社会生活成员相互之间通过信息交流而形成的共同社会认识。在现实的层面，这个集体理性的形成过程中政府自身及其所示即受到操控的"管理集团"的群体理性、社会生活成员的个体理性、立法主体实际组成人员的个人理性等相互之间存在着交流互动的复杂过程。特别是立法机关的"自我意识"具有较为直接的影响作用。

---

① 这里是一种事实描述和客观揭示，并不意味着对于这种集体理性的有限性或者无限性的肯定与倡导，也不意味着对于这种集体理性与个体理性之间优劣的评判。换言之，揭示理性及其作用，并不意味着倡导理性主义，对于"主义"的使用，必须保持谨慎的态度。第一，在历史上，曾经盛行唯理论。第二，在当今对于立法否定的一个主要理由就是对于理性主义的指责。第三，对于立法调整的效能的夸大往往又实际地处于理性主义的支配之下。

② 关于个体思维和群体思维的含义与划分，可以参见曾杰、张树相：《社会思维学》，人民出版社 1996 年版，第 64 页。

现代西方经济学特别是公共选择学派认为，政府在很大程度上也是一个经济人，也会追逐自身利益的最大化。也就是说，政府本身也存在自利性，并非只有阶级性和社会性。这种观点认为，政府一旦形成，其内部的官僚集团也会有自己的利益，也是一个经济人，也会追求自身利益的最大化，由此甚至会导致政府的变异，如大量滋生寻租与腐败现象等等。所谓政府的自利性，简言之，就是政府追求自身利益最大化的属性。① 政府自利性会对于国家和社会公共利益目标产生消极影响和破坏作用，而如果进行积极诱导和合理疏导，则也可以使之转化为有利于公众利益实现，并且也兼顾特定社会群体利益的一种助动因素和能动因素。我们认为，自利性与阶级性、社会性的并存，并不意味着三者处于同等地位。政府的阶级性总是属于主导、核心的地位，社会性则是政府属性外在的主要表现，是为阶级性服务的。自利性通常只能在事实领域处于隐蔽状态，属于次要地位。正是因为这三重属性的存在，政府往往既要实现统治阶级及自身组织或官僚利益的最大化，又要保证社会能够高效率地产出。也就是说，政府的自利性与阶级性、社会性存在着一定矛盾。但这并不意味着它们之间总是处在绝对的对抗关系中，三者在一定的制度安排下可以协调一致，甚至政府的自利性有时可以为实现政府的阶级性和社会性目标提供内在的、指向于具体参与主体和人员的激励因素和行为动力，使其更好地服务于政府的阶级性、社会性。这里的“政府”实际上是广义的，不限于行政管理机关所组成的体系。换言之，议会也具有这种自利性。在美国有言：“一切政治都是地方的”，此即强调国会议员均有鲜明的选区立场。在我国，有学者指出，不论全国人大常委会还是地方人大常委会，立法工作人员因为协助法制委员会（与之双重身份）实施统一审议（Unified Procedure of Review），处于各种信息的中心，具有优势地位等原因，“基于其专业技能，借助法制工作委员会这个特殊组织，在立法规划（计划）、法案起草、协助法案审议和立法适用解释四大场域悄然发挥了立法者所不及的关键性作用”，成为“显性立法者”之外的“隐性立法者”（Invisible Legisla-

① 参见高庆年：《政府的自利性及其法律调控》，《探索》2000年第1期。

tors)。[①] 这尽管有着一定的实证支持和内部观察,但是可能在立法主旨、内容设计和利益配置等立法实质方面的决定因素与影响权重上夸大了立法工作者的角色和作用。我们认为,立法实践并非个人的制度设计和制度建置,而是在特定资格和职权的立法主体之中或者在其委托或授权之下才能够开展的相应的创制法律规范的活动。而且立法实践是一种集体理性的酝酿、汇集和内在地进行冲突与整合,最终在特定的社会意识形态以及社会思潮的影响之下,形成一种集体的社会认知与评价,确立明确的、集中的法律可能实现的目标或者理想,集中反映为"国家意志",并且使之规则化的过程。[②]

■ 第三节 科学立法实践的特点

对立法的形式和结构上的特征,目前我国法学界的主导观点是"四特征说",即将其划分为主体特征、权限特征、程序特征和技术特征。[③] 这显然是需要深化的。立足实践理论和实践结构的角度,我们认为,立法实践的最基本特点有下述相反相成、对立统一的两方面。[④]

一、科学立法实践的客观制约性

立法实践是一个在既定的社会历史条件下和历史环境中进行制度

---

① 参见卢群星:《隐性立法者:中国立法工作者的作用及其正当性难题》,《浙江大学学报》(人文社会科学版)2013 年第 2 期。

② 参见石东坡《立法理性论》(周旺生主编:《立法研究》第 6 卷,北京大学出版社 2007 年版)一文。

③ 参见周旺生:《立法学》,法律出版社 2004 年版。

④ 有学者认为可以按照一般实践的特征进行归纳,包括立法实践在内的法律实践有客观现实性、主体能动性和社会历史性。而我们认为,立法实践的社会历史性、阶段性与有限性等则是其客观制约性的具体表现。(参见文正邦:《当代法哲学研究与探索》,法律出版社 1999 年版,第 387 页)

创设的国家的实践活动。在立法与国情、立法创制与社会现实之间的关系上，后者显然是矛盾的主要方面。马克思指出，立法者“不是在制造法律，不是在发明法律，而仅仅是在表述法律”①。后来他进一步指出：“法的关系正像国家的形式一样，既不能从它们本身来理解，也不能从所谓人类精神的一般发展来理解，相反，它们根源于物质的生活关系。”②法律应当是事物的法的本质的普遍和真正的表达者。因此，事物的法的本质不应该去迁就法律，恰恰相反，法律倒应该去适应事物的法的本质。“法的关系”“事物的法的本质”是指由经济关系所派生和决定的法律关系，是在一定生产方式下，人与人的关系所必然产生出的权利义务关系。立法则是立法者对经济关系与法的关系的主观表述，是立法者意识活动的产物，但是这种意识活动是根植于现实社会生活及其内在规律和客观需要的。这是对于立法实践也是对于立法实践中的重要的组成部分——认知活动中的认识与价值等的层面具有根本制约作用的外在基础，决定了立法者的集体理性的受动性或者说限定性。

尤其需要强调的是，立法实践的客观制约性直接表现为立法实践结构中的客观对于主观因素及其活动的制约性。换言之，立法实践中的理性活动并非绝对的、摆脱现实的纯粹主观的建构主义的理性形态，如果是后者，那么也将是没有内容和空洞的，就会流变为“乌托邦”。③ 对此，哈耶克对于立法实践中的理性偏向的揭示尽管有着无可回避的警示作用，但是仍然值得进一步商讨。哈耶克认为，这里存在着两种观察人类行为模式的方式：一种认为人的理性具有无限的力量，另一种则承认人的理性是有限的。这两种模式最终以两种思想学派之间的基本哲学分

---

① 《马克思恩格斯全集》第 1 卷，人民出版社 1956 年版，第 183 页。

② 《马克思恩格斯全集》第 13 卷，人民出版社 1965 年版，第 8 页。

③ 有学者从法与法律的区别、法律与立法的区分的意义上分析是非常必要的，但是将立法实践中的理性活动与对外在社会现实的感性认识及其价值把握等方面割裂开来，进而形成两极的思维模式与理论论断似乎是不甚妥当的。我们认为，哈耶克所主张和贯彻的进化的理性主义实际上还是接近于经验论的，或者说是一种中间的认识路线。（参见邓正来：《哈耶克法律哲学的研究》，法律出版社 2002 年版；范进学：《当代中国法治化进程中的五大矛盾辨思》，《学习与探索》2002 年第 4 期）

歧为基础，哈耶克分别称之为“建构理性主义”和“进化理性主义”。他认为，建构理性主义蔑视和贬低非理性的或者未被理性充分理解的事物。它假定人生具有智识和道德禀赋，因而人能够根据理性原则对社会作精心规划，并尽可能地抑制乃至铲除一切非理性现象。在他看来，建构理性主义的基础都是将道德、宗教、法律、语言、文字、金钱、市场等一切文化制度都看作是发明或设计，都是“精心设计之物”。此外，建构理性主义认为，理性能够省掉抽象而完全掌握“具体”和所有的特定细节，并进而实在地掌握“社会过程”。因此，哈耶克主张，对于理性要坚持一种适度的观点，即进化理性主义，认为个人理性是十分有限的和不完全的，理性在人类事务中起着相当小的作用。各种实在的制度，如道德、语言、法律等并不是人类智慧预先设计的产物，而是以一种累积的方式进化而来的。[①] 进化理性主义者主张社会在不断试错的过程中有机地、缓慢地发展。他们认为，独立的个体在日常生活中的相互作用会比单个人或某一组织有意识地调节社会取得更加恢宏的成就。这种进化理性主义观点在认识论的基本立场上拒不承认“抽象”是我们的大脑客观存在的基本机能与必不可少的工具，反倒更倾向于特殊和具体，更青睐于经验和个案。这实际上是对于立法实践本质的根本否定，是将立法实践片面地看作一种绝对意识支配下的产物，是一种立法实践中的理性绝对化的极端倾向。这是我们所不能赞同和接受的。

二、科学立法实践的主观能动性

立法实践活动，是由正式代表社会的特定国家政权对于社会利益资源进行配置并形成社会交往活动的制度规则的“制度化”的实践活动。尽管这种实践活动可能在民主、正义等方面备受质疑或者实际背弃其应当具有的义理性、合法性要素，但是毕竟在客观上，实际承担着一个社会的组织化部件、运筹性因素所具有的有机构成和整体粘连的主要的作用。正如在物质生产活动之中除了存在实体性因素、准备性因素和渗透

---

① 此观点参见邓正来《哈耶克法律哲学研究》(法律出版社 2002 年版)一书。

性因素以外，还必然需要运筹性因素发挥选择、调动、处置、匹配、激励与约束各种生产要素的必要的职能一样[①]，国家立法实践活动作为整个政治决策体系中的中枢组成部分和国家管理与社会管制的基本制度供给，是国家和社会的自觉的、合(其自身)目的性的自我调节功能的主要体现和制度载体。这种实践活动的必要性和重要性伴随着社会的日益复杂而更加凸现出来。同时这种实践活动的能动性和技术性也不断增强。从发展和进步的意义上看，这种实践活动的民主性和公共性(社会性)的含量也在不断增长。因此，我们不仅需要从国家的政治性质与阶级本质的意义上认识立法与法律的意义和作用，而且还需要说明立法实践活动在社会组织与管理、公共事务的规范化调整方面的“内在”的构成性作用。正如恩格斯所说的：“政治统治到处都是以执行某种社会职能为基础，而且政治统治只有在它执行了它的这种社会职能时才能持续下去。”[②]可见，立泆实践活动的能动性不仅具有阶级的意义，而且具有社会的意义。

在立法实践中，认识是以实践为依托和归宿的，认识不是孤立和单纯的认识活动，而是具有鲜明的服务于法律制度的创设的立法任务的、特有和特定的认识活动。一方面，尽管这种认识同样具有经验累积、因循习惯的一种初级的思维惯性和思维倾向，但是在更加本质的意义上，应该承认这种认识活动属于创造性的认识建构活动。一般而言，对于客观社会现实及其内在规律的反映是认识的本质，反映包含了映现、选择和建构等具体环节。这些认识环节就包含了创造性的成分。立法实践中的“认知”，因为其产物在于作为全社会一体遵行的行为范型这一“公

---

① 在哲学理论上，有学者将社会物质生产的构成要素进行划分，是非常富有启发意义和必要的，看待社会的有机构成及其不同组成部分的职能分工也应当坚持这种认知方式。在社会学和社会哲学上，有学者也有一些不同的认识。但是其中为了说明教育和技术在社会物质中的不同作用或者说作用的直接程度与结合方式不同，将其划分为渗透性要素和准备性要素，恐怕不甚妥当；再者，对于生产中的最为关键和最为能动的生产者的定位也不甚清晰。(参见赵家祥等:《马克思主义哲学教程》，北京大学出版社 2003 年版，第 255～256、318 页)

② 《马克思恩格斯选集》第 3 卷，人民出版社 1995 年版，第 523 页。

共产品”，这样就不会停留在针对社会实存的关系形态与行为状况的重复性认识或常识性认识及其建构中，而是进一步必然在其是否具有普遍性、示范性和准据性上，是否具有与立法者的核心价值观念和全社会的主导价值共识之间的吻合性或方向性上进行甄别、斟酌、选择与构设，因此，其又具有必然发展而出的创造性认识及其建构。① 在心理学和认识论上，就个体的认识活动的内容与性质而言，常识性认识是指在日常生活中对周围熟知客体的重复性反映。这种反映实际上也是一个初级的“建构”过程，即主体凭借其认知结构对反映内容进行了一定的过滤、整理和理解。但在这种日常性认识中，主体的认知结构只是表层地去吸纳、同化熟知客体的信息，并未调整、顺应和提高主体的认知结构和产出新知，不论该新知内容是否具有实存性。而创造性认识及其(中的)建构则不同，它是以人类的未知客体为反映对象的，是主体依据一定的客观规律和客体原型，在观念形态上塑造、构想出客观世界中原本就不存在的新形象、新观念和新模型。所以，立法实践中的这一“高级”的建构，当然不是无本之木、无源之水，而是在既有的主观认识和客观存在的共同基础上，通过对主体的原有认知结构进行调整、顺应和提高，在既有认识上以顺向思维、逆向思维、反向思维、中介思维和综合思维等创造性的思维方法，以不同的“创造度”予以延展、跳跃、拟制②、转换、移用等，以揭示社会实存的利益关系格局，同时给出对其加以宽容、确认、变革或创设的行为模式，并以法律上的激励或约束的结果要素进行导引或强制。另一方面，创造性认识及其外化过程是由其起始阶段、探索阶段、突破阶段以及验证和评价阶段等构成的。最终，立法实践的成果或者说产品——法律制度、法律规范能够符合、适应、诱导和引领社会需求并且有效促进社

---

① 参见胡敏中:《创造认识论何以可能》,《理论前沿》2003 年第 1 期。

② 《布莱克法律辞典》指出，法律拟制(fiction of law)是一种法律假定或假设，把虚假视为真实，将虚无当作实在。有学者进一步指出:“拟制则是一种决断性虚构，即法律根据一定的实际需要或某种价值要求，使两个不同的事实发生同一法律效果的一种立法措施或政策。”[卢鹏:《论结论性推定与拟制的区别》,《同济大学学报》(社会科学版)2003 年第 1 期]

会生活秩序、正义等价值的实现，有待于法律实效的检验。

由此，对于立法实践的能动性，既不能够将其等同于绝对的主观性，也不能够将其仅仅限定为认识活动过程中片面的消极的反映阶段，因此，我们不甚赞同一些学者将立法仅仅作为所谓的“科学发现的过程”。这种“科学发现过程说”实际上并没有全面地揭示认识过程中的认知与评价的两个不可割裂的阶段，同样也没有将认识作为以实践为归宿的“真正的人的有意义的认识”。① 进言之，对待立法实践的能动性，既不能将其与客观的物质制约性对立起来、割裂开来，也不能将其包含的阶级性和社会性，或者说政治性与公共性对立起来、割裂开来，又不能将其所包含的感性与理性、反映性和创设性对立起来、割裂开来。在“后体系时代”伴随着改革步入“深水区”，触及社会结构性矛盾更加深刻的情境中，立法中的社会认知、利益博弈和规范设计难度空前加大，立法愈发艰巨，挑战日益严峻。要克服和摆脱此前的“僵尸法”“克隆法”“形象法”“表态法”等的低效甚至无效的立法情形，就必须坚持正确的立法实践路线及其认识路线。

■ 第四节 科学立法研究意义与前瞻

综上所述，确立“立法实践”基本范畴及其认知思维，具有重要的理论价值和现实意义。在理论价值上，首先，将立法实践解析和树立为一个严肃和严谨的学术概念，有助于深化立法的本质、功能、过程、实效的认识，丰富立法原理的研究，推动立法学学科建设，适应立法学的学科群的发展走向。其次，有助于在国家和社会治理体系和治理能力的总体建设中凸显立法在政策工具和制度体系中的特殊性，统合立法的价值、结

---

① 参见魏宏:《技术设计过程，还是科学发现过程？——论立法过程的思维和研究方式》,《江苏社会科学》2002 年第 4 期。

构、技术与条件等方面的研究,汲取政策科学和制度(制度主义、机制设计)理论的合理因素,并始终以立法自身的特质为归宿和依托,揭示和发现立法实践的规律。最后,正确把握立法的基本矛盾,辩证对待立法的物质制约性和主观能动性、感性与理性、经验与理论之间的关系,澄清比如法典化是不是立法的极端理性主义的产物,是不是要在对自生自发秩序的推崇中弱化立法的地位和作用。在法律经验主义、法律现实主义的思潮下,是否要推进部门立法的法典化等问题的模糊认识,有利于将立法置于代议民主、参与民主、协商民主的共同基础之上,克服在思想认识上的极端化和片面性。在现实意义上,首先,有助于推动《立法法》的修改更加科学化,有利于克服将立法的线性活动环节与形式作为《立法法》调整对象及其结构指向的局限。立法实践范畴将立法实践中的经验反映、理性构设、利益表达、协商博弈、行为引导等作为其不可单一处置的有机要素,为立法权利和立法参与确立依据,为《立法法》的调整范围的必要扩展和有益充实予以助力。比如收缩立法权限的配置和重新划分等,比如对立法过程是按照线性流程进行设置还是按照复合型、对抗式、统和性的开放进程进行设置。其次,有助于正视和纾解立法实践过程中造成的机制复杂性。制度、机制或立法的复杂性,即在诸多制度、规范的叠加和交织中,"产生物质互动、规范互动或操作互动上的问题,而不论其是否有效管理"①。《中共中央关于全面深化改革若干重大问题的决定》明确提出"逐步增加有地方立法权的较大的市数量"。可以想见,由此立法与改革试验和地方治理更加紧密地结合在一起的同时,立法权力主体和法律规范层级的增多,必将加大立法的复杂性。以现实的立法实践为对象,而不是以被"剪裁"的程式化或者说程序化的立法项目流程为对象,就无法不直面其中的复杂性,而不是去追求空想的法律制度设计及其供给的完美的协同性和系统性。那么,只有始终把握和高度统一立

---

① Orsini Amandine, Jean Frederic Morin & Oran R. Young, "Regime Complexies: A Buzz, a Boom or a Boost for Global Governance", *Global Governance: A Review of Multilateralism and International Organizations*, Vol. 19, No. 1, January-March, 2013, pp. 27-39.

法实践的客观制约性与主观能动性，才能够更为切实地诊断基于社会统筹协调发展的目标质量系统及其质量控制要素的立法需求所在，才能够在立法中避免单一的制度强化（比如严刑峻法），努力进行全覆盖、连动式的政策因子应变模型设计和行为规范的后果责任设计，强化渗透式、随机性的调适手段以及全方位的保障措施跟进，细化法律制度设计的目标集、任务集和行动集①，真正使之承担作为社会政治制度的中枢系统的特殊功用，尤其是作为社会治理的耦合系统，在多元治理主体之间铸就协同机制的特有职能。

① 参见刘登娟、黄勤：《环境经济政策系统性与我国生态文明制度构建》，《国外社会科学》2013 年第 3 期。

第二章
科学立法调查

按照党的十八届四中全会通过的《中共中央关于全面推进依法治国若干重大问题的决定》(以下简称《决定》)对立法提出的四个方面主要任务之一,就是深入推进科学立法、民主立法,以期通过更高质量的立法,引领和推动建设社会主义法治国家,在"四个全面"战略布局中实践法治的战略意义。2015年,十二届全国人大三次会议通过了关于修改《立法法》的决定,将科学立法、民主立法贯穿于修改决定的始终。由此,立法的科学性、科学化成为立法的基本准则和时代精神。在这个数据爆炸的时代,大数据技术是其中最为瞩目的新科技之一。在大数据(Big Data)基础上,将海量数据进行处理分析,促使立法调查、立法评估等的科学化和实效化,是实现科学立法、民主立法的必由之路和重要保障。为此,本章将一方面从大数据的优势提出大数据应用的必要性和可能性,归总初现端倪的法律实践特别是立法实践中大数据技术的运用;另一方面,分析现有的立法调查活动及其方法的局限性,思考如何将大数据技术应用在立法调查中,由此指出应用大数据技术方法的范围、方式和步骤程序等。毋庸置疑,这方面的探讨尽管可能不尽成熟,但是却具有很强的前瞻性和针对性,有着重要的现实意义和一定的理论价值。

第一节 大数据时代的立法调查

一、何谓大数据技术

“大数据”这个术语最早期的引用可追溯到 apache. org 的开源项目 Nutch。当时，大数据用来描述为更新网络搜索索引需要同时进行批量处理或分析的大量数据集（又称“资料集”“数据集合”或者“资料集合”，是指一种由数据所组成的集合）。① 如今，大数据是指一般的软件工具难以采集提取转化存储和分析的大容量数据，其更大的意义在于：通过对大容量数据的交换整合和分析，发现新的知识，创造新的价值，带来大知识、大科技、大利润和大发展。② 大数据技术是一种能将海量数据进行一同处理并将其进行整理分析的新型技术。工业和信息化部电信研究院《大数据白皮书（2014 年）》将大数据及其功能表述为：大数据是具有体量大、结构多样、时效强等特征的数据；处理大数据需采用新型计算架构和智能算法等新技术；大数据的应用强调将新的理念应用于辅助决策和发现新的知识，更强调在线闭环的业务流程优化。③

二、大数据技术的优势和特点

大数据的特点就在于从巨量的数据中获取有价值的信息，将各个小型数据集合并后进行分析可得出许多额外的信息和数据关系性，可用来察觉商业趋势、判定研究质量、避免疾病扩散、打击犯罪或测定实时交通

① 参见黄德才《数据库原理及其应用教程》（科学出版社 2010 年版）一书以及邬贺铨《大数据思维》（《科学与社会》2014 年第 1 期）一文。

② 参见涂子沛《大数据：正在到来的数据革命》（广西师范大学出版社 2012 年版）一书。

③ 参见李海英：《大数据发展及其立法挑战》，《信息安全与通信保密》2015 年第4 期。

路况等。由大量的数据解析后产生相对较少的相关性的集合，这样可以对其进行综合的分析与解读。如今为了辅助决策，华中科技大学已建成电子决策剧场。这虽然是一个虚拟现实技术①，但并非是一个抽象简要的框架式的对决策情境的展现，而是要最大限度地体现现实中的复杂性、激变性和开放性，那么就要模拟现实，其中必定要处理海量的数据。而大数据为此提供了科技依靠，将海量的三维可视化以及信息进行分析处理，完成一种虚拟中的世界。这让决策者能够身临其境，获得最直观、最真实的决策信息，从而作出更加科学和富有实效性的决策。

三、大数据技术在法律实践中的端倪与意义

在大数据众多应用中，法律方面的应用不仅具有可行性，而且有一定的必然性。在国外，大数据还属于一种新兴的事物。但是他们已经开始尝试大数据在法律上面的应用，比如《信息周刊》早期信息就曾来自亚特兰大的律师事务所 Thomas Horstemeyer。这个律师事务所与传统律师事务所不同，他们并没有将所有案件进行档案纸质收藏，而是将这些信息全部上传到私人云端中。他们在事务所中拥有很多储存空间网络，并在这些数据的基础上进行数据分析、挖掘。同时他们还以此为基础开发了一个纯粹的虚拟环境，并且他们升级了防火墙，增加了负载均衡，虚拟化了服务器。

不仅如此，大数据在国外也可以成为法庭上的一种新的证据。许多美国案例表现出，由公共数据收集分析得到的结果在一定情况下可以被认定为证据。这是国外对大量数据进行分析得出结果的例子。作为一个数据驱动行业，法律行业的大部分数据依然保存在线下，保存在纸张中。但是现在这个行业正在稳步向信息时代迈进，并利用其中大量的新机遇改善自己的工作。当数据全部得以数字化时，那么对于法律行业就可以很容易地联系到其他的公开数据，并以此产生一些新的碰撞。正如数据公司Lexis Nexis 的首席构架师伊恩·科尼格(Ian Koenig)所说的那

① 参见尹航:《从 SAO 到睡梦之神:谈虚拟现实的今天明天》,中关村在线,http://nb.zol.com.cn/442/4429030.html。

样:“这可以让我在海底中捞到属于我的那根针。”律师事务所可以在一些情况下使用特定的算法进行预测,即基于以往的相似案件的法律处理结果,来预测现在新的案件可能会得到怎么样的处理。加利福尼亚州的一个小型的律师事务所就是使用经过 Lexis Nexis 改进的算法技术,可以在 20 分钟内来预测某一案件是否值得受理,而同样的事情,在以前却需要 20 天。再比如大数据创业公司 Recommend 开发的大数据软件能通过机器学习算法进行“预测编码”,大大提高了法律文档的检索效率。另外一家值得关注的企业——Pure Discovery 的语义分析技术也能大幅提高文档检索效率。

在我国,北京盈科律云科技有限公司推出“律云”网站,目前的用户量在百万以上。核心思路是将传统的法律服务变成虚拟可售的电子产品,而它们也正是通过大数据的挖掘产生。[①] 北大法宝,作为由北大英华公司和北大法制信息中心联合开发的法律法规检索软件,发展了网络版。其最重要的贡献并非是形成网络版,而是对大量法律事件进行归档,通过检索方法,加快法律资料的检索,这是对法律检索的大数据技术应用的尝试之一。2014 年,为了探究法律大数据驱动下的立法研究、法学研究、法律应用和法律服务的升级和转型,由北京大学法学院等多家机构共同发起成立“中国法律大数据联盟”,旨在研究大数据时代法律数据的资源化,公民、法人数据权利的特征与保护,探究法律大数据驱动下的立法研究、法学研究、法律应用和法律服务的升级和转型,法律大数据与法律云的深度结合以及法律大数据对法学研究范式的改变。联盟联合成立中国法律大数据研究中心,编制《中国法律大数据蓝皮书》、组织法律大数据学术研讨会、构建法律大数据与云服务平台,对法律大数据与云技术进行深度分析、挖掘和应用。[②]

但总体上,如今法律相关方面有关大数据的模块及其应用方案还相对较少,还处于原有较为传统的模式之中,其仍需要大量的人力对相关

---

① 参见张舟逸:《当法律行业遇上“大数据”》,财经网,2014 年 7 月 28 日。

② 参见梁捷:《中国法律大数据联盟成立仪式在京举行》,光明网,2014 年 11 月 18 日。

的数据进行处理。而且有大数据的应用也止步于法律的外层,例如法律相关文档的管理,却仍未有关立法等的模块。在立法调查中,我们要保证某项法案的准确性应该要保持人数的限制。而人数一多必将会产生大量的数据,其中产生的无用的数据必将需要很多人进行处理,而大数据能非常高效地处理这方面的问题。因此,大数据运用在立法调查中是一种必然的趋势。我们可以设想大数据在立法上的应用,使得立法能够更加简便、科学和高效。但在立法方面应用大数据技术而不是作为立法调整对象和内容的针对大数据的立法案例目前还几乎为零。

可见,在法律实践中,大数据应用的技术和成果已初现端倪,前景广阔,但遗憾的是在立法方面应用的实例目前还非常鲜见,在立法实践活动中的大数据应用尚待拓展。如今将循证思维、技术与方法应用于立法过程中,将法治系统工程的理念切实贯穿于立法的实际展开之中,开发和运用有关立法的大数据模块和方案还相对稀缺。但是无可否认,立法大数据,大数据立法,一方面是立法实践必需“被步入”大数据时代的无可回避的必然趋势,亦即立法实践必将步入作为云治理①之一的“数据化立法”的新阶段;另一方面,也是立法自身提高深耕和根植于现实社会实践,发现和适应社会运行规律和社会主体诉求的应有回应。大数据及其技术在立法上的应用,在本质上,是先进生产力对国家和社会治理体系和治理能力现代化的时代变革和有力支撑,是对社会交往实践和法律运行机制进行重塑的体现和反映,是立法机制变革和发展的组成部分和必要进路。

■ 第二节 大数据应用对传统立法调查局限性之克服

为保证立法的有效性、针对性和可操作性,《立法法》不仅确立科学

---

① 参见李振、鲍宗豪:《“云治理”大数据时代社会治理的新模式》,《天津社会科学》2015 年第 3 期。

立法、民主立法是立法的基本原则，而且在立法的全过程中高度重视立法公开、立法参与、立法听证；立法调研、立法论证等诸多立法科学化、民主化的方式方法，在立法实践中，立法协商、委托起草、立法基层联系点、网上民意调查等的开展日渐深入和丰富多样。将深入社会进行调查研究，揭示和反映社会关系的实存状态、历史源流、文化内涵、利益流转以及价值意蕴始终作为立法的根基，以此作为立法决策的依据。采取座谈会、论证会、听证会等多种形式听取意见和建议，是长期以来我国立法实践中的有益做法和成功经验。与此同时，立法与社会之间的对接和交融，立法对社会的内在规律性和现实生动性以及发展的倾向性的感知和把握的有效程度、深入程度和精准程度还有待提高，立法调查研究的机制和成效还有待完善，比如立法听证的规定不够具体。《立法法》规定，制定法律、行政法规时，应当采取座谈会、论证会、听证会等多种形式听取意见，但对立法听证的范围、听证参加人的确定及其权利保障、立法听证的程序、立法听证结果的处理等问题，规定不明确，缺乏可操作性。① 而且在立法调查的过程中，我们需要收集大量的数据，更加需要对大量数据进行科学分析和有效评估，以便于得出能够切实支持草案拟定和审议评判中法律规范设计、检验和评估的立法证据。可见，我们必须正视既有立法调研的优势和局限，在传承与创新立法调研的基础上，告别此前的经验主义基于感性认识、经验积累和碎片数据、试点提炼等的浅表化思维和方法，优化立法全链条、多层面的信息传输机制和集体决策机制，使之在获取数据、运用数据和基于数据之上得出立法判断、作出立法决策。简言之，就是对立法调研进行“数据化”的改造和完善。

一、现有立法调研技术及其缺陷

立法调研主要有立法研究、问卷调查、基层走访，召开座谈会、研讨会，咨询专家学者和赴外地考察等方式。在这些立法调研的方式中，我

① 参见《王翠凤等代表提出议案修改〈立法法〉》，http://www.legaldaily.com.cn/locality/content/2013-03/14/content_4273529.htm? node=30317。

们仍处于较为传统的阶段，依靠旧有的调查研究方法，以纸质的方式对立法资料进行传播调查。而处于21世纪，对于人们非常注重环保与节约，而作为传统的立法调研方式——问卷调查是必将受到影响，而作为对纸张严重依赖的问卷调查必将进行改良的。再者，作为立法调研的另一种调研方式——召开座谈会、研讨会也同样受到影响。

（一）回收的数据过于庞大

要进行面向社会的大样本的、深入的立法调研，就必须在科学的选取样本基数与确定样本规模的前提下提高样本的覆盖度与数据的丰富性。由此，根据中国互联网络信息中心（CNNIC）发布的《第37次中国互联网络发展状况统计报告》显示，截至2015年12月，中国网民规模达6.88亿，全年共计新增网民3951万人。互联网普及率为50.3%，较2014年底提升了2.4个百分点。① 这样在公众的权利意识增强、立法关注提升、立法需求集聚的过程中，立法调研的问卷回应度总体上将得到提高，这就必将会有大量的数据。这些数据的数量是现今软件所无法处理的。因为大量的数据会使计算机的计算溢出——计算机操作的位数超出了计算机能够处理的范围。②

（二）关于建议部分无法进行处理

问卷调查不仅有选择题，还有一定的开放式的提问作答。问答题模块是难以让人工处理的，因为普通计算机只是可以做小量的选项统计，因此很多都是用了非常技术以及大量人力进行处理。而对于大数据来说，其能很好地对数据进行处理，并将回收的数据都统一发送到数据池，将大量的数据进行划分，将一些固定模块进行统计处理，将建议部分搜集起来，因为数据非常庞大，所以普通技术无法处理。

（三）参与人数无法合理把握

正因为人数的限制，举办相关会议的人避免不了对会议参加者进行

---

① 参见《截至2015年12月我国网民规模达6.88亿》，http://www.newsijie.com/chanye/hulianwang/shuju/2016/0122/11231952.html。

② 对于该问题，可详见[美]布鲁克希尔（J. Glenn Brookshear）：《计算机科学概论》（刘艺等译，人民邮电出版社2011年版）一书。

筛选。如果人数不够，这将会严重影响结果的合理性以及科学性；如果参加人数非常多，会议的现场将无法容纳如此大量的人。这样对人员的筛选将是一个非常艰难的步骤，因为在人员的筛选上会耗费大量的时间和气力。若我们将座谈会转而在互联网中办置，便能很好地解决座谈会或者讨论会在时间以及空间的问题，因为互联网中不需要外在的、实体的物理空间。

（四）关于无法真正把握“民意”

如果使用互联网的技术将民意进行收集，则必定会受到舆论的影响，使收集到的民意信息远离真实信息。因为原始的数据存在偏差，会导致最后得出的结论也将是无效的。因此，在我们得到最原始的民意后并进行处理才能得到我们立法所需要的内容。但是对于互联网来说，这么多人可以在互联网上同步旁听甚至可以加入座谈会或者讨论会，他们同样可以提出自己相关的建议。当然，这样会造成数据量过大，导致座谈会或者讨论会失去了交流的成分，使其只是单单了解相关的草案而已。同时，在互联网上也无法避免交互性过差，这都是需要防范的。

可见，以纸质、话语方式收集立法资料，进行立法前期的传播、交流和沟通，这样的信息获取或者是典型样本的解析，或者可能回收的数据过于庞大，或者关于建议部分无法进行有效的处理和精准的分析，最终，就有可能无法真正把握“民意”、汲取“民智”、定位“民怨”。

二、现有立法评估技术及其缺陷

立法评估是对法律、法规草案及其生效文本在实施实效上的预测评价或估价，是融合政策科学和法律科学的理论和方法对法律规范设计方案及其定型的检验和审查活动，分为立法前评估以及立法后评估。立法前评估主要指的是评估立法的必要性、合法性、协调性和可操作性进行评估，评估立法要设计的重要制度和规则的约束条件，评估立法预期对经济、社会和环境的影响，达到立法配置资源的公平与效率。立法前评估主要是一种检验其合宪性、合法性的评价以及对其合理性、操作性的预测或评估。进行立法前评估时需要耗费大量的人力对相关的文献进行搜索，将大量的数据祛除、整理和用来分析，而这是非常费时费力的。立法后评估主要是指评估立法实践，评估法律法规对经济、社会和环境的实际影响，评估执法、司法和守法的具体问题，以此检验是否能够达到立法的预期目标，该规范设计是否具有实效性。立法后的评估是“回头看”。其实这是具有非常大的难度的，因为这是对所立之法在某个区域、某个时段内的实施结果的综合分析和比对分析。

这就需要对数据的收集和应用。数据是什么？数据是人类在长期生产、消费和生活、交往以及文化创造中形成的实践痕迹的表现与累积。这其中蕴含着人类文明的密码，在茫茫信息的宛如银河系的星际运行之中，人的行为产生信息，信息的留存、汇聚与加工整理生成数据。因此，数据是行为表现的数字化、整体化和海量化存在，而决策针对的毫无疑问是人，具体而言是人的行为所表征的社会关系。决策的信息基础已经在显性事件或说已经有着一定的发生几率的量的积累之上，才可能引发对一定的社会问题的界定和反应，并因此引导决策的聚焦。立法决策亦然。而在主观上的高超的预见性或前瞻性，是仰赖于对经济社会发展规律的深刻总结与深入把握。现在则不同，现在则是需要并且也能够风起于青萍之末。在风险社会情境下，需要有着对于一定的迅捷的反应能力与信息流动能力和积聚消解能力。“运用数据挖掘技术将这些分散的、模糊的小概率事件有序地关联起来，分析得出各种问题、危机和风险可能的发生概率。”①因为这是对整个系统进行评估，所以其所需要的数据并非是单单一个小模块，而是包含了政治、经济等诸多方面的因素，因此要收集的数据也相当庞大。若将这些数据交与人工全面翔实地处理，将是一份不可能完成的任务。由此，如若是真实深入地开展立法评估，而不是笼统含混的立法评估，则必然需要大数据技术的应用与支持。

三、现行立法预测技术及其缺陷

立法预测是采用专门的科学方法和手段，以获得有关立法的未来状

---

① 唐皇凤、陶建武：《大数据时代的中国国家治理能力建设》，《探索与争鸣》2014 年第 10 期。

况和发展趋势的预测资料的过程。立法预测要揭示出法律调整社会关系的客观需要，预见法律的近期和长期的社会效果，以及预见法律调整的形式和方法中可能发生的变化。[①] 依据对客观规律的认识，完整、动态地分析研究社会生活的现状趋势以及未来趋势。依照社会各方面的利益、各种法律本身的性质、社会各方面对法律的要求，运用一些科学手段，对立法领域内的一般发展趋势进行评估和推断，进而提出有科学根据的立法项目及其进程的预见判断。

立法预测本就有着极高的风险和难度，既有的立法预测没有予以规范和有效的开展，甚至为一些学者所诟病。因为其主观性较强，现有的做法中只能通过书籍资料等文献或者社会实证中对一定的样本与数据进行分析。可见，影响立法预测的症结之一是其数据在全社会层面的获取之难以及分析之难。而如今我们处于互联网时代、大数据时代，在重新奠定社会调查与统计分析的数量化基础之上，“大数据的容错机制大大提高了大数据预测的准确性”[②]。同时，“基于海量数据的分析可以使立法起草者获得更加准确的一手数据，从而避免利益相关人基于自身利益而对立法目标进行的扭曲或忽视，成为科学决策的有力补充”[③]。由此，大数据技术的应用能够促使立法预测更加具有现实的可能性和针对性以及预见力。

可见，在互联网时代，一方面，虽然现行立法调查方法存在这样或那样的局限或缺陷，但是仍然有着在一定范围上的有效性和积极性，需要进一步的坚持和完善。另一方面，如今大数据新技术的出现，除去可能衍生和形成特有的立法调查方式方法之外，更应当立足现有基础，实现嫁接改造。尤其是使得高度不确定性、复杂性和全视域下的法律规范创设为指向的分析决策(analytical decision)成为可能，弥补原有方法的不

---

① 参见吴大英:《我国的立法预测与社会主义现代化》,《中国法学》1984 年第 1 期。

② 张弛:《大数据思维范畴探究》,《华中科技大学学报》(社会科学版)2015 年第 2 期。

③ 胡凌:《大数据兴起对法律实践与理论研究的影响》,《新疆师范大学学报》(哲学社会科学版)2015 年第 4 期。

足，从而能将立法调查推向更加科学化与高效性的新阶段，生成基于大数据技术的立法决策支持系统，成为立法体制机制变革的有机组成部分之一；同时，这也是在全球化时代迎头赶上国家治理体系和治理能力的技术变革的必要举措。以美国为代表的发达国家开始探索基于大数据技术的辅助决策系统，对海量数据的综合分析成为美国的国家安全决策机制中不可或缺的组成部分。美国国土安全部从2012年开始运行了第一个跨部门大数据应用试点项目——“海王星”（Neptune）和“地狱犬”（Cerberus）。

第三节 立法调查中大数据技术方法应用之设想

一、大数据技术方法在立法调研中的运用

在立法调研中，我们经常会用到立法研究、问卷调查、基层走访、召开座谈会、研讨会、咨询专家学者和赴外地考察等方式，对立法考察的数据进行搜集，并且分析相关数据得出结论。而大数据的融入能更好地为立法调研提供搜集数据以及分析处理数据的功效。在问卷调查中，我们能很好地运用电子技术的优点，将调查问卷在网络上派发。运用大数据以及相关的处理技术能非常有效地从巨量数据中去除无用数据，获取有效数据，进行决策基础数据分析和决策方案模拟过程与绩效分析。立法调研在利用大数据技术的过程中，能让更多的人参与到其中，扩大收集数据的基数，更有可靠性和可信度地获得所接收人的反馈意见。将这些浩大的数据进行分析，我们可以很方便地得到公众对于相关立法草案的想法以及态度。将这些大量数据传送给超级计算机，对其中一些字符进行切片，使这些字符成为关键字；再将这些大量数据对关键字进行搜索以及分类，将其分为相对较少的数据集合，再从中选取出现率较高的词汇将其反馈给政策评估师、立法分析师。还可以对应法律文本的拟定方

案中的行为范型,可以在一定的虚拟时空中将相应的公众主张的行为取向进行虚拟演示和比对分析,从而检验拟设行为范型的可能性、阻却性,以此提高法律规范设计的适用性,并有的放矢地配比相应的法律激励约束机制。这样不仅是可行的而且是经济的,更是能够努力实现全覆盖的。更重要的是这样能增加公民的参与影响度和立法亲近感,甚至作为法治主体的决定性的法治体验能够在这种立法的实质和深度参与的尊严感、成就感中得到增强与累积。这样越来越多的人会参与到其中,所形成的提案将会更加趋近于人民群众自己内心的想法,保证所立之法更适合百姓、更适合这个社会,从而实现科学立法与民主立法的有机统一,复归立法决策权和支配权于民众本身。

二、大数据技术在立法评估中的运用

(一)利用大数据技术增加检索高效性

一方面,利用大数据技术增加检索高效性。立法前评估是在立法前对于相关法律进行预测,这不可避免需要对数据进行电子存储。电子型的资料能减少书籍文献对于空间的需求,其只要存储在电子设备中便可,还可以长时间地确保书籍以及文献的完整性。除此之外,通过大数据技术,我们能很有效地从大量的数据中得到相关的资料,减少评估人员因检索相关文献而消耗的时间,进而增加了其高效性,将立法过程进一步推向科学化。这样可以将原有的立法素材进行数字化、影像化的转换、存贮,促使后续立法在电子数据的基础上开展,使得立法中的论证、辩论等建立在数据共享、立法公开的具有更大信息对称性之上。

另一方面,立法过程,将涉及非常多的学科,因此将会有很多的专家学者被集中,因为每个人都是相关领域的专家,他们将会提出各式各样的言论,每个言论都会包含非常大量的信息。支撑立法决策的智库建设,有助于实现多学科智力成果之间的深度对接,可以用大数据技术进行处理,将相关的关键词语设置成域,再将这些言论进行划分,提取出最关键的信息进行再讨论。这样能了解专家更为专长的问题领域和集聚多学科专家的共识见解、评析不同立法需求的差异细节,使立法调查更有针对性，使立法中的讨论、协商、审议更加具有指向性和深入性。

（二）利用大数据进行信息搜集与管理

在立法评估中，我们需要对各种潜在的或者可能的立法方案进行必要性、合理性和可行性等问题的评估分析。如在各个行业、各个区划通过一定的立法信息集散系统进行相对独立的立法运行，便能够全天候和全时段地聚焦于立法需求、立法项目、立法方案和立法成效的关联信息搜集与加工处理，还可以通过相关的引擎网站，通过委托社会第三方搜索海量立法数据并进行中立的立法评估分析。此过程会将这些大量的数据进行关键字的检索与划分，分成若干个小的数据集合；将这些数据集再度通过关键字的检索与划分，这样可以获得更有价值的立法资讯，从而辅助立法评估中对于可改或者可立的立法方案的建议。立法工作部门和立法职权机关将信息进行整合和应用，可以得到更加切合民意所需的法律规范设计方案。

（三）利用大数据进行信息搜集与管理

以立法后评估而言，我国目前立法后评估中，评估主体会有选择性地强化或弱化某些评估对象的选定，对法律文本的评估中的质性研究缺乏科学合理的指标体系，数据的取得和应用的随意性还未消除，对其中的分析评估结论的精益化的实现不够。而这正是大数据的用武之地。每个人对一定的法律文本的感受与评价的意见不同，必然生成评估的大数据素材。由此，应用大数据技术对此进行聚合、筛选、精算、处理，进行科学的分析与及时的反馈，并引入社会公众对评估结论的再评估，能够有力地鞭策立法后评估的持续进行，从而增强在“后体系时代”立法中的法律修改、废止、补充以及地方立法特别是民族区域自治地方立法中立法特色、变通立法的切中度。

三、大数据技术在立法预测中的运用

任何事件的发生是有“前兆”的，看似偶然的背后其实有着必然性。政府需要尽可能地在这些“微”力量爆发前，运用数据挖掘等技术将这些分散、模糊的小概率事件有序地关联起来，挖掘出问题可能发生的大概几率，在问题察变机制方面发挥提前预警功能，作出恰当的决策。① 因此，包括立法在内的政治法律决策，既是可以又是必须开展预测的，尤其是中长期的立法需求预测，以及法律规范的实施成效的模拟分析。首先，对立法预测而言，最重要的是数据应有的、必要的规模以及数据的真实性。立法预测需要实验区，因为没有实验区将不存在许多数据。因此在立法预测的初期，我们需要设立试行区，将经济等有关的数据进行收集。而大数据技术将各类数据进行相关性的筛选（通过各个数据的类型进行分类），形成一系列的数据集合，将各个数据集合进行分别处理。将一个数据集合的数据变成点数据，绘制在离散图表中。通过这个离散的图表，计算机可以获得其相关的离散性的函数。将其余的数据集合进行处理，我们可以获得很多的函数，绘制非常多的函数。而这些事物之间的非线性的多重关联性与复杂传导性将能很好地显示在函数上，有助于多维度地分析和测定一定的法律规范，在其设计和实施上如何与其他的法律制度的供给相辅相成，从而增强法律制度的系统性、协调性、整体性与协同性。因此，我们可以通过函数将图表上的线段进行延伸，这样就能得到对该立法的预测或测定的最为逼真的结果。通过相同的方法，我们可以得到普通地区（未使用相关法律的地区）的数据，可以得到未应用相关法律的图表；再将这些图表交由立法预测人员，让立法预测人员进行比对分析。立法预测人员利用这些图表进行判断相应的立法条例的利弊，思考和评价是否应该推行相关的法律制度，并交由立法权力机关作出决策。

再者，大数据技术使得立法预测情境化和现实化。大数据技术将各类数据进行相关性的筛选，形成一系列的数据集合，将各个数据集合进行分别处理。可以将一个数据集合的数据变成点数据，绘制在离散图表中。通过这个离散的图表，计算机可以获得其相关的离散性的函数，进而通过函数将图表上的线段进行延伸，这样就能得到在这种分布及其演

---

① 参见深圳市福田区课题调研组：《推进大数据时代社会治理创新》，《学习时报》2014 年 12 月 31 日。

进趋势下的未来样态，绘出立法方案投放于社会的样态图表。政策分析师、立法评估师以及立法工作人员、人大代表、常委会组成人员和立法智库专家等，可以利用这些图表进行判断相应的立法方案的利弊分析、利益衡量以及价值评判，思考怎样推行、是否应该推行相关的法律制度。

可见，数据量以及大数据技术的应用能够在立法调研研究中予以有力支撑，提高立法预测中的准确性。

■ 第四节 积极审慎地推进“数据化立法”

对大数据技术在法律实践的各个环节和领域的影响，学界已初步有所反应、关注和研讨，就其议题，主要集中在将大数据及其相关的云计算等的技术作为一种资源、一种技术乃至一种思维，分析和考察其对于立法调整对象、范围和内容的冲击、改变和拓展之上。对此有学者指出，大数据技术带来国家治理转型，认为“具有强大变革能力的大数据不仅引发技术革命、经济变革，更引发国家治理的变革。大数据时代政府面临全面转型。由数据开放为起点，政府行动计划开始营造大数据发展战略，但与之相关的安全问题、立法问题、标准问题仍亟待解决”①。有学者则在大数据导致的大数据生态、大数据产业和大数据监管中的权力与职责、权利与义务的变化上予以思考。提出针对大数据生态中的立法原则、大数据生态中不同主体的权利义务、大数据产业的信息安全、网络安全等的比较研究和前瞻分析。② 还有学者针对大数据下的实证法学研究的方法与技术的变化与发展进行分析，提出开展法学的大样本研究。认为“法律实证研究中丰富的全样本选取，是尽可能降低抽样误差的一个

---

① 张茉楠：《大数据时代的国家治理转型》，《中国工业评论》2016 年第 1 期。

② 参见李海英：《大数据发展及其立法挑战》，《信息安全与通信保密》2015 年第 4 期。

较好对策”。要“合理确定抽样框架”,“避免盲目放大样本容量”等。①

我们认为,这首先需要深入解析大数据(技术,包括云计算在内的对于信息科学技术的全面升级版的移动智能化数据运算技术等)与立法实践之间的双重关系。换言之,在问题的界定上,应当明确是双向的:

第一,大数据的形成、开发、商业利用与治理运用,在四个方面带来的社会运行的机制与方式上的变化:(1)大数据作为个人的社会存在的信息化表现形式的权利客体。(2)大数据作为社会交往过程的一个相对独立的因素,凝结和表现为社会关系的载体,具有商业与治理的使用价值,进而作为一种可流转的权利客体。(3)大数据作为影响相对独立的物化存在,在产业形态上具有的与原生业态、产业链条的依存性的同时,形成和塑造了诸多新的产业类别和产业活动方式,这成为立法的新的调整领域,需要立法作出反应,将其予以必要的规则化,在呵护其活力的同时平衡其中的利益,促使其予以稳健的发展。(4)大数据作为国民活动的表现形式,对于国家主权及社会治理体系带来的牵引与促进,这就需要在大数据治理上进一步澄清其中的权力结构与权力指向以及权力的原则、理念。以上四个方面,可以说都是作为立法对象而存在的,是在立法针对社会关系中的信息法律关系的泛在化形态和独立化而存在的,进而在权利义务、行为方式和责任追究的问题上作为立法的调整对象或者说客体而存在。

第二,大数据作为立法的社会生态环境的基本规定性而存在,这样就使得大数据对立法实践的影响具有基础性、全面性和背景性的特点,即立法在社会关系的调整中,必须认知和识别其中的数据关系及其法律化,这须臾不可忽视。比如教育、医疗、城市管理等领域中的大数据运用导致的流程、结构及其内容上的重大变革或重塑。这样不论是此前立法所产出的法律规范,抑或是未来将要构设的法律规范,都必须在其实体法律关系与程序法律关系的拟制的同时,同步虑及和展现其中的“数据流”载体的法律权利义务的相应的内容与形式。进言之,立法实践本身

---

① 白建军:《大数据对法学研究的些许影响》,《中外法学》2015年第1期。

将必然由此而为“大数据化”或简称为“数据化”。大数据对于立法实践活动过程中的主体、行为方式和程序机制与价值实现和效率效益的影响，这是将大数据作为立法实践活动的物质基础和客观手段，对于立法本身的重构或者嵌入所带来的立法行动的变革与发展，或者说是一种基于大数据的立法实践活动的新型状态是怎样的、应该是怎样的，这就对于立法作为全面的法治实践系统中的环节在立法与社会、立法与政党、立法与民众、立法中的行动环节、立法自身的属性——开放性、风险性、周期性（主要针对成文立法的效力的衰变周期）、民主性、实效性诸多方面所予以的影响。

所以，大数据立法的含义，如果不加区分，则会是多重的：大数据作为资产——个体的、商业的、国家的、全球的产权界分立法，再比如医疗信息和健康数据的立法，而这些在这里对数据的安全、产权及其流转的立法，都还是对于数据作为社会关系的交互对象的立法，由此带来的是大数据产业立法、大数据产业的民法、商法以及经济法，甚至大数据治理以及在此基础上的国家和社会治理即云治理的公法和社会法领域的立法。而相对严格地分析，（大）数据化立法则是基于大数据的立法活动带来立法的权力结构、议事规则、流程操作（非线性的，必须是开放的并且是具有极强的可变性的）、主体关系、舆情文化等的变革及其所形塑的新型立法法律制度的变革与确立。以上对于大数据技术在立法调研活动中的若干途径与方法的运用的分析尝试，即是在这一方面的探索。上述大数据技术的运用，在主体的视角，则是促使立法职权主体、立法行为主体能够适应和拥有面对大数据的立法处理能力。

而这将成为一个重要的立法实践自身的存在和运行的基准，甚至不仅仅是其物质基础和技术保障。由此，大数据时代的立法实践本身——而并非其内容或对象的意义上，在我们看来，或许适宜被更改称之为“数据化立法”或“数字化立法”“信息化立法”“立法的信息化”，这些是有一定的联系和区别的——大数据及其不可分割的云计算，作为云治理的一种承载和实现方式，不只是为其提供信息资源的支撑和物质手段，而且为其在全面的行动过程上予以重新的塑造，这样成为民主化、科学化的立法的具体形态——哪怕是其作为庞然大物的大象的侧面之一，即并非是阶段的，也不只是来源上的，而且不是仅仅作为静态的、立法的过程，从大数据的视角观察，是作为数据流、数据主体的方式而存在的。立法的过程成为数据的输入、碰撞、交汇以及数据动员、数据竞争和数据表达的过程。在这一过程中，数据的优势成为立法中的话语权与影响力的重要依据。由此可见，既不能只是强调主体及其所谓的正式的权力执掌，也不能过于片面地突出在数据上的主体所拥有的财富量的累积与权重，而应当将其结合起来。大数据是一定的立法行为主体——不论是立法的职权主体、立法的权利主体，还是立法的行动主体比如立法助理还是立法的工作人员，都是一个要运用和发挥数据作用并因此作为其立法能力的主要指标的根据。

那么立法实践如何为大数据技术所重塑，或者说立法实践在实践的主体、介体与过程上，在立法体制机制上如何适应大数据技术？如何增强基于大数据的立法调查能力？在其举措和对策上，我们认为：

首先，按照立法法、地方立法条例等的规定，进一步增强立法的信息意识、数据意识，全面地、创造性地贯彻实施科学立法原则，深入汲取和有效运用社会运行的数据信息。必须明确，立法决策中心一定是由相应的立法信息中心作为其辅助支撑。因此，一方面，要继续坚持《中华人民共和国立法法》第三十六条对于全国人民代表大会常务委员会制定法律的过程中征求和听取意见建议的方式与途径所规定的座谈会、论证会、听证会等听取各方面意见的多种形式①，切实发挥其应有作用。这就意味着不应放弃而应继续完善传统的立法信息支撑方式，包括继续改善和加强与现有的基层立法联系点的作用。② 另一方面，围绕代表履职作为实现人大主导作用和切实提升立法能力的基点，来进一步健全国家支持立法的机制，鼓励发挥立法特别是地方立法智库的作用，尝试建立健全

① 参见全国人大常委会法制工作委员会编：《〈中华人民共和国立法法〉释义》，法律出版社 2015 年版，第 127～133 页。

② 参见《中国立法体制改革实践透视——写在立法法修改实施一年之际》，http://news.xinhuanet.com/legal/2016-03/01/c_1118203183.htm#rd。

其立法助理制度。目前，人大代表作为国家权力机关的组成人员，因为兼职等原因，其立法参与虽然在立法法中得到进一步的明确和保障，但是实践中尚不足以体现其应有的地位和作用。毕竟人大代表在立法中的参与不是一般意义的表达权，而是对于立法的实质和最终的决定权以及对于常委会立法的监督权。所以这种性质的权利需要更为深切和具有全局性、代表性的数据信息支持，这种信息支持的说服力和针对性以及其中的价值、利益的输入尤其显得重要。“发挥代表在立法中的重要作用，增强参与实效，最根本的，还是要将立法法、代表法中关于代表参与立法较为原则性规定予以具体化，增强制度的刚性和可操作性。”①如何获得哪怕非中心化的立法信息支持和输入呢？在单项的立法过程中，这关系到其质量；在其整体上关系到立法中人大的主导地位的实现机制，也是一个大数据作为治理资源和决策支持，与其他决策机制之间的交互优势问题。简言之，人大的信息拥有数量与质量及其与立法决策之间的对应程度，即是否能够相对其他比如作为立法起草者、立法提案者的政府、法院等的优势地位，否则谈不上其治理能力的提高和在国家治理体系中的重要作用。我们欣喜地注意到，广东省正在率先“通过建设大数据平台，能为代表参加人大会议的各项审议决策以及闭会期间的视察、调研，提出建议意见等履职工作提供更为完善的信息服务，满足代表履职的系统性和综合性需求，提升代表履职的积极性、主动性”②。

另外，更要增强数据分析的自觉性、操作性和有效性。现在的《立法法》的规定可以在其科学立法原则中通过解释以明晰和强化立法的大数据意识和大数据思维。应当确立立法中的一种态度和立场：基于数据的徇证化的立场，就是要靠数据说话。同时，应当确立一种思维和方式：在数据的收集分析基础上进行法律规范设计的推理和论证，将此前的模糊的、含混的、大而化之的思维取向和决策偏好进行修正。比如某部立法的修正草案，“整个立法过程中共邀请到 10 余名全国人大代表参加各种

---

① 吴黎静：《营造代表参与立法“新常态”》，《人民政坛》2015 年第 3 期。

② 《广东：打造大数据服务平台保障代表履职》，《浙江人大》2015 年第 7 期。

会议、调研,听取他们的意见”。而对另一部立法,则认为“关注的人群不多,研究的学者也非常少”,所以,径直将其称为“小众法”,就更是欠妥的。[①] 因为一部法律的调整及其效力的普遍性在于其可能性,而并非是实际关涉的法律主体的多寡。

其次,大数据基础上的立法,在一定意义上将改变立法主体结构,促进立法的社会化开展。首要的,是其中的立法权的决断权、选择权主体必须承担大数据的论证义务,这就附设和增加了立法权力主体的义务,促使其进一步实现其本身的职责化,即不再是一种专断型的规范创设权。再者,立法的创设权在实质上的,将在其阶段性上和原创性的方案供给上被多样化,即有了诸如体制外的智库甚至大数据公司对于某一方面的政策分析和立法设计,并有可能与一定的利益诉求组织之间建立相应的合作代言关系。毕竟立法尽管是庙堂之上的,但其本源和归依则还是在乡野之间。而就立法机关的力量而言,也断无可能将自身打造为一个治理体系中的超级计算机房。体制外的独立实体及其工作人员,特别是智库“可以担任数据分析和预测的评估专家”[②]。

全国人大常委会法工委统计显示,《立法法》修改实施近一年来,各地积极贯彻中央部署落实法律要求。截至2016年1月31日,新赋予地方立法权的271个设区的市、自治州、不设区的地级市,已有209个被确定可以开始制定地方性法规,占到77.1%的比例,6个市已出台地方性法规。全国27个省、自治区中,已有24个省、自治区作出批准决定。到2016年上半年,全部完成批准任务。[③] 由此,在地方立法更加成为国家立法体制中的重要组成部分的情形下,立法的数据支撑规模与其类型化的要求将更为突出。2015年9月初,国务院印发的《促进大数据发展行动纲要》,将作为一个时代特征的大数据提升为国家战略层面上的重要

---

① 参见荆龙:《民主立法——公众参与 精细精准》,《人民法院报》2016年2月27日。

② 唐皇凤、陶建武:《大数据时代的中国国家治理能力建设》,《探索与争鸣》2014年第10期。

③ 参见陈菲:《中国立法体制改革实践透视——写在立法法修改实施一年之际》,http://news.xinhuanet.com/legal/2016-03/01/c_1118203183.htm#rd。

举措，远远超越技术层面。在《纲要》中，国务院重点部署三项主要任务。其中，首要任务便是加快政府数据开放共享，推动资源整合，提升治理能力。因此，需要数据信息保真，剔除其中的失真因素，夯实数据开发的坚实基础。当前尤其需要增强我国已有的庞大驳杂的数据信息的可处理性。信息的数据化，就是针对信息增强其可识别性和可检索性，否则依然是驳杂和混沌的，披沙拣金，无法在其中进行海量信息的提取。再者，需要增强数据信息的整合应用的统一性。大数据主要来源于部门行政记录数据、企业单位生产经营数据和互联网上生成的数据。应当进一步推动工信部、网信办、发改委、统计局以及其他拥有大量动态统计数据的政府部门协调职责与分工，制定和执行统一的发展规划，推进数据信息梳理应用的标准化与连通性。

再次，应当自觉并且善于运用大数据分析立法舆情，廓清立法的真切的社会需求与价值导向，为立法的健康开展创造积极的社会情势。在一定程度上，以及在其应然的意义上，社会舆情是立法需求的伴生物，不仅需要在立法的项目诉求上有着相应的表达，而且一定是一个唤醒和争取社会支持——包括或者说社会的舆论支持的过程。否则，或者是机关或政府主导的立法，与社会需求、民众诉求之间有着显豁的差距；或者是相对小众的立法项目，甚至由此可能产生某种利益集团需求的刚性化合法化的转化。而由于在不同立法项目的进程安排以及同一个立法项目的是立法博弈的必然产物。基于社会利益格局中的差异性甚至对抗性，立法通过在立法程序中的正式的立法主体及其行动方式，形成相应的社会呼应、社会压力，并因此既影响对此尚缺乏认同和未形成支持的代议人员，又在社会舆情面上形成一定的社会态势，争取相应的优势地位和有利影响。如“校车条例”在一个月之内的制定出台，就是迅速回应社会严重关切、彰显政府对社会民生的职责与担当。再比如醉驾入刑，就在很大程度上有着屈从网络舆论走向的意味。“醉驾入罪是网络舆情促推的结果，并非立法理性的必然体现。”[①]就现实而言，“不论是舆情网络化还是网络载舆情，我国的立法实践和立法环境正在发生深刻变化，地方人大在立法过程中必须关注和回应网络民意”[②]。

立法的舆情环境优化，是立法顺利开展的必要条件。因此，立法的过程不仅仅是一个“庙堂”之中的宏盛辩论过程，而且是一个在社会文化意识层面的引导、辩驳和交锋并进而使之有一定的矢量化进展的过程。在大数据的背景下，社会意识形态中的个性化展现成为必然，所面对的不再是混沌的，也不再是整齐划一的。现在和将来所面对的是组织化程度提高的也是个人展示度提高的舆情环境。所以，立法过程必须伴随着对于舆情的治理过程。进言之，如何在原生态的民意氛围中正确识别和明确鉴别？如何疏解与立法目的和价值衡量之间存在明显对立和差异的公众认知？如何使得立法由此受到的压力和阻力进行量化的测度和评价，并因而有针对性地分析立法所带来的思想意识和文化观念及其所支持的行为模式的拟定与相应社会利益关系、社会文化关系的调整的社会舆论认同？哪些声音是噪音，甚至是所谓的“别有用心”者？哪些是值得尊重的？哪些是要审慎对待的？

最后，要对“（大）数据化立法”保持警惕。大数据不是无主体的大数据。一则，毕竟立法权力及其所生成的法律文本是具有权力的属性，即强制性、规范性和干预性的，这样就不能不与公民的权利和自由之间产生一定的对立，就有可能构成对于公民权利的侵害或至少是监控，从而将公众置于一个潜在危险的境地。就其根本而言，大数据的渊源在于公众的生产生活动态的累积和转换。建立在大数据之上的立法，实质将是对于公众行动空间的分散性、自主性和能动性的牵制，这是必须要明晰的。二则，在我国城乡二元化的进程中，在工业化与信息化交织但是却难以完全切换到所谓的3.0的版本基准上的城乡一体化，因此，大数据反

① 徐跃飞：《从醉驾入罪看网络舆情与立法理性的冲突》，《湖南警察学院学报》2012年第5期。

② 栾丽娜：《地方人大立法应关注网络民意》，《楚天主人》2010年第3期。

映和承载的不是无社会特征和阶层归属的抽象的人，因此，在运用大数据之中，同样始终不可将其主体类型、主体属性予以抹杀和忽视。因为数据鸿沟的存在，又必须在运用大数据的同时，兼顾恰如网下的沉默的大多数的权益诉求及其与大数据之上的愿望表达之间的差异甚至对立。截至2015年6月，我国网民中农村网民占比为27.9%，规模达1.86亿，相比2014年底增加了800万。城镇地区与农村地区的互联网普及率分别为64.2%、30.1%，相差34.1个百分点。人口结构方面，10～40岁人群中，农村地区的互联网普及率比城镇地区低15～27个百分点。这部分人群互联网普及的难度相对较低，将来可转化的空间较大。但是在现实的立法参与、立法表达中，农村人口上网情形与城市差异较大，无论是年龄段、文化水平、政策法律意识观念，还是现实的法律消费后的挫折感、参政意识，由此网上的意愿、诉求的表达差异较大。大数据与立法之间的衔接和对应还需要若干环节，这些环节是数据分析和提取的步骤。大数据基础上的立法，不是问题的实质所在，归根结底，大数据之中的立法需求以及立法评价的提炼，这是问题的实质和指向。

综上所述，科学技术的每一次飞跃式的发展，都带来社会组织结构和运行机制的重大变革。“大数据时代是一个将海量数据视为核心资产的时代，政府、企业、社会组织以及公民的意见表达、偏好选择、行为习惯等均被高度数据化，数据管理被视为重要的国家发展战略。”①在网络信息技术的发展中，大数据技术和云计算方法，已经和必将更加深刻地变革社会治理和国家运行的体制机制。法律是社会的最大公约数和最高共识度，立法是良法的供给、善治的前提、民主的结晶，自应科学地产出。立法之中，形成和塑造社会成员最广泛一致性的意志和愿望，将其价值诉求和行为范式的“公意”期待进行提炼和表达的过程与结果。在广泛的社会主体及其纷纭的意志、愿望面前，应用大数据技术，调查、收集、研判和汇总立法需求，是必要和重要的。立法调查现有方法的局限和缺陷

① 唐皇凤、陶建武:《大数据时代的中国国家治理能力建设》,《探索与争鸣》2014年第10期。

同样表明大数据技术方法应用的迫切性。因此，在保障公民信息权利、隐私权利，增强立法公开、消解“数字鸿沟”的基础上，应当树立大数据基础上的科学立法即“数据化立法”的理念、意识和思维，丰富发展立法调研、立法起草、立法审议等过程中大数据应用的技术、手段与方法，提升和凸显立法调查对于立法决策及其中作为内核的法律规范设计的支撑作用，在整体上优化立法的信息生态环境，健全立法的辅助决策系统。与此同时，促使立法调查中的主导权、决定权、判断权以及针对立法本身的表达权、评价权、选择权、监督权向着人民群众实现真正的归位。为此，更为深刻地认识立法实践全过程中大数据应用的必要性和可能性，思考将大数据技术应用在立法调查中的范围、方式、步骤和限度等。毋庸置疑，尽管可能不尽成熟，但是却具有很强的前瞻性和针对性，有着不可忽视的现实意义，需要在实践中认真地对待和积极尝试。

第三章
科学立法需求

2015 年 3 月 15 日，第十二届全国人民代表大会第三次会议修正通过的《中华人民共和国立法法》（以下简称《立法法》）中增加的第七十二条第四款规定："除省、自治区的人民政府所在地的市，经济特区所在地的市和国务院已经批准的较大的市以外，其他设区的市开始制定地方性法规的具体步骤和时间，由省、自治区的人民代表大会常务委员会综合考虑本省、自治区所辖的设区的市的人口数量、地域面积、经济社会发展情况以及立法需求、立法能力等因素确定，并报全国人民代表大会常务委员会和国务院备案。"对此，诸多论者聚焦在地方立法权为设区的市一律享有和行使的"赋权"性质与范围问题上，研究其之必要性、合宪性以及影响的深刻性、广泛性，而对其中省、自治区的人民代表大会常务委员会的"确定"是否属于《立法法》赋权之后的"授权决定"，是二次授权还是共同授权，还是仅就授权的实施方案行使了重大事项决定权，这一授权的裁量因素与论证审定的方法和逻辑是怎样的，这些问题的关注和解析似乎有待深入。比如其中，"综合考虑本省、自治区所辖的设区的市的人口数量、地域面积、经济社会发展情况以及立法需求、立法能力等因素确定"。那么，什么是立法需求？如何衡量和判断其作为渴望被授予地方立法权的直接依据之一的立法需求的必要性、紧迫性？立法需求是怎样提炼和锚定的？由此进一步检视立法学理本身，似乎立法需求亦并未被作为一个主流的立法学基本范畴进行充分的研究展开，甚至没有作为立法学教科书的一个基本概念得到应有的阐发，这样就难以为要切实发挥引领和推动作用的“后体系时代”的立法实践提供应有的理论支撑。为此，本章拟就立法需求进行学术梳理和过程分析，试图揭示其生成机理和演进形态，以就教方家。

■ 第一节 科学立法需求研究综述

立法需求，在有关论著中又被表述为“法律制度的需求”“法的需求”“立法需要”等关联或相近的词汇。纵观对立法需求或需要的语词使用，可知有以下三类情形：

第一，将立法需求作为某一社会关系领域中的制度建置的需要，作为立法项目确立前其所针对的社会制度建立健全的需要、必要的概括表述。学界多数是在这种意义上将立法、需求连接使用作为对某种立法项目或制度规范的吁求的。这是“立法需求”最初的素朴的运用。[①] 从词源角度来看，最早使用该语词的学者认为，转型社会发展时期的发展改革，对立法本身提出了要求，即立法实践活动在其主体体制、立法项目、价值导向和技术模式诸方面的要求，这些要求概括为立法需求，即对立法的需求，且不限于对立法事项即立法调整对象及其制度供给的需求。[②] 这一阶段的研究，尽管在语义界定上并不是完全自觉的，但是对立法需求作为基本范畴的确立有着先期探索的积极意义。

第二，将立法需求与立法供给对应分析，强调立法需求的内生性，并

① 参见倪正茂:《论改革时期精神文明建设的法制需求》,《法学》1986 年第 11 期;倪正茂:《论体制转换关键时期法制建设的需求》,《社会科学》1989 年第 2 期;倪正茂:《略论参政议政的信息立法需求与对策》,《法律科学》(西北政法学院学报)1989 年第 3 期;倪正茂:《决策程序的法律需求》,《民主与科学》1994 年第 6 期。

② 参见杨宗科:《试论我国社会转型期的立法需求》,《理论导刊》1994 年第 6 期。

因此突出立法的回应性以及立法供给的均衡性、针对性。① 在制度经济学、法律经济学中，对法律需求与供给关系、法律需求的实现途径、法律需求之间的博弈关系、制度演进的动力及其过程中制度需求的形成与渊源的研究比较充分。而制度需求与政治需求、利益需求和政策需求之间并未得到严格的界分，在法律需求的特殊内涵与实践的特有过程上的挖掘不够，尽管对于政策系统中的制度需求在法律实践中的转换、与政策需求之间衔接的关注和研究是比较明确的。② 这使得立法需求在理论基础和认知视角上得到明晰，更加具有在立法实践的理论界说上的相对独立性，对于立法需求作为范畴的确立有着重要意义。

第三，将立法需求作为立法过程中的起始环节和归结所在，置于“法律与社会关系”的架构中进行其主、客观方面的法理分析。有学者指出，立法需求是指社会关系的发展或社会问题的出现所提出的立法的客观需求以及社会关系主体对现有的利益冲突调整机制不满而提出的立法的主观需求。“社会的客观需要，是立法动机形成的必要条件，但非充分条件。只有社会客观需要与立法者（统治阶级）的利益汇合，才会促使立法主体产生立法的主观需求。”③在宏观上，一定时期的立法需求可以分为“一定历史时代的立法潮流与趋向、一定历史阶段的立法价值取向与重点、一定期限的立法需求与规划、某项立法的需求与立项”④。

另外，与之相关联的是在立法表达、立法建议等之中将立法需求嵌

---

① 参见冯玉军：《法律供给及其影响因素分析》，《山东大学学报》（哲学社会科学版）2001 年第 6 期；冯玉军：《论法律均衡》，《西北师大学报》（社会科学版）2000 年第 4 期；李声炜、王哲：《法律制度的需求层次、博弈及路径分析》，《河北法学》2004 年第 5 期；汪全胜：《论法律非均衡——关于法律的制度经济学分析》，《广东社会科学》2005 年第 5 期。

② 早期的研究参见周林彬《法律经济学论纲》（北京大学出版社 1998 年版）一书。

③ 郭道晖：《当代中国立法》上卷，中国民主法制出版社 1998 年版，第 193～194 页。有学者从人的需要的视角分析法律需求及其过程，还有学者对法律需求和立法需求进行了划分。（参见叶传星：《论人的法律需要》，《法制与社会发展》2003 年第 1 期；林喆：《法律思维学导论》，山东人民出版社 2000 年版，第 333 页）

④ 郭道晖：《论立法决策》，《中外法学》1996 年第 3 期。

入其中进行分析的。立法建议是公众有关立法意愿、立法要求、立法主张的具体表现形式和体现方式。① 再如有学者指出："立法建议是有关立法意愿、立法要求的一种表现形式，是一种立法主张。"②后来，有学者对立法需求进行了专门研究，使其通常作为立法愿望、对于法律制度的建构与创制的需要的一个表达语词，在内涵、外延、类别和特征等方面的认识得以深化。③

第二节 科学立法需求的溯源与条件

一、社会需求政治化

立法是以一定社会条件下表现为社会问题的社会需要为依据的，这样对社会问题的发现和确认、对构成问题的社会根源的探索和寻究，首

---

① 参见崔浩：《行政立法公众参与有效性研究》，《法学论坛》2015年第4期。

② 周旺生：《立法论》，北京大学出版社1994年版，第467～468页。

③ 参见刘惠荣、柏杨：《立法规划的基本要求：科学性与民主性》，《学习与探索》2005年第6期；石东坡：《论非均衡法律发展中的立法需求及其民主内涵》，《河北法学》2008年第10期；饶龙飞、许秀姿：《立法时机三论》，《井冈山学院学报》（综合版）2009年第1期；石东坡：《论法律规范设计中的制度廉洁性评估——以〈立法法〉修正案（草案）为指向》，《甘肃理论学刊》2015年第1期；张洪涛、胡晟：《我国立法战略选择的经济分析》，《西南交通大学学报》（社会科学版）2005年第3期。其中有学者认为："根据社会能否支付其法律运行成本的能力，可将立法需求分为意愿的立法需求和有效的立法需求。""构成有效的立法需求有两个因素：第一是意愿，即社会具有通过立法来实现一定利益的意愿，这是主观因素；第二是能力，即社会能支付法律运行成本的能力，这是客观因素。"[参见颜小鹏：《公民宪政需求的概念、理论与实践解析》，《佳木斯大学社会科学学报》2011年第1期；石东坡：《群岛新区建设立法需求的逻辑分析》，《浙江工业大学学报》（社会科学版）2011年第4期]我们认为，前者凸显了立法的可能性，后者则是立法的可行性。对立法需求的回应所受到的立法主体的立法能力制约予以强调，指出这是其可行性的问题，这无疑是正确的。但是将立法能力作为有效的立法需求的一个构成要素，则是欠妥的。

先需要的是因果分析的思维方式。进一步，在对解决和预防社会问题的各种方案的评估和筛选中，又需要价值分析和利益衡量的思维方式与评价方法，而不是纯粹的技术性的构造型思维方式。针对一定的社会问题，是否需要法律的介入，需要怎样的法律调整才能有效地预防和圆满地解决，法律以怎样的力度、方式和程度进入该社会关系领域才是最为适宜的，与此同时，又要如何克服立法盲动，如何禁绝领导意志牵引下的立法，如何消除所谓“僵尸立法”“作秀立法”“懒政立法”，这就必须尊重和保护社会自主创新与自主发展能力，优选诱致性变迁的制度演进路径，作为不断确立和固化社会行为规范的基础机制与衍生途径。同时应当慎重选用强制性变迁，或者通过国家强制立法供给以法律规定强制实现社会变革的变法模式。

期间社会需求的政治化，就是在社会需求形成之后，即便通过社会公共管理机制也难以吸纳其具有阶级性的压力和具有破坏性的冲击，才得以触动社会政治层面，使得有可能形成包括立法动议以及相应的立法设计的政治需求得到明确的表现和表达。所以，从一定的社会失范现象的出现，到一定的立法设计的实质开启，其中仅就需求的反映而言，至少需要经过社会自行回应、政治决策处置等这样两个阶段。而在这样的环节之后，尚不能够通过个别化的或者阶段性的社会公共政策调整而达致消解、化解的效果，才会在制度的特别是在国家法律制度体系的层面上最终暴露、反映出来。由此，在一定的社会主体围绕自身的利益诉求开展的社会求取中，便会出现不仅仅为自己而且同时为身处同样处境的每一位社会成员来争得其均应获得的正当利益。而这种合理的诉求在现行的制度框架内并未被容纳或者说未被明确地承认，那么就出现了发育为立法需求的萌芽。

二、制度需求特定化

在客观实存的制度层面上，当一个社会的基本制度确定以后，社会发展和社会运转的具体制度安排便需要权威主体比如民选代议机关等加以制定和实施。这样方可随着制度的逐步完善和系统化，整个社会逐步达到有序状态下的制度均衡和社会均衡。但是，行为失范的普遍化与显在化，说明假定在社会基本经济形态和社会性质上能够容许和接纳社会生产力的发展速率与发展水准的前提下，存在着某一具体社会制度供给的短缺现象。无论是社会形态的变革，还是一个社会内部的改革、社会关系和社会结构的变化、社会经济和政治的转型，都同时预示和决定着制度的转型。社会失范和制度失效、制度缺失的出现，暴露出制度供给和制度创新的紧迫性。制度短缺反映的是制度供给与制度需求之间的关系。制度供给，是指在特定的时期内，由制度供给主体提供的具体制度安排的数量和质量。制度需求，是指人们对制度资源所需的数量和质量的总和。经济学上存在着两种不同类型的短缺，即需求过度型短缺与供给不足型短缺。① 我国在社会转型时期主要的问题是制度供给不足型短缺，我们认为特别是相对由社会转型的震荡期向社会运行的稳定期的特殊历程而言，社会必将在相当长的时间内出现和保持纠纷、矛盾的数量和烈度不断上涨的势头，制度文明的进程成为体制改革不断得以深化和巩固其成果、增进社会和谐程度的必由之路，其中的基本选择就是法治化，首先是以法典化为导引的基本法律制度的健全。所以，面对既要解决制度空白和制度缺失等数量方面的制度绝对短缺，又要解决由于制度自身的质量短板而呈现的相对短缺或者可以称之为“无效的、虚假的供给”的一系列问题，必须把立法设计并有效提高其质量与品格作为整个制度建置、制度文明建设的核心问题。②

---

① 参见马庆泉:《新短缺经济学》,求实出版社 1989 年版,第 2 页。

② 因此,我们认为,我国目前绝非存在什么“立法膨胀”。再者,有学者敏锐和深刻地揭示出立法在制度建置中的重要地位、法典在制度文明中的重要作用。在实践上,国务院《全面推进依法行政实施纲要》明确地从制度建设质量的意义上看待行政立法和行政决策,这些都预示着我国体制改革进程的中后期必然将制度的内在质量和健全体系作为一个重要的战略任务,这从全国人大常委会的立法规划也可以有些许的表露。这似乎是我国立法学乃至于整个法学实实在在地稳健推进的历史机遇期。(参见杨解君:《立法膨胀的负面效应及对策》,《江海学刊》1996 年第 3 期;杨解君:《立法膨胀论》,《法学》1996 年第 3 期;石谷山:《“立法膨胀论”驳议》,《益阳师专学报》1997 年第 3 期)

因此，社会需求的问题就转变为制度的“自身”问题：其一，制度供给的数量不足引起制度短缺。其二，制度供给主体由于制度供给或创新的意愿和能力不足而引起的制度短缺。其三，制度供给主体在具体执行和实践制度安排方面的能力和意愿不足而引起的制度短缺。我们认为，这实际上不是制度供给的不足，而是制度实现的效力悬空现象。我们理解，制度供给主要反映在政策制定和立法决策上，即制度供给就是制度安排，而不宜包括制度的实行与实效的取得。① 所以，相对于快速增长的经济社会而言，制度短缺也就成了转型社会的显著特征。而解决制度短缺的愿望和期盼，正是制度创新的主观动因。

国家立法机关或者权力机关作为制度的主要生产和供给者面对立法需求的产出能力高低，成为在制度短缺的克服以及制度实效的提升上的直接影响因素。系统研究国家立法活动的基础适宜将法律作为社会制度结构中的正式制度，将立法作为社会制度的正式供给方式，并置于社会制度体系的形成与演变之中进行考察，而不是仅仅在法律调整运行机制之中、在严格的明确的立法程序所规范和限定的行为阶段来进行考察。这对于立法实践的解读，对于立法设计的起始阶段、转化阶段与完形阶段的一体化的思考与解释，是有积极意义的。

制度的创新和供给，不仅以国家作为行动主体。国家的立法活动，不是法律发生的全部。除去针对国家立法活动为主体或主导之外，对国家认可法律规范以及法律发生的其他形式也要给予足够的重视和开掘，诸如案例指导制度、乡土资源中的家训家规等都应予以解析，以提取制度需求及其现实回应的共同规律。

---

① 另，有关学者同时区分了制度的安排与制度的执行，制度供给者根据社会的制度需求为社会提供出一系列制度安排，但制度安排的提供并不等于制度安排的执行，因此不适宜将第三种情形仍然作为制度短缺的表现与内容。

第三节 科学立法需求的萌生与定位

一、立法需求以社会关系为变革客体

立法需求，是人的社会需要。社会需要，是“现实的个人对社会的依赖和需要”①。“需要具有社会性。”②这是需求的普遍的共性。社会是立法需求的对象。这是在立法需求的主客体结构上的把握，而并非是对立法需求的社会属性的概括；或者说是人指向身处其间而又外在自身的社会的要求，要求社会的制度体系特别是其中的法律规范体系的价值、内容、结构与形式能够以人为本，能够契合人自身的生存与发展的根本导向与现实基础。所以，立法需求首先是对既有法律制度的变革诉求；其次是对以法律规范所引领、支撑和保障的社会政策的发展的要求；最后是以人的尺度和眼光对人的社会境状来进行的批判性诉求，是人作为意识的存在物对维持作为自然的存在物，进而保证作为社会的存在而对社会所提出的包容性、互适性和发展性主张。立法需求的内容，是意在通过法律关系的设定或再设定，实现对现实社会关系的扬弃，以更富有社会正义、人际和谐和个体尊严的权利义务的融洽状态和思想行为的自由空间，使得社会现世成为一个人的世界，而不是非人的混沌。

这表明，这种立法需求有着触动法律乃至于社会制度层面的杠杆作用。同时还有着作为社会需求、有鉴于法律制度的强制力和有效性且在权利义务设定上的普遍性和扩展性，又具有很强的中介属性。在“人的需要与社会制度的关系中，人的需要、人本身是目的，而社会制度永远是

① 陈尚伟、高永强:《论人的需要及其合理性》,《理论与现代化》2012 年第 5 期。

② 王伟光:《论人的需要和需要范畴》,《北京社会科学》1999 年第 2 期。

满足人的需要、人的自我实现的手段”[①]。人的自然需要、精神需要通过立法需求得到综合承载和协同实现。正如社会关系变革的需要是发展生产力的需要的传导一样，对立法的需要是对社会利益格局的变革，是对人在既有社会的法律构筑的生存空间和被确定的社会资本的改变，意味着由此不仅改变了这种利益资源配置的结果形态，而且还改变了其初始的制度条件，这是一个重刷“跑道”的过程。这也正是立法层面的需要与政策需求的不同。

同时还应注意：第一，立法需求不是自我道德期许和道德自律，不能够以主观的自我牺牲境界和理想的人际状态作为论证的支撑。第二，立法需求又是包含着对人的自我权利义务状态的意愿。这种意愿的可能性和正当性就其需求主体而言，是可以接受的、愿意实现的。包括法律在内的社会制度，既是一种社会结构中实体的存在要件，同时又具有表意性，是立法需求主体社会理想观念的展现。第三，立法主体的需求，包含着其立法需求中的合理性、必要性、可行性等的综合现实因素，否则这一立法需求将是难以实现的。而作为可实现的立法需求，即在其后续的转换为立法项目的实施中，如纳入现实的社会制度的生产之中，立法就会作为社会关系的生产活动而存在，因而它是“全面的”[②]社会生产的必要构成和产出管道。

二、立法需求以法律规范为产出对象

有学者指出，需要作为一般范畴，是包括人在内的一切生物有机体所共有的一种特性，这是有机体为了维持正常运转（生存、发展）必须与

① 房宁：《社会主义与人的需要——关于马克思主义需要理论的现实思考》，《马克思主义与现实》1995 年第 3 期。

② 余源培：《人的需要和人的全面发展——对我国全面建设小康社会的一种哲学审视》，《学术月刊》2002 年第 11 期。

外部世界进行物质、能量、信息交换而产生的一种摄取状态。[①] 因此，尽管需要是在一定的社会主体的对外需求角度进行的概括，但是其本质上是一个关系范畴。需要是以主观愿望的形式反映出来的客观需求。不满社会现状和制度现状的制度需要就成为立法设计和立法创新的动力源泉，其聚焦在创造出与人的需要、人的本质相符合的法律制度产品。制度需求首先表现为政治的决定和政策的实行，只有其中必须采取法律制度的形式赢得稳定性和全局性才有可能进一步转化和抬升为立法需求。制度需求，是社会主体基于自己的价值观念、利益主张而寻求在制度创设中获取有利的地位。制度需求的一般内涵和层次，又将自身所主张的权利义务、程序责任予以立法确认，以法律为内容、机制和媒介的需要或主张，就形成为立法需求。

立法需求是一种以社会的法律制度的有效供给为期待内容的主体需要。通过这种需要的实现，来确认、保护和实现该立法需求者所向往的一定的物质利益和精神利益。同时又因为立法尚且需要进一步通过执法和司法，以及对法律的遵守和监督，才能够切实地将其加以确认、持有或取得的权益真正地达成。换言之，在立法的环节，立法需求是将一定的实际存在的利益或者期待取得的利益权利化。对此，有学者正确地指出，通过法律制度使显露于现存制度安排结构之外的利润内在化，是

---

① 有学者提出新的需要层次论，主张将人的需要分为生存需要、情感需要、服务需要、社会（生活）需要、享受需要、发展需要（参见陈志尚、张维祥：《关于人的需要的几个问题》，《人文杂志》1998 年第 1 期）。早期关于人的需要的研究，可参见赵士发的《关于人的需要问题研究综述》（《社会科学动态》1999 年第 4 期）。在国外马克思主义需要理论的研究上，自 20 世纪 60 年代以来，以阿格纳斯·赫勒尔的《马克思的需要理论》（1976 年）为代表。关于人的需要在其客观内容与主观形式之间的关系、人的需要结构和类别的探讨，可参见陈尚伟、高永强的《论人的需要及其合理性》（《理论与现代化》2012 年第 5 期）。有学者除了将其划分为四类——自然需要、社会需要、精神需要之外，还将经济需要单列出来。（参见房宁：《社会主义与人的需要——关于马克思主义需要理论的现实思考》，《马克思主义与现实》1995 年第 3 期）。新近的争鸣，可参见王玉樑的《论价值哲学研究中的偏向》（《马克思主义研究》2015 年第 4 期）。

法律需求产生的基本原因。① 第一,权益需求以一定的利益为内核,以其具有的正当性的价值需要为助力,在表现和转化为立法需求之际,这种权益需求获得其他社会主体的认同,表明能够与其他社会主体的权利义务相协调。第二,这一权益需求不足以在既定的法律制度及其实施中得到实现,因此就转换为立法需求。这样立法需求不是表面化的对立法权力、立法项目的需要,而是对通过立法确立具有针对性和创制性以补强既有的某一方面法律规范之不足的需要。立法需求的中介性,是将立法相对于社会主体的物质、精神利益的实现而言所具有的手段或渠道的功能与作用,而其所具有的价值表征的功能,使得其同时成为一种目的性的追求客体。

立法需求在相对广泛的社会主体共识基础上,并通过一定的立法主体的行动促使立法权力主体将其作为相应的立法议题或规范设计的调整对象、制度雏形,那么,这样的立法活动就表现出比较鲜明的回应性。所以,实际上不存在什么"回应型立法"的类型或模式。一切的立法都应该具有、都实际具有其回应性,尽管有一些可能仅仅是政治姿态或价值宣示上的回应。但这只是回应的效度与信度问题,不是回应与否的问题。再者,按照制度演进的类型划分,有学者将其称之为区别于法律的强制性供给模式的"诱导性供给模式"。换言之,在立法的社会压力和政治吸纳之间能够保持一种活跃的互动,而不是立法来自权力的顶层自上而下的命令和索取。在立法需求的主体、来源上,我们认为,其实并不存在这样的两种对立的模式。因为强制性法律供给的"模式"只不过是在该立法项目或其中某种制度的设计上,有着一种权力中心或权力执掌者的强烈主张和强力推动。而这一点尽管在其浅表的层次上,显得"主观性强",但并不是就不切合在规律层面的社会关系和主体行为的应有的规律性的方式和内容,即不一定就是社会中的民众或社会历史发展所不需要的,在实施上并非就一定是与社会相抵触且成本高昂。

---

① 参见[英]R. H. 科斯、A. 阿尔钦、D. 诺斯等:《财产权利与制度变迁》,刘守英等译,上海三联书店 1994 年版,第 266 页。

第四节
科学立法需求的聚合与表达

一、立法需求内容的焦点化

首先，作为社会主体的“高端”的政治法律选择，立法需求即便在政治设计和政策需求之中与其他政策体系中的工具手段相比较，也已是在逐步摆脱其非理性和粗疏的因子，尽管难以完全禁绝。立法需求是政治需求、政策需求的法律化。在立法需求中，社会理想、愿望表达、行为样态、关系格局和利益获取被纳入立法中博弈，使得其不再是赤裸裸的利益争夺，而是使得其主张更具有正当性、合法性和说服力，这样将利益纷争、政治纷扰、政见分歧转化为立法问题，在其诉求的法律化进入之际，即同时意味着以法定的价值、思维、程序、逻辑和技术将社会不同群体的利益流转、切割和对立，均引导和羁束于立法程序之下，将舆情冲击舒缓为立法中的对话、交涉与辩论、协商。以此，同样要善于淡化政治意识形态的歧见和道德伦理争辩的高下，而是要将其转变为以和平、理性的方式，聚焦为立法中的制度设计、规范创设，从而最大限度地避免政策面和社会面上的立场观点的尖锐对顶，防范和化解如《物权法》立法过程中的社会思潮与政见倾向上的对立、混乱以及对社会团结的冲击和撕裂。

其次，在微观的层面上，实现由行为到制度的层面的提升，是立法需求的着眼点所在。以已有的行为方式制度化、法律化的视角分析，立法需求即意在将该行为方式作为刚性的行为模式，并使之获得法律奖励与惩罚的保护和推行。由此，立法需求之中的“需要”，结合“制度化”的理论①，有着三重意涵：首先，是要求对于利益的支配者、占有者的一定的约束和抑制，对权利义务边界的清晰划定和合理界定。其次，是要求该社会关

① 参见郁建兴、秦上人：《制度化：内涵、类型学、生成机制与评价》，《学术月刊》2015 年第3 期。

系的安定性和预期性,需要将某种价值目标及与其对应的该行为模式稳定、持续地加以保持。最后,要求在这种利益界分上有着与其他的社会利益关系的调整之间的衔接性、兼容性,而不是单独的、局部的。这样更加有助于认识立法需求在政策体系中作为一种特殊的供给与政策调整之间的差异。因此,更要审慎地对待,而不能将其过于混同于其他的政策工具之中。

毋庸讳言,针对原本不法化的某种行为除罪化的现实,社会需要具体的立法。例如,民间金融由灰色化到合法化,再到通过加强系统的地方金融监管,以防范金融区域性风险。这一过程,首当其冲的是是否对其予以解禁,其次是监督管理的跟进及其科学性合理性问题。这样其中的立法需求的层次性和阶段性就显现了出来。在浙江省,省人大先期制定了《温州民间融资管理条例》。这是我国首个针对民间融资加以承认并尝试规范化的地方性法规。随后,针对更为广泛和复杂的金融市场,《浙江省地方金融监管条例立法》的立法需求日益凸显出来,且正在积极论证和前期设计之中。①

再次,立法需求实质上是利益关系、利益格局和资源配置,以及社会价值理念的公共的制度化变革的需要。对于以立法需求进入到立法实践活动的正式程序环节,有学者更加强调立法需求摆脱社会政治经济需求不仅仅有内容上的固有形态,而是应当接受法律自身系统的"自我创生和自我调整"的选择性对待,并因此完成对于相应社会压力的转化性吸收。我们理解,其实质是必须将相应的社会需求通过法律自身结构与内容上的缺陷或者不足得到相应的逻辑上的映现和明确。其中更是具

① 参见《浙江省地方金融监管条例立法研讨会召开》,http://www.chinalaw.org.cn/Column/Column_View.aspx? ColumnID=737&InfoID=17378;姜旭朝、邓蕊:《民间金融合法化:一个制度视角》,《学习与探索》2005 年第 5 期;曹凤岐:《温州金融改革与民间金融的合法化》,《中国市场》2012 年第 37 期;李金玲:《温州民间金融或率先逃离灰色地带》,2012 年 3 月 20 日《中国企业报》第 9 版;吕臣、林汉川、王玉燕:《我国民间金融法律监管的现状、问题及保障体系研究》,《浙江金融》2015 年第 7 期;唐清利:《民间金融区域性风险的政策与法律应对》,四川省人民政府网站,http://www.sc.gov.cn/10462/10464/10856/12502/2015/2/13/10327199.shtml。

有基于法律制度系统完整性和逻辑性的一个“内化”的环节，而非只是对于外界这种“干涉”的直接单纯的反应。这种观点重视立法需求不仅应当具有其社会内容和社会价值，而且也更应当具有在法律制度体系中的说明和确立，是非常辩证的。在分析和看待立法需求的生成与特定化的意义上，注意到相应社会需求能否以及如何在法律制度的自身系统中得到明确的环节是非常必要的。[①] 法律进化不是社会冲突的法律化或社会利益的法律版。政治或者经济方面形成的主张与需求对于法律系统来说只是一种作为刺激物而起作用的环境因素，它们必须被重构为法律系统内自治法的冲突（而“重构”在法律的世界中翻译并重新表征社会的意义），并转化成为在法律自身系统的屏幕上被看到的那些社会压力。

所以，在立法需求的环节，我们既要鲜明地表现出社会需求向着法律需求的转化与“刺激”，同时又表现出，立法需求必须是在法律制度的系统内部的对于法律自身所特有的并非其他社会控制的行为规范系统

---

① 就像朱苏力教授所指出的，不是社会出现失范现象需要法律去进行调整，而是在立法者和法律制度的层面上看要有这些法律制度，要再生产它自己。但是我们认为主要的还是因为社会需求的萌生是立法需求的社会根源。换言之，法律的发展与变革尽管不仅仅是“一种受社会制约的决策过程”，但却首先是一个适应社会需求而存在的制度供给与制度调整的实践活动。立法实践的活动环节，尤其是首先承担着这种对于社会制约予以反馈和回馈的功能。即便是主张“法律是一个自创生系统”的学者贡塔·托依布纳自己，在辩证的立场上，也坚持“通过法律的社会调整是由两种多样化的机制结合来完成的：信息与干涉。他们把法律的运行闭合与对环境的认知开放结合起来”。“法律系统在其社会环境内运用它的内部传感器（作用、概念、学说）探察冲突的存在。然后它通过规范、程序和学说对它们进行加工，以它自己的术语把它们作为预期的冲突来重构这些冲突。最后，它以新的法律沟通也与之相连的判决理由的形式，产生一个具有约束力的冲突解决方式”。但是接下来贡塔·托依布纳总结道：“所有这些都发生在由法律自己界定的法律沟通的限度内。”因此，矫枉过正地得出结论为：“立法因此同样被解释为一个全部在法律之内发生的过程。”（[德]贡塔·托依布纳：《法律：一个自创生系统》，张骐译，北京大学出版社 2004 年版，译者序言第 26 页）显然，这不甚合适。或许是我们对于自创生系统的认识过于粗浅，但我们认为，对于如何自创生，作者并没有进一步具体、深入和细致地加入说明与分析。

与控制实施机制所具有的、宛如哈特所指称的“次要规则”等诸如此类①的那些成分与内容的需要的时候才能够成立。

最后，固然立法需求有着其动机的多样性、个体的偏好性，立法需求的表达、传播有着其偶然性，但是其聚合过程或者说社会的公共选择的过程并非毫无规律可言。权力结构、法律权威、法律实效、立法周期及其中的党争情形等，都会是影响实际的立法需求是否能够坦率表达的因素，因此，在法治的现实境况以及立法需求的表达的真实性、充分性之

---

① 贡塔·托依布纳将哈特的关于次要规则的观点称为“最为认知的法律自我描述的例子”。他指出，社会规范不单单是法律规范，需要通过次要规则之类的部分，才能够使有些社会规范变为法律规范(我们在赞同这种对于社会规范与法律规范的明确其相互之间在内容和来源上的一致性的同时，更加强调法律之所以为法律的那些诸如次要规则的组成部分的内容及其作用的“穷尽化”认识思维，这在我们看来实际上正是分析法学在现代的发展(关于哈特的次要规则的观点，参见沈宗灵:《现代西方法理学》，北京大学出版社 1992 年版，第 186～190 页；徐爱国等:《西方法律思想史》，北京大学出版社 2002 年版，第 237、335 页)。但是他又同时指出，次要规则只是构成采用法律结构自我描述形式的诸多自我关联循环中的一种，是不完整的图像。由此可见，贡塔·托依布纳非常强调仅仅作为法律制度的组成部分的规则或者规范及其相互之间的逻辑循环上的关联，并且认为这些法律所特有的规则、技术、组织等的部分及其相互构成的一个自创生系统的自足性或者说闭合性的系统的特征，似乎有对于法律制度及其产生和运行的一种更加绝对化的立场。因为贡塔·托依布纳进一步主张:法律作为社会子系统，作为通过独立化发展出来的沟通行为之上的“沟通系统”，尽管是从“社会沟通的一般循环发展出来的”，但是“已经成为如此彻底独立的”一种可以被称为“第二级的自创生系统”，已经成为一种“自我再生产的自治的沟通系统”，已经自给自足了(参见[德]贡塔·托依布纳:《法律:一个自创生系统》，张骐译，北京大学出版社 2004 年版，第 50、51、81、82 页)。我们不甚赞同这种结论，尽管对于其中的分析思路是持肯定态度的。同时我们还注意到，贡塔·托依布纳对于法律行为非常重视，甚至认为对于超越“一般社会行为”、对于社会行为等的法律行为，作为受法律支配的行为，能够被构成——被立法者(或者司法者)要件化地构成和界定(引者注)——是法律规范得以产生的重要环节、要素(参见[德]贡塔·托依布纳:《法律:一个自创生系统》，张骐译，北京大学出版社 2004 年版，第 53、81 页)。这里对于法律行为的自为性和一般社会行为的自在性之间的区别以及对于法律行为与法律规范之间的关系的认识是很有启发意义的。我们在尚未阅读该著作的时候就从立法的意义上认识到，法律行为是在制定之中被要件化地分解和组合地构成并规定到法律规范之中的(参见石东坡:《论中关村条例违法行政不作为法律责任之设定》，周旺生主编:《中关村立法研究》，法律出版社 2001 年版，第 446 页)。

间，有着相互影响的关系。这一过程，就展现出不同的环节、侧面的诸多主体基于自身的立场而对立法需求的过滤或寻求其可替代的公共政策方案。当今，立法需求的分散化、多样化，使得立法需求的聚合与有效转化为立法项目的社会动员难度增加、社会协商沟通的成本加大、立法民主的实现几率受到更大的挑战。但是我们也不应因为这一方面而悲观。毕竟如大数据、云计算和社会的组织化程度的提升又为此提供了积极的支持条件和实现可能。

二、立法需求项目化及限度

在现实的广义立法过程中，立法需求的主体、项目、议题以及内容均需特定化。“立法者的基本作用，就是按照实际需要补充法典，完善以往制定的法律，其中包括法学家们在不断的研究工作中发现的有缺陷的法典。”①立法机构可能具有体系、过程和政策功能。它们在制定宪法和在其他决定规则中所起的作用，以及在社会化和交流中的作用，就是它们的体系功能。立法机构参与利益表达和利益综合，参与政策拟订和政策执行，就是它们的过程功能。而议会中的专业化委员会以及按党派和按问题组成的各种集团则意味着立法机构的政策功能。② 在重视立法主体内部机构的重要功能的同时，我们也要克服长期以来立法过程中的“职权主义”甚至“隐形立法者”③影响深重的倾向，开放和汇聚社会各方面的

---

① [美]约·多·梅利曼:《大陆法系》，顾培东等译，知识出版社 1984 年版，第 94 页。

② 参见[美]加尔里埃尔·A·阿尔蒙德、小 G·宾厄姆·鲍威尔:《比较政治学——体系、过程和政策》，曹沛霖等译，上海译文出版社 1987 年版，第 313 页。

③ 有学者根据切身体会和实证归纳提出：在以建构主义为特征的大立法时代，中国人大的立法工作者基于其专业技能，借助法制工作委员会这个特殊组织，在立法规划(计划)、法案起草、协助法案审议和立法适用解释四大场域悄然发挥了立法者所不及的关键性作用，成为“显性立法者”之外的“隐性立法者”，对此应予警醒和纠偏(参见卢群星:《隐性立法者：中国立法工作者的作用及其正当性难题》，《浙江大学学报(人文社会科学版)》2013 年第 2 期)。我们认为，针对此次修正案草案分析，这种对立法工作者的倚重似乎没有减弱，反倒有所加强。这是值得商榷的。当然，伴随着立法参与中社会公众不论是以个体还是组织形态的利益表达和立法主张在规模、强度和内容上的权重的增加，使得立法工作者相对于人大代表、常委会组成人员的作用将会降低。

立法需求，“积极主动地回应公众的立法期待和市场的立法需求，将公众的立法期待和市场的立法需求通过制度化的机制置换为法律规范”，就必须深入挖掘和科学揭示其中的立法需求的本源和实质之所在，由此才能够有的放矢又统筹协调地开展立法设计，进而在根本上提高立法质量和立法效能。

毕竟，立法设计过程中的初始阶段是一个对于社会失范现象进行反应和反思的过程，是一个对于社会需求进行回应并不断将其区分和筛选为制度需求与非制度需求、政策需求与法律需求、长期法律需求与紧迫法律需求的过程，最终汇集并形成强烈和明确的立法需求的过程。而这一立法需求就已经包含着浓烈和主要的设计信息。

立法需求得到明晰并受到诸多社会成员的共同认知和认可，成为一个现实的立法项目，从而比较集中地开展立法设计活动，拟订法律草案，就要符合相关条件，历经一个过滤和筛选的过程。立法活动也不例外，至少不得处于立法权力所不能涉足的领域。同时应遵守《宪法》《立法法》等的规定，接受其他限制。[①] 立法权的范围或者准确地说立法的社会生活规制范围并非是绝对开放的，立法权是有限的。那么，能否将一定的社会公共问题转化为一个立法问题？在理念上，这需要进一步树立立

---

① 周汉华认为，只有先明确哪些不应该立法，才能进一步探讨哪些可以立法。这样，在众多可被称为“立法法”的各国法律规定中，不立法的考虑与规定占据了绝对的优先地位。例如，荷兰《立法指导原则》首先要求界定立法的目的并评估社会自律的能力。德国《联邦法律案注意要点》规定，应明确是否有必要制定法律，如果不制定会发生什么。日本《1988 年不规制原则》明确规定：“自由是原则，规制是例外。”加拿大《公平对待公民立法法》规定，除非有清楚的证据表明存在问题并且政府干预有必要，否则政府不应该立法。芬兰《行政机关正确起草法律规范手册》规定，只有通过任何其他方法不能达到目的时才应该立法，立法应该基于实际的必要性。经济合作与发展组织理事会《加强政府立法质量建议》提出，应将市场当作政府干预的替代选择，多让市场解决问题。这是在生成和确立立法需求评价其必要性和紧迫度的时候需要注意的。这是立法谦抑意识的体现。

法节制、谦抑或审慎的观念[①]，恰如在政府规制上，应按照《行政许可法》在行政许可的设定上的原则，要首先尊重和焕发公民、市场、社会的自我组织、管理、服务、保障的功能与机制，而不是政府的外在介入尤其是事前的干预，“使市场在资源配置中起决定性作用和更好发挥政府作用”。基于否定思维方式加以检视，可能是抑制“立法万能主义”泛滥的重要闸门，尤其是在《立法法》对设区的市授予立法权限之后，必须保持高度警示。例如，“建言设立新罪应该坚持刑法解释用尽原则、立法条款协调化原则和刑事立法迫不得已原则”[②]。

在制度上，需要进一步加强立法表达机制、立项审查机制和立法论证机制的建设，特别是立法前期影响评价制度并使之发挥应有作用。[③]有学者从评价立法质量的现实合理性的角度首先提出，某一个社会问题，如果法律解决方法比其他解决方法更能有效地解决问题，立法就是必要的。[④] 其次，比较法律解决方法的收益与成本。按照经济学的效益要求，如果法律解决方法的收益大于成本，则立法是有效益的、必要的；反之，立法是无效益的、不必要的。最后，分析有关问题是否适合于法律解决。法律作为一种重要社会控制手段，既有其优势和长处，又有其局

---

① 郭道晖:《论立法的社会控制限度》,《南京大学法律评论》1997 年第 1 期;顾肖荣、陈玲:《必须防范金融刑事立法的过度扩张》,《法学》2011 年第 6 期;刘艳红:《当下中国刑事立法应当如何谦抑? ——以恶意欠薪行为入罪为例之批判性分析》,《环球法律评论》2012 年第 2 期;黄文艺:《谦抑、民主、责任与法治——对中国立法理念的重思》,《政法论丛》2012 年第 2 期。其中郭道晖教授率先就立法的限度进行了深入论述,并以社会自我防卫原则和比例原则分别作为立法调整边界和立法调整梯度的依据。学界特别是刑事法学界对刑事立法政策的研究中多有对立法节制的实证分析与强烈呼吁,而今在风险刑法的理论问题上对此又有反思。

② 熊永明:《建言增设新罪现象的反思》,《法学论坛》2015 年第 3 期。

③ 参见吴芳:《我国立法提案程序中的利益表达机制研究》,《理论导刊》2009 年第 7 期;席涛:《立法评估:评估什么与如何评估——金融危机后美国和欧盟立法前评估改革探讨》,《比较法研究》2012 年第 4 期;杨思诚:《抓住重大新闻事件,彰显山东立法特色——〈我省首次对法规进行立法前评估〉点评》,《山东人大工作》2014 年第 1 期;周怡萍:《立法前评估制度研究——以地方立法为视角》,《人大研究》2014 年第 8 期。

④ 参见黄文艺:《当代中国法律发展研究》,吉林大学出版社 2001 年版,第 293～294 页;黄文艺:《论立法质量》,《河南省政法管理干部学院学报》2002 年第 3 期。

限性和弊端。对于那些不适合于由法律加以解决的问题，显然是不必要的立法。这在具体的立法需求检定过程中还需要细化为操作性的方案，由此成为《立法法》修改之后各个省级地方立法条例的修改中应予探索的重要节点之一。

在这一方面，《广州市地方性法规立项办法》第八条规定："依照征集函的要求向市人大常委会报送制定或者修改地方性法规的建议项目的单位，应当提交下列材料：立项建议书、立项论证报告、调查研究情况和各方面的意见汇总，相关法律、法规、规章和政策文件汇编。"第九条规定：立项论证报告应当包括立法必要性、合法性、合理性、可行性的说明，以及立法效益预期等的说明，这样就在立法项目的必要条件上进行了相对全面的严格要求，有助于在立法需求的审视和过滤上筑起堤坝。第十八条制定或者修改地方性法规的建议项目符合"具有立法的必要性和紧迫性"的立项条件。但遗憾的是，其中的优先立项规定得过多，行政主导色彩过浓，一些表述过于笼统，使得优先立项在很大程度上冲击了来自民众和人大代表的立法需求的吁求与表达，这似乎是值得商榷的。第十九条就立法时机、立法条件、立法需求等方面规定了制定或者修改地方性法规的建议项目不予立项的情形。这种负面清单的规定和前述正面条件的规定相辅相成，是有助于进行全面的立法需求的论证和衡量的，不失为一个有益的立法需求的法规约束方式。其中，"立法目的不明确，或者没有解决问题的制度、措施，难以实现立法目的的"，"拟解决的主要问题应当通过政策措施或者道德规范调整，没有立法必要，或者通过其他立法可以解决的"等规定，是值得各地借鉴吸取的。

综上所述，《立法法》第七十二条第四款将"立法需求"作为了一个衡量设区的市立法权获得实际行使"资质"的法定裁量因素和事实基础条件，使之成为了一个法律概念，但却是一个"不确定法律概念"，甚至还不是一个事实性不确定法律概念，而属于"价值性不确定法律概念"。因为其之判定仰赖于“行政的政策和政治性形势作最终判断”。① 当前和未来的一个时段，在转型发展、走向法治的进程中，法治的社会共识度在提高，公众期望值在提高，立法的风险挑战系数在提高，立法的质量水准尺度在提高。立法需求是通过立法的途径，以法律的方式确认、保护、调整、平衡和标示所主张的利益和价值，实现在不同社会主体之间的利益资源配置的变化和变革。伴随着公众的法治意识和法治思维在不断增强，依法确权、依法维权的意识在提高，在法律保障的公正性、充分性、有效性上既有可能对已有法律规范提出质疑，更会在推动法律制度的更新完善上提出更多主张，立法需求呈现出新的时代特点和发展趋势。立法需求的广度、深度、强度都越来越大，立法需求之间的差异性甚至冲突性越来越强，立法需求的汇聚度在主体自觉性和沟通便捷化的基础上或将呈现出更为鲜明的群体化特征。对于立法的关注与博弈，不仅仅是在已经开展起来的立法项目的内容拟定上，而且会是在立法需求的酝酿、表达上，关口前移，在立法需求能否得以表露和转化为特定的立法项目上就有可能被化解或“阻却”。毕竟立法资源是高度稀缺，在运用于不同的立法项目上，存在着排他性的关系并呈现出短缺性的情形。因此，可以预见，在立法需求的哪怕“风起于青萍之末”的些微崭露时刻，都有可能引发社会的争鸣与波动。人大主导立法的体制机制改革、“四个全面”战略布局进程中的法治的稳健性、引领性、系统性就面临着更为严峻的态势，因此我们必须高度重视，并要深刻地把握与对待立法需求的感知、传播、汇聚和表达。

立法理念必须深耕和植根于人民群众真切的立法需求之中，凝聚其立法需求中在利益、价值和思维以及行为范式诸侧面的最大共识成分，引导和输入到民主、科学、依法的立法机制、立法过程之中，成为提升立法质量、增强立法权威性、针对性和操作性的源头活水。人民群众是需

---

① 参见朱新力:《行政法律规范中的不确定法律概念及其司法审查》,《杭州大学学报》1994 年第 1 期;尹建国:《行政法中的不确定法律概念研究》,中国社会科学出版社 2012 年版。

要的最大主体。人民群众日益增长的物质文化需要，是立法需求的本源和依归。立法需求，是对法律的需要。法律作为社会制度主干、公共消费产品和社会运行介体，是为人民群众日益增长的物质文化需要的实现服务的媒介。立法需求，是将人民群众日益增长的物质文化需要作为权利的主张，使之权利化。人民群众物质文化需要的“日益增长”，是量和质的全面增长，是主体性、实质性、丰富性和自由度的增长。因此，立法需求的主流和根本，是人民群众的权益需求。在立法需求的生成和确立、表达和汇聚上，必须尊重人民群众的话语权、表达权、选择权、评价权。始终将人民群众自觉地尊重为表达主体、选择主体、设计主体和监督主体，以广大人民的根本利益为出发点和归宿，完善以宪法为核心的中国特色社会主义法律体系、法治体系。

第四章
科学立法理性

立法实践活动始终是立法学的对象所指、基石范畴和现实依托。[①]立法实践活动，从属于法律实践活动，从属于“政治生活”或者说政治实践活动，进一步又从属于“调整或者改造社会关系的实践活动”[②]，或者如一些学者所概括的为“处理与改造社会关系的活动”[③]。因此，包括立法实践在内的各种调整和改造社会关系的实践活动的内在基本矛盾仍然是客观与主观的矛盾，立法实践既是客观的，具有物质属性（这种物质属性突出地表现在针对社会存在并且自身也表现为客观存在的社会现象、具有社会属性上），又与存在于主观思维世界的认识活动具有质的区别；但其又是主观的，具有自然界物质运动所不具备的目的性、自觉能动性（这种主观属性在主体及其范围的方面不仅仅表现在阶级属性上，从其约束全体社会成员以及反映人作为“类的存在物”的共有要求的角度来分析，其同时又具有社会属性）。“实践是一种内在地包含精神因素的特殊的物质运动，是人特有的社会性的自觉的物质运动。”[④]正如法律关系是思想社会关系的判断所揭示的那样，法律意义上的社会关系的形成与

---

① 参见周旺生：《立法论》，北京大学出版社 1994 年版。

② 田心铭：《认识的反思》，人民出版社 2000 年版，第 153 页。

③ 田心铭：《认识的反思》，人民出版社 2000 年版，第 153 页。

④ 田心铭：《认识的反思》，人民出版社 2000 年版，第 151 页。

建立依赖于法律实践主体的“主观努力”;法律秩序是“一种由实体性的制度和观念化的意志所合成的社会状态”,在整体上,包括法律秩序在内的社会秩序“以社会发展规律的调节和人类的主观努力相结合的方式”来得以形成和实现。[①] 相比在既定的法律制度面前进行特定社会情势的判断和案件法律事实的认定并进一步给予微观规则的适用和落实的“用法”阶段而言,作为法的创制,立法实践活动中的主观成分就更加彰显,特别是其中的主观设定、设置、预设、建置的因素更加浓重。[②] 因为法尤其是立法(在动词的意义上),“安排各种社会的关系,它一方面指派物品、活动领域和统治范围,并且给予划定界限;另一方面,它为人们的合作准备着各种程序和组织的形式”,法的秩序“是理想的秩序”。[③]

■ 第一节 立法理性:立法设计主观层面的揭示

立法实践是其主观方面与客观方面的对立统一的活动过程。那么,立法学对于立法实践的研究,就是要再现立法实践的客观方面、主观方面及其二者的有机统一的运动过程。立法实践的客观方面,就是立法实践对于社会关系进行确定、分类和强制地进行利益界分、明确其中一定社会主体交往行为的现实可能性与法律预期性的客观进程与表现,包括立法体制与立法权限、立法过程与立法程序、立法技术与立法语言等内容。立法的主观方面,就是立法实践中立法参与主体和立法决策主体等对于社会现实状况认识与评判、对于立法实践本身进行认识与谋划特别是对于立法项目中未来法律制度的内容进行创造性的认识和价值性的

---

① 参见周旺生主编:《法学概论》,中国长安出版社 2003 年版,第 54～56 页。

② 我们这里强调立法过程“中”的主观能动性,而不是法律对于社会生活发生反作用的能动性。后者在作用上的能动性实际上是前者的外在反映和自然的结果。(参见汪永清:《论提高立法质量的理论基础》,周旺生主编:《立法研究》第 1 卷,法律出版社 2000 年版,第 495、500 页;周旺生:《立法论》,北京大学出版社 1994 年版,第 107 页)

③ 参见[德]H.科殷:《法哲学》,林荣远译,华夏出版社 2002 年版,第 173～174 页。

设计，诸多立法主体的立法认识在相互之间交流与沟通、立法主导阶段及其联盟通过其执政党团等形式所鲜明确立或者潜在认同并自觉践行的立法指导思想、基本原则、价值理念与意识形态、舆论思潮等方面，立法实践的客观方面是立法的较为直观的表现和反映，而立法实践的主观方面则是立法的较为间接的构成与内容。再者，由于立法实践的主观方面往往被有意地掩藏或者淹没在一些道德说教、宗教神旨以及教条宣传之中，所以其被蒙上了一层神秘的油彩。因此，对于立法实践的主观方面进行分析，尤其是对于其中的最具核心和最为实质的立法设计问题的揭示，就需要成为立法学中的应有内容和必要组成。

侧重在立法实践的主观层面及其从外在展现的角度看，立法实践是一个理性的过程，一个设计的过程，一个在集体理性支配下进行的制度建设、建构和设计的过程，因此，立法设计是一个揭示立法实践的本质特征与特有内容的基本理论范畴。立法设计，即立法中的制度设计，是指立法主体感受和分析社会失范现象、回应与表达法律制度需求、形成和树立具体法律理想或者说明确的立法目的、创造和建构法律规范体系雏形的立法实践活动。立法设计既在外在活动形式上表现为法律草案的设计与起草，又在内在思维秩序上表现为触及和反映社会制度需求、论证和明确立法目标追求、创造和细化法制调整方案的运作过程。

立法设计既广泛存在于具有政治和立法参与可能性以及影响度的社会生活成员及其利益集团、阶级阶层、政党团体等群体组织形态的主体认识与实践活动之中，同时又集中蕴含与表现在立法主体对于相对明确的立法项目的起草及其之前的各项实际活动之中，是后者的实际思维活动以及实质创设活动的概括。立法设计过程就是立法设计的萌芽与成长、渐次上升并且成为立法实践中的核心内容的历时的实施过程，立法设计过程与法案起草及其此前的活动过程表现为共时的行为过程。从其能动因素的角度看，立法设计就是立法理性的发挥与运用。

■ 第二节 科学立法理性:集体理性的基本表现状态

立法实践是一种集体理性活动①,立法实践并非个人的制度设计和制度建置,而是在特定资格和职权的立法主体之中或者在其委托或授权之下才能够开展的相应的创制法律规范的活动。而且立法实践是一种集体理性的酝酿、汇集和内在地进行冲突与整合,最终在特定的社会意识形态以及社会思潮的影响之下,形成一种集体的社会认知与评价,确立明确的、集中的法律可能实现的目标或者理想,集中反映为"国家意志",并且使之规则化的过程。当然,在这个集体理性的形成过程之中,政府自身及其所示即受到操控的"管理集团"的群体理性、社会生活成员的个体理性、立法主体实际组成人员的个人理性等相互之间存在着交流互动的复杂过程,特别是对立法机关的"自我意识"具有较为直接的影响作用。现代西方经济学特别是公共选择学派认为,政府在很大程度上也是一个经济人,也会追逐自身利益的最大化。也就是说,政府本身也存在自利性,并非只有阶级性和社会性。这种观点认为,政府一旦形成,其内部的官僚集团也会有自己的利益,也是一个经济人,也会追求自身利益的最大化,由此甚至会导致政府的变异,如大量滋生寻租与腐败现象等等。所谓政府的自利性,简言之,就是政府追求自身利益的最大化的

---

① 这是一种事实描述和客观揭示,并不意味着对于这种集体理性的有限性或者无限性的肯定与倡导,也不意味着对于这种集体理性与个体理性之间优劣的评判。换言之,揭示理性及其作用,并不意味着倡导理性主义,因此,对于"主义"的使用,必须保持谨慎的态度。第一,在历史上,曾经盛行唯理论。第二,在当今对于立法否定的主要的一个理由就是对于理性主义的指责。第三,对于立法调整效能的夸大往往又实际地处于极端的理性主义的支配之下。

属性。[①] 政府自利性会对于国家和社会公共利益目标产生消极影响和破坏作用，而如果进行积极诱导和合理疏导，则也可以使之转化为有利于公众利益实现，并且也兼顾特定社会群体利益的一种助动因素和能动因素。我们认为，自利性与阶级性、社会性的并存，并不意味着三者处于同等地位。政府的阶级性总是属于主导、核心的地位，社会性则是政府属性外在的主要表现，是为阶级性服务的。自利性通常只能在事实领域处于隐蔽状态，属于次要地位。正是因为这三重属性的存在，政府往往既要实现统治阶级及自身组织或官僚利益的最大化，又要保证社会能够高效率地产出。也就是说，政府的自利性与阶级性、社会性存在着一定矛盾。但这并不意味着它们之间总是处在绝对的对抗关系中，三者在一定的制度安排下可以协调一致，甚至政府的自利性有时可以为实现政府的阶级性和社会性目标提供内在的、指向于具体参与主体和人员的激励因素和行为动力，使其更好地服务于政府的阶级性、社会性。这里的“政府”实际上是广义的，不限于行政管理机关所组成的体系。换言之，议会也具有这种自利性。

通过立法实践所集中产生的法律制度是社会制度体系中的基础的、主干的组成部分。因此从这种意义上分析，立法实践就是一种制度供给的实践，就是一种在社会制度文明中具有能动作用和广泛影响，同时又和相关的制度生成与运动的社会活动甚至经济活动具有千丝万缕联系的一种专门的制度化的实践。但是需要和制度经济学的个人主义方法论、个体认知角度以及个体理性的分析及个体理性的认识基点相区别，立法理性属于集体理性的基本类型。而这一点往往在法学视野中被忽视，尤其是在当前制度经济学日益成为理论法学甚至部门法学的知识背景与认识素材、影响法学的逻辑思维的情形之下需要澄清的。[②]

作为“外在制度”，立法实践供给和产生的法律制度规则体系并不是

---

① 参见高庆年:《政府的自利性及其法律调控》,《探索》2000 年第 1 期;孙哲:《左右未来:美国国会的制度创新和决策行为》,复旦大学出版社 2001 年版。

② 参见宋功德、孙同鹏等分别关于经济行政法的制度结构、经济立法的著述。

孤立的个人、被抽象化或者说约化而成的双方当事人甚或一定范围的特定的社会群体的作品。一般认为，制度是在国家和社会中人们都必须遵守的秩序和规则。制度可分为内在制度和外在制度。内在制度是由人类群体内在经验演化而成的规则，包括各种习惯、习俗、礼貌、道德、意识形态等。外在制度是人们设计出来并强加于组织和成员的规则，它必须以法律制度的形式建立，亦即以法规的形式产生并施行。虽然大量的社会生活和经济生活是由内在制度来规范的，但实践表明，用外在制度和正式安排来补充内在制度以达到执行内在制度的目的是方便和有效的，外在规则在政治活动过程中设计出来，并由承担所谓国家保护性职能的政府机构来贯彻，包括通过合法地使用武力。甚至有学者在内部规则和外部规则的相互联系、转化上升的关系上总结为“社会制序内部的制度化，也就是从惯例规则向法律规则的转变过程，或者说从非正式规则向正式规则的过渡过程”①。

立法实践是在集体理性的支配下进行的制度建设，因此不能够在根本上通过制度经济学在个体理性——不论这种理性被绝对化还是被修正予以限定化——的假定基础上进行说明和分析。我们认为，经济学的研究是围绕如何实现一定的社会主体的经济需要的最大限度的满足而展开的。在相应的理论模型的建构中，经济学以理性人假说为基础。所谓理性，更加准确地说，是被相对孤立和抽象出来的个体的人的知识分析、价值判断和行为选择的自觉性、自主性与自利性。简单地说，就是指人在一定的约束条件下，会在可知的选择机会集中选择自己较偏好的结果。但是这样看来，经济学的假设或者说预设就不仅仅是经济活动主体一个方面的。完整地看，经济学实际上可以被看作是基于经济活动的主体、行为、客体和环境诸方面假设之下的一种经济行为的理想的“无摩擦

① 参见韦森：《社会秩序的经济分析导论》，上海三联书店 2001 年版，第 260 页。其中作者有意创造了一个重要词汇“制序”。我们理解，这是区别于社会秩序的自在状态，或者说社会秩序有可能因为非正式规则而存在(即哈耶克的“偶合秩序”)，也有可能因为正式规则而达到(可以称之为“强制秩序”)。所以，制序是“依制度而有序”，不仅能够更全面地说明秩序形成的依据，而且更能够清晰地说明制度和秩序的关系。

力”的公式描述，并且将之在具体的经济活动的实际语境之中加以丰富和变化而已，换言之，就是在已经选定的若干恒定因素基础上的变量的互动关系的展开。同时，这种约束条件，就经济活动而言，主要是生产销售者，即理性的个体在实现自身经济利益满足的过程中具有相对外在的市场因素和已经拥有的生产因素这样两部分。进入到新古典经济学的视野中，约束条件就有价格、收入与成本。在科斯以前，成本概念只包含生产成本，科斯首先将交易成本纳入经济分析之中。现实中的约束条件当然还包括信息约束、制度约束以及人自身的理性计算能力等。[①] 又因为约束条件关系交易活动过程中的成本，并且有可能对其进行普遍降低，就是相对于双方而言具有外在的公正性、一致性的制度规范。所以在这一点上，立法学对于制度的分析主要是围绕制度的形成、设计与创立，而制度经济学关于制度的一个基本分析视角则是制度相对于个体经济行为和效用最大化的功能。

因此，在客观上，制度成为被内化为个体交易的一种成本或者说背景因素，但是却被作为除去资源禀赋、技术革新以及资本支配以外的、引发和促进社会经济发展与创新的、具有高度独立性的一种因素。这样，在制度经济学中，制度与个体理性偏好之间的关系，制度与个体经济行为的关系，制度的历史与变革，制度的设计、创新与优化，制度的结构与功能，制度的作用及其量度就成为制度经济学的基本内容。比如在关于制度有效性评价原则的问题上，制度与个体理性之间的一致性就成为关于制度的一个基本前提。在经济学家看来，经济体系的运转与发展，最终都是靠人的理性行为推动的。新制度学派认为，制度是一个社会为人们发生相互关系而设定的一系列规则，是制约人们行为的正式规则和非正式规则的集合体。除诺斯的具有代表性但是甚为宽泛的观点以外，舒尔也茨认为制度是一种行为规则，这些规则涉及社会、政治及经济行为。

① 由此可见，这里的约束条件是一个具有极大张力和包容程度的概念，也是这个概念的内涵以及外延的理解上，反映出经济学研究领域轨迹的流变，甚至可以说成为经济学不断开辟新领域、生成制度经济学等分支或者思潮的一个重要切入点。

诺斯着重研究了正式的制度和非正式的制度。舒尔茨认为,制度可分为四种,如用于降低交易费用的制度,用于影响生产要素的所有者之间配置风险的制度,用于提供职能组织与个人收入源流之间的联系的制度,用于确立公共品和服务的生产与分配的框架的制度等。制度的功能主要是为个人提供一种激励系统。同时,借助于交易成本的降低来推动市场交换的发展和市场功能的扩张,减少市场交易中的不确定性和偶然性。再者,林毅夫就认为制度具有安全功能和经济功能。我们认为,这些关于制度的一般功能的归纳相互之间是一致的,尽管林毅夫的观点在宏观和微观的意义上都是成立的,但上述制度分析的基本观点总体上还是适用于微观的、中观的经济活动领域和组织形式的。

可见,非常重要的一点还需要明确,即除去个体理性之外,还有一个重要的维度即社会集体理性,以及在社会集体理性的基础上主要通过立法的制度创设与供给的问题,而这一点恰恰是其并未给予恰当对待的①,也恰恰是必须在立法实践的基础上应当给予揭示和补足的。集体理性是在具有一定利益诉求的共同性的社会生活成员相互之间通过信息交流而形成的共同社会认识。集体理性又可以称为"群体社会思维"②。在笔者看来,社会认识是对于社会的整体认识,或者说是社会观的具体的各种表现形式与内容。社会认识区别于自然认识和个体认识。自然认识是人作为个体或者群体对于自然界的认识活动及其成果;个体认识是人作为个体对于自我的认识活动及其成果,而社会认识则可以说是一定的社会个体或者群体对于自身所处社会生活基本状况与趋势的判断。

---

① 也难怪,这是经济学研究假定所表现出的立场与方法的、自身很难克服的局限,因为其中主要还是依赖和运用"方法论个人主义",鲜见持"方法论集体主义"立场的。而方法对于视野、角度、层次等均具有根本的制约作用,导致经济学简直属于"行为学"或者说行为科学的应用了。同样,尽管一些主要的经济学家生成个人主义的个人假定仍然是"社会动物",但是毕竟被抽象化甚至片面化了。[参见张宇燕:《经济发展与制度选择——对制度的经济分析》,中国人民大学出版社 1992 年版,第 34～35、56～57 页;高德步:《法律制度变迁的经济分析》,《福建论坛》(人文社会科学版)2001 年第 1 期]

② 关于个体思维和群体思维的含义与划分,可以参见曾杰、张树相:《社会思维学》,人民出版社 1996 版,第 64 页。

“社会认识面对的是在时间链条中运动、发展、变化着的社会。”①社会认识主要还是表现为集体理性。集体理性是社会认识中的主要组成部分和表现形式。集体理性的类型有很多种，比如社会心理、社会思潮等，其中最为典型的是阶级意识以及意识形态。我们认为，集体理性是一定的社会利益群体对于社会生活的认识和判断，集体认识的明晰与自觉的程度说明一个阶级或者阶层的内部凝聚程度与政治成熟程度。一定的社会利益群体，不论以利益集团还是以阶层或者阶级来实施一定的行为，都是在一定的社会意识的支配下进行的。其中的社会意识既有社会情绪的非理性的部分，又有社会思想等理性的成分，而且经常是在上述两种意识成分的综合作用下发生的。其中对于具有对自身强烈的社会属性的体认的社会成员个体而言，必然生成和必须认识到自我的真正意义的自由或者解放，必须是和所在阶级以及所处社会的基本制度的变化联系在一起的。换言之，类的意义的自由是每一个个体的自由的真正先决条件，因此，集体理性的存在与否是具有共同社会地位的相应社会生活成员是否可能采取真正意义的、自觉的集体行为的主观条件。集体理性的形成过程也是一定阶级或者阶层相互之间进行交往与妥协、一定的社会阶层内部成员相互之间进行博弈和交流而不断在区分之中进行融合与提炼的过程。立法理性就是集体理性在正式法律实践活动的立法环节的体现和反映的基本形式。立法实践中的集体理性或者说立法理性的最高表现是其指导思想和基本原则。有学者明确指出：“立法指导思想是立法主体据以进行立法活动的重要的理论根据，是为立法活动指明

① 有学者将社会认识作为与自然认识相对应的类型，而并非将其进一步与个体认识相区分、相对应，是我们所不赞同的。[参见李勇《社会认识进化论》(武汉大学出版社 2000 年版)和欧阳康《社会认识论导论》(中国社会科学出版社 1990 年版)两著作]

方向的理性认识。"[①]当然，吸收有关公共选择理论关于内在理性的统一化过程的合理因素，还需要注意到，尽管这种立法的指导思想和基本原则是一定社会中政权的掌握者即执政者的意志尤其是他们的立法意识的重要体现。只有在一定社会意识形态中占据主导地位，适合执政者需要，为当时执政者所信奉、所推崇的思想或者立法意识，才能在立法活动中充当或被奉为指导思想，并在立法实践中具体体现为基本原则。但是立法中的集体理性是以立法参与者[②]的个体理性为基础和来源的。立法实践就是在这种不断明确的集体理性的指导和支配下开展的改变社会行为规范体系的能动的实践活动（当然实践中的确存在集体非理性的决断和立法，这里的理性与否实际上是价值善恶的问题了）。忽视和回避甚至否定立法实践处于这样的集体理性的指导和支配下，正是否定立法实践存在设计的可能性及其内容的一个重要诱因。

■ 第三节 科学立法理性：实践展开过程的若干要素

总体看来，从主观思维的类型或形式及其特点的角度分析立法实践

---

① 其实在立法理论之中关于这一方面是有着长期研究和显著成果的，只不过是从一定的阶级掌控国家政权的阶级利益的主张及其理论说明影响和灌注在立法活动的单线作用和认识秩序上进行分析的，还没有在社会认识特别是个体理性与集体理性的比较说明的角度下进行认识。因此，我们也就很难在制度生成和设计的一般理论上回应和辩驳有关的基于个体理性及其交互作用的博弈论、公共选择理论等观念，并且也还没有从立法实践的意义上对于在内在结构上的集体理性和集体行为（立法活动）的对应与结合关系给予说明。再者，立法的指导思想和基本原则，实际上并不是首先作为关于立法的意识而存在的，而是首先作为关于社会、立法者自身的意识，然后和对于立法的认识相结合而产生的。（参见周旺生主编：《立法学》，法律出版社 2000 年版，第 48～49 页；李步云、汪永清主编：《中国立法的基本理论和制度》，中国法制出版社 1998 年版，第 34 页）

② 这里的"立法参与者"是广义的，近于李林所谓"立法者"。参见李林：《走向宪政的立法》，法律出版社 2003 年版，第 1 页注释。

活动特别是分析其中的重要活动环节——立法设计的理论探讨尚不集中。近来,通过对于欧洲法典化特别是欧洲大陆的法典化历程的考察及其背后的思想渊源的研究。有学者指出,在主体上,立法理性与行政理性或者说科层理性、司法理性相区别或者相对称。在内容上,立法理性不仅在于对一定的法律制度进行梳理和整合、总结和编订,而且更加在于对"新社会之设计图"的意义,甚至是通过体系性的和包罗万象的新秩序对社会进行总括性设计,从理性出发,遵循理性的要求,在一个价值原则之下推导和衍生一种清晰而系统的甚至近乎完美的法律制度(这就是立法理性的极端表现和追求了)。在实质上,立法理性就是试图将作为理想法的自然法与日常适用的实定法加以统一。在形式上,立法理性集中通过法典化的形式表现出来,其最佳的表现形式就是法典体系。在历史上,边沁、笛卡儿、蒂博等被认为是立法理性的主要倡导者,立法的理性主义在法典编纂之中得到非常充分的体现,这一点已被马克斯·韦伯、达·维德、E. 博登海默等所承认和揭示。[①] 上述探讨具有很强的启发意义,但是在我们看来,则需要至少注意以下三点:(1)立法理性的存在与其作用的发挥,并不能够等同于理性主义的认识路线——尽管理性主义是立法理性的一种典型的甚至极端的表现形式。理性主义毕竟只是其特定历史阶段的表现形式或者说历史形态。(2)立法理性并非只是形式合理性和理性化的表现即法典化。法典化只是其技术性要求,在根本上立法理性是对于社会自发生活状态与秩序状况的一种辩证的否定的能力与力量,因此立法理性才能够成为立法的主观动力源泉。而法典化的逻辑性、系统性和科学性等则是其外在形式的必然要求,但是并不能够因此而忽视立法理性的阶段性、渐进性和历史性。进而我们认为,立法所追求的法典体系在具有自身逻辑性的同时也具有了封闭性甚至终极性。(3)立法理性是对于社会的设计,但是这种设计并不是没有依据和来源的。立法理性不是必然导致国家主义立场的,不是对于群众理性

---

① 参见陈赞伟《近代欧洲法典化运动:立法理性在历史层面的展开》(周旺生主编:《立法研究》第 4 卷,法律出版社 2004 年版)一文。

和个体理性的剪除和否定。

进一步，我们认为，汲取社会认识论、社会思维学的有关基本理论判断，立足于立法实践活动的特有内容与立法设计的认识过程，可以对于立法理性形成至少以下五点基本判断：

第一，在内容与对象上，立法理性的实质和核心是对于社会生活客体的理性反映形式。理性有着广义和狭义的区分。在广义上，理性是认识活动、认识能力的代名词，就是认识，包括了认识运动过程中的感性反映形式和理性反映形式；狭义的理性仅指概念、判断、推理等抽象思维形式。[①] 其实按照我们的理解和体会，在使用上，理性还往往被用来说明对于自身的利益与需求的明确认识和积极追求，特别是在其中具有对于利益取舍和苦乐计算的逻辑思维能力或者说分析选择与判断的倾向、趋向和能力。对于理性，既有在认识阶段和认识形式上的割裂，又有在认识主体与认识客体上的割裂，还有在认识可能性及其限度上的割裂，因此造成了经验论与唯理论的对立、自然可知论与社会不可知论的对立，以及认识的绝对主义与相对主义的对立。看待和分析立法的实践活动中，同样反映出上述立场或者思想倾向的差异甚至严重对立的两极思维模式，尤其是将英美法系和大陆法系作为这两种思维模式的现实反映。社会生活客体，就是社会本身。马克思指出，在社会生活个体相互之间在生产实践等社会交往活动之中实际结成的各种关系和联系“总合起来就构成所谓社会关系，构成所谓社会，并且是构成为一个处于一定历史发展阶段上的社会，具有独特的特征的社会”[②]。社会实践活动中，实践主体同时就是认识主体，对于实践对象的认识就是对于社会客体的认识。就理性的主观属性而言，显然是依存于社会存在的，不论是否是对社会客体的外在存在的正确反映，立法理性都是基于反映而成立的。社会客体即相对于社会实践活动者而言的、纳入社会实践活动范围的客观社会

① 参见赵家祥等：《马克思主义哲学教程》，北京大学出版社 2003 年版，第 14、211、212、213、219、227 页。

② 《马克思恩格斯全集》第 6 卷，人民出版社 1961 年版，第 487 页。

存在，就是社会关系的基本状况及其本质规律。缺乏对于社会关系的清醒认识以及抽象概括，就必然在实践中丧失主动性、有效性甚至参与的可能性，因此，立法实践中的集体理性，就是对于社会客体的认识自觉。

第二，在主体与类型上，立法理性是一种集体理性在立法实践活动中的生成和运用。① 在认识主体的类型上，立法实践活动最终是以集体的实践主体的活动展示出来的。立法实践活动中的认识，属于社会群体意识的范畴，在本质上属于阶级意识的阶级意志的性质。这种思想意识，既需要从其具体的内容与属性上进行分析，比如一定的执政者的意识形态，其中包含的世界观、国家观与权力观及其阶级属性等，又需要从其结构、形式与形成过程来进行分析。前者实质上体现和反映出一定的群体意识的社会的、历史的具体性和特殊性，后者则是在认识论的意义上的普遍性与抽象性，二者是对立统一的。对于立法实践活动的意识层面的分析，可以说，上述两个方面的趋向均存在并有所应用；在对于立法的特定的思想内容的分析中，往往是以一定阶级的政治法律思想体系及其基本理念通过立法的指导思想的形式作为其中的直接的内容的，兼及立法实践的认识方法和工作技术（广义的立法技术，比如专门机关和群众路线相结合的方法、调查研究的方法、立法公听的方法等）；而在对于立法的一般意识的思维进路的分析中，关注其中的主观主义与客观主义、经验论和唯理论之间的分歧与现实表现的，主要是在比较英美法系

---

① 对于立法理性的否定理由，可以归纳为以下四点：第一，阶级作为认识的集体单位，在替代和主导社会"公共"理性方面是不应当的。第二，对于社会客体的理性认识相对于感性认识而言是不可能的，特别是波普尔、布坎南主张这一点。第三，理性的理想与价值因素会取代其中的客观内容，进而导致绝对的建构的理性主义的图景追求。第四，任何集体理性对于个人理性都不具有优越性，乃至于对个体自由都构成侵害。在是否肯定立法、国家立法对于自生自发的法律（秩序）的自我演变发挥纠偏作用的问题上，哈耶克的思想有些自相矛盾。其尽管承认其作用，但是却又更多地坚决主张反对立法权，认为"正是受社会正义之幻想的激励而做出的这些努力，使得那些目的独立的正当行为规则（或私法规则）一步一步地变成了目的依附的组织规则（或公法规则）"。甚至他认为通过立法改变和影响个人的自由，是"不道德的"。在这样的基本立场上，诺齐克的观点和哈耶克是一致的。（参见[英]哈耶克：《法律、立法与自由》第1卷，中国大百科全书出版社2000年版，第221页）

和大陆法系的法律发展道路之中进行的。[①] 但是就上述两个方面的必要沟通和有机结合则是被忽视的。就认识而言,不仅个体是作为认识和实践主体而生存和发展的,而且群体同样是认识和实践的主体形式之一。作为认识主体的群体或者说集体形式,本身具有一定的生活与实践的类的联系纽带(比如作为民族和国家的成员)和一定的共同的利益基础[②],因此,有可能形成对于一定社会客体的、哪怕较低限度的一致性与基本的商谈性的集体的意识形式。简言之,社会群体意识是一定的社会生活成员群体的共同的思想意识。这种集体理性正是由于建立在不同的认识个体之间的交流与沟通的基础上,建立在对于一定社会客体的综合式的解释和把握上,建立在实践个体之间的利益体认、利益包容、利益交换、利益妥协和利益舍弃的基础上,"摆脱了他的个人局限,并发挥出他的种属能力"[③],因此,在客观上,不论其真理性成分还是其价值性成分都应当具有相对于个体认识的根本性、长期性、全局性以及现实性和针对性(实际上这种成分是非常复杂的,其中尤其因为存在不同的抽象能力、自觉程度、利益诱导和胁迫欺骗等而导致少数人甚至个别人出现片面的思想意识,从而对集体理性予以侵越和强制。[④] 由此这也凸现出国家对

① 参见万斌、李静冰、戈尔丁等的论述,以及徐国栋:《民法基本原则解释——成文法局限性之克服》,中国政法大学出版社 1992 年版,第 173～175 页;董茂云:《法典法、判例法与中国的法典化道路》,《比较法研究》1997 年第 4 期。

② 在认识论上,一些学者认为认识的主体类别有个体、群体、社会和类等依次推展的四种形式类别(参见赵家祥等:《马克思主义哲学教程》,北京大学出版社 2003 年版,第 211 页)。而从上述认识主体的完整类别划分来看,实际上,立法认识的过程中存在着作为认识功能甚至认识权力(权利)与表达权力(权利)的主体之间的让渡和侵越。其中前者"让渡"是代议人员相对于普通社会生活成员而言的,后者"侵越"则是作为立法机关或者权力机关的组成人员一经产生就作为特定的群体化的认识与表达的主体形式。相对于作为真正的认识与反映主体的"社会"甚至"类",应当由后述主体形式进行"真正"完整和深刻的认识而言,实质上是对于后述主体形式及其认识结论的一种取代。当然在这种意义上,"真正"的民主、直接的民主是不可能的。

③ 《马克思恩格斯全集》第 23 卷,人民出版社 1972 年版,第 366 页。

④ 张友渔先生就指出:"全国人大在制定法律和做出决议、决定的过程中,应遵循民主集中制原则的议事规则,不能采取个人独裁或少数人操纵的办法。"(张友渔:《建立健全社会主义民主与法制》,现代出版社 1992 年版,第 1 页)

于立法机关或者权力机关议事活动是否充分的高度重视①以及是否意识到集体理性形成过程的程序制约与质量保证的制度建设的重要性。立法程序就是对于立法理性的民主形成机制与正义认同过程的保障，而并非只是对于立法权排除妨碍的制度保障②）。

第三，在基础与来源上，立法理性是在个体理性的基础上集合而成的集体理性，所以对于个体理性和集体理性的相互关系不能予以割裂。今天在看待集体理性的过程中，一般强调集体理性发端于个体理性，这无疑是正确的，特别是在说明民主的问题包括立法民主的问题上是必要的，但是并不全面。因为在一般意义上，个体认识和群体认识之间的关系是非常复杂的。③ 个体认识和群体认识之间的联系至少有三个方面：首先，个体认识和群体认识是相互依存、密切结合的。个体意识不仅在当今通过学习和接受已经而且甚至在历史的发端最初就难以摆脱群体意识的熏染和陶冶，毕竟人就是作为类的存在物和社会意义的个体而拥有和进行思维的。其次，个体意识和群体意识之间相互渗透、相互作用，并非只是个体意识对于集体意识的一种触动和激发，而且也同样存在着

---

① 所以对于议会辩论作为立法民主的最为基本的表现形式，是否应当以及怎样进行限制是一种两难的选择。尽管历史上逐渐形成了对于马拉松式的辩论与演讲的抑制作用的议事规则，但是，应当是以辩论的必要性和适度的充分性为前提的原则的。我国的立法实践过程，一方面存在着缺乏辩论、没有交锋的弊病。这其中的缘由可能就是一些学者（贺卫方曾经指出这一点）所揭示的国外不甚欣赏那种对抗式的民主活动方式而更加习惯于在一种力量的主导下的协商式的决策形成机制（张友渔先生在分析有关民主协商程序与正式法定程序之间的关系时就坚持认为二者之间是统一的："民主协商是法律程序的基础，法律程序是对民主协商结果的正式验收。"参见周旺生：《新时期开初十余年主流立法观念梳理》，周旺生主编：《立法研究》第 4 卷，法律出版社 2004 年版，第 533 页）。另一方面又存在着漫天议论、言不及义的弊病，还存在着相当的代表或者常委会委员的发言、意见、建议与要求的权重高于或者优于其他代表或者常委会委员的不良倾向（就如一些学者所揭示的一些人是"骨干成员"）（参见周旺生：《新时期开初十余年主流立法观念梳理》，周旺生主编：《立法研究》第 4 卷，法律出版社 2004 年版，第 520 页）。其中对于张友渔先生关于议事规则的观点进行了述评。

② 周旺生、陈端洪、戚渊、刘武俊和苗连营等关于立法程序及其功能的论述较为明确地揭示了这一点。

③ 参见赵家祥等：《马克思主义哲学教程》，北京大学出版社 2003 年版，第 274 页。

个体意识受到群体意识的影响和左右，不存在一个特立独行的个体的意识完全生发自任何无意识的社会生活环境之中依靠自己的冥想而有什么发现和创造。而这一点在坚持个人主义的方法论的经济学对于制度和机制设计的分析以及政治学关于自由和民主的理论中则是在一定程度上被忽视的，至少是将个体的意识绝对化和优越化了。至多也不过是将其简化为两个人之间、两方之间的一种对局或者不特定多数人之间的一种仍然基于公式化的博弈。最后，个体意识和群体意识之间是相互转化的。

以这样的辩证态度来分析立法实践活动中的立法理性，就应当注意到：

其一，立法理性的形成过程是不能够脱离特定社会历史阶段的特定的阶级及其联盟的意识形态的，占据主导地位的意识形态对于任何参与立法实践活动的行为主体的意识观念都产生着深刻的影响和制约，不论其作为用以论证支持的坐标系还是辩驳反对的指向标。

西方马克思主义中关于意识形态和话语霸权特别是关于官方意识对于被统治者的思想意识的影响和作用的分析明确和深刻地揭示了这一点，特别是葛兰西。葛兰西重视人的主观能动性，主张恢复马克思主义的实践本性和辩证法精神，但是在将实践一元化的哲学基础的建构之中，强调哲学作为“绝对的创造性的活动”，产生了实践本体论的倾向。我们认为这是需要明确的。但是，葛兰西自此出发非常重视对于物产经济以及在资本主义政权及其统治之中的意识形态的作用，认为“有组织的意识形态”具有物质力量的意义。这和经典作家关于“批判的武器”“武器的批判”的思想是一致的，对于明确阶级革命和社会变革的积极可能以及阶级的革命理论的指导作用具有突出的意义。甚至揭露了除在阶级统治中除去“政权的”枪支和强力的统治之外，还存在着“精神与道德领导”的形式，即通过将社会主导的价值观念规范内化为社会成员的个人信念，在自觉与不自觉之中依靠被统治者自己的“同意的因素”使之接受了政权统治和社会秩序，使得政权统治合法化，并与此同时抑制和妨碍了被统治阶级的“集体意识”或阶级意识的形成——换言之在思想的材料与方法、认知图景诸多方面都受到了这些既定的社会主导意识形态的限制。对于葛兰西的这一观点，我们甚为赞同，同时进一步认为，社会控制之中的这些内在诱导和外在奖惩的两大方式是相互结合的、相互支持的。这种在社会控制手段与方式上的基本划分，对于分析社会成员关于法律的内在的接受和外在的感受的不同态度的划分的法律意识的研究（现代西方法理学中有学者进行了这种区分），能够给予更加深刻的支持。实施政权统治者和被统治者的分别的集体意识是相互对立的，在实际的立法之中，主要是前者的集体意识、意识形态转化为"立法理性"，进而对于社会关系进行思想的设计和规范的创造，对社会现实和社会秩序及其通过法律制度所应当转变和提升到的那种理想状态进行"支配性解释和权威性论证"。因此，法律作为社会控制的首要工程，实质上是上述两种社会控制的基本方式的有机统一或者说紧密结合，而从任何一个方面解释法律和看待法律都会是不恰当的。如果我们借鉴制度经济学中舒尔茨等学者关于制度的非常宽泛的概念，用以说明社会生活中的诸多制度相互之间的关联程度与转换关系的话，那么，在制度结构上，葛兰西将市民社会视为在他看来需要扩展至广义的国家内涵之中的一个重要组成部分，进而将民间的社会组织通过"习惯、思想方式和行为方式、道德等"产生"集体性压力"。在没有明晰的"义务与惩罚"的情形下实施的文化领导或者说自愿的统治的接受，也同样被看作国家职能作用的重要领域和实现方式。这里，不仅对于我们分析和认识国家的政治职能与社会职能相互之间的密切融合具有启发意义，而且对于我们看待不同制度的特点差异及其互补关系特别是在法律制度的创制设计中的民情根据问题、民意基础问题和制度雏形问题以及法律制度的具体实现过程中的社会接受问题、法律意识问题、舆论环境问题，都具有积极意义。①

其二，个体的思想意识在对于立法实践发生影响的过程中，必然以

---

① 关于葛兰西的观点，参见[意]安东尼奥·葛兰西：《狱中札记》，葆煦译，人民出版社 1983 年版；余华：《葛兰西：上层建筑理论家》，《中共宁波市委党校学报》2001 年第 4 期。

赢得其他成员的理解、赞同至少是包容(立法中的联署、附议、修正都说明这一点)为条件,个体理性相互作用的过程就是集体理性的诞生过程。

其三,个体理性在融汇和约化为立法理性的过程,在内容上又是一个从事实认知到价值选择再到原则确立而至于实践方案的逐级抬升过程。其中,立法理性并非仅仅是以一种事实判断或者价值判断而存在的,事实判断和价值判断都不是立法理性所止步和满足的层次和阶段。在根本上,立法理性是通过了立法发现、创设、型构及随后的不同设计方案的交集、会商、认可与接受,最后以利益分配格局和利益调控机制的"主观预想"或者说作为法律实践中的守法实践、执法与司法实践的依据与进程(这样的两个方面分别通过实体法律规范和程序法律规范得到表现)的"思维形式"而展现的。所以立法理性既具有明示和展望整体的社会与国家生活的秩序走向的意义,又具有可以转化为每一个微观的社会单子的行为范型的意义,立法理性就使得上述相互矛盾的两个方面通过"规则方案"得到了统一。

第四,在主导力量与传输环节上,立法理性的真正源泉在于人民群众的理性与自觉[①],而并不只是或者说不应当归结为单纯的法学家理性;相反,法学家理性只是人民群众理性的表达和说明的主要途径和依赖方式。立法理性的存在,是立法得以开展的主观条件,是立法实践活动中的各种思想意识条件的综合概括。可以说,物质生活条件和思想意识条件的交汇统一的过程就是立法实践的现实展开过程。而立法理性,最直

---

① 谈及人民群众,很多学者往往由于某种情感或者历史的缘故将这个概念仅仅看作是政治概念,这是偏颇的。的确,人民群众是一个政治概念,几乎所有的政治学和宪法学的教材著述都是这样的表述;也不可否认,人民群众具有政治属性。但是,首先人民群众是作为一个集合的概念,进而不只是作为集合的概念,而是作为社会的一种主体类型而存在的。人民群众在质和量的两方面的规定性说明,人民群众首先是社会的绝大多数成员的集成。其次,或者说进一步,人民群众又是对于社会历史发展进步具有积极推动作用的、不断自觉自主的社会主导力量。再者,人民群众又是一个动态的、社会历史性或者说时代性很强的一个概念。人民群众的意识、认识或者说理性应当是社会意识中的主流,尽管在历史上并非真的是这样,特别是在阶级对立的社会。关于人民群众构成的分析,可以参见赵家祥等:《马克思主义哲学教程》,北京大学出版社 2003 年版,第 346 页。

接的，的确是通过立法者的主观意念得以表露的。历史地看，立法理性又的确是主要通过在社会分工的基础上产生的法学家职业阶层或者群体对于立法制度规范的能动的建构加工而显现出来的。可以说，法律权利义务的明晰化、法律制度规范的体系化，甚至于作为立法实践活动的最高级形式的法典化，都是直接得益于法学家群体的理性发挥的，是理性闪耀的流光溢彩。因此在这种意义上，也曾使得立法、法典被称为“法学家法”。但是，法学家理性并非无源之水。换言之，法学家理性的实际内容与终极来源，无不是人民群众的实践首创之中所凝结的智慧与才华，无不是在广泛的、哪怕是粗疏的社会实践中人民群众对于社会交往形式与利益分配内容的不断尝试过程中所奠立和积累的成功经验、典型做法与实践范式。而正是由于这些实际做法在某种意义上已经是作为“制度事实或者说事实的制度”甚或作为非正式规则（其实在相对明确的特定的生活交往领域之中，这些规则已经非常的明确和显在了，即所谓非常的正式化了。当然，毕竟相对该社会生活领域的普遍层面而言，还是具有个别化的偏狭性质的）而存在了和存在着的。可见，克服、扬弃和否定直接导源于群众实践的诸多非正式规则的偶然性、片面性和模糊性，就是直接的、代议的那些立法者的理性以及法学家的理性的作用空间和作用内容。

所以在这种意义上，我们一并明确至少以下两点：

其一，法律的背后的立法理性是法律获得相对独立性的主观基础。因为法律之所以区别于习惯、风俗、惯例甚至道德等规则形式的法本身，又区别于国家权力的赤裸裸的作用形式，就在于法律制度本身“理性化”“正式化”了。就是因为法律是在立法理性的直接作用下对于实践中生成的诸多社会非正式规则、非正式制度的提炼和上升而得到确立和制定的，并且因此使法律制度自身具有了告别原始性、直接性、经验性、个别性以及权力作用的无度性、任意性和一系列客观上的、技术上的优越性——普遍性、明确性、肯定性、自觉性等特征。[①]

其二,法律职业群体的理性是群众理性灌注于立法实践的中介环节。法的相对独立性的根源在于人民群众的理性及其在社会生活自我调节和自觉控制方面的体现和反映。而这种反映和传导的过程历经着不同的环节与阶段,法学家理性就是其中的一个主要的传输渠道。正如恩格斯在分析国家、立法以及法学的产生中所指出的,立法的专门化、法学家团体的专门化在这种立法理性的外在化和独立化的过程中承担着不可替代的媒介作用。

当然这里笔者还有一点认识,即将其中的专门群体称为“法学家团体”(如果不是误译的话)不甚妥当、涵盖不甚周全[②],恐怕应该是“法律职业群体”。这样可以将作为“执法者”“适法者”的执政官以及司法官的理性化的“造法”活动纳入其中,实际上也能够说明在判例法系的国家中,法官运用归纳法使得判例之中得以抽象出、融会到判例法中的那些原则与规则的逻辑思维过程,也同样是一种理性的具有“立法”的意义和功能的创意设计,使判决理由之中作为依据的“具有正当性的权利义务关系的社会共同的行为规范”得到普遍化的活动。尽管这种活动的结果尚且是个别化、零散化的法律原则或者法律规则,但是这些法律原则和法律规则已经具有了在适用过程中的明确性和自足性。这本身就如同在大陆法系进行的演绎的思维方法和相应的立法活动一样,是理性的——理性认识的特点表现为一系列的抽象和概括、分析和综合的过程,是一个经过“逻辑思考和创造性想象,形成和导出由概念、判断和推理”所构成的普遍性认识结论的过程。在狭义的理性概念上,经验的认识和处理之

---

① 参见吕世伦、文正邦主编:《法哲学论》,中国人民大学出版社 1999 年版,第 201～206 页。

② 参见吕世伦、文正邦主编:《法哲学论》,中国人民大学出版社 1999 年版,第 229 页。有学者又进一步将法的相对独立性的社会原因归结为客观上的社会分工所造就的职业群,同样是不恰当的:第一,它忽视了人民群众乃至于全体社会成员在所处社会关系的自我调控方面的主动性、参与性与创造性。第二,它仅仅注意到在主体上的群体化、专门化,没有注意到主体自身的认识能力、建构能力中的理性成分,也是不够的(参见文正邦:《当代法哲学研究与探索》,法律出版社 1999 年版,第 381 页)。

中包含着不可割舍的理性的环节、作用和内容。因为，“归纳、分析、比较、观察和试验是理性方法的主要条件”①。

立法理性应当成为立法民主的产物和保障。在议会制或者人民代表大会制度等的民主制度和民主事实的基础上，立法理性的真正形成和充分发挥，能够增进立法的民主内涵与巩固立法的群众基础，并且能够在法律形式与语言表述上适应社会公众的消费与遵守。边沁就曾经在切身体验习惯法丛生和判例法汇总所产生的模糊、混乱以及“杂然分歧”的弊病，并且与成文法进行比照观察的基础上指出过，不仅立法理性指导和参与下的成文法典能够克服游移、含混等法律形式上的缺陷，而且避免使得法律（即便不是在法官专断的情形下也会）由于其形式上的不足而客观上成为“少数法官或者法律专家的独占物”的反民主的情形。②所以对于立法理性，必须强调其主体上的群众基础与社会基础。而一些学者往往只是从其概念化、推理化的理性的思维特征以及逻辑自治性、内部和谐性等理性在立法技术方面的应用和表现上进行认识（甚至富勒关于法的内在道德、程序自然法所归纳的观点也主要是立法理性的体现和反映③），恰好给一些强调个体自由的学者在指责法律特别是成文法律尤其是法典化的法律表现的僵硬化、机械化进而难以实现个别正义方面提供了口实。

第五，最后在作用与功能上，立法理性是法律作用的内在动力。甚至可以说，立法理性正是法律具有能动性、相对独立性的一个重要根源。立法理性具有一如其他各种社会意识一样的独立性和能动性。而且由于长期以来立法理性作为执政阶级的思想意识形态的重要组成部分，不仅呈现出与经济社会发展不同步的不平衡状态，而且也被着力地作为维

---

① 陈中立等：《反映论新论：马克思主义反映论及其在现时代的发展》，中国社会科学出版社1997年版，第48页。

② 参见罗传贤：《立法程序与技术》，五南图书出版公司1997年版，第5页。当然，如果仅仅将立法理性作为法律专家或者政治专家的理性，那么同样存在着侵害真正民主与公众自由的危险。再者，即便在民主的过程中也会产生“多数人的暴政”的后果。

③ 参见张文显：《二十世纪西方法哲学思潮研究》，法律出版社1996年版，第63页。

系自身统治的一种精神力量加以发展和强化，尽管并非一定就是科学的发展和强化。在立法实践之中所内含的立法理性，在立法设计中发挥着关键的支配作用的立法理性，立法设计实际上就是这种立法理性的实际运用。

第五章 科学立法设计

我国目前尚处于社会主义市场经济法律体系的健全和完善的重要阶段，基于社会转型阶段社会利益分化和利益表达的日益复杂化、社会利益格局的多样化和分化，以及社会主体行为的日益“机会主义”的倾向，立法正在经历着基于数量的积淀和增长而更加重视其规模、质量、效益的协调并进而提升阶段，或者说“法典化”阶段。立法实践既需要经验累积和渐进尝试，也需要理性思辨和设计考量。因此，在我国增量民主和渐变改革的进程中，需要在肯定由此所形成的制度路径及其优势的同时，注重在回应不同社会利益群体的日益凸显的价值共识的凝聚及其利益诉求的差异过程中，理性因素及其行为选择的必要性和重要性。这就需要在立法设计的方案厘定、规范设置、权利设定、义务确定等的实质的正当性以及程序的正当性和思维的可能性方面的理论分析模型。

第一节 科学立法设计问题的提出

长期以来，我国立法实践中存在的主要问题概括起来，既有缺乏重视和运用有效的科学手段和立法方法、技术深入感知和遵循经济社会发展内在规律不足的局限，又有立法在焕发代议民主、参与民主和协商民主的体制机制上的缺失，更是存在着立法自身面对需要在矛盾问题上“砍一刀”的魄力和能力，以至于尽管取得了已经形成中国特色社会主义法律体系的历史性的伟大成就，但是在进一步把握立法本身的客观规律、更加自觉地切合立法作为法律规范而不是笼统的社会规范的产出和生成机理上还需要更高的立法能力。习近平总书记指出：“我们在立法领域面临着一些突出问题，比如，立法质量需要进一步提高，有的法律法规全面反映客观规律和人民意愿不够，解决实际问题有效性不足，针对性、可操作性不强；立法效率需要进一步提高。还有就是立法工作中部门化倾向、争权诿责现象较为突出，有的立法实际上成了一种利益博弈，不是久拖不决，就是制定的法律法规不大管用，一些地方利用法规实行地方保护主义，对全国形成统一开放、竞争有序的市场秩序造成障碍，损害国家法治统一。”①因此，完善立法制度和提升立法能力成为相互依存并且最终以转换为良法创制能力为依归的立法发展的两翼。立法者特别是立法活动的实际直接参加者的包括反映能力、设计能力、沟通能力、表达能力等在内的立法能力，是“后体系时代”立法的繁重任务和重大挑战所必须具备的条件之一。在这种意义上，《立法法》的修改与其说是要更加精细和严谨地刻画不同立法主体的立法权限的内容与边界，更加周详地不限于正式立法过程的三个主要阶段，更加切合立法运作全过程地强化立法程序制度的拘束力，毋宁说是以立法能力为内核，通过立法体制对立法权限的划分界定立法权利能力，通过立法参与制度、立法计划制度、立法评估制度、立法审议制度和立法表决制度以及立法监督制度等的健全，增强和支撑立法主体的立法行为能力持续改善，因为毕竟立法能力才是产出良法的能动力量和根本保证。结合《立法法》第七十二条第四款的规定，立法能力是一个是否开启设区的市立法权限的法定要件。而在立法能力中，立法设计即法律规范设计能力的高低是一个切中立法特定内涵和独有品质的问题。观察和思索立法设计活动的客观现

① 习近平：《关于〈中共中央关于全面推进依法治国若干重大问题的决定〉的说明》，《人民日报》2014年10月29日。

象，剖析和归纳立法设计阶段的实际运作，把握和揭示立法设计遵循的基本规律，尤其是澄清立法设计的认知过程、评价过程、创设过程与构筑过程等依次构成的相对完整的运行机理，对于正确认识和有效激发立法实践主体的立法能力，改革和完善我国立法制度与立法程序，优化和促进立法质量，具有重要的现实意义。

第二节 科学立法设计的界定与实施阶段

立法设计是法案起草、立法审议中具有实质地位、贯穿于立法实践全过程的重要活动。对于立法设计的理论论争存在理性主义、有限理性主义和经验主义等不同立场至上的“肯定说”“部分肯定说”和“否定说”。如何在法律实践的立场上辩证地认识法律制度的创设过程中的经验与理性、价值与事实、利益与行为、激励与约束等基本矛盾，是立法学基本理论深化、立法实践得到更加深刻的解释和反映所必须回答和解决的问题，也是立法程序制度和机制得以完善的理论挑战之一。

简言之，立法设计即立法中的法律制度或者从微观上说即法律规范及其构成要素的设计、创设。对于立法设计的理论探讨首先从属于一般的制度理论特别是制度设计理论开始。一般认为，西方正在形成比较成熟的制度设计理论。立法设计即立法中的制度设计。随着制度主义在20世纪80年代的复兴，制度作为人类社会生活中一种内生变量所起的重要作用，重新得到了人们的重视，并被人们以更多的方法从更多的视角进行着分析和研究。制度的作用、制度的人性基础、制度的演进与演进效率、制度中的传统习俗与规则设立、制度与政策制定等问题不断进入经济学、社会学、政治学等学科的研究视野。我们对于研究状况的基本评价是：(1)有关制度设计观点的哲学基础存在很大的对立，甚至是历史观、社会观、人性论、认识论等许多重大的基本理论问题的争论，因此关于制度设计的内在矛盾没有得到有力的说明。(2)关于立法设计的实践没有很清晰地加以廓定，很多关于制度变迁和制度演进、转型的分析显得比较含混，尽管适应性强，但是实际上其自身的科学性却受到了弱化。(3)关于制度、法律制度的内涵与外延缺少一个稳定和恰当的界定，研究实际上是一种历史观的映射(比如制度经济学中的很多论述)，但是因此缺少关于制度自身的特有属性和规律的理论内涵，以至于很多论说使人感到困惑。(4)关于制度设计的宏观运行机制与微观运行机制没有得到适当的区分。(5)关于制度设计与强制性供给方式之间的差别并没有得到注意，以至于有些学者谈及制度设计，就坚持认为是与自由的主张相背离的，制度设计和个人权利、个人行为之间的矛盾没有得到一个合理的解说。(6)对于立法中的制度设计问题目前没有完整的理论构筑和说明。(7)缺少各个学术领域(不主张从学科的角度谈，倾向于称之为“学术领域”)之间的协调与整合。视角和方法的多样性不应当成为完整揭示同一研究对象的基本规律的障碍，而应当是相反。不同学术领域之间是相互补充和相互引证的，在同一实践活动的对象上得到统一。(8)有关制度设计的个案之间没有得到充分的比较分析，因此，制度设计的一般理论模型没有得到更为成熟的描述。(9)关于最基本的、哲学的实践观没有得到重视并在立法设计理论研究上得到充分的展现和贯彻。

立法设计是对于现实社会利益格局和社会关系形态的否定基础上的社会制度层面的自我否定与辩证扬弃的过程。

第一，要将社会现实的诸多积极与消极情形进行甄别，明确一个对于未来社会的目标，并且将这种目标的内容以及实现途径的要求作为追求，强烈地渗透到法律之中，成为法律的理想，进而在特定的立法之中使之成为法律的目的，即直接的、具体层次的立法目的。

第二，就要根据这种目的追求与调整对象的自身规律，针对法律制度的现有状况，在法律创制之前进行价值设定与模式设计，得出一系列的实质性要件与形式性要件，也可以将它确定为一些在相互冲突的价值要素间的价值选择。以此为中介，将要对于现行法律制度的缺失进行审读和揭露，进一步明确在接下来的具体立法准备阶段、法案起草的过程中如何拟订相关的法律制度规范。立法设计包括立法目的设计、法律制度(内容)设计、法案结构设计三个方面。

立法实践是在集体理性支配下进行的制度建设。立法设计,即立法中的制度设计,是指立法主体感受和分析社会失范现象,回应与表达法律制度需求、形成和树立具体法律理想或者说明确的立法目的、创造和建构法律规范体系雏形的立法实践活动。立法设计既在外在活动形式上表现为法律草案的设计与起草,又在内在思维秩序上表现为触及和反映社会制度需求、论证和明确立法目标追求、创造和细化法制调整方案的运作过程。立法设计的基本矛盾是社会现实需要与自觉能动创设之间的矛盾。立法设计具有多重属性,尤其应当强调客观性、价值性、规范性、综合性等特征。社会实践论、能动认识论、工程思维论是立法实践活动中的立法设计过程得以牢固确立、恰当说明以及全面阐述的思想渊源。

立法设计既广泛存在于具有政治和立法参与可能性以及影响度的社会生活成员及其利益集团、阶级阶层、政党团体等群体组织形态的主体认识与实践活动之中,同时又集中蕴含与表现在立法主体对于相对明确的立法项目的起草及其之前的各项实际活动之中,是后者的实际思维活动以及实质创设活动的概括。立法设计过程就是立法设计的萌芽与成长、渐次上升并且成为立法实践中的核心内容的历时的实施过程,立法设计过程与法案起草及其此前的活动过程表现为共时的行为过程。

立法设计过程是复杂的、艰难的又是富有方向性和顺序性的,可以进行具体阶段上的分析与解剖。可以按照设计过程中的主要任务与指向来对立法设计进行划分,主要从三个基本阶段来分析:立法设计过程中的初始阶段是一个对于社会失范现象进行反应和反思的过程,是一个对于社会需求进行回应并不断将其区分和筛选为制度需求与非制度需求、政策需求与法律需求、长期法律需求与紧迫法律需求的过程,最终汇集并形成强烈和明确的立法需求的过程。而这一立法需求就已经包含着浓烈和主要的设计信息。立法设计中的转化阶段是立足实际、形成创意的认识的螺旋式上升的过程、一个对于立法需求进行价值评价和理想构思并将其转化为欲设法律内容的过程,是一个对于特定社会生活领域的现实的主体、利益、行为等社会关系状况进行否定评价进而转化为多重的、冲突的价值目标和基准要求并实现其相互衔接和磨合的“原则方案”;针对“原则方案”进行否定评价,并将其细化和分解式地转化为由调整对象、实体规范、程序规范、解释规范与技术规范等有机构成的符合制度集成要求和规范性法律文件评价指标体系的“规则方案”的连续两级抬升的辩证运动过程。立法设计的完形阶段,是一个将所涉及的法律制度整合于特定的规范性法律文件之中,并且进一步将所拟定的该特定规范性法律文件置于一定层次的法律部门甚或法律子部门之中、与已有和将有的其他规范性法律文件之间寻求协调和统合的阶段,是一个对于设计方案进行外在结构和外在表述的、更加侧重在立法方法与立法技术以及文本形态方面的拟订与论证反思的过程。

■ 第三节 社会理想:法律规范设计的目标

立法设计的挑战在于一个对于设计主题的难点与重点、切入点和突破点的选取和处理、不同设计方案的比较选优、因应和诱导、克服和阻止立法阻力与障碍的方略与策略的处置的过程——从这种意义上看,对于立法调整对象的制度设计和对于这一制度设计所处的立法例的运行过程的设计又是相互依存、不可分割的。这是立法设计的关键阶段,其中两个具体的环节又是不可混乱地予以倒置和替代的。之所以出现甚至频频出现实际立法活动中和文本上的诸种弊病,除却既有体制限定的背景因素、焕发民主状况的基础因素以及技术和语言方面的形式因素之外,更加主要的——也是在给定的特定阶段和环境中更加具有能动意义的——还是导源于立法者特别是立法活动的实际直接参加者的立法能力(这种能力包括反映能力、设计能力、沟通能力、表达能力等)以及在立法设计环节对上述两个阶段的理解和操作方面能力的高低。

社会理想是立法需求的价值内核。社会理想又具体确立为法律理想和立法目的。社会理想作为一种观念,不仅是认识的结果,也不仅是预见的结果,而是观念地建构与创造的成果,是一种价值建构与观念创造。因此,在其基本内涵上,社会理想是人们对自身与社会关系发展未来美好前景的展望与构想。它以对社会现实的不满足和否定性评价为前提,包含着对发展中的未来需要的积极预测,从真理性与价值性、客观规定性与主观创造性的结合上,形成以解释社会生活、指导和规范人们实际活动为主要内涵的未来社会理想模型和实现它的最佳途径。它集中地体现了人类所独有的对理想世界的超前建构、主动创造和锐意追求。社会理想与社会现实相对应,亦即"应然"与"实然"相对应。这就是说,社会理想总是相对于社会现实而言的。社会现实相对于社会理想的本体论意义,从价值论角度看,社会理想是一个带有极强烈主体性的价值概念。它总是一定社会主体内心的一种"观念",但它又有别于一般的观念,而是以人的目的形式表现出来的指向未来的观念。社会理想作为人们关于社会生活未来应当出现的状态的预设和期望,它通常以社会生活目标和关于未来社会的构想的形式存在的"应然"与人们生活其间的且先在于现实的创造历史的人们并作为其历史创造活动的既有基础、条件和环境的"实然"区别开来。其次,社会理想与个人理想相对应,亦即作为"整体的"理想与作为"个体的"理想相对应。任何社会理想都是由社会个体成员首先提出来的,具有个体性。只是当这一个体的理想通过一定的中介或转换机制,诸如传播、检验和实践机制而为人们普遍认同之后,才可能实际地转化为带有整体性的社会理想,并以其特有的结构和功能制约、影响和规范着每一个体理想的形成、发展乃至实现。再次,社会理想作为一种规范性认识与描述性认识相对应,亦即实践认识与理论认识相对应。社会理想作为一种社会认识,主要表现为一种规范性认识或实践认识,具有实践观念和实践手段两个方面的内容。实践观念和实践模型犹如目的与手段的关系,它们相互关联、彼此制约。目的的确认,又总是伴随着对手段的选择和论证。

立法设计就是对于一定调整对象之上的法律制度系统进行有目的的规划与设计,换言之,就是对于其所调整的社会关系及其运动提出不同于现存状态的结构与运行要求。按照有关系统工程理论与机制设计理论来看,法律制度的设计与选择必然以所调整对象即该社会关系领域的内在结构的优化、社会关系当事人的社会交往活动的顺畅以及该领域和其他社会生活领域之间的功能为依据;或者说,立法设计实质上是以该社会生活的结构功能的系统整合为内容的。因此,在一定的价值目标或者说立法目的的引导和规范之下,初步形成的基础方案——原则方案,就应当以符合最一般社会关系领域构成及其功能有效条件作为基本判断尺度。换言之,原则方案的原则程度就在于是否能否形成相关法律制度的最基本的完整骨架。按照系统设计与机制设计原理,一个系统中同时存在多种机制,这些机制共同构成机制体系。进一步从立法学的角度分析,机制体系就构成了一个规范性法律文件草案内部即将确定的法律制度的族群。比如就《行政许可法》而言,就应当包含行政许可设定的法律制度、行政许可决定的法律制度、当事人参与行政许可的法律制度、确认和规范行政许可机关及其职权的法律制度以及行政许可救济制度等。按照最一般的对于管理机制的内部类别构成的划分来看,这样实际上就涵盖了相关的内部运行机制的基本要求。所以反映在《行政许可法》的外部结构上,就应当是按照行政许可项目权限的确立与行使的、依次的步骤环节而形成其篇章结构。

在一般理论上①,管理机制根据其对管理系统功能的作用可分为三类:

第一,在行为目标导向机制中,立法者将对于该社会关系当事人的行为要求转化为对其自发行为追求的需要及其社会条件的控制,并且在这些行为控制点上拟定相关的正向行为导向机制与反向行为导向机制。还有作为上述两种机制实施基础的信息反馈与评估机制,比如监督机制,使得激励与约束较之于没有信息回路而失效。第二,内部协调机制的建立能够使系统通过一定的方式,使具有不同职能的部门相互协调,

① 参见李学栋、何海燕:《管理机制的概念及设计理论研究》,《工业工程》1999 年第 4 期。

共同为实现系统的整体功能做出贡献。根据系统的不同协调方式,协调机制有集中指挥机制、规范机制、自我协调机制三种。集中指挥机制使系统的协调通过系统中上层领导的直接集中指挥达到,规范机制使系统的协调通过在系统中建立相互协调的规范达到,自我协调机制使系统的协调通过系统中子系统之间相互交往中自行达成某种协调的默契达到。这就是用于行政职权的分配与协调以及对于行政主体对于公务人员的工作流程的设计,也适合于其他组织系统的制度设计,比如正在酝酿修改之中的《人民法院组织法》。第三,法律制度与社会环境之间的相互适应机制。法律制度的设计应当顺应社会的发展,只有相辅相成,才能为社会发展保驾护航,否则就会阻碍社会的发展。

■ 第四节 科学立法设计的类型化思维方法

进行法律制度的规则方案的具体设计,必须运用类型化思维。类型,这里主要是指对于现实社会生活关系进行利益分析,形成对其中的利益关系格局及其流转形态的基本模式进行抽象概括,从而抽取有关的社会交往关系的行为"类型"。对于类型的形成,特别是在立法实践中的类型的思维方式及其应用,大陆学术界还缺少全面系统的研究和在立法思维上的引申与创新。有学者对于类型进行了词源意义的考察,指出,"类型"是一个全然判断,是一个将特定事物之间的共性进行揭示的普遍的概念;相对于现实、具体、特殊的个体而言,它是一个普遍者,即思维的产物。① 我们认为,准确而言,是理性思维认识下的产物,既将个体的某些方面的特征加以普遍化,并且揭示和反映诸多个体之间的一致性的一

① 参见吴从周:《论法学上之"类型"思维》,杨日然教授纪念论文集编辑委员会:《法理学论丛——纪念杨日然教授》,月旦出版社股份有限公司 1997 年版,第 293 页以下。

个克服了一定的个体自身的局限性，又舍弃了个体自身的完整性与丰富性的抽象认识的产物。类型实际上是个体与整体、局部与全部之间的一个过渡意义的概念，类型对于事物之间的共性和差异进行了辩证的区分，即既表明一些事物之间的共性，又表明一些事物之间的差异。

抽象概念与类型都是对于将现实社会事物纳入法律调整的视野的可能性进行判断的必要工具与转化形式，其中概念的完整特征与准确界定是必要的，实质上也是进行类型化处理的基本单元。概念的明确虽然是一组特征的总和，但是，毕竟也只是对于事物的某一个方面的比较细密的确定，而并非是对于该事物的全面的分析和归纳。比如就犯罪而言，就只是在行为的构成要件上进行概括，明确其社会危害性和形式违法性，但是不对于该犯罪行为所具有的社会经济、政治意义等方面进行评价和界定。因此在这种意义上，概念的前提也是对于事物的一种逻辑化、层次化、类型化的处理的基础上进行的归纳，只不过概念相对于类型而言进行的归纳是更加完全的，而类型则是限定在部分特征方面的。但是这并不能够因此说类型相比概念更加具有认识、法律认知过程中的工具价值。而只是概念以类型为前提，类型的划分相对于概念的定义是一种较低的认识层次。① 也正因为概念的指称和判断对于社会事物进入法律领域的时候要求具有严格甚至闭合的特点，所以，有学者比如拉伦兹主张以类型的处理取代概念的界定，这实质上是对于概念的确定性的一种误解和夸大。除去“不确定法律概念”不谈，任何法律概念实际上都是有自身的片面性（这是抽象性的必然反应）的，因此在概念之间就需要有横向与纵向的关连和配合的。这在特定的法律调整的领域上，是立足于社会生活中的主体及其行为的角色化的。这种观点在立法实践和法学认识上如果作为一个基本立场去进行确定的话，就矫枉过正了。比如

① 吴文中指出（尽管该文也有相互矛盾之处）：类型比抽象概念更具有直观性，较接近社会现实，类型居于具体个体和抽象概念之中，处于生活事实和法律理念的中间点。（参见吴从周：《论法学上之“类型”思维》，杨日然教授纪念论文集编辑委员会：《法理学论丛——纪念杨日然教授》，月旦出版社股份有限公司 1997 年版，第 330～341 页）

“未成年人”就只是在自然年龄的意义上去进行界定。再比如，对于国家公务员和普通公民的划分，尽管这是一种类型的认识，但是也已经内含着对于公务员自身同时作为普通公民的那一方面的“舍弃”。毕竟，类型是概念生成的基础，而概念又是类型确定之后的必然结果。[①] 类型的厘定在客观上又必须是以哪怕不够完整的、内涵尚不够丰富但是外延却相对宽泛的概念为基础的，所以，类型的分析不能摆脱概念的识别，并且是包含后者的。类型具有层级性，概念也同样具有层级性。类型具有开放性，但是概念所具有的层级性就意味着不能为上一层级概念所包含的事物则可以由下一比较具体的概念进行包容和说明以及定位。可见，类型的开放性是由于类型划分本身就已经“忽视”了诸多其他方面的特点，而概念则需要通过发展成为概念的逻辑链条或者“金字塔”才能够实现这一点，甚至可以说类型化的过程必然不断地衍生和确定一个概念组（族，在强调概念之间的从属关系时，使用这个词似乎更合适一些）或者概念群。

立法设计中的概念界定是必需的，而首先进行类型化的处理也是必需的。我们认为，立法设计中的类型化过程，经历着由经验类型和理想类型之间对接而成规范类型的过程。其中，经验类型就是在一定的现实即社会行为事实的基础上，从该社会关系形成与存续的基本行为状态（并不仅仅是常态，异态和变态的行为的典型形式也属于其中，只不过通常前者是被肯定和倡导的，中者是被容忍和放任的，后者则是通过法律责任进行矫正和打击的）中确立的行为人利益关系及其动态活动的典型形式。经验类型，可以称为“生活类型”或者“实际类型”，还有学者将其称为“行为人类型”“典型图像”“标准类型”“实际类型”“导像”，经验类型是对于现实生活中行为人的交往活动的初步的抽象化，是对于其中的典

① 所以我赞同有关学者认为类型式思维是概念式思维的先前阶段的观点。（参见吴从周：《论法学上之“类型”思维》，杨日然教授纪念论文集编辑委员会：《法理学论丛——纪念杨日然教授》，月旦出版社股份有限公司1997年版，第330～341页）

型状况的第一次抽象概括。[①] 对于经验类型，一些学者强调立法者并不通观所有案例的整体性，也不满足于非直观的思维方式的抽象普遍性。浮现在立法者脑海中的系典型的个别案例，系最常出现或最引人注目的案例[②]，因此可以说，在这种学者的观念中，经验类型就是典型个案的放大。但是还有一些学者认为，经验类型已经不是实存的情形的概括了，而是“在经验的（例如社会学的、统计学的）观点下被建构，而且以尽可能符合现实的方式掌握在现实中发生的现象为目标”[③]。所以，经验类型也已经是共同性的典型形式了，不再是直观的了。在经验类型的实际形成与具体内容上，一般将经验类型分为平均类型与频率类型。进行典型个案的选择、概率的平均计算以及频率的观察测评都是在获取一定的社会交往活动的诸多方面的典型特征的过程中应当结合使用的手段。前者可能使立法者的个人判断色彩更重一些，而后两者的技术保障的科学性更强一点。因此我们认为，似乎将经验类型分为基于典型个案的代表类型与基于普遍概括的常规类型两种更为适宜。

经验类型在立法实践中，是立法设计的蓝本和依据。有学者对于经

---

① 有学者认为，其中已经包含着建构的能动的认识因子的作用了。也正是在这种意义上，我们认为：第一，即便在法官造法的过程中实际上也是经过了一个由该判例中的特定个案转向同类的、类似的这种案件的全部的行为范型的过程。也正因为此，法官造法可以作为立法设计的一种实践形式，尽管这是一种较为经验化和阶段化的形式。第二，也可能正是由于其中已经不再是停留在单纯的、实际的行为的描写的意义上，所以有学者反对将其中的平均类型和频率类型视为经验类型。（参见吴从周：《论法学上之“类型”思维》，杨日然教授纪念论文集编辑委员会：《法理学论丛——纪念杨日然教授》，月旦出版社股份有限公司 1997 年版，第 330～341 页）

② 在立法实践中，特别是在设计前的调查研究以及设计中的分析与衡量之中，实际上也的确是这些典型的、具有示范意义的情形——不论是不是在英美国家那样首先在司法审判的环节摆在法官面前成为一个棘手的法律问题而不再是一个单纯的事实问题或者社会问题——经常在立法的实际参与者和法案的实际起草者那里挥之不去地萦绕心头。我们在参与有关立法活动中有这样的了解和体会。当然，有学者非常强调对于有关实践状况和可参考文本的尽可能全面与全局的了解，这是不矛盾的。

③ 这种观点不仅是非常唯物的，而且也与组织行为学和制度经济学的分析是一致的。当然如果将这里的标准类型绝对化为信条，就可能倒向唯心主义的路径了。

验类型在立法实践中的作用给予了高度重视。比如在刑法上，有学者指出犯罪行为要件化就是透过作为制定法基础的行为人图像亦即‘行为人类型’之观念而形成的。拉伦兹指出，立法者会将他们的注意力自然而然地指向他所认为典型的案例，由立法者所发现的评价主要是与立法者所想象的生活类型相关联。① 立法者透过现实的直观与建构类型的抽象作用，获致一个典范（典型图像），以便尽可能地在以规范技术形成一个制度时，遵守这个典范。可以说明，由现实直观地感受到的抽象概括，再进一步到运用规范技术即立法技术进行的规范的表达和制定，就是立法的不断推进的过程。以下过程是必然的：存在法律之前的、在社会生活中被实现的标准类型依据构成要件固定在法律规定之中。这里不仅表明标准类型是现实行为状态被提升为普遍的行为规范的转化环节，而且也是在由一个事实的行为表现被分解和组合地确定为法律行为的过程上，遵循着行为的构成要件化的分析思维。② 透过这些类型，立法者将法律理念中所内涵的价值转变成为制定法，借以在具体生活中实现。因此，立法者在立法过程中便需借助抽象作用掌握现实生活中的各种类型，以之作为导像，而在制定法中描述其特征。立法的成功与失败，端赖立法和能否正确地掌握类型。类型建构对于一个法律规范的形成（即立法）具有重大的意义。类型，系制定法背后的存在基础。这显然比之在宏观上明确社会物质生活条件、社会运动的客观规律是法律制度的存在基础要更加具体和细化一些；再者，和将法律制度归结为非正式制度的

---

① 拉伦兹进一步指出，这就是为什么在法律发现时，必须再回溯到存在于制定法类型背后的生活类型。拉伦兹的这种分析不仅表明在立法与法律背后的一些“道德律令”“活的法律”的重要性，而且表明在能动司法的创制规则的活动中同样并不能够成为法官的恣意妄为。再者，实际上从制度经济学的角度看来，这里也揭示出非正式制度与正式制度之间的转化关系。（参见吴从周：《论法学上之“类型”思维》，杨日然教授纪念论文集编辑委员会：《法理学论丛——纪念杨日然教授》，月旦出版社股份有限公司 1997 年版，第 330～341 页）

② 由此表明，构成要件理论，可以看作立法过程中的法律行为构成理论，而不只是在司法适用中的行为认定理论。

一种形式上的变体的判断相比较，则能够反映出法律制度的行为范型的更加普遍与更加严格的特征。

进一步看，这里作为制定法、实证法的存在基础的“类型”，首先是指经验类型，进而才指所发展到的规范类型的形态和阶段。“当立法者准备着手对某些特定对象进行规范时，他必须先形成一个拟规范之生活现实的图像。在此经验类型（特别是频率类型或平均类型）提供了一个必然的取向上的帮助。因为如果想对于出现于立法者面前之拟规范对象进行概观和整理，则对这些无法个别驾驭预见的复杂事物进行类型化，系相当适当的方法。”①进一步讲，并非这种经验类型会直接进入法律②，通常，它必须在某种特定的法律观点之下，亦即，立法者的某种评价标准之下，经过一次变形。③ 因为制定法的任务主要不是详尽地描述现实，而

① 这里不仅肯定了在典型个案的选取和解剖之外的、在立法实践中努力实现全称判断的可能性的一种认识方法，即类型化的认识和类型化的确定。在我们看来，在立法设计的思维阶段和思维过程中，这实质上就是由感性认识到理性认识的上升的具体方式问题。立法的内部思维顺序和认识方法与立法的外部活动过程和技术方法之间具有一致性。平均类型或者频率类型的取得过程实质上就是如前我们所分析的深入调查研究和社会统计分析的具体的操作方法与保障措施的应用。这就使得在整个立法准备甚至立法审议前期的阶段的“从实际出发，实事求是，注重调查研究的原则与方法”非常实证化和操作化了（而这正可能是我国大陆立法实践以及立法理论需要细致和实在的分析与补足的方面）。其中的平均值的计算或者频率度的统计，就是在该社会关系的参与主体及其行为状况中尽可能地做到多数或者绝大多数的行为方式和利益趋向的一致性（至少是相近性），不只是突出了行为程式的共性，而且也意味着行为参与主体数量的绝对化。这就可以使得立法中的制度规范的实际内容与程序规制具有了较为坚实的社会基础与现实针对性。所以在这种意义和阶段上，我们毋宁说从实际出发，就要从经验、经验类型出发，从理性、从理想类型出发，从“原型”、上述二者所交织和融合而成的规范类型出发。

② 纵然我们明确了遵从规律和运用规律的立法的根本支点以及立足国情深入国情的立法的根本依托，也必须进一步解决现实生活中的实际存在与具体机理的问题。更何况客观规律“极少能直接进入法律”的价值评价、方案拟定、比较选优以及创意设计的阶段和环节。

③ 这个环节的具体展开，就是法的本体与法的价值在认识领域的一种对接，就是所引有关学者分析中的“经验类型”与“理想类型”的交合，就是立法的法律实践活动中对于外在对象的主观化的把握和创造性的处理，进而得出一个“人化”的社会生活的预期图像。下述所引学者对这一阶段的重视和揭示，具有很强的科学意义和启发作用。

是正确地去规定，去形成这些现实。对于法律创造而言，了解有关的社会状态之实然与应然固然重要，然而立法者观察这些社会生活现象，并非为了去描述，而是为了去作判断，亦即，以有意的过度强调或尚不加以考虑（某些特征）的方式掌握现实。这就集中体现出立法理性的价值评价与价值选择的重要作用和必要环节。我们认为，如果以对应的类型化的思维去分析，这里存在着理想类型的功用。简言之，理想类型是法律设计中的导引和论证。规范类型是法律制度的规则方案的基本内容。①

理想类型是作为经验类型或者说实际类型的对立面而存在的。我们理解，理想类型是立法者对于社会生活理想形态的预期和向往，作为立法者的社会理想的具体体现，就是试图在法律制度所针对的相关社会生活领域中加以展现的主观需求。一些学者对于理想类型进一步进行亚型的划分，包含规范的理想类型和逻辑的理想类型。前者就是规范类型。规范类型是指对于经验类型透过立法者之立法评价提升到人陆规范的层次的应然的、理想的生活情形的基本模式或者说状态；或者说就是立法者对于该生活领域的理想的情形的一种制度化的设计图纸与设计方案。后者，被马克斯·韦伯称为“理想类型”，而拉伦兹将其称为“逻辑的理想类型”，我们认为称之为“纯粹的理想类型”更加恰当。纯粹的理想类型，是从对于该社会生活领域的单纯的价值期求的角度进行的社会交往关系及其情景的一种理论思维的演绎与构想。就如一些学者所称的是一个自身统一的思维的构造物，具有乌托邦的色彩和性质。如果这样来认识，那么，纯粹的理想类型和规范的理想类型或者简称为“规范类型”之间是何种关系。在这个问题上，我们认为：

第一，要明确纯粹的理想类型与规范的理想类型在现实基础上的一致性，二者都是在对于社会现实进行否定的过程中对应生成的一致性，

---

① 在这里，通过对诸多学者观点的评介和理解，我们不仅印证说明设计的活动以及其中类型化处理的客观存在与基本共识，而且尝试对有关概念进行运用并且努力给出更加清晰的界定，尤其是在立法实践与立法设计的过程中借鉴和运用“类型”这一基本概念说明立法中的类型化思维与类型化阶段，并且厘清不同类型在不同阶段和层次上的相互关系，以期更具体和深入地说明立法设计在规范类型的生成中发挥作用。

而不应该将纯粹的理想类型仅仅看作是没有任何实存底座的价值构想的产物。

第二，二者都包含着立法理性的设计与建构的成分，都是在思维中进行“发明创造”出来的，都具有理性色彩与价值意蕴。

第三，抽象层次与覆盖范围不同，纯粹的理想类型注重对于现实生活的根本性的批判以及对于未来生活场景的全局化、原则化甚至高度框架化的预设，而规范的理想类型则与现实社会生活之间的距离相比纯粹的理想类型要更短一些。规范的理想类型更加注重类型方案的具体性、现实性、操作性与针对性，更加侧重在一个特定的社会生活的交往空间进行规划。

第四，规范的理想类型属于在工程思维的支配下的产物，而纯粹的理想类型则是在理论思维的支配下的产物。① 二者的形成过程中都有着评价、批判、论证与创设的内容，但是二者的思维方式不同。

第五，就二者的关联而言，则有些学者没有给予重视。有学者认为，纯粹的理想类型可以用来作为规定与比较、整理与描述现实特征的方法。而我们认为，这样的判断固然不错，但是仍然没有揭示规范类型与纯粹的理想类型之间的关系。

除去上述几点之外，纯粹的理想类型实际上是担当着提供价值原则与价值标准、明定规范类型的逻辑性、合理性与合法性的知识前提与理论支撑的作用，所以并非不对于立法的内在过程发挥作用，而仅仅那样作为乌托邦而具有观赏价值。我们认为，理想类型中的纯粹的理想类型是悬在规范的理想类型之上的一个价值信条与终极期待的总合。规范的理想类型，一方面具有比较密切的联系社会现实的优点，另一方面，固然是比较具体的但也是理想的。“其中作为建构类型之因素的法律的评价观点，才是最重要的。”②如有关学者所揭示的，在建构制定法的类型

---

① 此理论参见徐长福《理论思维与工程思维》（上海人民出版社 2002 年版）一书。

② 吴从周：《论法学上之“类型”思维》，杨日然教授纪念论文集编辑委员会：《法理学论丛——纪念杨日然教授》，月旦出版社股份有限公司 1997 年版，第 330～341 页。

时，我们不是从纯粹的经验建立构成要件，而是要求虽然趋向于经验，但是在某些评价标准下进行判断，以建立构成要件。再一方面，规范的理想类型是在价值标准之下的具体而明确的选择与规定，不像纯粹的理想类型那样不慎顾及现实可能性。所以，归结起来，规范类型是在经验类型之上、(纯粹的)理想类型之下的综合作用、相互结合的结果，规范类型成为设计法律制度的思维中的蓝本。“基于法律安定性的考虑，立法者一再地透过例如立法定义的方式将类型能够固定成为分类概念。”[①]立法者将规范类型通过法律的概念、规则以及规则之中的权利义务与责任等加以规定和外化的过程，就是在立法设计基础上进行法律制度的文本化表达的过程。在立法过程中，立法者之任务上尚需去描述(规范)类型，将其成文化。

类型化的归纳和运用的过程，就是在不断地揭示和接近事物的内在规律的过程。事物的内在规律通过诸多现象，甚至表象之中的假象反映出来，对于现象的类别化的区分和认同，就是在现象与本质、表象与规律之间所架设的一座桥梁。因为类型本身就是在一定数量的客观现象之上进行的相对普遍的特征的积聚。类型化就是在反映其“常同姿态”，形成类型和概括为类型，就是“铸器之法”，就是从个别到一般的认识不断提升的过程。因此又可以说，类型化的认识步骤就是沟通社会现实的诸

---

① 吴从周:《论法学上之“类型”思维》，杨日然教授纪念论文集编辑委员会:《法理学论丛——纪念杨日然教授》，月旦出版社股份有限公司 1997 年版，第 330～341 页。这是一篇较为鲜见的对于德语文献中关于立法者的类型化思维方式以及与行政和司法者的不断突破概念的僵硬的思维方式进行研究的论文，富有启发意义并且很值得重视，因为我们对于立法的认识层面与思维形态的分析需要进一步加强。同时还需要注意到在经验类型和理想类型与规范类型的三种类型之间的更替、上升的关系上，作者并未作出我们这样的一种判断。作者主要是试图表明立法中主要进行类型化、概念化，而在立法之后的司法过程中则又不仅是进行有关法律事实在法定的类型和概念中的“涵摄”，而是存在着不断的放松和类推等的突破。而这里立法的固定与司法的放松之间的交互作用，是法与制定法之间、正义与法律安定性之间的矛盾运动。可见作者是在类型思维的层面揭示法律的变革与发展的认识轨迹的。而我们是借助三种类型划分来说明立法过程中的类型化思维是立法中主要的认识方法和立法的内在的对于社会生活的处理与安排形式，以及立法设计在三种不同的类型形态上的依次表现。

多具体生动的形态与社会规律的相对本质必然的稳态的中间环节。第二，类型化的过程就是对于典型个案的创新做法是否具有普遍意义的一个论证和反思的过程。类型化是要舍弃个性成分和个别成分以及偶然成分的，所以甚至可以这样说，类型化就是共性化。

第五节 《立法法》第六条意蕴的内核：科学立法设计

党的十八届四中全会审议通过的《中共中央关于全面推进依法治国若干重大问题的决定》指出："法律是治国之重器，良法是善治之前提。"良法的基地在于立法实践。完整地看待立法实践，在面对经济社会的发展自主性、自足性领域、方式、机制上，毫无疑问，应当克制和谦抑，这本是政府、市场、社会和公民诸种主体相互尊重和相互补充的体现和反映，是社会行为规范系统中惯习、规约、章程、契约以及道德和法律等正式或非正式制度之间各有优势、疆域衔接的必然要求和应有局面，是立法作为法律规范的产出和优化的专门政治法律实践活动的特殊规定性的内在必然。与此同时，面对既定的社会关系，在努力寻求符合经济社会发展的客观规律的基础上，针对直接的社会关系主体的行为方式及其实际结果，进行正当性的审视和判定，由此设定相应的权利义务和法定或者可以酌定的行为方式，并辅之以法律激励或法律制裁，由此促进经济社会发展与立法者的价值预期相吻合。因此，在摈弃阶级斗争工具说和阶级意志（绝对）说的过程中，对于法律制度所赖以存在的客观物质基础、社会物质生活条件的决定地位和内容渊源给予了恢复和重视，另外，在对于现实社会生活实行立法规制的过程中，又不能够直接地触及和简单地套用所谓的若干干枯的、信条式的规律。表现在法理学上，就不能仅仅满足于所谓的规律论和发现说，并不能够提供可以实际地用于指导法律实践活动的具体路径与操作方案。

法律必须以外部的客观必然性即自由的普遍法则为内容，它制约着个体的独立意志，并成为个人自由的客观根据（这是在法律的规范调整和实际适用上）。同时，法律又体现着人对外部自由（客观物质条件下的自由的限度）的普遍法则的理解和运用，人民只有在共同认识普遍法则的基础上，才能达成约定和谅解，自觉地限定和放弃个人自由（放任意义的、个体绝对化的自由），实现社会的整体自由，并在社会自由中获得真实的个人自由。因此，法律又渗透着人的理性（其实，这种辩证的认识基点在黑格尔哲理法学派那里就已经奠定了，马克思主义法学是在对其进行批判的继承之上发展的）。要以社会物质生活条件为基础，把法的规律性质和意志性质结合起来。法律是人依据社会物质生活的内在需要的理性创造。法律反映着物质资料生产方式的客观内容，体现着历史的法则和人的主体性选择，作为一种理性规定，维持着社会的平衡、协调和整体发展。强调（并非是选取其作为一元化的出发点，只是强调）法的主体性，首先和基本的表现，就是要充分确立法律主体的能动性和创造性，正确估计和合理评价法律主体在法的形成、成熟和历史发展中的重要作用和主导性地位（这是在宏观上，我们这里是在具体的立法设计过程中揭示立法者的能动性的体现和反映过程的）。承认法的主体性，丝毫也没有否认法的外部必然性原则。历史上任何类型的法的产生，都体现着法律主体对现实生活的选择和理解（这种理解和选择具体和生动地表现在立法实践的内在思维过程与利益取舍过程中）。这种选择，归根到底不过是法律主体（准确而言应当是操控和参与立法实践的社会主体）的需求、利益、目的、经验、理想和外部必然性相互作用的链条。可见，在立法实践中的主体的选择，实际上是在寻求法律主体的利益需要和客观制约之间的交叉点，或者说现实可能性的实际支点，实现二者的“统一”。①

我们进一步认为，法律实践统一了社会生活主体和社会存在客体，超越了二者的对立，达到了改造外在世界的主体自由、客体发展的“双向对象化”，法学应当是法律实践之学；而法律实践又在立法和用法的各个

① 参见万斌：《法理学》，浙江大学出版社 1988 年版，第 74、80、129、256、329～331、334 页。

阶段都贯穿着通过权利义务的载体和形式的矛盾运动。所以，法学就是权利、义务、责任之学。从价值立场来看，就是康德等所称的“权利之学”；从基础来看，就是耶林所称的“利益之学”；从形式和机制以及作用等方面来看，就是庞德所称的“社会控制工程”之学。①

因此，法律规范的设计是立法的必有内容、本质属性，是立法的能动性（尽管可能蜕变为负面的侵越）实现和彰显的反映和依托。正是如此，科学立法的真正含义，不在于宣布客观规律是创制法律的最根本依据，不在于科学的方法和技术的运用，而在于通过科学的立法设计，在权利义务、权力职责的设定上体现出科学性、合理性和针对性与可操作性，使得立法的科学“化”得以实现、落实。《立法法》第六条规定：“立法应当从实际出发，适应经济社会发展和全面深化改革的要求，科学合理地规定公民、法人和其他组织的权利与义务、国家机关的权力与责任。法律规范应当明确、具体，具有针对性和可执行性。”由此，才具有有别于其他条文而必须存在的特定性和作为基本原则的指引性。比较分析可知，首先，第六条不仅强调立法从实际出发，而是强调立法的内涵、内容就在于对权利义务、权力责任等的“法资源”要素或要件进行的设置、配置或曰设计，并使之成为法律规范。简言之，立法的本质可以在规律、意志、价值、利益等的视角予以认识和概括，但是在其复合的多重构件和本质属性中，以权利义务组合、组配而成相应的法律规范，作为制度体系中的正式制度的文本表现形态和自立规范形式，则是立法迥然不同于其他社会规范类别的侧面之一。所以，《立法法》第一章对于立法的政治原则、宪法原则、思想原则以及民主立法等均已经有对应的专门条款予以规定和彰显之际，第六条作为科学立法的集中表述，包含着科学的立法设计这一不可忽视的意涵。这样就是在对立法进行宏观的原则规定之后，转而深入到立法作为制度设计所运用的制度要素及其设计的内部构造和生

① 新近有学者以“建构与顺应的统一”来概括法律、立法、良法的属性。不过其中包含了市场与政府的关系、自发社会秩序与立法干预介入的关系、立法的审慎性与适度性等方面。（参见刘风景：《马克思恩格斯的良法理论及其中国实践》，《马克思主义与现实》2015 年第 2 期）

成机制之中，提出其在设计和产出过程中所应恪守的根本要求。其次，在此次《立法法》的修改中，为什么又在本已经于第一条之中明确规定的立法引领功能之后，强调立法对经济社会发展和全面深化改革的“适应”呢？就在于防止严重脱离实际和游离于改革发展的经济社会主旋律之外的所谓的体系构建、主观想象等的立法设计的错误偏向。这样，实事求是始终是立法设计的必由之路和现实之锚。最后，第六条第二款的补充，扼要精当地明确了立法设计的形式标准，使之和立法设计的实质标准相结合，更加完备地对于立法设计给出评价和引导标准。而在后续第三十九条、第五十四条、第六十三条对立法起草、立法评估制度的规定，第七十三条对地方性法规重复立法的禁止规定，第七十五、九十、九十八条关于自治条例、单行条例和经济特区法规的变通应有前提、限定和审查等的限制规定，使得立法设计底线准则得以清晰树立。这样分别结合“自治原则”或“不抵触原则”等，以负面清单的方式赋予了地方立法、民族区域自治立法和经济特区立法各自能动创设的开阔的法律空间。而同时我们需注意到，第八十七条强调了宪法的至上性、权威性。第八十条规定：“没有法律或者国务院的行政法规、决定、命令的依据，部门规章不得设定减损公民、法人和其他组织权利或者增加其义务的规范，不得增加本部门的权力或者减少本部门的法定职责。”第八十二条规定：“没有法律、行政法规、地方性法规的依据，地方政府规章不得设定减损公民、法人和其他组织权利或者增加其义务的规范。”这两款分别就部门规章和地方政府规章不具有完全的立法性质而在规范设计上设计了更为严格的禁止规定，从而保证规章的执行性——除去第九、六十五、七十三、八十二条以“先制定”所规定的行政法规、地方性法规与地方政府规章三类的“被授权”制定的情形。

综上所述，对于立法实践的主观方面进行分析，尤其是对于其中的最具核心和最为实质的立法设计问题的揭示，需要成为立法学中的应有内容和必要组成。遗憾的是，迄今对于立法设计，鲜见专门、系统、深入的研究，为此，借鉴和吸收制度经济学等有关制度设计的理论与方法，主要运用发生学方法、矛盾分析方法、历史—逻辑方法、个案实证方法等一些研究方法，努力揭示立法实践中的制度设计的内在规律、运动过程，尝试给出立法设计的界定、归纳立法设计的特征、提出立法设计的三个基本阶段的划分，表明立法设计的实际价值与具体应用，结合特定的法律制度的创设与施行的具体情形，对于立法设计及其过程的一般分析框架面向立法实践进行还原和接受检验，可以明确立法设计及其过程的研究意义与实践作用。

在立法实践中对于改革样本及其运行机理的规范化提升和法律化肯定，这种努力促使立法实践的经验反映和理性设计走向统一，实现针对现实社会生活的规范性调整中的自觉能动的引导和设定，因此，吸纳制度经济学、社会工程理论和机制设计理论，揭示立法实践活动的主观方面和客观方面的对立统一，澄清立法设计的存在及其表现形式和演进阶段，体现和反映了立法实践的主体间性、集体理性的根本要素。这在很大的程度上推进和深化了法理论的基本内容，拓展和夯实立法科学的理论基础，并且反思和剖析立法质量的实践症结。同时也在宏观思维和基本理论的层面引入制度分析和设计的视角考察法律制度（规范）形成和确立的主观设计及其客观运作过程，对于深化立法学理论研究，推动立法学学科发展，改进立法实践活动，提高立法质量与效益具有一定的理论价值和实践意义。

第六章
科学立法评价

法治的要义是保障公民和人民权益，制约和监督政府权力。由此，对政府的监控、底限意义的要求，便是政府权力不得变异为谋取私利——不论是国家工作人员个人还是任何国家机关的特权或其他非法利益。而即便是政府及其工作人员的腐败，则总是寻求和依附外在的“依法”“合法”“有法”的方式，进而凭借和裹挟在决策施政过程中，因此，防范和遏制权力腐败，就需要首先由作为其重要的权力依据的“规范性法律文件”进行釜底抽薪式的分析和检视，以判断其中是否隐含或埋藏了导致权力腐败的可能性、疏于对权力腐败加以预防和警惕所造成的质量低劣的立法漏洞，是否有着对权力腐败能够有着较强执行力和操作性地加以揭露和惩治的制度规范的应有供给。为此，针对规范性法律文件，在其起草、审查和审议中，运用和开展制度廉洁性评估，则显然成为一种努力具有民主意蕴和技术功效的前馈加装，或者说是充实在立法前评估程序中相对独立、守护底线的腐败治理技术之一。本章拟就此结合规范性法律文件审查的实践样本分析，提出有关学理评论、实践总结与修法建言。

■ 第一节 法律规范设计中廉洁性评估的研究

对制度廉洁性评估,或者说法律起草等立法前期过程中的围绕法律规范设计所开展的制度廉洁性评估,学界有一定的关注和探讨,有学者将其形象地比喻为"法治反腐的阿基米德支点",对于制度廉洁性评估的含义、意义、适用范围、构成要素、体制机制等,在追踪和解析主要由纪委监察部门开展的试点工作经验基础上,结合域外一些国家的法律规定进行了侧重的探讨,提出了推动制度廉洁性评估的常态化、规范化、制度化的有关见解。① 在新近的国际政治科学视域中,瑞典学者博·罗斯坦的《政府质量:执政能力与腐败、社会信任和不平等》②以其对代议民主、执法公正、社会资本等的实证性、关联性、国际性、实践性分析而具有一定的代表性。作者以"政府质量(品质)"(the quality of government)来指称能够由此建立和推进社会信任、维系社会公正,并由此推动经济社会发展的政府治理的能力和水平,更加内在地强调政府治理行为本身的"水准"——公平性、正当性、合法性,而不再采取政府绩效这一过于强调政府外在地产生的经济社会在财富增长与生产总值等方面的效应与结果。但是何谓"政府质量"? 作者尽管进行了有关指标体系的比较分析,却最后相对武断地抽取了"行使公共职权时要保持不偏不倚"。这个"关键特

---

① 有关文献可参见肖金明:《关于制度廉洁性评估规范化的思考》,《中国行政管理》2011 年第 5 期;邓联繁:《立法廉洁性评估:法治反腐的阿基米德支点》,《民主与法制》2013 年第 24 期;赵丽涛:《中国制度廉洁性评估研究:一个文献综述》,《创新》2014 年第 4 期;田坤:《制度廉洁性评估:理论基础、实践探索及推进策略》,《廉政文化研究》2013 年第 5 期。

② 该书突出了"低政府质量与低社会信任之间存在因果关联"和"高政府质量的一个基本特征是行使权力时保持公正"。(Bo Rothstein, *The Quality of Government: Corruption, Social Trust and Inequality in International Perspective*, The University of Chicago Press, 2011)

征”，即将政府公正、平等地对待行政关系人、行政相对人作为能够建立政府公信力、社会信任度，累积和增加普遍信任的社会资本和正向能量的基石。而这一点，尽管作者最初即表明努力不去在价值、道德层面进行“规范性问题”的思辨，不去以“腐败”的测评等来印证政府质量，但是，最终难以摆脱对于政府治理的腐败的考察和测量。因为这是一体两面的，腐败是“政府质量的天敌”。尽管腐败不是政府质量低下甚至归零的全部，尽管恰如作者所言，根除腐败并不能保证政府质量一定能提高。①但是，作者最后明确将世界银行法治指标、世界银行政府效率指标和“透明国际”清廉指数作为“三种政府质量指标”。② 因此，进行政府质量的研究，只不过是进行腐败治理或遏制的研究的别样表现形式。

正如学者费尔、费斯巴赫等所指出的：包括法律制度在内，“公共政策首先要能够遏制公务员玩忽职守”，因为“多项研究显示，和社会信任关联性最强的是对法治机构的信任，即警察局和法院”③，否则将动摇公务员群体乃至于社会公众的信心，破坏社会信任和社会资本。这样基于社会信任作为生活的基本价值观、政治价值观和经济价值观④，成为构建和确立社会制度预期性和社会秩序合法性的普遍的心理基础——但绝不是非客观的。因此，社会信任由于“政府失职”的破坏，将导致掉入“腐败—不信任—再腐败—不发展”的陷阱或恶性循环，使得社会出现罗尔斯所说的“最终导致常态崩溃”⑤。通过数据统计分析和学理推理解释，博·罗斯坦将关乎政府合法性的决定性因素并不聚焦也不认为在代议

---

① 参见［瑞典］博·罗斯坦：《政府质量：执政能力与腐败、社会信任和不平等》，蒋小虎译，新华出版社 2012 年版，第 2、7、11 页。

② 参见［瑞典］博·罗斯坦：《政府质量：执政能力与腐败、社会信任和不平等》，蒋小虎译，新华出版社 2012 年版，第 75 页。

③ ［瑞典］博·罗斯坦：《政府质量：执政能力与腐败、社会信任和不平等》，蒋小虎译，新华出版社 2012 年版，第 172 页。

④ 参见［瑞典］博·罗斯坦：《政府质量：执政能力与腐败、社会信任和不平等》，蒋小虎译，新华出版社 2012 年版，第 184～185 页。

⑤ ［瑞典］博·罗斯坦：《政府质量：执政能力与腐败、社会信任和不平等》，蒋小虎译，新华出版社 2012 年版，第 118 页。

民主的输入项上，而是集中在政府治理的输出项上，将其腐败在微观上对于公正、平等的侵蚀后果与在宏观上对于社会网络互信程度、政治稳定健康程度的腐蚀危害联系起来和推展开来，在揭示政府质量低下所招致的全面溃败，以及“腐败的体系在遭遇严打清理后也会自我更正，重回腐败轨道”[①]的极大可能性的同时，进一步昭示出：能否在制度层面——严格意义的处于奠基地位和效力层级的基本法律之中抑制和消除腐败，成为全局性地扭转政治和政府腐败的关键；法规、制度自身的“腐败基因”的剔除，是制度质量乃至于政府质量好转的首要选项，或者说是开启良性循环的“第一步”。[②] 因为合法腐败（legal corruption）——“任何形式的公共政策私有化”——考夫曼所提出的这一指称[③]，是公务员个人或团体的行为腐败——一切在个案上的腐败行动的铺路之石、方便之门和保护之伞。

在充分肯定这一学术进展的同时，我们必须认识到：第一，对制度廉洁性评估的推广呼吁、实践解析较多，对其科学界定、完整方案的研究还比较匮乏。第二，对制度廉洁性评估的操作层面的分析较多，对制度廉洁性评估所应当捕捉和聚焦的风险节点的挖掘和总结不够，规律层面的研究还不够。第三，对制度廉洁性评估的研究尽管在政治学、政策学等的视域中较为引人注目，但是，没有和政府重大行政决策的法治化、程序化，和决策前期过程中的社会影响评价、社会风险评估等进行关联分析。第四，尽管有学者将制度廉洁性评估就其对象划分为立法廉洁性评估和

---

① [瑞典]博·罗斯坦：《政府质量：执政能力与腐败、社会信任和不平等》，蒋小虎译，新华出版社2012年版，第121页。

② 参见[瑞典]博·罗斯坦：《政府质量：执政能力与腐败、社会信任和不平等》，蒋小虎译，新华出版社2012年版，第123页。

③ 参见[瑞典]博·罗斯坦：《政府质量：执政能力与腐败、社会信任和不平等》，蒋小虎译，新华出版社2012年版，第239页。博·罗斯坦在该著作最后认识到，对制度不能持过于泛化的理解，不仅应该强调制度质量的定性区分，即良性或恶性的制度，而且应该注重正式和非正式制度的区别，并隐含了更加重视正式制度的建制的思想。我们进一步认为，正式制度的良性改造，在走出政府腐败进而蔓延到社会腐败的灰暗陷阱中，具有发端的地位和开启的效果，即较高等级的法律制度的“腐败基因”筛查和剪除。

其他制度廉洁性评估，但在立法学的视域中就立法评估特别是前期评估的研究中对立法前期影响评价与廉洁性评估的关系及其兼容的应用还缺乏研究，缺少在《立法法》修改中的确认和完善结合起来分析，学科之间的研究融合度不够。尽管在我国近来的立法学研究中，就立法评估制度的内容与指标，有学者指出，应该进一步聚焦评估对象，科学设计评估指标体系，立法前评估与立法后评估相结合，依职权评估与依申请评估相结合，逐渐建立制度廉评长效机制。① 有学者指出："我国立法后评估制度应当以合理性、可操作性、有效性、效率性、满意度为其目标定位。"②因此，对业已进入审议程序的《立法法》修改中应当明确针对法律规范设计的制度廉洁性评估。

第二节 法律规范设计中廉洁性评估的分析

作为分析的原点和支点，何谓制度？"在有关制度的框架中，由有组织的社会交互作用组成的人类行为的固定化模式。"③诺斯认为，社会变迁是指"制度的创立、变更以及随着时间的变化而被打破的方式"④。行为主义是在自然科学的思维与方法的基础上，将社会分析研究的对象聚焦在人的行为与人际交往上，通过定量分析，将经验研究作为科学的研究形态、内容与方法，促使在政治学、行政学和法律学的研究中，由规范转向经验，由制度转向行为，通过对行为的测定揭示制度的针对性、有效

---

① 参见田坤：《制度廉洁性评估：理论基础、实践探索及推进策略》，《廉政文化研究》2013 年第 5 期。

② 王斐民：《找准我国立法后评估的定位》，《检察日报》2013 年 8 月 5 日。

③ [美]杰克·普拉诺等：《政治学分析辞典》，胡杰译，中国社会科学出版社 1986 年版，第 77 页。

④ [美]道格拉斯·诺斯：《经济史中的结构与变迁》，陈郁、罗华平等译，上海三联书店 1994 年版，第 225 页。

性。退言之,即便在标榜着如阿尔蒙德所一针见血指出的“自欺欺人”的“价值祛除”的政治发展研究中①,进而在以科学主义为宗旨的行为主义政治学的整个研究中,“政治清明”“廉洁政治”毫无疑问是一切政治制度、政治文化、政治实效和政治发展所必须坚持和自觉体现的价值理念、原则和标准。因为一切的政权显然不希望自身的权力及其行使被私有化、个人化进而受到侵蚀、发生变异并最终丧失其正当性和合法性,丧失公众的政策期待、政权信任与政治认同。由是观之,决策前期社会影响评价、制度廉洁评估以及文化影响评价等,都是在制度主义的政策、决策和法律研究中受到但是不囿于行为主义政治学立场和方法的征引和支持的。

而人的行为的随机性和在行为动机上的机会主义特点,决定了在社会交往层面,维护社会公共秩序和公共利益,必须借助于对公共利益的申明并因此使之能够作为行为主体以及其他社会主体进行预测、感知和分析、评价的共有尺度,将其作为约束条件。“在不同的制度环境下,投机的性质和作用是不同的。”②面对人的机会主义行为取向,“制度就是人们为防止机会主义而缔结的契约”③。由制度的应然功能而言,是防范,即制度和腐败是对立的。但是其前提是该制度有着内涵的政治清明的自觉坚定和有效的追求,否则就是缘木求鱼。腐败,即是背离制度预设的行为正当价值目标和利益资源配置以及参酌因素权衡,并在根本上将其应为人民、公共的利益保障转而以私利的谋取所代替。制度廉洁性评估,就正是在政治系统工程之中的微观技术和制度基础上,精细化地进行包括法律规范在内的社会政治规则乃至于整个社会规范体系得以构筑的必要手段和有益工具。进言之,就是将政治权力作为设计客体和核心资源,将权力的组织体制和运行机制等的配置方案作为具有中性色彩

---

① 参见[美]加布里埃尔·A·阿尔蒙德、小G·宾厄姆·鲍威尔:《比较政治学:体系过程与政策》,曹沛霖等译,上海译文出版社1987年版,第27页。

② 杨俊一等:《制度哲学导论》,上海大学出版社2007年版,第49～50页。

③ 许和隆:《冲突与互动:转型社会政治发展中的制度与文化》,中山大学出版社2007年版,第55页。

和工具理性的“技术”手段的范畴，从而在坚持、追求和实现社会主义的民主政治和政治文明中，将权力关系、权力类别、权力职能、权力责任、权力监督和权力规范等作为“政治管理技术”进行引进、消化、吸收和创造、发展，使之具有科学性、民主性和适用性。

因此，制度必然要求在其自身克服有可能的行为对其价值观念和利益诉求的背离与扭曲，将在其规范设计中必然体现其对行为进行规制的价值标准，并不是意味着“以一种特定的价值观和社会模式去划一发展中国家的差异社会”，“而是在转型社会的文化传统纸上对工业化和信息化的时代开放、透明、自主、平等、理性等等要求以政治系统的合理结构和应有关系加以确定和实现”。① 党的十八大报告提出了“干部清正、政府清廉、政治清明”的目标，所以廉洁政治是社会主义政治文明的价值要义、逻辑起点和本位皈依，它追求公共权力在规定的范围内按照忠信的托付和规定的程序运行，国家和社会事务的管理规范、透明、清正，政治和社会生活的廉明有序运行。② 这就必然要求作为国家治理体系中的最主要制度表现和最关键制度供给的立法必须具有其在制度廉洁性上的首要和根本意义的廉洁作为政治文明的基础价值标准与目标的内涵与属性。在当下和未来一个较长时段的中国，“制度廉洁”的概念具有深刻的特殊意义，这意味着制度创新的关注点正在酝酿着一场重要的变革：从着重关注制度的技术工具属性转向同时关注制度的伦理价值属性。制度廉洁性评估犹如对制度的一次“体检＋治疗”，是净化制度、滤除“杂质”、提升品质的过程，及时发现制度的漏洞和缺陷，剔除制度中存在的利益冲突、制度交易的规定，从根本上消除“合法”腐败。通过删除、增补、修正相关规定，审视制度所构建的权力结构是否合理，评估其在规范权力运行、压缩权力寻租空间、减小权力腐败几率中的作用，优化权限、程序、责任等制度要素，形成更为有力的权力制约机制，预防腐败的发

① 参见许和隆：《冲突与互动：转型社会政治发展中的制度与文化》，中山大学出版社2007年版，第24、26页。

② 参见邵林：《廉洁政治的内涵与评价尺度体系》，《大庆社会科学》2014年第2期。

生。“为了设计与某种特定种类腐败斗争的有效的、详细的法律措施，起草者必须识别导致该种腐败的因素。”①

第三节 法律规范设计中廉洁性评估的诊断样本

在微观上，以笔者承担、执笔的《某市户外广告设施和招牌指示牌管理条例（草案）》审查为实例，可以总结出以下几种情形：

第一，将管辖客体进行扩展，由此扩充行政权力，限制或侵犯公民物权，不当介入公民自主生活空间与社会或市场调节领域。如该条例草案将除去户外广告设施的“招牌、匾额等户外招牌设施”一律纳入管理范围，甚至没有“标示其名称、字号、商号”的限定。再比如，在地域管辖或者空间管辖上，该草案第十一条第二项规定，禁止在房屋屋顶设置户外商业广告设施。利用房屋屋顶设置广告设施，应当属于业主利用建筑物从事经营活动的情形，若设置行为符合相关技术规范和安全要求，并按规定办理了相关许可手续，条例不宜对此予以禁止，从而限制业主对屋顶享有的物权及相应经营权和收益权。再比如，该条第六项规定，禁止利用横幅、直幅、条幅进行商业广告宣传。上述三种广告宣传形式是长期以来日常生活中普遍存在、广受认可的传统广告宣传形式，只要不因为其长度和宽度等影响和妨碍居民采光等相邻权益、道路交通和市政设施的正常运行即可，且《户外广告登记管理规定》和省市市容环卫条例都未将其禁止。因此，这样的规定不仅限制了公民权益，而且在客观上制造了权力寻租的可能。

第二，将行政权向上游移动，力图对现在某一领域的全程进行监管，从而更多地倾向对相对人行为的限制和自由的侵入。如该条例第八条

---

① [美]安·赛德曼等：《立法学：理论与实践》，刘国福等译，中国经济出版社2008年版，第462页。

第一款规定，市市容环卫主管部门应当会同市城乡规划主管部门编制户外广告设施和招牌、指示牌设置的详细规划。

第三，将行政权的层级监督弱化或虚置，将标准或规则制定权与其执行权、违反行为认定权一并由同一部门享有和行使。如该草案第九条第一款规定，户外广告设施和招牌、指示牌设置的技术规范由市容环卫主管部门制定。同时，草案第三十七条规定，对设置户外广告设施或者招牌、指示牌不符合设置技术规范要求的，由城管执法机关进行处罚。这样草案关于技术规范制定权的规定，将产生“部门制定规范、部门依据规范进行处罚”的现象，从而明显地将层级监督和权力制约进行了消解，使之不复存在。

第四，将行政权的程序制约略去不加规定，或者规定较长时限，从而将行政行为置于相对人有可能对行政执法人员进行单方面接触，使得执法者自由裁量、恣意支配的情形中。比如对大型户外广告的设置以许可的方式进行事前严格管理，基于安全、成本等原因是必要的。但根据《行政许可法》的公开原则，行政许可的实施机关、条件、程序、期限等都应当予以公开。而草案在这方面却付之阙如，对审查和准予许可的条件特别是不予许可的条件、标准等均不作规定，就会招致当事人因此不仅茫然而增加成本，而且会激发行贿的冲动。再比如，该草案第十六条第三款对市容环卫主管部门作出设置许可决定的时限尽管作出了规定，但是预留工作日较多。这样无形之中提高了腐败的几率。为了提高行政效能，更好地维护相对人权益，适宜将时限适当缩短，将对大型户外广告设施的设置许可决定与对招牌、指示牌设置许可决定的作出时限分别加以规定，限定为最长不超过十个工作日和五个工作日。这样充分体现出习近平同志所强调的：“制度建设要可执行、可监督、可检查、可追究、可问责，还要体现法治思维、改革思维和系统思维。”①

第五，径行规定或变相规定行政许可权限，自我扩权。这是以所谓

---

① 《中共中央政治局常委到第一批党的群众路线教育实践活动联系点出席指导专题民主生活会》，《人民日报》2013 年 10 月 3 日。

“加强监管”为由制造腐败可能的典型做法。如，在该条例草案中，除去对大型户外广告设施设置，按照《城市市容和环境卫生管理条例》规定了许可之外，对招牌、指示牌的设置一并规定了行政许可，就不仅仅是一个“合理性和必要性值得商榷”的问题，而是一个潜藏着由此使得权力可能变异的主观冲动。因为这很明确，首先，缺乏上位法的依据，因此表现为很直接的不具有合法性。其次，招牌、指示牌通常规格较小，设置成本较低，甚至是可推拉、可移动的，一般不会涉及较为严重的安全、秩序等问题，纳入事前监管的理由不够充分。最后，主管部门完全可以通过事中监管、事后加强对技术规范实施情况的监督检查等达到监管目的。因此，对招牌、指示牌以设置许可的方式进行监管，不仅可能增加相对人合法权益受到不当限制、不合理地增加相对人的负担，且实效欠佳。尤其是当前国家和省都在着力深化行政审批制度改革，《某省深化行政审批制度改革实施方案》明确提出，要努力把该省打造成审批事项最少、办事效率最高、投资环境最优的省份。因此，条例应当着力减少审批部门、审批事项、审批环节，转变行政理念，最大限度地防止出现增设程序和门槛的情形。再比如，该草案第十三条第二款规定，设置其他户外广告设施和招牌、指示牌前应当进行备案，并在第三十三条第二款对未进行前置备案的情形规定了罚款的处罚措施。该规定即会因此成为变相的许可。

第六，直接规定对民事权益、物权权益的限制。如该草案第二十二条规定，取得公共场地、公共设施户外商业广告设施使用权的单位不得在合同约定期限内转让广告设施使用权。再比如，草案第二十三条第一款规定，非公共场地户外商业广告设施使用权由该场地的所有权人享有。假定按照该规定，那么，在国有土地使用权人享有使用权的未开发土地上设置户外商业广告设施，则该使用权由国有土地所有权人即国家享有，而该情形中的国有土地使用权人的权益将不被承认和保护。这显然是错误的。这样不可避免地将促使合法权益人努力寻求各种方式与城管执法机关之间的所谓“沟通”，以换取可能的对自身权益的维护。由此便会滋生腐败，为以权谋利、谋私者洞开方便之门。

以上切实表明，在因为认识水平和设计能力的欠缺以至于立法或者规范性文件创制中对制度廉洁性评估及其规范化、广泛化应用有所忽视，可能还是一个立法由于主客观多方面的制约因素而导致的局限。但是这种局限不应用客观事由而过于强调从而掩盖在主观上的立法偏颇和立法本位主义的主观遮蔽。2008年案发的郭京毅案，无疑暴露出在部委起草行政法规、制定部委规章及其解释和适用过程中的严重的利益偏私情形，构成在具有立法性质的职权活动过程中，或者说利用规则制定权和解释权，国家工作人员以此寻租的违法犯罪。① 这也是十八届四中全会《决定》强调的要“健全有立法权的人大主导立法的体制机制”的现实需要。有学者直接指明，这是直面当前我国立法实践中“行政主导”“部门本位主义”的突出问题而作出的针对性要求。②

立法缺失，一个重要的方面就是过于注重在权力所要实现的经济社会目标上的力度与实效，并因此着力在权力的强制性及其保障的充分性上的法律规定，而忽视对于权力变异的机会主义倾向的遏制和消除，即忽略了其中的廉政风险防范上所应开展的权力设置、权力行使和权力开放以及权力问责等方面的富有针对性的设定，而仅仅简单地以通用的公务员直接责任和领导者的间接责任、道德责任、纪律责任和政治责任等

---

① 参见洪雪:《原商务部巡视员郭京毅受贿845万 一审被判死缓》,《法制晚报》2010年5月20日;杨涛:《直面立法游说,防范立法腐败》,《羊城晚报》2008年10月8日;江渚上:《以公开博弈祛除立法腐败》,《新京报》2008年9月5日;汪东亚:《我们缺少公民组织对利益集团的制衡》,《中国青年报》2008年10月8日;毛晓刚:《以公开博弈遏制“精英立法腐败”》,《北京日报》2008年12月14日;潘洪其:《如何防范“郭京毅式立法腐败”》,《检察日报》2010年3月19日;陈伯礼:《美国在立法过程中对利益集团的控制:理论假设与法律规制》,《外国法译评》1996年第4期;刘卫东:《美国游说制度的改革及其局限性》,《国际论坛》2006年第5期。《劳动合同法》制定的过程中,在华外资企业不仅表现出了高度的参与意识,而且通过各种方式影响立法进程。而《邮政法》在修订过程中,上海多家民营快递公司联名向全国人大、国务院、国家发改委、信息产业部陈述自身的主张,意图影响立法。由此表明,立法参与、立法博弈甚至立法游说在我国社会利益格局复杂化、多样化的趋势中,有其客观基础和现实必然。但是2005年的美国阿布拉莫夫游说腐败案等,均表明在规范立法中利益表达的活动中,立法听证制度、立法公开制度和立法回避制度等依然亟待完善且非常艰巨。

② 参见封丽霞:《健全人大主导立法工作的体制机制》,《学习时报》2014年11月3日。

的追究条款匹配到各个有着权力介入社会公共事务的管理型的规范性法律文件中。更是忽视在前提和基础的意义上，由组织法的范围内，承认并尊重社会权力、市场权力、公民权利等与国家权力之间的分野，克服国家全能主义，建立健全对国家权力的感知、参与、监督和问责的管道与制度，形成政党权力与国家权力之间的健康态势，在国家权力的配置设定上确立分工合作监督制约的平衡架构，基于税收法定主义严格界定国家资财的汲取与财政预算的分配和使用，努力形成和保持国家"职能部门的最佳结构和数目"。①

在调研中我们还发现，据东部沿海地区某经济相对发达省份2013年度省法治政府建设专业评估工作中的测评，"红头文件"合法性和制度质量仍需改善。通过"红头文件"变相设置行政许可或者行政审批事项、增设许可条件，无法律法规依据委托实施行政处罚、行政许可、行政强制，以"改革创新"之名与民争利等现象还屡有出现；行政机关利用授牌、考核、评比、指标、资金、项目等形式主导优质资源分配、加速权力固化的现象还比较常见。与此同时，重大行政决策和规范性文件的公众参与度和合法性审查仍有不足。一些地方和部门未按要求制定行政决策规则，没有把公众参与、专家论证、风险评估、合法性审查和集体讨论决定作为重大决策的必经程序。在44个省级部门2013年度制定的423份规范性文件中，没有采取任何形式征求公众意见的达263份，占比62%；采取听证会、专家论证会等高密度公众参与形式的文件仅有4份，不足1%，由此，更遑论进行制度廉洁性评估。

在宏观层面，可以香港学者公婷教授等对《检察日报》2000～2009年的10年期间刊载的共2802个关于腐败的公开报道进行量化分析的研究为证。其中指出，在腐败规模上，10年中腐败案件的金额有上升趋势。除去少数过亿的腐败大案，所有案件金额中位数在50万～130万元之间。在腐败类型上，政府采购、工程承包的发案量居首位；组织人事类型

---

① 参见[俄]T. A. 萨塔罗夫:《反腐败政策》，郭家申译，社会科学文献出版社2011年版，第270页。

的腐败紧随其后，“买官卖官”现象恶性循环，但整体呈下降趋势；土地腐败案例近年急剧上升，反映政府官员利用市场化的土地交易漏洞为个人牟利。在腐败主体方面，县处级、厅局级干部成为腐败的高危人群，这可能是由于直接监督力度不足的原因。① 另有学者裴敏欣从“透明国际”的指数观测指出，2001～2006 年，中国的平均“腐败印象得分”在排行榜上一向位于底部 1/3 的国家之列。就腐败的致损程度，该研究就 2003 年估算，中国由腐败引致的经济损失达 860 亿美元，占当年经济产出的 3%，对中国经济发展构成了“致命威胁”。② 事实上，由 2012 年以来的诸如山西等多地甚至军队系统的腐败案件披露情形可知，这一严峻形势在 2009～2012 年期间至少是没有得到有效遏制的。

第四节
法律规范设计中廉洁性评估的地方实验

湖南在 2009 年 7 月制定出台的《湖南省规范性文件管理办法》，在全国率先实行了规范性文件登记制度，规定所有新制定的规范性文件必须由本级人民政府统一登记、统一编号、统一发布（简称“三统一”），才能作为行政管理的依据；实施了规范性文件的有效期制度、备案制度和申请审查制度。湖南还要求各单位起草的规范性文件，在向省政府报送规范性文件登记时，必须向省政府法制办报送已备案的制度廉洁性评估表，否则不得办理“三统一”。郑州市人民政府 2011 年 12 月发布《关于对政府立法和规范性文件实施制度廉洁性评估的实施意见》（郑政文〔2011〕297 号）。《广州市开展制度廉洁性评估工作实施意见》从评估主体、评估

---

① 参见公婷、吴木銮：《我国 2000～2009 年腐败案例研究报告——基于 2800 余个报道案例的分析》，《社会学研究》2012 年第 4 期。

② Minxin Pei, *China's Trapped Transition: The Limits of Developmental Autocracy*, Harvard University Press, 2006.

对象、评估原则、评估内容、评估机制、评估方法明确，评估重点为涉及行政审批权、行政执法权等权力相对集中的制度；涉及腐败现象易发多发的重点领域、关键环节，在查处违法违纪案件中发现制度存在缺陷和问题的，与人财物管理使用改革措施有关的制度。

诸多地方探索中的规范性文件，多数以“科学性评估”涵盖制度廉洁性评估，主要评估权力结构及配置是否科学合理，制约监督措施是否完备。此外，程序性评估主要评估制度的起草制定是否严格遵守法定程序，是否开展实地调查研究，涉及群众权益的重大事项是否经过必要的论证和听证，涉及多个部门的事项是否与相关部门充分沟通协商；是否将应当公开的制度全部公开，公开的内容是否全面、准确、易于理解，公开的时限是否合理，公开的程序是否明确，公开的结果是否便于社会群众获知和使用。由此，有学者指出，制度廉洁性评估的内容，是“权力结构中关于权力制约机制的合理性”，并归纳为五点：划定权力行使的合理界限，合理分权，程序科学，合理性原则，法律责任。同时主张：廉洁性并不具备独立于合法性、合理性的内涵。廉洁性在要求制度具有合法性的同时，更侧重于制度设计本身的合理性。制度的科学性实质上可以归入合理性范畴，它是合理性的内涵之一。任何立法都必须遵守防止利益冲突的原则，因此防止利益冲突是制度合法性的要求之一。① 我们认为这是值得商榷的。

北京人大常委会将立项论证作为法规起草的前提和基础。北京市人大常委会在开展的立法前论证的探索中，实质是把住立法项目的入口，对预立项目进行审查和筛选，把真正符合条件的立法项目纳入立法规划之中，在必要性、可行性、急迫性、前瞻性等各个要素具备的前提下适时启动立法项目。② 因此，似乎还不是针对在立法草案中的法律规范

① 参见郑智敏：《略谈制度廉洁性评估中的几个问题》，《中国监察》2011年第17期。

② 参见赵立新：《“立法前论证”有着很强的现实性和必要性》，《人大研究》2009年第4期；《法规制定前先立项论证，法规实施后再进行评估——北京人大前伸后延立法链条，创新立法机制》，《法制日报》2009年1月17日；《人大立法重心前移，六法规经历“立法前论证”》，《人民日报》2009年1月14日。

设计方案是否存在权力赋予和行使中谋取私利的可能性的审查与评估，即没有包括制度廉洁性评估这一针对立法内容中的权力授予和行使的腐败风险进行评估，而是针对立法的必要性和正当性以及妥当性。另外，也有学者对立法前评估的理解上，囊括立法草案的内容上的衡量，即“地方立法的预期影响”①。有学者基于天津市、山东省人大的做法，将立法前评估作为二重意义的理解，即分别针对立法项目的论证以及立法草案的论证。认为“立法前评估，指在启动立法程序前，对立法项目的立法必要性、可行性和法规中主要制度的科学性、可操作性以及法规实施的预期效果、社会影响等进行分析、评价，使立法机关可以据此作出更为科学合理的立法决策”②。

通过查找腐败风险点和薄弱环节，加强预警机制和防范措施建设力度，努力减少贪污腐败发生的几率和总量。我国预防腐败地方性立法有了突破性进展。作为国内首个预防腐败的地方性法规，《汕头经济特区预防腐败条例》于2013年5月28日汕头市第十三届人民代表大会常务委员会第十六次会议通过，2013年8月1日起施行。第二十一条规定：“特区建立制度廉洁性评估机制。拟定法规、规章和其他规范性文件草案，应当从下列方面进行制度廉洁性评估：(一)是否存在部门利益制度化，扩大部门权力，侵害公共利益或者公民合法权益；(二)是否存在部门权力交叉和利益冲突；(三)是否存在权力与权利关系的明显失衡，或者为公民、法人和其他组织设定额外义务；(四)是否违反有关财经制度；(五)是否存在模糊和减免公共职责、法律责任缺位、问责机制缺失的内容；(六)其他需要评估的内容。制度廉洁性评估办法由市人民政府另行

① 李丹：《地方立法前评估浅论》，《人大研究》2014年第4期。

② 王锡明：《立法前评估是提高立法质量的积极举措》，《人大研究》2012年第11期。

制定。”①这项制度的进步意义在于它是权力制约思想的制度化体现，通过具有明确可操作性的廉洁性评估办法的制定对权力机关抽象行政行为进行审查，杜绝这些机关在抽象行政行为中谋求不适当的利益，形成部门腐败。在立法评估中，就制度廉洁性评估的运用，汕头市案例规定立法前后评估——政府规章的立法中，均适用。该条例第十四条规定："开展立法后评估等工作可以进行制度廉洁性评估。”

第五节 对《立法法》修改的建言与期待

由是观之，《中华人民共和国立法法修正案（草案）》，将第六条修改为："立法应当从实际出发，适应经济社会发展要求，科学合理地规定公民、法人和其他组织的权利与义务、国家机关的权力与责任，做到法律规范明确、具体，具有可执行性和可操作性。”这里对国家机关的权力与责任在法律规范设计中的要求流于一般。没有针对国家机关的权力和责任的设定提出具有针对性的立法要求，使之混淆在与公民等社会主体的通则式的权利义务要求之中。再者，修正案将第三十四条和第三十六条合并，作为第三十六条，其中第二款在对于立法前评估的规定中，提出“法律案有关问题具有较强的专业性或者需要进行可行性评价的，应当召开论证会，听取专家、有关部门等方面的意见”。但是，这里的“可行性评价”不周延、不明确、不精细。第三款第二项将听证会的条件设定过于严苛和主观。其规定："法律案有关问题存在重大意见分歧或者涉及利益关系重大调整的，应当召开听证会，听取利害关系人、有关部门、专家

① 另与之几乎同步的是，珠海经济特区也制定、颁行反腐败条例，其中首次明确地把非公有制经济组织和社会组织以及非公职人员也列为腐败主体。有学者对此概括为“权力腐败”和“社会腐败”两种腐败形式，并认为应以权力腐败预防为主。但遗憾的是，珠海经济特区的条例对于制度建设的质量，制度建设中关注和体现健康的政治文化，具有保障廉洁从政和政务廉洁的制度预防功能方面，没有着墨。

等方面的意见。”第四款规定：“常务委员会工作机构应当将法律草案发送相关领域的全国人民代表大会代表、有关机关、组织和专家征求意见。常务委员会工作机构应当收集整理分组审议的意见和各方面提出的意见以及其他有关资料，送法律委员会和有关的专门委员会，并根据需要，印发常务委员会会议。”而这依旧延续着现有的相对内部化和经验式的方法。

我国《立法法》是一部宪法性、综合性、基础性的法律，具有组织法律规范、程序法律规范和技术法律规范三类，或者说是立法体制即立法机关组织法、立法过程即立法程序法与立法技术即立法标准法的三者合一，应当既要将国家立法权限进行合理的配置，保障立法权的民主、科学的行使，又要有着对立法权限可能招致立法层面的腐败的高度警惕和深刻防备，以实现依照宪法和法律——首先是立法法本身去开展立法，使得所立之法能够充分体现宪法所确立的人民主权原则和人民民主宗旨。有学者把立法放任和姑息腐败发生的可能性，视为一种政治腐败，认为这种政治腐败作为一种“上层腐败”，是“最危险的”。“因为这种腐败的后果，是它以立法的形式制定主要法则以及制定合法的标准法令和个别法令。”[①]所以，立法前期评估中的廉洁性评估的缺失，就是立法腐败之源头的一种情形。因此，立法法应该作为通过一系列的制度环节，滤除滋生腐败土壤、可能性的示范法，应该既要将立法权限视为体现人民意志并使之转化为国家意志的良善权力，又要有着对于包括立法权在内的一切权力的深切的“不信任”感，并以有关的制度保障能力将这种不信任降低到最低限度。唯其如此，才有可能树立对于立法权力以及其所设定的其他强制性权力方案的最大限度信任。

党的十八大报告指出：“全面建成小康社会，必须以更大的政治勇气和智慧，不失时机深化重要领域改革，坚决破除一切妨碍科学发展的思

① ［俄］T. A. 萨塔罗夫：《反腐败政策》，郭家申译，社会科学文献出版社 2011 年版，第 268 页。由此可见，这种腐败不仅有着将某一方面的权力变质洞开其门的可能性，而且使得这种可能性合法化，即提供了其法律依据，使得其能够堂而皇之地以法律肯定的权力存在形式和行使方式攫取相应的利益或资源。

想观念和体制机制弊端，构建系统完备、科学规范、运行有效的制度体系，使各方面制度更加成熟更加定型。”①《中共中央关于全面深化改革若干重大问题的决定》指出：“2020 年，在重要领域和关键环节改革上取得决定性成果，完成本决定提出的改革任务，形成系统完备、科学规范、高效运行的制度体系，使各方面制度更加成熟更加定型。”立法要有的放矢、针对问题，不能停留在问题表面，而是要系统深入到体制机制的层次上，“提高立法的针对性、及时性、系统性、可操作性，发挥立法引领和推动作用”②。这就表明，要突出针对性，始终不要就体系而体系，就布局而布局，要切实解决问题，将发展改革决策与立法决策统一起来。这不仅是要求立法决策要赋予改革发展决策以合法化的外在形式和法律粉饰，在本质上，是要立法对改革发展决策所提出的法律问题、立法中创设和转换为权利义务、权限职责的设定、划分和配置以及实现的诸多问题要进行在宪法权威得以维护和法治得以贯彻的立场进行发展改革决策在立法上的审视、完善和确认与规范，这样才能够真正发挥立法的引领和推动作用。要突出及时性，就是审时度势，及时把握和运用立法时机，又要抓住提高立法质量这个关键，深入推进科学立法、民主立法，完善立法体制和程序，努力使每一项立法都符合宪法精神、反映人民意愿、得到人民拥护。

处在一个变革、转型的时代，因应生产力水平的不断提高甚至跃迁抬升，生产方式复杂和社会政治的纷繁运作，以及文化思潮的多样共生、泥沙俱下，作为社会制度构件和运行行为规范的法律规则，或者为其他规则甚至于潜规则的类型或者形态所替代、取代或消解，或者勇于寻求提升内在的合理性、适应性和包容性，从而方可发挥对于现实生活及其发展变化的应有的规范作用和导引功能。而作为社会政治实践中求取基本共识、维系政权合法、锻造刚性秩序、塑造利益格局的立法，则自当

---

① 胡锦涛：《坚定不移沿着中国特色社会主义道路前进 为全面建成小康社会而奋斗——在中国共产党第十八次全国代表大会上的报告》，《人民日报》2012 年 11 月 18 日。

② 习近平：《在庆祝全国人民代表大会成立 60 周年大会上的讲话》，《人民日报》2014 年 9 月 6 日。

义无反顾地选取后者，通过制定、修改、废止、补充、认可等多种活动形式的综合运用，对现实的制度需求经历放任容纳、政策规制、行政导控等之后所“剩余”的立法需求，做出回应行动。而这种回应行动及其产品供给，即立法和所立之法是否理性、是否民主、是否科学[①]，则在根本上是不以人的意志为转移的，而是以其是否真切地深入揭示和辨析社会运行中的价值诉求、利益机制和行为情势，并进而遵循一定的良善的价值导向进行科学、适度的规范设计为判别标准的。由此，立法的科学性，是在立法的适应性、回应性的牵引下，必须具有的内在品质或内涵属性。甚或言之，立法的民主性即便得到弘扬，也仅仅是最大限度地使得立法的科学性得到社会基础的夯实、利益表达的输入和博弈协商的充分等的条件保障，并增进立法的可接受性，而不必然使得其科学性真正得到树立，并且有着忽视和侵害少数人权利的可能。

那么怎样才能实现立法的科学化？十八大报告给出“把制度建设摆在突出位置”的一个普遍意义的论断之后，作为制度创设和法律发展的基础和前提，立法及其是否科学化将愈加是一个无可回避的问题。社会主义法律体系的发展和完善，也由此如何安放在一个科学的基座之上？对此的回答将可能依然是多样化和开放化的。尽管一言以蔽之，立法科学化，是要求立法内容符合经济社会发展的客观规律，但是在其具体的表现上，则是作为首要环节。那么立法如何对于经济社会生活的表现状况进行感知和抽象？假如进一步作为后续环节，不仅需要对于社会自身的所谓稳定性态中的规则或者行为范型进行抽取，而且还需要对于社会

① 不论是孙志刚事件距离其后的《收容遣送条例》的废止以及相应的《城市生活无着落人员救助管理条例》的制定之间，还是频发校车惨案特别是甘肃校车事件距离其后的《校车安全条例》的出台之间的时段长短，这样的立法周期与立法质量之间的关系并非是正相关或者相反。因此，吴元元博士在其《中国社会科学》刊文所忧虑的立法回应性的强化将损伤立法的主导性甚至自主性，还可能为一定的社会舆论、社会情绪所诱引，尽管存在(有可能有损立法的公正性、中立性和稳定性)，但是并不是一种必然性的关联。更遑论在我国，立法回应经济社会问题在总体上并非过于急躁和盲从。相反，立法回应的能动立场与供给能力尚有待极大地提高。由此，关键是如何回应，而并非回应与否或回应快慢。

问题的症结——社会运行的非良性形态的制约因素和诱发机理进行揭示和判断，并且可能是逻辑上的第三个步骤，同时还需要对于该立法可能的规范设定之后，如回馈或“回输”到社会生活中可能发生的近期、中期乃至于长期的影响结果是否符合预期，是否符合核心价值的基本尺度和发展理念的综合评判，进行预估、评估、评价。只有如是的“自下而上”“自上而下”的有机结合，才有可能将立法不是那样一厢情愿地进行片面的规设。而这一点，又需要一系列的手段和方法的保障。这样，立法起草、审议过程中，或者说前立法决策过程的诸环节之中，运用社会影响评价特别是社会风险评估、社会脆弱性识别，将是必要和必需的，也是可能和可行的。

■ 第六节 社会影响评价机制在立法前期中的应用

立法不断创设和持续优化法律，如同产业项目、工程项目一样，将法律作为公共产品的供给、作为直接的社会制度和行为规范的设定，也是在社会权利义务资源的配置上的一种“工程”。尽管这种工程不能够绝对化如哈耶的批判的那样，但是不可否认，是一种社会关系普遍性的调整的重大政治实践方式，在其行为性质上，具有决策或者说政策制定的一般性质和规范设计的特殊性质。在价值多元、利益分散、社会矛盾和意见分歧日趋加剧的今天，更加要求立法者必须从立法的源头来预防和解决社会问题，这就需要关注立法决策的前期阶段，也就是在立法决策之前①，运用一系列的调查研究、公众参与、专家咨询、论证听证等环节，

① 或称之为“立法前期阶段”“前立法决策过程”。因为立法的前期阶段是决策活动中的一个过程，所以立法应遵循和符合决策科学、政策科学的一般规律。[参见罗传贤《立法程序与技术》(五南图书出版公司 2005 年版)和于兆波《立法决策论》(北京大学出版社 2006 年版)两著作]

对于决策的政策法律依据、决策的利益内容、决策的影响主体、决策的财政支撑、决策的预期结果等进行分析，以增强决策公正性、科学性和操作性。

那么，在立法决策前期过程中设置哪些制度和运用哪些技术和方法，才能提高立法决策的妥当性和适用性，规避上述的种种缺陷呢？我们认为，在现有的公众参与、决策听证会、风险评估、可行性研究等基础上，吸收有关政策科学的理论进展，借鉴国际重大工程建设项目的审查机制，确立和运用社会影响评价制度不失为一个良好的解决方案。社会影响评价是在经济生活协调发展的观念指导下针对一定政策、项目、事件、活动等社会影响状况进行预评估的一种方法和技术，其目的在于理解社会生活的状况、原因和结果。它通过运用社会科学的知识和方法，来分析政策或项目所可能带来的社会变化、影响和结果，并提供一定的对策方案，增强项目审批的合理性、建设效果的符合性和政府治理的协调性，以降低负面影响和实现有效管理。

在我国转型法治发展进程中，立法作为一种制度供给的决策活动，作为规范性调整的首要环节，其涉及对地方自然、生态、历史、文化、社会风俗等具有公共产权性质资源的重新分配和调整，往往对当地甚至更为广泛的区域形成重大影响。社会影响评价通过预测、评价项目与当地社会人文环境之间的相互影响和适用程度，将社会可持续发展目标和对社会因素的关注纳入决策过程，指导提出更加科学合理及社会可接受的建议，将有助于提高立法质量，尽早预防、避免或缓解消极的社会影响或社会问题。

社会影响评价在一般意义上是指分析、监督和管理项目开发所造成的社会方面的后果。它是一个新的研究实践领域或称之为包含了一整套知识、技术、价值的新范式，它是一种政策研究的方法工具，是一个评价、监督、管理政策实施的过程，其主要目的是使人类生活环境更加可持续、更加平等。

西方的社会影响评价主要分为四个发展阶段。第一阶段是 1970 年初。社会影响评价首先被看作为具体项目的社会分析，主要研究环境相关项目的社会反应。第二阶段是80年代初期。人们试图利用社会调查的研究结果来改善项目实施所带来的负面社会关系。第三阶段是1993年。在拉贝尔·伯德等12位社会及环境学家的努力下,将社会影响评价的概念定义扩大为分析所有对人类有影响的社会及文化因素的任何公共及私有行为,对人类的生活、工作娱乐及相关活动的影响。第四阶段是90年代末,凡林、克莱姆等学者试图将社会影响评价引入城市规划体系中,并提出社会影响研究是一个可以适用多学科的应用工具,是体现政策与规划的社会可行性,最终达到成本控制的手段及方法。这个领域在国际影响评价协会影响下形成迄今最为完整的理论体系及研究方法。1992年,“社会影响评价指南和原则跨组织委员会”成立。其目的在于制定指南和原则,以帮助公共和私营机构遵循政府部门的指令,更好地履行(NEPA)的要求。当前,国际上社会影响评价的发展趋势是从原来的专家决策转化为一种大众影响决策的社会参与过程。公众参与应贯穿社会影响评价的全过程,并广泛吸纳各利益相关的社会群体、组织和个人。这种参与式的社会影响评价,尊重并承认受影响群体对他们亲身所受影响进行评价的权威性,将有效促进评价的针对性和说服力。的确,社会影响评价SIA是由环境影响评价EIA发展而来的,在美国和一些国际组织比如世界银行、亚洲银行等,已经在国际投资项目、国家财政项目的前期审批中要求必须进行社会影响评价的。美国是将社会影响评价规定在环境法规之中。但是现在作为技术和方法,两者之间结合密切;而作为理念和对象,则可以说前者是具有着自身独立的地位的。

我国的社会影响评价尚处于起步阶段,所受重视程度不够,法律保障、评价标准和方法以及专业化的管理、评价机构都较为缺乏。国内现有的社会影响评价工作,大多借鉴欧美国家和国际组织的评价指标和标准,还存在适应我国国情和如何具体实施的问题。中国国情的社会影响评价框架包括五个方面,分别是“人口与迁移、劳动与就业、生活设施与社会服务、文化遗产、居民心理与社会适应”,每个方面又包含数个具体的评价指标。我国国家发展改革委于2012年8月16日发布《国家发展改革委重大固定资产投资项目社会稳定风险评估暂行办法》(发改投资

[2012]2492号),要求项目单位报送的可行性研究报告和项目申请报告,必须将社会稳定风险分析作为独立篇章;项目所在地人民政府或有关部门必须指定评估主体,对项目单位作出的社会稳定风险分析开展评估论证,提出社会稳定风险评估报告,可作为项目审批、核准的重要依据。评估报告认为项目存在高风险或者中风险的,发展改革部门不予审批、核准和核报。这标志着我国已经开始从国家层面建立投资项目社会稳定风险评估机制。投资项目社会影响分析和风险评估,是我国当前新的发展阶段对各类政府投资和企业投资可能涉及社会矛盾和纠纷的拟建项目的申报、评估和管理所提出的一项新要求,政策性强,敏感度高,社会各界普遍关注。这归根结底,是实践的诉求(尽管是通过一系列恶性的群体事件表现出来的),不仅仅是制度的移植。而社会稳定风险评估实质上是基础或者说底线意义的社会影响评价的组成部分和表现形态。

立法前期阶段的社会影响评价制度方面,是在对立法审议在实体上如何开展论证,加强预见,在成本收益评估之基础上如何进行社会乃至文化层面(比如禁止燃放鞭炮的地方立法,尽管考虑了安全和环境污染问题,但也忽视了生活方式和民俗文化的因素。这至少就是一个立法的价值导向的协调整合的问题)的考量等。第一,将决策科学的概念和相关理论引入到立法过程,丰富和深化立法决策(审议)理论,使立法过程的分析不再拘泥于程序规范诠释层次上的分析,而是将立法与公众参与、社会支持的过程内外连接、贯通起来,以增强立法决策的公正性、科学性和操作性。第二,将转型法治发展中的立法接受度作为一个落脚点,分析立法决策前期阶段的民主立法、公众参与和科学立法、技术保障的有机结合机制,如何设置一种科学合理的程序和方法来提高立法决策的妥当性和适用性,由此引申出社会影响评价制度。第三,通过对社会影响评价制度的相关概念及其理论的介绍,指出其在立法前期阶段的特有功用和现实意义,进而尝试提出社会影响评价制度在立法前期阶段的具体运用规则和程序。

在现实需要上,前期立法过程中的社会影响评价制度的确立,也是很迫切的。可能会基于以下几个方面缘由:首先,社会裂变、分化,差异性、多样化增强(包括社会思潮和意识层面)。其次,社会组织化变革,立法机关对社会的感受渠道不再能够依赖政府或者直至居委会等这样的线性化、金字塔的形式或者通道去获得信息。再次,社会脆弱性显著加大(族群、文化、性别等,比如贵州的垃圾箱辍学儿童闷死事件),社会风险高发,对立法的预见性提出挑战甚至严峻挑战。又次,立法协调难度空前增加,立法争议在不断加大,实现立法决策的统一性和合意度已经被社会利益格局的变革所撕裂,并将日益严峻,这样就需要立法论证的充分性得以跟进。而立法论证的素材和依据怎样得以丰厚?这就需要建立在包括社会影响评价制度等的应用之上才能够获取有关支持的数据和具体的情形。最后,社会信任度、政府公信力一并下降(PX 项目为典型),对立法的期待性提高(但与此同时对法律的冷漠也是长期存在的)。因此,需要将目光逐步迁移在或者说前移到立法的前期过程,这是由立法作为一种制度供给的决策活动、作为实施宪法进行规范设计的法治实践、作为进行规范性调整的首要环节的自身性质地位所决定的。简言之,是由立法的审慎郑重和严肃决定的。我们固然可以有效发挥立法后评估的作用,固然可以加强针对立法的司法审查。但是,毋庸讳言,立法质量取决于其前期的过程——不论是其公开的程序化的运作,还是其隐秘的政治化;不论是其立法机关作为严格意义的立法主体进行的“庙堂之高”的主导意义的活动,还是公众通过个体或者利益集团(甚至公关公司)的立法游说、立法听证等的“江湖之远”的介入形态的活动。

在当前立法学界关于立法参与的研究①、关于立法项目选择机制的研究②等之外,对于立法自身过程的分析不再拘泥于进行程序规范诠释层次上的分析,而是将这个过程与公众参与、社会支持(影响、表达、压力等)的过程内外连接起来③、贯通起来,这种贯通的渠道和途径也需要进

① 参见黄信瑜、胡建:《我国台湾地区公众在参与立法中的角色》,《行政法学研究》2012 年第 4 期。

② 此研究参见孙育玮等《完善地方立法立项与起草机制研究》(法律出版社 2007 年版)一书。

③ 参见吴元元:《信息能力与压力型立法》,《中国社会科学》2010 年第 1 期。

一步制度化。由此，一方面引导或者说疏浚立法的社会介入（这方面的组织化程度较低、自觉性程度也较低，但是在律师、外资企业等方面则比较强）；另一方面，立法机关自身的那种相对封闭以至于被（所谓的“隐性立法者”）自身的秘书角色所支配，影响和塑造着法案面貌及内容的时代也必须成为历史——立法机关议程、项目相对被动地来源于公法案（政府），在强调立法中的立法机关的先期介入和适度主导——比如重视代表的提案议案，重视立法机关自身的调研和起草等。

所以，立法前决策过程中的社会感知、社会分析、社会评价甚至社会摹写、社会实验等，将立法所要针对的、所本植根的、所要调整的、所去回归的“社会”（社会主体、社会关系、社会交往即如马克思所说的进入法律的实际调整控制的行为、行动、社会风险、社会价值等）进行更加清晰的呈现和更加准确的把脉，由此过滤和澄清其中的相对稳定性、正当性的运行情形和表现态势：界分其中的诸种情形，选取其中的符合生产力发展、人本身发展的——现实而言，即由该社会制度所容许的——常态、异态、变态、恶态（即德国法理学中所强调的法学的类型化思维[①]）——之中的为立法者所肯定的、所宽容的和所禁限的不同的部分，这就是权利、义务、责任、程序等的规范的来源——对应着行为类型和自由程度，更为详密的是霍菲尔德的范畴类型，也似乎只有这样，才能够进行真正具有切中性的立法——才是马克思所谓的“以自然科学家的立场去发现法律”（当然这里是马克思“极端”的表述，并不意味着否定其作为“价值与规范的统一”[②]的法律规范的创设，没有以价值为核心的主观构设的成分）。[③]

立法科学性在于立法对社会真切的反应度和认知社会问题诱因的

---

① 参见［德］卡尔·拉伦茨：《法学方法论》，陈爱娥译，商务印书馆 2003 年版，第 34 页。

② 此观点参见张文显主编《法理学》（人民出版社、高等教育出版社 2010 年版）一书。

③ 在这方面，有学者对于立法的利益表达和协调机制、立法的社会过程进行了研究。［参见杨炼《立法过程中的利益衡量研究》（法律出版社 2010 年版）、曾祥华《立法过程中的利益平衡》（知识产权出版社 2011 年版）、布小林《立法的社会过程：对草原法案例的分析与思考》（中国社会科学出版社 2007 年版）等著作］

深刻度，在于规范设计的实践基础的坚实度和广泛接受度，其中的反映渠道和探真检测，依赖诸多方法和技术。那么运用怎样的手段、方法、技术、装置[①]来实现这样的“立法（者）—社会”之间的感受互动呢？似乎立法学研究不再满足于一般意义的“调查研究”“立法预测”等的概述，不再仅仅是一种经济收益导向下的“成本效益分析”或评价，而是需要将一些富有定性判断和定量判断相结合的、指向“社会”的有关前决策过程中的有效方法加以对接，这不失为一条可能和必要的路径。

在实践中，国家已经初步显现在立法前期过程中重视和开展社会影响评价的萌芽，不过被称之为“立法前评估”。2011 年 5 月 18 日，青岛市人大常委会委托青岛理工大学、青岛市社科院开展立法前评估。有学者指出：“立法前评估，是指在启动立法程序前，对立法项目的立法必要性、可行性和法规中主要制度的科学性、可操作性以及法规实施的预期效果、社会影响等进行分析、评价。相较于立法中和立法后的评估，立法前评估重点解决对某一事项是否需要立法、何时立法以及如何立法等源头问题，对于增强立法的科学性、民主性更具有重要意义。”[②]时隔不到一年，2012 年 4 月 24 日，山东省人大常委会又将《山东省专利保护条例（修订）》和《山东省辐射污染防治条例》两件立法项目委托给山东社科院和山东大学，由两单位对两件法规进行“综合会诊”，研究法规是否当立、何时立、如何立，并作出评估报告。

这种立法前评估所追求的目的之一是通过一定的标准和程序，在正式立法之前对立法项目作出全面、深入、客观的分析评估，对一些重要问题、重要制度进行充分研究，使立法机关可以据此作出更为科学合理的立法决策，从源头上排除影响立法质量的不利因素，并为法规的起草指明方向，为法规的审议、修改奠定基础，努力从源头程序上提高立法质量。另一个重要目的，就是要通过对社会立法需求、立法时机、立法路径

---

① 可以这样表述，比如[美]斯图尔特的《美国行政法的重构》中即将行政法的传统模式形象地比喻为“传送带”（transmission belt）。

② 张桂芹、周怡萍：《青岛市启动立法前评估试点》，《青岛人大》2011 年第 6 期。

等的分析论证，遴选出能够并应当通过法律规范来调整、立法时机比较恰当、立法条件比较成熟的立法项目，优化立法资源的配置，实现立法效益的最大化。立法前评估要考虑对立法项目作出全面、系统的评价，因此，在评估方法的选择上，可以运用以下方法：(1)系统评价法。(2)比较分析法。(3)成本效益的方法。在评估指标上，主要包括：(1)立法条件。(2)立法成本。(3)执法成本。(4)守法成本。(5)纠纷解决成本。(6)立法效益。(7)法规实施情况预测。① 由上述可知，实践中的立法前评估和社会影响评价尽管有些交集，但其重心是不同的。前者是以该立法项目的实施预期可能和收效为重点，后者是以该立法项目的实施前后比较中社会正反两方面的影响预期及其承受或拒斥为重点。前者所明确的评估指标，集中反映的是立法所带来的影响；后者的主要聚焦点则是在社会承接该立法所受到的影响。

综上所述，在法律体系完善阶段，我们所遭遇到的不仅有着现实的体制层面的障碍，而且还有着法律自身层面的障碍。而这又向我们提出了，立法的内涵、立法的质量和立法的成效如果得以保证，那么良法善治的价值调适、法律规范的精准设计等就不可或缺。而其所必然运用的对现实社会问题的症结诱因和机理加以解析的手段方法和技术路径，就成为关乎立法科学性的非常重要的中立化举措。简言之，这就应当以包括作为其底线和基础的社会风险评估等在内的社会影响评价为必备的方法和必要的进路。由此，立足于“后体系时代”立法实践的总体前瞻，并非是某一个或者某一领域立法项目的发现和挖掘。本章至少有以下三点基本结论：

首先，法律修改是后体系时代立法实践的一种常态化类型，也是需要在立法规划中努力进行甄别并实现制度创设的自我完善的一个重要渠道，是立法项目中的一种基本类别。完善法律体系、创设立法项目的实质是进一步拓展和细化立法的调整对象领域和范围，即法网的细密和

① 参见张桂芹、周怡萍：《青岛市启动立法前评估试点》，《青岛人大》2011 年第 6 期。

精益[①]，所追求的是法律规范网络和社会关系网络之间的“对应和合一”。但是在已有的法律制度对后续的法律供给产生制约的前提下，就需要首先将制度的优化作为选项。笔者认为，在诸多所谓的制度构成类型和制度供给渠道中，应当继续将作为正式制度的法律制度的民主创设、科学设计作为主要的途径。这是顶层设计的必然要求，也是由包括软法在内的诸多制度形态所构成的制度体系中的支配地位和基础作用决定的。因此，不尽同意有学者在“制度规范的供给机制”中强调的将司法解释等作为一种应当加以进一步承认的渠道的倡议。[②] 但笔者赞同其强调“制度优化相对于制度创设，应当处于突出位置”[③]的观点。再者，修改法律项目和创设法律特别是特别法的项目可以进行吸收和整合。换言之，现有的法律制度在进行完善的过程中，不必一定以特定的单行或者另行项目去加以开展，而是可以采取修改和编纂相结合的方式在原法的文本基础之上进行。毕竟在法律的数量甚至其体系化的完善与法律的内涵尤其是适用性的强化之间，我们宁愿选择后者。

其次，这其中的一个重要基础，即对其进行宪政精神和宪法价值的审核与判断：在国家权力和公民权利之间加以“目的—手段”和“权利—义务”[④]的分别考察。这是后体系时代的一个重要任务，其中包括国家义务担负与公民权益保障的宪法理念和宪法关系的调适。这里实际上

---

① 参见储怀植、梁根林等分别关于刑事法律调整的论述。

② 而其所谓的有必要解除国家机关尤其是中央国家机关对制度创设权的垄断，恪守原有单一的法律渊源已无法满足法治实践的需求，有必要适当扩大法律渊源，甚至可以有限制地将司法判例、交易习惯、法律原则、国际惯例作为裁判根据，以弥补法律供给的不足。似乎是不符合社会组织管理的实际即多种制度规则的分别创制和不同范围领域的适用，不符合我国《宪法》和《立法法》关于立法权限划分的体制规定和实际，不符合国家和社会分别在不同的层次展开治理和制度建制的实际和趋势。(参见江必新:《全面推进依法治国的若干思考——以学习党的十八大报告为背景》,《人民论坛》2012 年第 385 期;江必新:《“把制度建设摆在突出位置”的中国逻辑》,《中国社会科学报》2012 年 11 月 30 日)

③ 江必新:《“把制度建设摆在突出位置”的中国逻辑》,《中国社会科学报》2012 年 11 月 30 日。

④ 参见霍菲尔德关于权利义务的具体对应类型的划分的理论。

包含着一点，即宪法意识是立法的合法性的一个重要前提。进言之，宪法价值的一致性，是立法项目、法律文本真正一体化的内在规定性，也是在该法律领域内的诸环节的法律制度完整性和有机性鉴定的试金石。就计划生育中的特别救助制度而言，这绝不是一种施舍和恩赐，不是一种行政物质帮助，而是具有着全方位内容的，并且还是根植于其国家义务的保障公民生育权和生存权的体系化、制度化的诸多规制手段的有机集合。因此，应该顾及人格尊严、适度保障等原则的体现，并且还应该辅之以实施程序机制和纠纷解决机制，以及动员社会参与协同治理的机制。

最后，修改法律乃至于整个立法过程的开展，都需要进一步深切感受和把握社会问题的症结和成因，并进行风险预防原则之下的法理分析和规范创设。这就将社会影响评价作为了一个不可或缺的技术装置、感知手段与测定方法。

第七章 科学立法审议

国家权力机关、立法机关的审议(examination 或者 deliberation)是代议人员行使代表权利,分析评价会议动议,相互交流辨析议题认识,构建论证决策决议的行为活动,是集体议决、表决前按照规定程序和方式的讨论、酝酿、协调、商讨,听取和吸纳有关意见建议,审核评议会议议题,确定决策决定、法律规范的内容共识,形成“公共意志”的活动过程。因此,立法审议是整个立法程序、议事程序中的必经阶段和关键环节,关系着法律文本中的制度设计的民主性、科学性和操作性,关系着价值利益资源的分配的导向和格局,关系着社会制度体系建构的结构性和均衡性。立法审议的本质是民主,长期以来在实践和理论上基本是立足代议民主来认识和开展立法审议的。不论是议员立场还是政党取向,都有其各自一定的局限性。而“审议民主”,作为民主深化和发展的重要理论观点和实践类型之一,具有其特点和作用。立法审议吸纳审议民主的理念和方法,是必要的、可行的。因此,对于我国立法审议实践的制度和方法,能够、可以和需要提出在吸纳审议民主的基础上的有关对策建言。

第一节
科学立法审议及民主性问题研究

当前，伴随着社会变革的不断深入、社会利益格局的不断变化、社会价值观念的不断分化，法制调整的需求和难度都在加强，影响和进入立法供给的环节中的利益、认识和价值的成分都在日益复杂化，期待进行立法表达的权利愿望、权利类型、权利强度都在发展。因此，尽管我国社会主义市场经济法律体系初步建立，但是在完善中国特色社会主义法律体系的进程中，立法体制自身的变革和发展的压力也在加大，作为实现社会利益资源配置的持续制度化、程序化的立法活动的回应功能及其反应程度将成为一个不可忽视的问题，这就需要把握其中的本体意义的关乎立法内涵与质量的重要环节——立法审议——进行实际行为活动的考察以及相应的法律制度的研究。与此同时，立法学学科的自立性、完整性和基础性得到确立的同时，其学术内容的丰富性、针对性和精细化程度将应该得到重视和加强，这就需要在基础的立法理论、立法体制、立法程序与立法技术的研究平台上，切中当前和未来的长远发展中的立法实践症结，综合运用科学的研究方法进行兼具学理性和操作性的应用理论研究和对策研究。

一、立法审议及民主性问题研究概貌

在我国，关于审议的研究以及与此关联的会议研究——议学，可以追溯到孙中山先生的《民权初步》，其实质就是移植借鉴和创设议事规则。针对审议行为及其法律制度的学理研究，主要是在立法学和政治学中。在其他学科领域中，社会工程理论领域的研究主要在制度设计、社会理性等环节的研究中涉及审议活动中的社会理性的形成和凝聚（学者王宏波等）；社会学研究领域针对新生社会阶层、强势或弱势社会群体的话语表达的研究中也有所涉及。在政治学中，运用行为主义政治学的立

场和方法，对于审议活动中的不同社会立场的行为主体及其在审议活动中的利益取向、舆情动向等进行实证描述和理论分析；在政策科学的视野和框架内，引入有关决策模型的类型化分析和过程性分析（学者陈振明等），采用协商民主（我们统一称之为“审议民主”）等的理念和理论将审议活动作为公共政策的议程环节进行研究。而审议制度的解释、变迁等方面的研究尚不多见。关于立法审议实体分析，是在一般立法学之中需要加强而在政治（社会）学之中较为关注的视角，而审议对象是法律草案，这就决定了审议活动具有的综合性或者全面性——对于其中的实体程序规定内容以及法律文件形式、技术语言规范等均进行审议。再者，这还关系到法律制度的创设和公共政策之间的关系，以及社会民众的心理和接受程度等问题。另外，审议之中还具有评价性和重塑性，就是指在审议活动之中，就各个代议人员而言，其具有以自身的立场、价值和利益的取向来进行判断和构建的权利及其活动，而并非单纯被动地接受这种规范性文件的设立，这就是交锋之所在。因此，立法审议中的实体问题关系到立法政策的贯彻和立法内容的选择，直接影响着在特定的法律规范中的权利义务、行为方式和法律责任的设定与创制，所以，在尊重代表的自主权的基础上，实现公共利益的共识，就需要由此确立有关的利益认知、价值评价等的立法内在正当性生成的实体、实质上的原则标准及其参照系，提出立法审议中反对、阻却、提议、附议等的一些要件、条件，以维系审议的正常开展和接近最大限度的利益妥协，保证立法的内在的分配正义得到尽可能实现，促进法律制度作为社会普遍的制度正义的基本承载。

在法学研究中，立法学比较集中的研究审议（与此相关联的是一些学者倡议的人大学的研究以及宪法学的研究，也是和立法学的研究相交叉的）有这样几种：第一，在立法过程、立法程序上研究审议的性质地位、类型方式、时限效力（学者周旺生）；第二，在比较范围中分析不同国家和地区审议活动及其规则的共性和差异（学者孙哲、蒋劲松、王瑞贺）；第三，针对我国立法审议或议事活动的效能进行对策分析（学者郭道晖、蔡定剑、田必耀等）。近年来，一些学者提出对于立法学的学科群意义上的多角度、综合性研究（学者李林），将立法审议的研究主要定位在立法政治学的领域内。同时，由于一些记述、口述的纪实作品的问世，立法审议的经验素材方面的累积在不断得到加强（彭真、宋汝棼、顾昂然、李培传、李鹏等立法活动侧记、文集或日记）。目前，立法审议的研究已经明确审议在议事过程、立法进程中的重要性、审议行为的利益支配、认知差异和价值导向等方面的内在支配因素，正在实现代表权利，增强政治参与方面审议规程、规则和制度的必要性，但是对于审议活动的权利研究、行为研究、规则研究等的系统性、深入性均需要增强。

而我国台湾地区，一方面是在立法学的研究中，针对立法审议（有学者又称之为“立法审查”）的研究主要集中在程序规则方面，如罗传贤、许剑英、罗志渊等学者（《立法程序与技术》《立法审查理论与实务》《立法程序论》）；另一方面，由于很多学者将审议活动确立在议会研究，并归属在政治学学科之中。因此，主要还是结合台湾地区的实际政治生态进行审议活动中的实证研究、个案研究。

国外对审议的研究，基本上也是集中在立法法理学的研究以及政治社会学的研究中，以 Luc Wintgens（*The Theory and Practice of Legislation*：*Essays in Legisprudence*，Aldershot，Hants，England；Burlington，Vt：Ashgate Publishing，Ltd.，2005），Cristina Leston-Bandeira（*From Legislation to Legitimation*：*The Role of the Portuguese Parliament*，London：Routledge Publishing，2004），Miehael Zander（*The Law-Making Process*，Cambridge，UK；New York：Cambridge University Press，2004），Luc Wintgens（*Legisprudence*：*A New Theoretical Approach to Legislation*：*Proceedings of the Fourth Benelux-Scandinavian Symposium on Legal Theory*，Oxford：Hart Publishing，2002），William J. Keefe（*The American Legislative Process*：*Congress and the States*，Upper Saddle River，N. J.：Prentice Hall，2001）等为文献基础观察，立法审议的过程、程序、方式、规则，立法审议中的辩论与论辩、阻却，立法审议中的社会背景影响因素及其进入等，都是其中的研究议题。近年来，围绕审议民主的理念及其方法和因此给审议活动带来的技术层面

的变化发展的研究，以及对此实效性、正当性的质疑，成为一个研究热点。比如：Ethan J. Leib, *Deliberative Democracy in America：A Proposal for a Popular Branch of Government* (2004)；早期的岩井奉信的《立法过程》、詹姆斯·E· 安德森的《公共决策》，以及海瑞克·史密斯的《权力游戏》等则均主要是在实证的政治（社会）学的视域中研究审议活动中的公民、利益群体、政治人物、立法政策等，而我国近年来的研究也有一些体现（如学者朱丽君等）。国外关于审议活动过程、审议规范（甚至于早期的罗伯特议事规则）以及审议的典型个案的研究路径，对我们具有镜鉴意义。

二、立法审议及其民主性问题的理论价值与实践意义

在理论意义上，立法学的发展进入一个视野拓展、方法多样、内容丰富的发展时期，但是其应始终围绕和针对立法实践本身，体现出立法学自身的主要着力点在于“立法行为及其法律调整”。因此，在学界关注立法自身的合法性、法律体系的构建、立法权限的划分、立法项目筛选机制、立法听证以及其他社会参与制度、立法后评估制度、立法质量指标体系和立法监督制度等研究课题的同时，尚更有必要由立法的社会需求，立法的信息汇集，立法的审议、创设等这样的立法实践的基本演进上进行主要环节的理论考察和制度研究，这就体现着本书对于深化和发展立法学的作用。

第二节 立法审议制度、实践及其代议民主基础的局限性

立法审议作为立法过程的关键环节，是法案到法律的最后过滤和整合阶段。这一过程应该是“集民智，汇民意，察民情，决民策”的民治核心环节。民众的参与程度、民意的表达机制都直接关涉民主的实现程度和实现方式以及立法决策的科学性、合理性和可操作性，直接影响立法目

的实现和法律价值的体现。立法审议过程是保证利益分配过程中,民众直接参与决策,并深入了解决策原因形成共同认知的过程,是立法乃至政治民主得以实现的关键所在,因而不断完善和规范立法审议的方式、方法和制度,也就显得尤为关键和必要。完善而规范的立法审议制度的建立和实行必将加快社会主义民主法治建设的进程,促进社会主义民主更好地实现。

一、代议制民主的局限性

代议制民主是立法中审议主体及其活动的前提和基础。立法审议同样也是代议制议会中议会决策的主要部分。正是代议制民主赋予了议会和代表们进行相关活动的能力和资格,并确立了立法审议中主体的构成,审议主体的权利、义务和职责以及进行审议活动所必须秉承的原则和程序,可以说没有代议制民主的出现就不会有议会立法,更不会有立法审议。正是代议制民主的制度和理念的确立和运行,才为立法和立法审议活动的进行提供了必要条件,为议会立法活动和立法审议确立了相关活动的主体,才保证了立法审议活动的顺利开展和良好运行。由此看来,代议制民主同样是以立法审议主题及其活动的前提和基础出现的,同样也保障着审议活动的顺利开展和良好运行。

不可否认的是,立法审议如果仅仅奖励在传统民主基础之上,将有着并已经显现出一定的局限性,影响到法律规范作为制度创设的产出的内在质量与后续的实施成效。现行立法审议的民主基础一般认为是代议制民主制度下的议会立法,主要通过选民选取代表或议员,进而由议员或代表代行相关权利进行社会治理和公共立法活动的方式。其秉持的基本原则是少数服从多数的"多数决"原则,以多数同意代之以全体同意的方法形成决策,并通过法律的间接民主方式形成,因此,基于其间接性和简单多数以及协商讨价等特点,其在进行立法审议时不可避免地会存在缺陷。主要表现如下:

(一)偏好的聚集容易导致决议理性的匮乏

代议制民主作为一种间接的民主,其在具体运作中是各成员之间对某一问题或议案在议会中发表意见，进而展开协商讨论，最后通过投票的方式决定意见，形成决策。当然在立法过程中，他们也是通过投票由简单多数原则决定是否通过法律、制定法律或修改法律。但是每一法案都会涉及不同主体的利益和偏好。他们由于兴趣和利益的不同，可能会造成不同主体之间的不同理解和不同意见，在不能达致一致意见时往往通过投票的方式决定，在投票时不免会有议员有“从众”心理，更有可能会因为个人占有社会资源不同和对相关知识不够理解，而被专业人士依其专业长处而“被动说服”。最后因理解不够，而错误地表达意志，进而导致一些不符合其本意的法律法案得以通过。同时，由于在一般投票中只是各个代表意志的简单相加或是盲目妥协，并不能代表全部意见，更不能代表被代表的民众经过理性的思考、论证以后的选择，因而这样的立法审议往往因为偏好的简单聚集而缺乏理性，并不能代表全体人民的“共同意志”，只能仅仅是“众意”而非“公意”。

（二）参与不足容易导致新的“多数人暴政”的潜在可能性

代议制民主的间接性特点、多层级性特点都决定了普通民众对公共事务和国家管理活动的参与不可能充分，都只能通过其代表表达自己的意愿和诉求。被代表的公众不能直接参与该事务的商议、讨论和决策，代表人对事关被代表人利益的诉求并不能深刻地理解和体会，因而在审议中也不能明确和深刻地陈述原因，并进行严谨、完善的自我证明和辩论，并使得该诉求获得代表们的一致认同，进而转化为法案。同时，因为代表的多级性，造就理解的更大偏差，以至于被别人说服而改变甚至放弃该利益和诉求。多级代表的存在也造就了一部分“精英”的出现而使得代议制化为一种精英政治，精英们的利益和诉求跟选举他们的选民的诉求则有了更大的差距。现实是精英们之间互相妥协，许多时候不惜牺牲普通民众的权益和诉求，而达致他们所追求某种政治利益和目的集体决策，进而造就了新的“多数人暴政”。民选代议机关活动中缺少了“民”的参与，听不到民众的呼声和诉求，有的只是精英之间的尔虞我诈、妥协退让，甚至是虚伪的“轮流坐庄”现象。民主早已在参与的严重不足中化为了泡影。

(三)决策过程机械化容易造就内幕交易的可能性

代议制民主所构建的民主实现模式中决策过程是一个利益衡量的过程,其所有的仅仅是在达不成一致意见的时候,通过投票的方式作出选择,当然其初始目的是为了追求一个可以确定的结果,找出一个解决的办法。但是在长期的运作过程中,经常参与代议制机关活动的代表和利益团体们都会明白自己的建议和诉求是否会获得认可,关键在于在表决时,是否可以赢得代表的多数。为了组成占表决多数的团体,参与表决的代表和集团往往会以某种利益的让出和舍弃为代价,换得某一代表和某一集团的支持,或是以通过本集团或本人的某一诉求作为赞成他人某种诉求的代价。而这一系列行为的背后所牺牲和舍去的却是他们所代表民众的根本利益和基本诉求。这种内幕交易的实质也是以牺牲选民的根本利益换取个别代表和集团的个体利益,其根本的原因也在于表决过程的机械化仅以票数决定。

(四)代表权利制约不足、代表性的实质上的缺乏,造就对民意的漠视的可能

代议制民主下的权利"委托"类似于全权代理,制度的构建忽略了对民选代表切实而有效的监督和制约,造就了代表与选举他们的民众严重脱离,造就了所谓的"精英利益阶层"一旦当选了代表,就意味这些人有了特殊的利益和诉求。他们在议会或公共利益表达机构所代表的不再是其所代表的民众的诉求和利益,而更多的是他们这一个群体的利益和诉求,进而造就普通民众的利益诉求无法表达和表达严重不足的民意"漠视"现状。这会为潜在的政治危机埋下一个定时"炸弹",会造成公共决策和社会治理过程偏离了正常的轨道,致使政府无法了解民众的真实意愿和诉求,政府就不可能作出合理和科学的决策。这在多元社会中更有可能引起因对部分利益严重忽视而激化社会矛盾,进而引发民众对政府决策的质疑,因此要求直接参与的呼声不断高涨,直至形成现实的"政治危机"。

可见,鉴于代议制民主的理想化的完全授权、非直接性和多级性等特点造就的该制度下的参与性不足、利益表达不充分和权力滥用等先天

性缺陷，且随着多元社会的出现和现代国家事务的繁杂，使得矛盾不断激化进而出现法律的“合法性危机”，因此我们有必要对立法审议行为及其法律规则的民主性的恰当增进与内涵强化进行反思和研究，不断地完善和巩固现行的立法审议的制度与规范。

二、立法审议的不足

我们应该充分肯定我国关于立法、立法审议的宪法、组织法与立法法的规定以及有关议事规则，在新时期社会主义法制建设中确实起到了不可磨灭的重要作用，保证了改革开放以来的立法质量和立法效率。但同时我们也必须看到，市场经济的不断发展、多元社会已经并正在形成的现实，对立法理论和实践都有了新的更高的要求。相应的，作为代议民主的议会政治中的重要决策环节，现行立法审议制度更是面临更大的挑战和考验。反观我国现行立法法和人大议事规则的规定，我们发现现行的立法审议存在着如下不足：

（一）审议主体过于泛“精英化”

立法审议主体的泛精英化，是现代代议制民主下的普遍现象，议员或代表在长期的代议制运作过程中，逐渐地脱离了选举他们的选民，形成一个所谓的“精英阶层”，变成了职业的“民意代表”和“代议士”。他们中的大多数都有着较强的政治参与能力且熟悉选举的规则，善于把握和引领选民的思维和抉择倾向，很容易获得选民的信任和支持进而当选代表和议员。长期的职业训练使得他们大部分成为“长期”甚至“终身”的职业议员和代表，这也就决定了他们的利益和诉求已经不能完全地与选举他们的民众诉求和利益一致，造就了代表意愿与民意的疏离，违背了代议制度建构的初衷。这必然会影响审议制度作用的发挥，进而影响到立法的质量和效益。由于我国特殊的国情，选举法还确定了城乡代表分配的差额制度，造就了城乡代表分布的不均衡，更加剧了民众利益和诉求表达的不足，也进一步影响了立法审议活动的民主性和合理性。现行人大代表的构成也有着明显的“精英趋势”。在人大代表中，政府的代表、各行业的专家、企业家、学者占去了代表的绝对多数，而占全国人口绝对多数的农民和工人代表却为数不多。2008 年,我们的全国人大代表中首次出现了 3 名农民工代表,但这对于数以亿计的农民工来讲何谈“广泛的代表性”? 加之农民工代表本身的参与政治的能力严重缺失,又怎能更好地表达和体现整个农民工群体的诉求和利益呢? 这应该引起我们的重视。参与平等要保证,参与能力更要提高。只有都兼顾了两者,才有可能保证审议的质量和效益。

(二)立法审议活动规则不完善

立法审议活动开展得成功与否,直接关乎立法的质量和将来施行后的社会效益,因而当代世界各民主国家都对立法审议活动进行了专门的规范,制定了专门的法律或法规。例如《国会法》《众议院规则》《参议院规则》《常任委员会联合审查规则》以及相应的立法如《旁听规则》等,内容比较详尽,可操作性也比较强。从某种意义上讲,形成了相对完整而严密的立法审议活动的规则体系,也提升了立法的科学性、合埋性,保证了立法的质量和效益。而我国现行的《立法法》和《人大议事规则》仅有为数极少的条款涉及立法审议,且都为原则性的笼统规定。立法审议的规定主要是依据现行《立法法》第十八条。该条规定列入全国人大议程的法律案,由法律委员会根据各代表团和有关专门委员会的审议意见,对法律案进行统一审议,向主席团提出审议结果报告和法律案修改稿,对重要不同意见应当在报告中说明。《人大议事规则》的第八条和第六条,内容规定不够具体,操作性也不强,影响了整个审议活动的规范化和程序化,使得审议活动的开展无据可依,一定意义上影响了立法审议的质量,进而影响了立法成果的质量和效益。

(三)立法审议的活动流程不尽合理,重点不够明朗

立法审议是法律规则生成和确立的关键阶段,同样也是民意和诉求借以表达并不断融合认知的关键过程,期间必然包含了主张与反驳、论辩和质证的内涵。由此来看,立法的审议阶段应该是利益的表达与整合过程,必然少不得利益攸关方的相互辩论和论证,因此辩论便成了审议活动不可或缺的重要内容。就此看来,立法审议应该是多元利益诉求和多种不同声音在议会所提供的特殊的氛围中进行充分、平等、直接的对

话、交涉和论证，借以达致相近或相同的认知。从这种意义上讲，辩论是议会活动的生命。当今各国议会审议的主要方式是连续的辩论。而依据我国现行的立法法和相关的法律规定，我国的立法审议基本上不存在辩论和论证，更没有民众直接参与审议活动的相关制度，主要体现为审议过程中代表们的讨论和自由发言，对于立法审议中辩论的开展更是缺乏具体的可操作性的规定。这种缺乏辩论和论证制度的立法审议，必将难以满足多元社会下各种诉求和主张意见的调和与协调，不能满足民众对审议活动的民主渴求，更不能让民众的利益诉求得以充分的反映和表达并给予足够的关切和考量，进而直接影响到法律的正当性和科学性，降低了立法成果的质量。

立法审议是要在有限的会期内，尽可能保证各种意见和建议得到表达，尽可能多地进行交涉辩论并达致较为统一的认知。因此，要求立法审议工作必须要有明确的目标和重点，尽量避免时间与精力上的浪费，尽可能地提高审议质量，保证审议效率。当今世界许多国家都通过立法将审议活动的展开和具体内容进行了规定，规定了不同审次中审议的重点。我国虽然也确立了“三读”的审议制度，但却未对不同审次的审议重点进行明确合理的规定和安排。可操作性的缺乏使得立法审议经常有倒叙和反复现象的出现，以致造成精力和时间的浪费，影响了立法审议的效率，进而势必也影响到立法的质量。此外，立法审议的时间有限也会影响立法审议的质量。

可见，我们认为立法审议主体的泛精英化、审议活动的规范依据的缺失、制度方法的匮乏、审议工作重点的不明等特点导致了现行的立法审议活动缺乏实质性和科学性，更多地表现为形式性的泛泛规定，也造就了对公众利益诉求的偏离，进而使得立法审议的制度价值得不到完全的体现，影响了立法的质量和效率，造就了法实施成效不佳的现状。因此，我们有必要完善现行的立法审议制度，并大胆地借鉴和吸收世界各国先进的文化、思想理论成果以及规则制度和方法等，借以探求新的动力，并不断探索新的理念来重塑现行审议制度的形与神，为立法审议注入新的血液和活力。

第三节
容纳审议民主的合理性、必要性及若干备选举措

审议民主(Deliberative Democracy)也译作“商议民主”“协商民主”“深思熟虑的民主”“慎思明辨的民主”等,我们倾向“审议民主”的译法和提法。原因在于审议民主从本质上讲是一种参与民主,对话、磋商、交流、论证、辩驳、商议是其必要内容和题中应有之意。但是审议民主的本质却是平等而自由的民众参与公共事务的决策,通过自由、充分的论辩,不断调适和整合自己的诉求,最终达致相对公允而又共通的认识形成决策的方式和方法。“协商民主”的提法依中国人的传统观念和语义有协商、商讨、妥协、让步的含义,深思熟虑的民主又太过繁琐,不利于概念与理论的传播与普及,商议民主语义上似乎也有可以赋予商讨和妥协之意,且民主与自由被认为基础之权利商讨似乎有出卖、亵渎、牺牲之含义。相比我们认为“审议民主”的提法比较契合英文原意。“审”在中文中有审视、审慎、审查的含义,多人审慎审查意涵既有多重意见的交锋又有辩论之意,重在实现和达致认知的方式方法与模式。“议”有商议、议论和议决之意,重在决策的形成机制。两者结合即是通过多重审慎的辩论商讨得出决议,既暗含了民主参与的方式于其中,又意味着公共活动要形成决策且符合我们的语言习惯。

审议民主,是意欲通过公众的广泛参与、经过理性的论辩,进而达致相对公允而共通的一致认识,并形成公共决策的治理形式和机制。其目的是为应对多元社会中因代议制下利益表达机制的缺陷所造就的意志表达不足、不真实而引起的政府“信任危机”,以及基于对政府决策行为的质疑出现的要求广泛参与的“压力”。鉴于其高度的参与性、开放性和包容性,可以消弭现行代议制民主指导下的、因代表制度所造就的利益表达不足和对特殊利益关切不足等现象。我们可以尝试将其引入对社会资源进行分配并加以确认的规则制定过程(立法)中,借以优化现行的

立法审议的“形”，重塑立法审议的“神”，让立法过程更具参与性、包容性和理性，赋予立法过程更多的生机与活力，进而达到立法“自治”的目的，减少民众对“王法”的抵触心理，增强所制定规则的可操作性、合理性等“生命力”元素。

“审议民主”这一概念，学界一般认为是贝赛特在1980年首先使用了这一概念，并实现了两种不同理念的治理的融合。在早期的西方，受先前认识的局限，民主常使人联想到暴民政治。研究发现，审议式的深思熟虑却可以成为对治“暴民之治”的妙方。贝赛特用“审议民主”一词来借以反对民众对宪政的精英主义解释，意欲化解(慎思)审议与(平等)民主的矛盾，并将二者结合起来，但也未能消除被质疑“带有浓厚精英主义”倾向的境遇。真正使得审议民主走进民众视野，并被各家所青睐的是曼宁教授的《论合法性与政治审议》与科恩教授的《审议与民主合法性》两篇论文的发表，哈贝马斯对审议民主理论的构建可谓厥功甚伟，他的《在事实与规范之间》更被庄泽克赞誉为“引导西方政治哲学经历了一个审议的新转向”。关于审议民主的定位问题克里斯蒂诺提出了三种定位方式：(1)贡献论。认为审议民主对于现行民主政治运作的作用是有贡献的，它和宪政民主之间是互补的关系，审议民主能强化和完善宪政民主。(2)必要条件论。认为主要的民主运作都离不开公共审议。(3)唯一论。该说认为审议民主是民主运作的唯一模式，投票等其他模式都是非必要的。认为审议民主取代其他所有的民主参与模式是没有办法成立的，因为我们没有办法取代像投票所具备的权力制衡的机制。认为审议活动虽然应该有一席之地，但因无法在民主体制中享有一个独立的地位，因而只能依附于其他的活动或过程。

虽然审议民主作为一种新的学术气候也波及国内，也有学者积极地投身其中，并于2004年召开了审议民主理论的国际研讨会，但相对而言，对于这一政治哲学新发展，仅有一定的关切还是远远不够的。可喜的是，近年来也出现了汪行福的《通向话语民主之路与哈贝马斯对话》、谈火生的《审议民主》和《民主审议与政治合法性》之类的学术专著和审议民主的文集。中央编译出版社更是出版了由陈家刚主编的“协商民主译丛”,共八本。还有何包钢的《中国的参与和协商制度》、郎友兴的《商议民主与中国的地方经验:浙江温岭市的“民主恳谈会”》、谭青山的《中国协商民主和村民自治》、韩福国的《商议民主的中国空间——对中国基层民主实践的批评和中国全国工商联个案的分析》等文章。最近各期刊更是有了将审议民主引入立法过程的论文,如《商谈法律理论视野下中国立法反思》《审议民主:地方立法民主化的新视野》等文,都为我们展开更为深入的研究提供了良好的条件,也为本书撰写提供了大量的资料。综上所述,我们认为,国内外关于审议民主理论的构建和研究日趋成熟,并取得了一定的积极成果。我们的政治体制改革和法治建设引入这一理念,将会给法治建设和政治体制改革注入新的血液,增加新的活力和动力。

一、审议民主的概念界定

作为一种理念和体系,学界对审议民主的概念界定并未完全统一。国内外学者基于不同研究视角与层面有不同的解释。

第一,决策机制说。代表人物为亨德里克斯。他指出:“审议民主更像是公共论坛而不是竞争的市场。其中,政治讨论以公共利益为导向。在审议民主模式中,民主决策是平等公民之间理性公共讨论的结果。正是通过实现理解的交流来寻求合理的替代,并做出合法决策。”①

第二,民主治理模式说。该学说代表为古特曼和汤普森。古特曼和汤普森认为:“我们可以将审议民主界定为这样一种治理形式:自由而平等的公民(及其代表)通过互相陈述理由的过程来证明决策的正当性,这些理由必须是相互之间可以理解并接受的,审议的目标是做出决策,这些决策在当前对所有公民都具有约束力,但它又是开放的,随时准备迎接未来的挑战。”②

---

① [美]詹姆斯·S·菲什金:《协商民主》,陈家刚主编:《协商民主》,上海三联书店 2004 年版,第 25 页。

② 转引自谈火生:《审议民主》,江苏人民出版社 2007 年版,第 4 页。

第三，社团政府模式说。该观点的代表人物为库克和科恩。库克认为，审议民主就是指为政治生活的理性讨论提供空间的“民主政府”。科恩认为，审议民主是一种将民主看作基本政治理想，所有事务受参与者公共协商支配的“团体”。①

对比上述概念与说法，我们赞同决策机制说，并进一步认为审议民主的概念应该界定为：在现代政治共同体中自由而平等的民众，通过理性、平和的参与，合理地表达自己的利益和诉求，经由充分、严谨、理性的辩论，本着公共精神对比别人的偏好，不断地调适和整合自己的利益诉求，进而达致广泛而共通的认知，形成决策的利益调整和划分机制。审议民主的特质和优势，是指审议民主与其他民主理论相比较所具有的优越性和特殊品质。也正是这些特质和优势决定了审议民主在其诞生后，很快地获得了诸多学者的青睐，一时间也使得审议民主“声名鹊起”，掀起一股学术热潮。众所周知，审议民主是在对传统代议制民主的反思和完善中出现并得到完善的。审议民主论者注意到了代议制民主中因为缺乏充分的参与和公开理性的论辩和论证而导致决策的正当性与合法性遭受质疑的弊病，更注意到了代议民主制下的绝对授权和缺乏监督而造就的利益表达不足和利益关切匮乏等情形而导致的决策理性不足和科学性不够等现象，因而在审议民主理论的构建中努力给予了相应的回应。

第一，高度的公开性、开放性。审议民主注意到了代议制民主因绝对授权而导致的精英阶层的出现，造就了对民意的严重疏离，进而引发了对政府统治行为和公共决策合法性的质疑，于是架构了更加公开和开放的制度，目的就是为了让参与审议的公民或其代表可以在审议民主所建构的公共领域中，公开表达自己的意见、想法和诉求，并通过理性、平和的手段，在温和的气氛中达成治理社会的一致意见。这本身就意味着参与审议的公民或民选代表应当在公开的环境下，公开地表达其意志，

---

① Maeve Cooke, “Five Arguments for Deliberative Democracy,” *Political Studies*, Vol. 48, 2000, pp. 947-969.

表达其对决策的取舍，而不是通过秘密投票的方式表达意愿和取舍。审议民主对公开性予以强调恰恰表明了公开性的重要意义，只有公开才有益于公民知情权和监督权的实现，减少和遏制“暗箱操作”和“内幕交易”，才有益于公民参与精神的培育。为了避免让自己的利益受到损害，民众必须对自己选取的代表进行监督，并适时更换，避免代表滥用其所授予的权利。同时公开性也从程序上保证了活动程序的正义性，为政府决策赢得了形式的合法性，增强了政府行为的权威性。

开放性体现在审议民主的目标上，审议活动的目的是为了达致某种共通的认识，形成某项决策，解决某一特定领域的问题。但每一次审议并不是都可以取得绝对的共识，但问题总要解决，决策总得出台。每一次审议的依据只能是当前我们所了解的资料和信息，我们不可能知道明天的信息，因而也就不能指望今天的审议结论在明天还能是“共通认识”，依然正确有效。因此“对继续对话的可能性保持一种开放的态度，允许公民对先前的决策提出批评，并在此基础上提出动议”①正是审议民主高度开放性的体现，这也正是这一新生理念的生命力所在。承认审议结果的临时性和保持决策过程的开放性，恰恰为受现实所限达成的临时决策的纠正和修改预留了合理的空间。更何况在现实政治生活中，即使是经过了认真的审议过程，很大一部分决策也往往并不是在一致同意的情况下作出的。审议民主这种开放性特点，更是显示了审议民主通过相互尊重实现道德分歧缩减的原则。

第二，交涉性、商谈性。审议民主的基本构想是为民众提供一个公共的论坛，营造一个和平理性的空间，让各种意见、诉求和主张可以得以充分的发表、表达和体现，经过各种意见理性的交锋和论辩，自我调整诉求，并本着公共的精神在对问题认识的不断加深过程中，不断地整合自己的认识，纠正理解的不完善，最后在相互认同的条件下达致共通的认知，最后形成公共决策。就此看来它的交涉性更强，是随着论辩的不断深入而对问题不断加深认识，进而在互相证明的过程中，达致多数认同

① 谈火生：《审议民主》，江苏人民出版社 2007 年版，第 9 页。

和共通意见。商谈和交涉的目的是加深认识，增进理解。其最后的表现形式是认识“升华”后的真实意愿。这明显不同于代议制民主下的投票制度。投票制度最后的结果是“简单多数决”，赞成者仅凭自己最初的“先见”来判断，仅是一种感性的浅层次认识，往往容易被诱导，最后甚至作出与真实意愿不相符合的决断。进而造就的结果，往往也会因为缺乏理性的论辩、认识的粗疏不够理性。与此相应的也就是造就了公共决策和立法成果的正当性与合理性严重不足，并进一步影响到政策和法律实施的效益和社会价值。交涉性与商谈性可以消除和化解代议制的投票制度因理性认识的不足，而造就的结果不理性和不科学。它的这一优势，也正是我们用审议民主的理念和方法完善现行立法审议的主要原因之一。

第三，自律性、反思性。自律性和反思性，是对参与审议的主体而言的，审议的辩论过程实质上是一种互相给出理由并实现自我证明的过程。在这一过程中，每个人都要对自己的诉求给出理由。如果想要自己的诉求和主张最终获得认可，那么必须本着公共的精神，去不断地调整自己的利益诉求和主张，给出具有公共精神的合理性证明。只有这样，才可以期待自己的诉求和主张符合公共精神的需求并最终获得首肯。调整自己利益诉求的过程本身就是一个伴随辩论和认识的深入，不断地自我反思和约束的过程。这就要求主体的主张和诉求不得过度的自私和苛刻，否则只能在辩论过程中被“过滤掉”。所以整个的审议过程中的利益和诉求的自我调整，都是自我约束和反思的结果。这种主体的反思性和自律性，恰恰又是代议制度下代表权力过于缺乏约束的有效方法。代表提出的主张和诉求，一旦缺乏了公共精神，缺少了自律和反思，只有一个结果，他的意见和建议被抛弃或忽略。在一个高度公开和广泛参与的公共领域中，一个缺乏公共精神的建议和诉求，根本无法得到合理的回应，更不要讲损害民众利益的主张了。这也就从某种程度上降低了“精英阶层”和“官僚阶级”践踏民意行为发生的可能性，进而可消弭代议制度下代表意志与选民意志的疏离。

第四，严密的论证性。从某种意义上讲，审议民主所要彰显的就是公民及其代表，必须对其决策的正当性进行论证。在现代民主体制中，政府的每一项决策都应当说明理由，并回应社会大众对理由的质疑，必须可以进行自我论证和辩护，应当满足个体在力求公平合作时没有理由拒绝这些理由①，即应当能为寻求公平合作、自由而平等的个体所接受。审议民主认为，个人不应该是立法和政府决策的客体，而应该是立法活动和政府决策的主体，应该积极主动地直接或通过其代表参与到社会治理和公共决策中来，提出自己的理由并回应他人的理由，以证明他们必须共同生活中的原则和具体的决策。这也要求提出的决策和接受的建议都要有理由且可以经得起辩驳、论证和审议。这也意味着一项建议和提案要想上升为法律和政府决策，必须可以实现“自我证明”且为大多数人依常理所接受。整个的论证过程要有严密的逻辑性，要经得起反驳和质疑。

二、审议民主的意义

可见，审议民主不仅可以在代议民主的基础上加以吸纳和融合，而且可以并应该针对立法作为制度创设的最为重要的政治法律实践活动类型之一。其中的立法审议环节和阶段在本着增进民主的同时推动共和，提高利益表达之后的利益协商和沟通以及妥协和共识，并将之融会和反映在法律规范中，对现实的利益格局加以调整。审议民主所要求的广泛参与、充分参与、实质参与、理性论证等条件对现行民主政治生活中的立法审议，尤其有着积极的意义。这主要表现为：

首先，促进审议结果的合法化。现代立法审议活动的结果就是通过议会审议的法案，也就是立法的成果。审议民主以其所构建的理想的审议空间保证了参与的广泛性、充分性，并使得各主体的各种意见都有机会在审议时给予充分而切实的关注和回应，最后在集体论证和认同的情况下形成决策。这一过程也就保证了所有可能受到审议结果影响的人，都有机会就审议结果是否公正进行集体的考量，并通过反复的辩论和论

① 参见谈火生：《审议民主》，江苏人民出版社 2007 年版，第 9～10 页。

证，不断地调整自己的偏好，整合自己的意志，最后形成自己的决定能力。由此可见，最后决策所体现的意志都是在审议过程中，不断完善调整并进而定型的参与审议人的“最后意志”和抉择，而不是早已定型的意志总和。事实上受决策约束的人本身就是决策的制定者，正是这一点赋予决策以合法性。相应的审议民主引入立法审议活动更有利于促进立法决策和立法成果的合法性，因为合法的法律是共同审议的结果，而不是共同意志的表达。①

其次，促进审议过程的民主化。立法的过程是对社会资源进行重新分配的过程，要实现立法的民主必然体现为集体的决策而不是个别人或个别集团单独的利益表达。现代民主政治都规定了参与的制度，但是审议民主更注重参与的重要性，而且体现为深入理性的交涉和论辩，面对分歧，其采取的是理性的说服和论证，尽可能地追求更广泛的共同认知，而不是将分歧和争议搁置，对特殊利益群体的诉求置之不理，并简单地由投票来决定。其所努力的是一种更民主的纠纷解决机制而不是简单多数决指导下的形式民主。因为民主不仅仅意味着大多数人的统治和少数服从多数，而是更意味着多数对少数的尊重，其完整内涵应该是对少数人诉求给予充分尊重和考量下的多数人决定。审议民主的制度构建和程序设置，既保证了决策过程的主体有效参与，又保证了决策体现多数人意志，而且还给予了少数人意见和诉求充分而切实的尊重和关注。因此，引入审议民主的理念、完善立法审议，必然会大大提高和促进立法的民主性和认同感。

最后，促进审议决策的理性化。决策是指人们在生活实践的基础上根据对客观规律及其发挥作用的条件的认识，在主观意志参与下而进行的选择目标和行动方案的活动。决策只有排除和避免盲目和偏差才能保证其科学性和正确性。审议活动的公开性和交涉性决定了审议的目的是通过公开而理性的交涉活动，并在相互论证和辩驳的基础上不断调整自己的偏好，纠正主体间不完善的理解，修正主体对事务的不健全的

---

① 参见谈火生：《审议民主》，江苏人民出版社 2007 年版，第 9～10 页。

判断,进而可以在审议民主所构建的自由、平和的环境中通过对话沟通,寻求理性的共通认知。审议民主对审议活动公开性和参与性的要求,以及本身对审议方式方法的选择都有助于决策的理性化。立法审议如果可以将审议民主的这些理念和特性加以借鉴和吸收必然有助于立法决策理性化的提升。

当然,作为理念、制度和方法,审议民主的植入,必须要注意原有制度理念与引入制度理念的同构性和兼容性。在对我国现行的政治制度理念和相关法律制度理念进行考察研究后,我们发现了现行制度可以吸纳审议民主理念的众多"因子"。比如,群众路线体现了相互尊重、广泛参与、理性决策的特点,这些特点都与审议民主的相互尊重、理性论辩、科学决策形成了"暗合"。群众路线的长期施行,已经培养了政府与民众之间相互尊重、互动参与、民主决策的习惯和传统,为审议民主进入立法领域、完善现行的立法审议活动提供了极大的可能性。相信新时期它必将依旧成为我们政治体制改革和民主法制建设的指导方针,继续发挥其不可替代的作用。再比如,人民政协的高度包容性、广泛参与性和对各级代表参政议政能力的培养和经验的积聚,都为审议民主的植入提供了先天性的良好条件。人民政协审议和参与的经验必将大大提高审议民主和立法审议的"形神合体"速度。又比如基层自治中对于审议民主加以镜鉴的有效实践,比如浙江省温岭市的基层审议民主的实践探索一定范围的推广,证明民主在我国的实现已经具备了基本条件。广大的基层人民群众通过不断的培养和锻炼,公众有着积极的参与热情,参与政治生活的能力和自我管理的能力都有较大的提升,进而为审议民主在基层的政治活动和立法活动中的实行和运作创造了必要的主体条件和思想条件。

而就立法制度和实践分析,我国现行立法审议制度、规则的粗疏和不够完善,使得立法审议中的广泛而切实的参与缺乏制度性保证,降低了审议活动的效率和质量。立法审议方式和方法的缺失,同样也影响了审议理念在立法审议过程中的体现。缺少了辩论制度的审议,往往容易使得审议会议变为经验交流的场所;缺少了论证和辩驳,更没有了利益的调节和整合,审议会议特别是一些地方立法中的审议会议,在一定程度上有着丧失审议本身价值和功能的危险。近年来,尽管这种情形有了极大的改观,但是从法律制度的层面及其背后的理念支撑的意义上看,立法审议的些许原则性规定,不能最大程度地满足审议活动所要求的广泛参与、平等参与、理性参与的理念。立法审议制度的粗疏和缺失,已经成为影响立法审议活动质量和正常运作的重要因素,相应地也制约了审议民主理念和制度的吸收和运作。因此,我们有必要对现行的立法审议制度予以完善和规范,制定相应的审议制度,引入合理的审议方式和方法。

要实现吸取和运用审议民主的理念、制度与方法,并使之在立法审议中富有生命力进而增进立法审议本身的决策力及其鲜活性,首先,必须营造审议民主所得以生存和延续的"环境"。审议民主要求有广泛而充分的参与,且参与主体之间要保持高度的理性和充分的宽容性,这是对主体的基本要求。充分的参与、理性的参与题中之意既反映出广大民众有充分的参与意识、参与理念、参与技巧和参与素质,也是现代政治社会对公民意识的基本要求。据此,我们在以审议民主完善现行的政治制度和立法制度时,必须首先要培养民众的审议民主理念和审议民主精神,进而为科学合理的审议"型塑"良好而充分的参与主体。这一过程需要我们多方面努力,其中重要的一面就是要明确、确认和焕发民众的立法权利意识。造成民众立法参与漠视的原因是多方面的,当然缺乏相关的权利意识是其中的重要原因。近年来,公众在法律草案征求意见、立法听证会议等之中日渐关切和踊跃,积极地主张和行使其在立法活动中的相关权利,实现了积极主动、广泛参与的良好立法互动情境。但是在公民的公法权利、立法权利方面,立法知情权、立法参与权、立法辩论权、立法复决权、立法质疑权、立法意见陈述权的含义内容和行使要求尚且需要进一步完善,立法听证制度、立法提案制度、立法建议制度、立法质疑制度、立法奖励制度等方面的制度方式和辅助手段,应给予不断地激发、维护、保障和调动。毕竟不论何种民主机制和途径,民众参与立法的积极性和可能性,为正确理性的参与提供先决性的"动机"条件和主体条件。只有先保证有参与热情而广泛的主体，进而才可能有理性而充分的民主审议。

再者，一个不可或缺的主要条件，即是在立法法律规范层次上对立法审议规则的完善。立法审议规则的修改和完善是立法审议活动完善的制度性保证，也是容纳审议民主、内生性地加强立法审议中的民主、共和与法治的必然要求。

三、审议民主的修改与完善

有鉴于审议民主理念的内在要求和制度设置，参考国内外关于立法审议活动的成功经验，我们认为完善和修改我国的立法审议规则需在以下几方面努力：

第一，修改和完善立法法和人大议事规则。建议在立法法和人大议事规则中将立法审议活动的规则予以详细化、规范化，增强立法审议活动的可操作性，并将每次审议的重点予以明确。确立“逐条审议”的制度和分阶段表决制度，将审议结果及时地加以巩固，避免议而不决现象的出现。引入立法辩论、立法论证、立法旁听、立法听证等形式，减少征求意见、座谈等形式性的制度，切实将审议的工作落到实处，并在时机成熟时，加快专门的立法审议法律法规的制定。立法审议中的方式、步骤、次序、时限直接关系到立法审议主体的平等充分的审议权限的行使及其成效，影响到审议对象是否能够得到在审议意见基础上的修改完善，是整个“正式的”立法活动过程中的主要程序保障。

第二，修改和完善选举法的相关规定。立法审议是立法民主得以体现和实现的关键阶段，民众参与的广度，关乎着立法民主的深度、参与的广度。现行选举法规定的城乡代表的差额选举，造就了农村和其他弱势群体的利益和诉求无法得到充分而切实的表达和主张，代表结构的不均衡性，以及代表的长期性和所谓“职业化”，都造就了利益表达机构和利益划分机制的不够公允，都不利于审议民主的实现，不能保障立法结果和过程的公意性即体现实质的民主。有鉴于此，我们认为，应该修改和完善《选举法》的规定，实现城乡代表的平等分配，更要顾及多元社会中不同阶层利益的代表名额分配问题，真正实现代表的广泛性，为多元利益充分表达提供制度性的机会。试行人大代表的连任限制制度，防止变相终身制和职业代表的出现，进一步严格和规范对人大代表的监督制度。保障选民对代表的监督和控制的权利，防止“新贵族”和精英阶层的出现，避免代表在审议时对民意的疏离和漠视现象的频繁出现和发生。此外，还要有相关代表参政、议政能力的培养制度相配套，制定相关的培训细则和培训办法，不断地提高代表们的审议能力和审议责任感，为良好的审议活动培养高素质的参与主体，与有序的机制和规范实现良性互动。

第三，立法审议方法的完善。立法审议方法的完善是指不断地引入更加科学、更加合理的审议手段、技巧和方式来实现立法审议活动的根本目的，提高审议活动的效率和效益。可以引入和确立以下方法：立法辩论，是在立法审议过程中，依据辩论本身确定的规则，对所议事项进行公开的辩驳、论证的过程。辩论原为议会活动的精髓。辩论体现了直接的参与、现实的参与，使得各种利益诉求，通过辩论所确立的规则在平和有序的环境下得以充分的表达和体现，同样也在辩论中获得尊重和必要的考量。立法毕竟是一种公共选择，因而具有公共性。但这种公共选择也是一个个的个人和利益团体进行选择的结果，在立法的过程中渗透、汲取着社会各个个体的利益。许多个人的利益，经过妥协形成团体的利益，而后团体的利益再经过博弈，最终形成公共利益。表现在法律上，就是创立符合多数共同利益、尊重保护少数利益的法律规范。立法是通过特定的程序形式和活动方式表现其公共性的，这样就能获得社会公众的接受，从而保障立法的合法性和可接受性。依照法律规定的权力、方式、方法和程序对依法拥有提案权的人提出的立法动议（议案）进行审查的审议活动就由此成为立法过程中的关键阶段，关乎着法案的命运和前途。同时也是代议制度下，拥有提议权的主体的立法动议和建议，是否能够上升为国家意志，转化为法律的要害环节，对立法决策和成果的科学性、合理性以及后期施行的效果起着重要作用。这也因此需要在审议之中通过一种“装置”来保障利益团体或个人来陈述其利益主张，同时在陈述利益主张之际一并能够提出其主张合理性的论证，并且这些主张和论证还要被社会中的其他利益团体所接受或者不予以反对。这种制度就是立法辩论制度。它保障利益团体不但能够发言，而且还能使利益团体之间进行对话和论证，并且对论证作出回应，从而使利益团体的主张具有“公共性”，进而被吸收到立法之中。这期间必然包含了主张与反驳、论辩和质证的内涵。由此来看立法的审议阶段——利益的表达之后的真正整合过程，必然少不得利益攸关方的相互辩难和论证，因此辩论便成了审议活动不可或缺的重要内容。就此，立法审议应该是多元利益诉求和多种不同声音在议会所提供的特殊的氛围中进行充分、平等、直接的对话、交涉和论证，借以达致相近或相同的认知。从这种意义上讲，辩论是议会活动的生命。当今现代各国议会审议的主要方式是连续的辩论。而依据我国现行的立法法和相关的法律规定，我国的立法审议基本上不存在辩论和论证，民众直接参与审议尚在尝试之中，还主要体现为审议过程中代表们的讨论和自由发言，对于立法审议中的辩论的开展更是缺乏具体的可操作性的规定。而这种辩论匮乏、论证不够充分和透明的立法审议必将难以满足多元社会下各种诉求和主张意见的调和与协调，使得利益诉求难以得到充分的表达并给予足够的关切和考量，进而直接影响到法律的正当性和科学性，降低了立法产品的质量和危及守法的应有自觉。因此，立法审议程序制度特别是其中的辩论制度、会议制度、修正及其中的动议、附议制度是必需的。

同时，要改革和发挥立法听证制度的应有作用，避免听证会的“形式化”流弊。除此之外，诸如立法民意调查、立法论证等有效方法，我们都应该也可以大胆地借鉴和运用，借以提高立法审议活动的科学性、合理性，使得立法审议活动和立法审议质量得到不断的完善和提高。

综上所述，我们可以发现，在用审议民主理念、制度和方法，完善和强化立法审议及其民主性的过程中，完善和规范相关的立法审议规则和制度对于审议民主理念和制度的吸纳以及整个立法审议活动的完善至关重要，它关乎到整个立法过程的质量和立法审议功能的实现，直接决定着立法成果的质量和效益。通过对审议民主先进理念的植入，使得其所具有的特殊价值得到发挥，借以完善现行的立法审议。这不仅仅是制度建构层面的植入，也包含理念层面的植入，也即期冀将审议民主的理念和制度设计与现行的立法审议实现完美对接，夯实现行立法活动的民主基础，通过广泛的参与、充分的辩论、直接的交涉，为立法成果的程序正当性提供保障，并进而实现内容与实质的合法性。通过普遍而较多数的公共认知，为立法成果的施行铺平道路，将纠纷尽可能地消除在法律制定的前奏阶段，借以赢得法律实施的预期效果，实现制度建构的应有效用。

第八章
科学立法参与

在实施将近 15 年之后的时空节点，立法法进入修改阶段，修正案草案已经公布。这促使着立法理论研究在回顾和总结立法实践的经验教训基础上，置身依宪治国、完善法律规范体系、建立健全法治体系的新的发展愿景，深入反思，聚焦和分析立法的体制机制以及策略技术等的变革与完善，以期能够符合和发挥立法的引领与规范的功能。这样，立法学的研究就需要更加明确地由价值到制度、由问题到对策、由目标到方案地探讨立法法的“升级版”。

■ 第一节 科学立法参与的研究评价与问题提出

就当前的研究状况，我们可以归纳为以下三点：首先，对立法法的总体评价与修改诊断的研究，是立法学界关注的首要问题，也带动了宪法学、法理学和司法学等领域的论述。有学者全面分析了立法法在调整范围、基本原则、立法权限、立法监督等方面的制度缺憾，并提出了“扩大法的范围、增加两项立法的基本原则、规定宪法的解释和监督程序、进一步规范授权立法、激活立法机关组成人员的提案权、完善地方立法权限、规范司法解释和法律询问答复、确立法院在立法监督中的应有地位”[①]等一系列的意见建议，但是对立法法可采的规范设计层面尚且缺乏“落地化”的具体条文方案。其次，对立法体制中立法权限划分及其关系调适问题的研究，是解析立法法修改内容中的一个重点，多位学者对此提出了不同的见解。遗憾的是有学者将针对“涉及人大立法与常委会立法、人大立法与政府立法、中央立法与地方立法的关系，涉及完善法律解释制度等一系列问题”归结在“完善立法机制”之下[②]，而这就似乎混淆了侧重指向立法权限划分及其效力层级、监督关系的立法体制与主要指称立法运行过程的机理与程序规则的立法机制这两者的区别。[③] 有学者一方面认为需要进一步加强“立法权力的合理配置”，在全国人大与全国人大常委会的立法权限划分、中央权力机关对同级行政机关的立法授权以及划分中央与地方的立法权限上应当更加明晰，强调其合宪性。另一方面，针对立法过程中的参与民主，认为“立法过程中的公开与民主、博弈与交涉、监督与救济等程序的科学设计”是立法法修改中应当予以贯彻的，并肯定立法法修改草案中“健全立法起草、论证、协调、审议机制”，“提高立法质量，防止地方保护和部门利益法制化”的改革举措，同时又主张，加强人大代表、社会各界的立法参与以及实行审议、表决、记录的公开，注重立法博弈过程的规范，提出完善统一审议规则，加入辩论环节，细化立法修正案制以及单独表决程序等，以及加强立法监督等。[④] 这表明正在

---

① 刘松山：《修改〈立法法〉的若干建议》，《交大法学》2014 年第 3 期。

② 参见朱景文：《关于完善我国立法机制的思考》，《社会科学战线》2013 年第 10 期。

③ 另对立法权限及其相互关系的宪法依据是否明确的评论，参见刘志刚：《〈立法法〉修改的宪法学分析》，《哈尔滨工业大学学报》（社会科学版）2015 年第 1 期。

④ 参见徐向华：《国家治理现代化视角下的〈立法法〉修改》，《交大法学》2014 年第 3 期；张春生、林彦：《〈立法法〉修改前瞻——访中国立法学研究会会长张春生》，《交大法学》2014 年第 3 期；冯玉军：《〈立法法〉修改建议及理由》，《浙江工商大学学报》2014 年第 6 期。

对长期以来立法过程中的“职权主义”甚至“隐形立法者”①影响深重的倾向加以纠正,开放和汇聚社会各方面的立法需求,进而对重塑立法机制和立法程序有着相应的思考。最后,对民主立法、科学立法在立法法修正案草案中更加全面、具体的贯注和体现的研究还比较薄弱,还缺乏触及新版立法法应以怎样的法律规范来加以承载和落实的拟议与论证,因此立法学的研究结论与立法法的修改完善之间的无缝隙对接还是需要弥合的。这对立法学者自身的“立法”能力提出了极大的挑战。

为此,本章谨针对立法参与在立法法修改中如何得以完善和怎样予以确立进行研究。立法参与(legislative participation),是指相对于立法职权主体而言,个体、群体等关注、参与立法实践活动全程,以影响立法项目、立法进程和立法内容的公众参与(public participation)之一,是“社会公众的立法行为”(legislative behavior)的总称。1998 年,欧洲环境部长级会议上通过的《奥胡斯公约》对“公众”一词作了界定:公众是指一个或多个自然人、法人以及其他依法成立的组织和团体。依此,公众包括自然人、法人、其他组织和团体。公众参与立法是为实现立法的民主化,让民众在代议制基础上同步行使民主权利、参与立法活动的自发表现和必然要求,因此,既是立法法律制度应予直面和调整的现实对象,又是立法法律制度应当吸纳和具备的民主内涵。不可否认,对立法参与,近十

---

① 有学者根据切身体会和实证归纳,提出:在以建构主义为特征的大立法时代,中国人大的立法工作者基于其专业技能,借助法制工作委员会这个特殊组织,在立法规划(计划)、法案起草、协助法案审议和立法适用解释四大场域悄然发挥了立法者所不及的关键性作用,成为“显性立法者”之外的“隐性立法者”。对此,我们应予警醒和纠偏(参见卢群星:《隐性立法者:中国立法工作者的作用及其正当性难题》,《浙江大学学报》(人文社会科学版)2013 年第 2 期)。我们认为,针对此次修正案草案分析,这种对立法工作者的倚重似乎没有减弱,反倒有所加强。这是值得商榷的。当然,伴随着立法参与中社会公众不论是以个体还是组织形态的利益表达和立法主张在规模、强度和内容上的权重的增加,使得立法工作者相对于人大代表、常委会组成人员的作用将会降低。

年来，立法学界进行了积极的探索。① 如李林教授、蔡定剑教授、王锡锌教授等分别针对参与民主与代议民主的关系、参与民主的域外实践及其规律、立法的公众参与的界定、立法的公众参与的方式和途径、行政立法参与的价值和方式、我国地方立法参与实践的评价等进行了专题论述，徐向华教授、朱力宇教授、孙育玮教授、汤唯教授、崔卓兰教授等的课题组侧重针对地方民主立法中的若干环节进行了论述，汪全胜教授对立法听证进行了系统论述，黄信瑜教授对海峡两岸的立法参与进行了比较研究。还有学者分别对立法参与的法理基础、变迁历程、律师等特定职业群体、专家等的立法参与等进行了研究，提出了富有启发的认识和富有见地的观点。②

但是，正如上面立法法修改专题综述所表明的，聚焦在立法法修改之上，立足公民的立法权利特别是立法参与权利的基点，民众的立法实践主体地位如何体现？③ 公众参与立法制度和“正式”立法程序制度之间

---

① 有关文献如刘莘：《行政立法研究》，法律出版社 2003 年版；蔡定剑：《国外公众参与立法》，法律出版社 2005 年版；佟吉清：《论我国立法公众参与的法理基础》，《河北法学》2002 年第 5 期；汪全胜：《立法听证研究》，北京大学出版社 2003 年版；汪全胜：《制度设计与立法公正》，山东人民出版社 2005 年版；王锡锌：《公众参与和行政过程》，中国民主法制出版社 2007 年版；黄信瑜：《立法听证：和谐社会视野下的公众利益表达制度》，《经济问题探索》2008 年第 8 期；崔明强：《重庆律师，参与立法的新跨越》，《公民导刊》2008 年第 4 期；李林主编：《立法过程中的公共参与》，中国社会科学出版社 2009 年版；黄信瑜、胡建：《我国台湾地区公众在参与立法活动中的角色》，《行政法学研究》2012 年第 4 期；石东坡、余凡：《论“后体系时代”律师的立法参与问题》，《法治研究》2013 年第 2 期。

② 这些研究参见谭舜哲、万振东、刘志荣：《关于“紧密型”专家参与地方立法的思考——青岛市地方立法研究会在地方立法中的作用实证分析》，《中国人大》2004 年第 21 期；阿计：《“专家立法”应形成制度规范》，《公民导刊》2014 年第 2 期；汤唯、毕可志：《地方立法的民主化与科学化构想》，北京大学出版社 2002 年版；崔卓兰等：《地方立法实证研究》，知识产权出版社 2007 年版；孙育玮：《完善地方立法立项与起草机制研究》，法律出版社 2007 年版；朱力宇、熊侃：《专家参与立法的若干问题研究》，《法学杂志》2010 年第 2 期；朱力宇：《地方立法的民主化与科学化问题研究：以北京市为主要例证》，中国人民大学出版社 2011 年版。

③ 参见石东坡：《“后体系时代”的立法实践范畴新论——基于修改〈立法法〉的思考》，《江汉学术》2014 年第 1 期。

是何种关系？立法程序制度是否以及如何才能够具有开放性和包容度，并不至于破坏立法的平和性与秩序性？《立法法》中如何进一步以深具民主实质和操作实效的法规范确立立法参与制度？这一切则尚待进一步进行论理性、可行性的研究。毕竟，我国在立法参与制度上的规定及实施存在许多不足。近年来以及未来的立法需求的自觉表达和强烈诉求必将成为新常态，因此，归纳分析我国立法参与制度的实践基础、经验参照和目标原则，以立法法修正案草案为直接对象，探求完善我国立法参与制度的设计选项与实现路径，提出可资选取的立法参与法律规范拟定方案，具有重要的理论价值和迫切的现实意义。

第二节 科学立法参与的制度评析和经验参照

一、我国立法参与制度的现状与问题

首先，我国立法公开制度存在不足，立法透明度不高。《立法法》第三十五条规定："列入常务委员会会议议程的重要的法律案，经委员长会议决定，可以将法律草案公布，征求意见。各机关、组织和公民提出的意见送常务委员会工作机构。"从中我们可见其公开面之狭窄，公民无法实现自己的知情权。而知情权是表达权和参与权的前提和基础。因此，知情权规定的缺失直接导致和必然挤压公共公众立法参与的可能与空间。

其次，立法参与的法律规则或法律依据不完善、不健全。《立法法》第五条规定："立法应当体现人民的意志，发扬社会主义民主，保障人民通过多种途径参与立法活动。"第三十四条规定："列入常务委员会会议议程的法律案，法律委员会、有关的专门委员会和常务委员会工作机构应当听取各方面的意见。听取意见可以采取座谈会、论证会、听证会等多种形式。常务委员会工作机构应当将法律草案发送有关机关、组织和专家征求意见，将意见整理后送法律委员会和有关的专门委员会，并根

据需要,印发常务委员会会议。"这仍没有对立法参与具体该如何实施和开展作出富有操作性的规定。这给了立法机关很大的决定裁量权,要不要让公众参与、通过什么形式让公众参与、是否采纳公众给出的意见和建议等等权力都掌握在立法机关的手里,而且立法机关就公众意见建议收集之后,是否采纳、如何采纳,都没有相应的记录、说明理由和提交论证报告等的制度义务的刚性约束,因此,很容易造成形式化或象征性地安排听证会、论证会等环节,无法真正实现公众立法参与的权利。[①] 可见,目前我国的立法参与制度建设仍处于宣誓和尝试的阶段。

再次,我国的立法参与还缺乏相关配套制度的设置。除去个别省份专门就立法听证等订立了规程之外,在绝大多数的地方立法中,也只有零散或单项的规定,且重复立法法的有关表述,更有甚者都没有规定。如立法图书文献支持制度、立法调查及其数据分析制度、立法意见征集和项目评议制度等,目前仅仅作为实际工作制度在若干地方立法中得以粗疏地运用,但在立法参与制度中尚且呈现缺失的状态。

最后,相关法律法规在这方面的原则性、散件性的规定表明,不能如一些学者乐观而非严格的判断:我国公众参与立法并未成为公民的一项法定权利。因为保障公众参与立法的权利也并非是相关机关的法定职责和义务,不仅没有呈现出对该权利的明确认定,而且没有呈现出权利义务与责任之间的对应性。这直接导致实践中公众参与立法的行为缺失法律的依据和保护。

二、我国立法参与的实践探索与经验

在北京,立法中的公众参与历经了三个阶段:(1)起步阶段。公众参与立法的形式很单一,主要是召开座谈会;社会参与面也很窄,一般公民基本都不参与立法活动的。(2)发展阶段。一些重要的法案开始全文公

---

① 有学者将公众参与的尴尬概括为"符号化"。(参见许玉镇、李晓明:《论立法民主参与中公众代表的代表性——以行政立法中的行政相对方为例》,《社会科学战线》2010 年第 7 期)

布，征求各方意见；在常委会议中开始实行公民旁听制度；吸收专家学者等参与法规草案的起草工作；普通群众开始较为普遍地参与地方立法工作等。但公众参与立法的内容仍十分有限，参与方式也仍局限于传统形式，没有很大突破。(3)深化阶段，从2003年起至今，在党的十六大和十七大对社会主义民主政治、依法治国的决策指引下，公众参与立法成为了北京地方立法的显著特色。主要表现为公众参与立法的内容开始扩展至源头，立法草案公开征求市民的意见并获得了强烈的反响；参与方式也有了新的发展，立法听证会成为一个成功的探索；筹建了立法咨询专家库，充分发挥首都的优秀人才资源；网络等现代化信息手段开始被注重和运用等。① 党的十八大之后，北京积极开门立法并拓宽基层人民代表参与立法的渠道，进一步拓展人民有序参与立法途径。

在福建，2002年初，福建省人大常委会在制定当年立法计划时，开始通过报刊、网络等媒介向社会公开征集立法项目，这在国内省级人大常委会中是首次。福建在探索中还十分注重多元起草，让各方参与，并依此建立了人大有关委员会、政府部门、实际工作者、专家学者"四结合"的起草机制，还以立法效果评估的形式，让公众参与延伸至立法后，以监督立法的后续过程。同时可贵的是，福建省注重循序渐进地推动立法参与的制度化，《福建省人民代表大会常务委员会立法听证办法》《福建省人民代表大会常务委员会立法计划编制工作若干意见(试行)》等中的相关条文规定，使立法听证等立法参与方式得以细化。

在青岛，立法参与广度已经从定向的群体扩大到不特定的公众，参与深度也已经从单纯的立法调研扩展到立项、起草、调研等各个立法环节中。所采取的主要措施有：(1)公开征集立法建议。自2002年开始，每年青岛市人大常委会在编制下一年度的立法计划时，都会通过新闻媒体公开向社会征集意见。(2)改进法规起草方式，探索公众参与法规起草的机制。(3)建立和完善法规草案公开、公布的制度。通过报纸公布法

① 参见李正斌：《北京市地方立法中的公共参与》，李林主编：《立法过程中的公众参与》，中国社会科学出版社2009年版，第90～92页。

规草案的同时，还实施了法规草案上网工程，让市民能随时上网查询草案内容并反馈意见。（4）立法调研注重听取人大代表、群众等的意见。召开立法调研会、座谈会、听证会之外，还尝试举行市民座谈会，建立（区）市人大常委会征求意见制度。（5）建立公民旁听常委会会议制度，允许公民在报名后，旁听常委会会议的审议，还能对法规提出建议。（6）成立地方立法研究会，建立地方立法企业联系点，并与高校保持密切联系，以搭建相对固定的社会公众参与立法的平台。①

在浙江，2002 年 12 月，由省人大法制委员会主办的“地方立法网”正式开通，成为全国第一家由省级人大主办的地方立法方面的网站，被誉为“永不落幕的立法听证会”。自 2004 年起，省人大常委会坚持每年登报并通过网络公开向社会各界征集立法项目建议。浙江省还率先在全国网络视频直播省人大常委会会议，率先在全国建立公民旁听省人大常委会会议制度，率先在全国组建地方立法专家库，创新法规草案论证工作机制。②

可见，在我国抛弃闭门立法、顺应和运用公众参与立法的转变中，不论是权力机关的立法还是行政立法，都勇于承担一定的政治风险，积极探索，讲求和注重立法参与做法的适宜性和在地化；在将网络技术应用于实现公众和立法机关之间的更加密切的互动，更加灵活地参与立法进程中的征求意见等环节上，有着有益的推进和经验的累积。纵观各地立法参与的实践，各地已有一定成效。其中参与主体日益广泛，参与已扩展到全过程，特别是立法前期过程是参与的重点阶段。再者，参与途径愈趋多样化。③ 以上成就不仅预示着我国立法参与的光明未来，也提出

① 参见李林：《立法过程中的公共参与》，中国社会科学出版社 2009 年版，第 134～136 页。

② 参见袁艳：《浙江地方立法三十年》，《浙江日报》2009 年 12 月 1 日。

③ 而有学者认为：“《行政法规制定程序条例》《规章制定程序条例》进一步完善了《立法法》中关于公众参与立法程序的规定。”（许玉镇、李晓明：《论立法民主参与中公众代表的代表性——以行政立法中的行政相对方为例》，《社会科学战线》2010 年第 7 期）我们认为，仅从该规范性法律文件与立法法本身的效力层级差异上即可知，这一判断是欠妥的。

了立法参与的制度保障和法律确认的急迫任务，更是为《立法法》修改、充实立法参与的具体法律制度奠定了良好的实践基础。

三、域外立法参与制度的考察与借鉴

在瑞典，其立法信息公开制度引人瞩目，公众得以参与立法全程。如在议会提出立法动议时，公众可以提出政府咨询的要求，也可以通过媒体、诉状、信件等途径来发表自己的意见。在立法准备阶段，公众可以要求司法审查或参加听证会等。① 更重要的是，各种形式的公众参与通常是受到鼓励的，所以，能激发更多的民众参与到立法过程中，为提高立法中的利益汇聚和凝聚程度、提升立法质量打下了坚实基础。

在英国，立法协商制度已初具模型。虽然英国在公众立法参与中选择的是一个比较委婉的"协商"方式，但这并不意味着随意。相反，英国的协商机制是一种在一定限制的前提下进行的商量方式。如在它完全开放的协商中，决策者不会对涉及协商的问题作出限制，而是允许参与者提出任何他所关注或有疑问的问题；但在严格封闭的协商中，则只被允许在有限范围内提出问题。② 协商方式多种多样。传统的公共协商机制包含的主要内容为：(1)通过选举产生的各级立法机构，立法过程中的公共协商适用于三个相互关联的层面，分别是立法院的协商、政党体制下的协商和民选代表之间以及与他所代表的选民之间互动模式下的协商。(2)上议院的讨论，或称为"议院制度"，是为立法的专家技术审查提供的一个常设平台。(3)以君主名义提出的三种形式的命令文件常被用来促进对立法提案的协商活动——命令文件系统，是议会对立法建议审查的补充，且与其相互作用。(4)调查制度，又可以分为三大组：皇家委员会、法定调查和非法定调查，且调查系统是审议性的。它审查和权衡听取的证据，并就调查的问题作出反馈报告。(5)全民公决，或称为"公

---

① 参见[瑞典]Bengt Lundell：《瑞典立法过程中公众参与的机制与程序》，陈国刚译，李林主编：《立法过程中的公众参与》，中国社会科学出版社 2009 年版，第 263 页。

② 参见[英]N. W. Barber：《英国立法过程中公众参与的形式》，李林主编：《立法过程中的公众参与》，中国社会科学出版社 2009 年版，第 231～232 页。

投”，常被用以批准或拒绝重大宪政改革。而传统的民间协商机制则致力于通过媒体这一渠道来讨论公共事务或是具有共同利益或意见的群体联合起来，游说决策者修改法律。

新近的公开协商机制在尝试：(1)公民评审会议和公民高级会议；(2)大规模协商活动，让尽可能多的人参与政府发起的多个政策领域的“国家对话”并建立一个平台；(3)常设协商小组，就有关法律改革和政策的大方向问题向决策者提供即时建议；(4)利用互联网，如电子请愿、博客和各种社交网络，作为协商的平台。最后还有不公开协商机制，主要用在政策公布前，部长们就政策建议委托开展不公开的民意调查和焦点团体来修改政策。① 以上这四大类协商机制，都是服务于立法参与制度的。即使这些机制都有其缺陷，但是多重协商机制的存在和共同运作可以很好地缓解这些问题。

日本的立法参与制度主要借用了美国的做法。公证会是日本最常用的立法参与形式。日本《国会法》第五十一条对立法听证的范围作了规定：常任委员会对普遍关心及特定的重要提案，可以召开公开听证会，来听取与该项提案有利害关系者以及专业人士等的意见。关于总预算及重要的财政收入的提案，则必须召开公开听证会，但是对于已经召开过以及同一内容的提案是例外。其举行立法听证会的程序和规则也十分详细：常任委员会为审查议院或议长交付的提案，可以作为预备审查而召开公开听证会；委员会召开公开听证会时，在征得议长的同意后，由委员长通过新闻媒体公布开会时间、拟在公开听证会上听取意见的提案、公开召集利害关系人和专业人士(统称为“公述人”)，常任委员会在预先提出申请及其他欲参加会议的人员中决定人选，并通知其本人；公述人发言征得委员长的许可，发言不得超出欲听取意见的提案的范围；委员会为了审查及调查的需要，可以要求利害关系人列席，听取其意见。

通过以上选取三国立法参与制度的初步分析，可知国外的立法参与

---

① 参见[英]N. W. Barber：《英国立法过程中公众参与的形式》，李林主编：《立法过程中的公众参与》，中国社会科学出版社 2009 年版，第 232～247 页。

制度主要有以下三个共同特点：首先，立法过程公开、透明。以瑞典为典范，将立法的全过程，包括准备阶段和审议阶段都公之于众，既能让公众全程参与，也能确保立法过程时时受到公众监督。其次，将立法参与作为立法过程的必要方式和必经环节。最后，公众参与立法的形式多样，且具有比较明确的制度要求，并使立法参与更有组织性。当然，除上述三个国家以外，亦有不少其他国家在立法参与制度中有值得我们学习和研究的地方。例如，爱沙尼亚在全国范围内推出的 TOM 程序，发挥网络平台在立法参与中的重要作用。这同样为我国在网络立法参与途径的拓展，尤其是科学、有效地通过网络参与立法提供了参考经验。

■ 第三节 科学立法参与制度的设计路径与选项

一、立法参与制度的设置目标与原则

如何完善我国的立法参与制度，需要就完善我国立法参与制度的“立法”上的目标与原则进行分析，并最终提出相应的在《立法法》上加以规定的立法参与的权利、程序、方式和保障。一方面，在完善立法参与制度的目标预期上应当明确。一项制度若是连目标都不明确，那么这项制度就会成为一盘散沙，其价值理念难以彰显，法律解释难以明晰有力。笔者认为，立法参与制度设立的直接目标应该是实现立法民主，促进立法的贯彻实施。而其间接目标则是为了提高立法质量。这也是包括立法参与制度在内的立法程序制度的根本目的。同时在目标的实现预期上要适度，即与当前和未来一段时期的法治发展态势相适应。另一方面，需要确立完善立法参与制度的设计方案应遵循的若干基本准则，即我国立法参与制度的基本原则：

一是信息全面公开原则。除涉及国家秘密、商业秘密或个人隐私外，其他法案相关信息均应由立法机关在其官方网站，以及在法案即将

适用的地区范围内享有一定关注度和正式代表性的报纸杂志上予以主动发布，而不是被动等待公众的问询。

二是权益保障和依法参与原则，《立法法》应明确公民的立法参与权利并予以程序规范的保障。对此应破除立法仅仅立足和依托立法职权而开展的偏颇认识。人民代表大会制度是我国的根本政治制度。选举制度乃至于整个人民代表大会制度是立法制度的健全和发展的逻辑前提和坚实依托。在这种代议制参政议政的模式下，间接参与是我国公民参与立法的最主要形式，也是最根本的形式。但随着时代的发展，单纯的间接参与开始无法满足民众的愿望，参与的途径与成本的变化同样促进了包括立法的直接参与在内的社会治理和国家事务上的参与得以不断深化。由此，代议民主与参与民主两者相辅相成，互补不足。当然，参与民主并不替代和取代代议民主，而公民立法参与的权利同样也不因代议民主中的授权转出而丧失。① 在根本上，不论是直接的立法参与（参与民主），还是间接的立法参与（代议参与），均是人民立法参与、影响、支配和决定立法的权利实现方式。所以，笔者认为，完善立法参与制度是在人民代表大会制度的健全进程中的必然要求和有益补充，是为了与之共同实现立法民主、民主立法而努力。立法参与的途径、机制的健全，是以多样化的立法参与主体作为法律主体，即享有切实获得保障的立法权利为前提和依据的，这样的立法参与才能够具有其相应的拘束力。因此，在立法中实际上是形成和确立了“立法权利—立法权力”的二元化的交涉、匹配和互动的格局与进程，这是“公民—国家”的宪法关系在立法中的转化形式和具体实现。对此，有学者针对行政立法领域，运用权能的

① 有关参与民主和代议民主的关系，可以参见蔡定剑：《民主是一种现代生活》，社会科学文献出版社 2010 年版，第 182～184 页。我们认为，历史地分析，西方参与民主的确是在代议民主的基础上发展起来的，并且依托着代议民主的竞争选举和监督问责的体制和机制发挥最终的影响作用。但是，逻辑地分析，参与民主是开放、广泛和能够注入实质影响成分的，和代议民主之间并非是非此即彼和此消彼长的对立形态和矛盾关系。当然由于参与民主的自发性和多样化甚至突发式，将构成对代议民主的有效性甚至正当性的挑战，但我们不认为应当由此否定代议民主及其有序运行。因为参与民主背后的支配因素是非常复杂的，甚至是非理性的。

分析单元与视角，提出“行政立法参与权”这一行政立法与行政决策中的法律范畴，认为“行政立法参与权在我国已经成为社会公众的一项法定权利”，主张“在应然层面至少应包括四项权能内容”，即“进入行政立法程序的权利”“提出立法意见的权利”“立法意见得到回应的权利”以及“合理意见获采纳的权利”。这是在行政立法的全程化的公民参与上进行的参与手段与方式的权利概括。①

三是平等参与商谈论辩原则。平等既是原则，又是权益。对于同一类主体，我们应给予他们平等的参与机会和权利。例如，在开展听证会时，我们不能让所有涉及利益的普通群众都参与到听证会中，但是要保障利害关系人范围的全覆盖，保障利益代表人产生的公正性，保障参与者应该享有同样的发言权、表决权等权利。对于不同类主体，虽无法做到完全的平等，但也该做到各自的权利义务对等。例如，专家和普通群众在参与同一项立法时，专家因其所具有的专业素养和学识，其意见和建议则一般会获得更高的采纳度，但同时他们也需要承担更高要求的责任。比如其在提出意见和建议的同时要肩负说明、论证这些意见和建议的合理性、合法性等，而对普通群众则不必有此要求。再者，参与并不仅仅是参加进来，而是如哈贝马斯所提出的理想沟通情景的三点规则中所言明的，是参与公共事务的讨论，是质疑、申明、表达，是批评、商讨、说服、构建和创意出在认同与共识基础上的价值规范，并将其以法律规范的方式拟定和形塑。立法参与是必然与立法博弈并在立法商谈基础上生成协商理性和催生立法的公共理性联系在一起并作为基础的输入环

---

①　参见方世荣：《论行政立法参与权的权能》，《中国法学》2014 年第 3 期。其实，已有学者较早提出了“行政立法参与权”（参见许玉镇、李晓明：《论立法民主参与中公众代表的代表性——以行政立法中的行政相对方为例》，《社会科学战线》2010 年第 7 期）。因此，方世荣教授认为，仅有杨建顺教授和石旭斋教授的共两篇文献针对立法参与权利进行论述是不完整的，这反映出部门法学学者在多学科视域与思维上的局限。另有学者将立法参与的权利根据概括为“政治参与权”，主张“在公民政治参与权实现的诸多方式中，公民立法参与是最重要的方式”（张晓琴：《论公民政治参与权实现之立法参与路径》，《北方民族大学学报》（哲学社会科学版）2012 年第 6 期）。

节的。①

四是特定场合的言论豁免原则。这是参与权益实现的一个特别但却必要的原则。笔者认为，当立法涉及一些敏感性问题时，若是有所顾忌，就无法表达参与者内心的真实想法，就有可能无法获得真知灼见。当然，这种豁免并非是无限制的，只有在特定场合（如听证会、座谈会等立法参与的现场），参与者才享有言论豁免的权利，但对于其恶意地传播虚假消息，诽谤、揭人隐私的行为仍需要接受法律制裁。网络公众参与因其便利、便捷、低成本的独特优势，逐渐成为立法参与的一项新途径，并广为适用。因此，网络途径的立法参与，适宜实名认证。

二、立法参与制度的完善方案与举措

切实保障和实现公众的立法参与权利，既需要在一般的制度理念上有所明确，更需要在具体的程序规范上加以规定。按照法律程序设计的法理②，我们认为，通过立法参与程序规则的设计，实现对立法机构在回应、满足和实现公众的立法参与权利上的有效控制，实现对公众立法参与的环节步骤方式与途径上的机制展开，实现对利益表达、立法博弈和协商共识的有序维护，给予不同主张的立法参与主体之间进行对话沟通的制度空间，同时协调立法参与的效率与公正之间的矛盾，以及最大限度地整合立法参与和代议机关的立法审议之间的衔接。在此理路下，我们认为，我国的立法参与制度与程序设计，主要涉及立法参与主体、立法参与途径及立法助理制度等方面的内容。我们至少应强调以下四个方面：

---

① 尽管立法参与和言辞辩论不能从根本上改变社会主体在利益地位和关系格局中的根本的差异性和对立性，但是其在社会治理上将会促使社会利益资源的配置避免极端化和片面化。除哈贝马斯在沟通理性上的论述外，美国学者针对公私协力治理中，利害关系人在参与行政规范性文件的协商制定时能够增强参与者获取资讯、深度讨论进行的论述，同样提出了重视和发展立法中的多方利益主体参与合作空间的启发。（参见廖义铭：《社区正义论：社区日常事务中之无知之幕及其治理问题》，五南图书出版公司 2012 年版，第 238、235、159、233 页）

② 参见孙笑侠：《法律程序设计的若干法理》，《政治与法律》1998 年第 4 期。

首先，充分肯定和吸纳立法参与的多样化主体，并增强其组织性。利益表达是立法参与的核心，故立法参与主体应是表达利益的主体。而在直接参与中的利益表达又可以分为自我表达（或称“直接表达”）和代位表达（或称“间接表达”）两种。前者，主要为普通民众；而后者，则以律师、媒体、行业协会、公益组织等为代表，是为所代表的利益群体向立法机关宣示利益主张的主体。笔者认为，立法参与的主体主要可以分为五类：(1)律师等法律工作者。他们是法律的实践者也是法治目标的拥护者、法律尊严的维护者，是完善法制的重要力量之一。其具有很强的专业实践经验，能了解执行者、实践者以及遵守者的真实需要，是立法机关和人民群众之间的重要桥梁。(2)专家、学者。这里主要指能给立法机关提供专业意见和指导，使立法更具科学性、严谨性、实践性的专业工作者。(3)媒体。除了其自身应当享有立法参与权和监督权外，更为鲜明的角色是公允地作为立法机关和人民群众之间的一个沟通、交流平台。立法机关可以借由媒体进行公开信息、反馈意见和结果、说明理由等活动，而人民群众则可通过它获知立法参与的相关信息并进行监督，同时可以向立法机关和全社会传达自己的声音。(4)社会团体、行业协会、公益组织等。它们在一定程度上代表着一些利益集合体的声音和意志。(5)公民个人。对其中哪怕是限制民事行为能力人和无民事行为能力人等这类弱势群体，更要注意保护他们的立法参与权利和监督权利。对此，笔者认为，应当规定：“对他们有切身利益影响的法律的创设和修改，应当听取他们的意见，并通知其监护人到场。”

诸多类型的立法参与主体“如何有序、公平地参与立法中”？笔者认为，上述这五类参与主体也可看成是五大类利益群体，它们时而各自为阵，时而又互帮互助、互相包含。在立法参与的效应上，基于维护自身以及同类的利益而凝聚成一个集合体，以共同的力量进行参与和表达，实现其结社权和表达权；以团体而不是分散个体的形式进行立法参与和利益表达，是更为可取和富有影响度的。因此，可以尝试在举行听证会时将参与者分类组成专家团、律师团、媒体团等，各团先自己召开商讨会，将所要表达的意见、建议等进行汇总、归纳、记录、签名确认并推选代表出席听证会，将团体的声音转达给立法机关；也可以借鉴德国的互联网“电子请愿”制度，利用和开发自媒体信息资源，促进“自媒体智库”的形成，以在线方式让各界人士得以在他们共同关注的讨论圈内进行立法协商，提交、发布并共同签署相关立法提议。[①] 这样在未减少民众参与的自由度前提下，又可以增强立法参与的组织性和有效性。此外，对于行业协会、社会公共团体、利益集团等参与主体，因其本身就有团体性而需有特殊规定。尤其是对行业协会、社会公共团体等组织，宜采用派出代表的形式参与，且应当每个协会或团体均单独列席，给予其独立的参与权和表达权。其派出的代表参与该团体内部的协商、讨论会议，并具有受托代表的规定角色，可以使立法参与活动和平、有序、有效。

其次，疏浚、拓展立法参与的法定途径，增强其有序性。在畅通立法参与上，当前最具有可行性的是在立法层面上将已有的立法听证进行进一步的类型化设计，将其适用程序详细化、精益化，包括对立法听证的主体范围、主持人、具体程序、适用法案类型等都要详细规定，使其具有更强的可操作性。笔者建议：第一，明确立法机关信息公开的义务。(1)在法律法规进入立法机关创制或修改的工作计划七个工作日内，相关立法机关就必须通过网络或媒体渠道将法案及相关信息全面公开。(2)在举行听证会十五个工作日前在其官方网站及辖区内知名报刊上公布听证会的地点、时间、目的、报名时间、报名地点、程序等信息。(3)听证会结束后十五个工作日内，相关立法机关需在其官方网站及辖区内知名报刊上公布立法听证资讯的综述评价意见与可能吸收建议部分，并说明理由。第二，规定主持人选任。主持人由立法机关委托无利益关系的第三方担任；参与群众若发现主持人与听证会所议事项有利益牵涉或发现其有违规违法等现象，不适宜担任主持人的，可以在听证会举行三天前向立法机关提交相关证据并要求其回避，立法机关进行审查并可另行委托主持人。第三，规定参与主体的产生程序和听证陈述、辩论与可能的表

---

① 参见樊鹏：《自媒体智库方便百姓参与决策》，http://opinion.huanqiu.com/opinion_world/2014-04/4974541.html。最后访问日期：2014 年 4 月 22 日。

决程序。

在拓展上，笔者建议：第一，我国人大和省级人大都在其官方的网络平台公布所有在其辖区内的草案和新法，并允许实名注册的用户对其提出意见和建议，而网站管理者则要在规定时间内（如三个工作日内）针对他们的意见和建议予以收悉确认，及时将民意反映给立法者，而后再将立法者的想法传达给民众。第二，可以适时在提案阶段，赋予一定数量的公民联署提案，并给予其与其他有权提起法案的主体的提案同等对待；还可以采取立法建议书、网络调查表等途径。第三，在立法审议阶段，可以采取列席参与，并在会议议程外另行给出提出法律草案修改意见建议的时间空间，既能集思广益，又不至于波及审议会议进程。而对重大立法项目的立法复决权即全民公决的方式等内容，可暂不规定。第四，还要重视运用社会影响评价、社会脆弱性测量及社会调查统计分析等技术方法，感知社会的立法需求并科学地进行立法建议的汇总归纳，避免情绪化的立法。第五，立法智库①在不断健全的立法调查制度之上，吸纳和借鉴民情舆情调查的手段方法和技术规程，以切合立法实践的数据分析模型、调查问卷设计和意见收集分析规程，可以更加全面、准确、客观地反映公众的利益诉求，因此应重视和运用（地方）立法智库。智库参与是科学立法和民主立法的融合实现的组织载体和社会平台，可以将资讯、协商甚至立法政策试验、建议立法文本的民意咨询行动、市镇公民大会、公民创意委员会、共识会议等审议民主形式有效运用和加以整合。既有的职业群体、行业协会、产业公会等都能够担负相应的立法参与角色。如律师协会②，再比如环境公益组织。总之，立法智库应以便于公众

---

① 2014 年 10 月 27 日，中央全面深化改革领导小组第六次会议审议通过了《关于加强中国特色新型智库建设的意见》，提出："形成定位明晰、特色鲜明、规模适度、布局合理的中国特色新型智库体系，重点建设一批具有较大影响和国际影响力的高端智库，重视专业化智库建设。"我们认为，其中一个重要的智库类型就是立法智库。

② 参见《中国律师正在成为国家立法"智库"》，《法制日报》2008 年 4 月 6 日。

参与立法决策为基本职能定位。①

再次，设定立法说明理由义务，增强其刚性化约束力，使立法机关更加认真、审慎。根据OECD的研究，健全的公众参与，除去“提供信息”“整合信息科技技术，促进公民有效参与”之外，其中的一个重要环节就是“寻求公民的反馈，反馈包括公民诉愿得到的反馈以及政府主动征集的反馈”②。南非的《宪法》在国民大会部分将立法机关要各自做好促进公众参与的工作作为一个宪法责任加以规定。而且在赋予立法机构充分自由裁量权的同时，“宪法法院还是在Doctor for Life International V. The Speaker of the Nation Assembly中设定了一个基本检验标准的”，并且规定：“在进入诉讼前要先明确以下几个问题：(1)促进公众参与的责任性质是什么；(2)立法机关是否履行了义务，在某些攸关人身健康安全方面的立法过程中，做好促进公众参与立法的相关工作；(3)如果公众参与的促进工作是有缺陷的，那么它又会对这些立法的有效性产生什么影响。”而其“检验标准的关键是，立法机关是否合理地履行其促进公众参与的义务”③。

由此可知，参与的效度和信度不仅来自沟通和反馈的方式途径的多样化和切实性，而且更是来自其间双向化的抵达和负责任的回应，所以在健全的立法参与制度中，必须要有对立法主体的公开、沟通、论证和报告等职责义务的明示，要有与参与表达相对应的反馈机制。④ 笔者认为，《立法法》修改中应该将立法说明理由的义务载入其中，要求立法机关履行这一法定义务；及时将意见建议的采纳情况和理由反馈给参与者，以增强对立法机关的制约性和保护公众参与的积极性。同时，在具体的立

---

① 参见樊鹏：《自媒体智库方便百姓参与决策》，http://opinion.huanqiu.com/opinion_world/2014-04/4974541.html。最后访问日期：2014年4月22日。

② 张成福：《开放政府论》，《中国人民大学学报》2014年第3期。

③ Linda Nyati, “Public Participation: What has the Constitutional Court given the public?” Merafong Demarcation Forum and Others V. President of Republic of South Africa and Others [2008] ZACC 10.

④ 参见《专家建议健全反馈机制，激发公众参与立法的热情》，2010年10月23日《中国青年报》，http://news.zj.com/detail/1306328.shtml，2014年4月27日。

法参与过程中，还需具体规定说明理由义务。以听证会为例，可作如下规定：(1)在听证会开始前，立法起草者要尽释明义务，立法提案者则要尽立法论证的义务；(2)在听证会中，若有人对法律法条或表述提出疑问，立法机关应当进行解释；(3)在公布听证会结果时，对被采纳部分要说明情况（如经多少人表决通过，专家的意见如何等），对未被采纳部分，除了要说明情况外，还需说明不予采纳的理由，并可以要求出具书面论证结果。

最后，健全立法前后评估制度，增强立法参与的科学性与影响、助力立法内容的实际成效。立法前的评估主要是为了审查草案起草过程中是否有程序性问题、该草案的立法参与计划是否与该草案性质匹配，以及为该草案设计的立法参与形式、主体、范围等是否符合法定程序和要求。这一阶段的审查可以由立法机关完成，也可由立法机关委托第三方完成并出具详细的报告书。就立法前评估的健全、完善和细化，可以在现有的公众参与、决策听证会、风险评估、可行性研究等基础上，吸收有关政策科学的理论进展，借鉴国际重大工程建设项目的审查机制，确立和运用社会影响评价制度。"社会影响评价将补足公众参与、专家论证等在意见建议的内容分布和范围覆盖的节点选择、结构形态和内容积聚方面"，"与分别在行为方式上的调研、调查、论证、听证的制度，形成一种融合关系，明晰什么意见、哪些方面的意见等在实体方面的所指和能指"。[①] 因此，在立法前评估中，将立法公众参与的主体、程序和社会影响评价的对象、方法和技术以及规程等有机结合起来，有助于增强立法前期评估中公众参与的有的放矢和意见碰撞，并因此提高参与的实质性和实效性。立法后评估，除去绩效评估之外，则主要为了审查公众参与立法的过程是否与计划一致以及所有程序是否合法。笔者认为，一定范围的、强有力的司法审查可以成为立法监督的有机构成，同时能够为公众

① 石东坡：《政府重大决策前期社会风险评估立法引论——以〈重大行政决策程序条例〉的创制为指向》，《浙江工业大学学报》（社会科学版）2014 年第 3 期。

参与立法奠定坚实的后盾。[①] 这里可以参考我国《行政诉讼法》中的司法审查制度，规定由法院通过诉讼程序审查并纠正不法的立法行为，调处立法职权与立法权利即参与权利之间的紧张关系。当然，对于公民以诉权方式监督并请求法院审查的规范性法律文件的范围和层级，应该在坚持我国人民代表大会制度的前提下进行科学论证和合理规定。[②]

第四节 特定立法参与的类型分析：律师参与立法

党的十八大报告提出全面推进依法治国的同时，强调法治是治国理政的基本方式。随着我国治国理念、法治进程的不断深入，法律制度的不断完善，律师队伍有了跨越式发展，律师业已经成为我国整个法治建设系统工程的重要组成部分。律师对于加强社会主义民主、健全社会主义法治、实现社会公平正义、促进社会和谐方面都起到了重要的作用。在我国律师工作已扩展至经济、社会生活、国家政治的各方面并发挥着

---

① 参见张鲁萍：《公众参与行政决策之有效性分析》，《南都学坛》2013 年第 1 期。

② 有学者将其概括为"我国《行政诉讼法》第 53 条的规定实质是赋予了法院对规章的选择适用权和异议权"[桂萍：《域外重大行政决策制度之比较研究》，《苏州大学学报》(哲学社会科学版)2013 年第 6 期]。有学者主张"合法地强化我国法院的规范审查权"，认为可以"通过提升规范审查案的管辖级别，改进当事人申请规范审查方式，扩展当事人相关诉讼权利，健全法院的规范审查权限，以及建立审查公告制度[参见袁勇：《我国法院的规范审查权及其强化对策》，《山西师大学报》(社会科学版)2014 年第 2 期；李林：《构建和谐社会的法治基础》，社会科学文献出版社 2013 年版，第 257 页]。再有学者如冯玉军教授建议，在《立法法》的总则中增加宣誓性的条款，即采取多种形式广泛征求意见，突出立法为民的指导思想。"总则写进去，在落地时，才会有一系列的规范程序出来。"比如在立法前，立法机关应该通过何种机制听取基层意见，"立法必须前探，进行立法前评估，不能等到普法时再做宣传"(王丽娜等：《立法法走向》，《财经》2014 年第 9 期)。

日益重要作用的背景下，律师的政治参与或者说是立法参与[①]问题越来越受到理论界和法律实务界的重视。当前理论界围绕当代中国律师立法参与的必要性、可能性、作用、制约因素等方面形成了一些研究成果，但对于律师立法参与的实践历程、需求与根据、角色与途径、外部环境条件与保障措施等方面鲜有研究，或已有研究还不够深入透彻。有鉴于此，拟厘清律师立法参与的实践脉络、需求与根据，并重点就在中国特色社会主义法律体系已经形成这一特殊的时代背景下律师立法参与的角色、途径以及环境条件、相关保障措施展开论述。

一、律师立法参与的历史与现状

（一）开端

中国近代的律师制度发端于清末，在引进西方的律师制度时，对其做了较大的保留。律师章程规定律师只能就下述事项进行提议："法律命令及律师公会会则所规定之事项；司法部长或法院所咨询之事项；关于法律修改或司法事务或律师共同之利害关系建议于司法部长之事项。"[②]这对律师从事与法律无关的活动持否定态度，实质上也趋于禁止律师的政治参与。但从律师可向司法部长提出法律修改建议的规定可以看出，律师的立法参与并未被排除在外。例如 20 世纪初期，在英国学习过法律并取得英国律师执照的伍廷芳先生成为清末修律大臣之一，倡导在中国建立类似西方的现代律师制度并推动了中国封建法律现代化

---

① 陈振明、李冬云在《政治参与概念辨析》一文中，在综述国内外学者对"政治参与"有代表性的定义的基础上，将"政治参与"定义为公民试图影响政府决策的非职业行为。同时结合我国《中国人民政治协商会议章程》对"参政议政"的定义，"律师政治参与"，可以理解为律师以各种形式或身份(如人大代表、政协委员)对我国政治、经济、文化和社会生活中的重要问题以及人民群众普遍关心的问题，通过调研报告、提案、建议案或其他形式向有关部门提出意见和建议以影响政府决策的行为。由此观之，立法是最贴近政治生活的一种法治实践，律师立法参与应是其政治参与的题中应有之意，并且以立法参与为最集中和典型的表现。

② 《律师暂行章程》第三十条、第三十二条，《政府公报》1912 年 9 月；蔡鸿源：《民国法规集成》第 22 册，黄山书社 1999 年版，第 222～224 页。

的进程。又如因国民政府制定的《刑事诉讼法》不规定冤狱赔偿制度，以沈钧儒大律师为首的上海律师公会向政府提案要求通过《冤狱赔偿法》，并发动冤狱赔偿运动。

（二）历程

中华人民共和国成立后，律师的立法参与一度辉煌：在第一届政治协商会议的662名代表中律师有14人，180名委员中律师有9人。他们有的参与政府组织法草案、政协组织法草案、共同纲领草案等重要文件的起草工作，有的参与国旗国徽国都、纪年审查委员会，代表提案审查委员会的工作，为共和国的建立，为共和国民主政治、法制建设基础的奠定做出了不可磨灭的贡献。①

由于"左"的思想的影响，中华人民共和国成立初期，律师在政治生活中的辉煌很快昙花一现。十年"文革"，万马齐喑，民主法制被践踏，律师制度被取消。党的十一届三中全会后，国家拨乱反正，民主法制得以确立。1979年，我国恢复律师制度以来，1988年全国人大代表中首次出现了律师的身影，实现了新中国全国人民代表大会中没有律师的"零"的突破。2003年，第十届全国政协第一次会议召开时，实现了律师担任全国政协委员"零"的突破。② 尽管如此，我国各级人大代表中律师所占比例仍十分有限。2000年，2900名全国人大代表中，只有6位律师。2003年，担任全国人大代表的律师11人，担任全国政协委员的律师4人，担任各级人大代表和政协委员的律师共有1656人，占全国12万律师总数的万分之一点四。③ 2005年，由3000多名成员组成的第十届全国人大代表中，只有8名执业律师。④ 2008年，十一届全国人大一次会议和全国政协十一届一次会议上共有22名律师代表和委员。在全国各级人大中，律师

① 参见李本森：《中国律师业发展问题研究》，吉林人民出版社2001年版，第9页。

② 参见何悦：《律师法学》，法律出版社2011年版，第269页。

③ 参见张用江：《律师的使命》，中华全国律师协会编：《和谐社会与律师使命——第七届中国律师论坛优秀论文集》，北京大学出版社2007年版，第86～90页。

④ 参见李学尧：《法律职业主义》，《法学研究》2005年第6期。

代表超过800人。[①] 根据全国律协的统计，截至2009年年底，16名律师担任全国人大代表，22名律师担任全国政协委员。中华全国律师协会会长于宁2010年做客人民网时表示，全国四级共有3000多名律师任各级人大代表或政协委员。[②] ——这一数字尽管从总量上有点可观，但问题在于，我国有2000多个县市、500多个地级市。

（三）现状

虽然从发展的眼光看，中国律师的立法参与是从无到有、从少到多，进步很大，但从现状看，特别是较之于律师业发达的国家，还相距甚远。目前，我国律师参与立法多表现为担任人大代表或政协委员，在我国各级人大和政协中，没有单独设立律师界别，导致律师还不能以一个结构性的界别当然地、制度地以自己的身份参与立法，这也使得各级人大、政协在换届选举中，律师的有无和比例带有很大的不确定性与随意性，缺乏法律上、制度上的保障。

近年来，在一些重要的法典，如《合同法》《刑法》《公司法》《著作权法》以及《法官法》《刑事诉讼法》《民事诉讼法》等的制定或修改都有律师的参与。如2004年备受社会各界关注的《公司法》的修改，国务院首次委托律师协会征集立法意见，创历史之先河。在不少地方立法过程中，律师还直接参与起草工作。如第十届、第十一届全国人大代表韩德云律师和另外11名律师起草的地方法规《重庆市物业管理条例（草案）》。不仅如此，在相关司法解释制定的过程中，律师也提供了很多建设性意见。

律师立法参与的能力日益彰显，如2009年3月"两会"上，据不完全统计，来自律师行业的22位全国人大代表和政协委员一共"提交了31件议案、55件建议案、102件提案。这些议案、建议案、提案都来自这20多位律师代表、委员的充分调查研究，几乎涉及了当今中国社会的所有热

---

① 参见孟娜、吴陈：《全国人大代表和全国政协委员中律师数量显著上升》，2018年3月15日，http://news.qq.com/a/20080314/003285.htm。

② 参见赵艳红：《于宁：全国3000多律师担任各级人大代表和政协委员》，2010年4月2日，http://news.163.com/10/0402/17/639GMPLV000146BC.html。

点、难点问题,他们的建议对社会的和谐平稳发展将产生积极影响”①。

但当选人大代表、政协委员的律师毕竟只是少数律师精英,况且“现在,我国立法过程中虽然有征集各部门、各地方和专家意见的程序,但是在机制上还缺乏公众参与的程序和保障。立法过程对公众和社会基本上是封闭的”②。如何在当下顺应律师群体立法参与这一必然趋势,发挥律师群体立法参与的显著优势,推动我国民主法治进程,值得深思。

二、律师立法参与的需求与根据

(一)社会的需求与根据

法律的本质是共同意识、共同意志的充分表达与提取,即作为一种公共产品,其广大民意的真切表达,应该具有广泛的民主性。同时随着权利意识、民主意识的觉醒,社会的表达诉求、利益诉求更加广泛、深刻、集中,而一般民众的理性化程度不高,诉求的表达渠道相对闭塞,相关诉求被立法层面吸收、采纳的可能性较低,而往往无奈地成为沉默的大多数。为使沉默的声音得以被倾听,需要一个“适格”的代议者、代言者、代理者。

而按照现代法治社会国家和社会的二元构造,在公权力和私权利的“博弈”中,律师始终是站在公民这边。律师的立法参与正切合了这种诉求表达的需求,究其原因则是:一方面,律师制度得以建立、发展的基础在于弥补法律意识薄弱、法律运用技巧欠缺,律师以其专业优势“代议”“代言”“代理”。另一方面,律师法律服务活动得以展开,以律师与当事人之间的相互信任尤其是当事人对律师的信任为前提。从更广泛意义上说,这里的信任还应包括当事人对整个社会法律制度和法律秩序的信任。而这种信任的建立,势必要求律师的行为代表私权利即当事人或社会主体个体合法利益而与公权力行为即行政行为、司法行为相区分并加以界定。

---

① 邢五一:《坚定信心,共克时艰》,《中国律师》2009 年第 4 期。

② 蔡定剑:《一个人大研究者的探索》,武汉大学出版社 2007 年版,第 136 页。

（二）立法的需求与根据

现代法治是一个环环相扣的正义系统，系统的源头就在立法对利益的分配。法治首先是良法之治，而在当前社会利益多元化的时代，衡量“良法”的重要标准之一，就是立法能够对相互冲突的各方利益作出均衡，既防止部门利益至上，又防止出现“多数人暴政”。但在各个利益主体实力并不均衡的情况下，立法博弈的平台并不能给普通民众带来平等的意见表达，一些弱势群体由于自身经济实力或素质的式微，很难在立法博弈中与公权力部门或利益集团取得同等的“话语权”。立法主体的广泛性、代表性的缺失，必然影响到法治所意欲实现的已经成立的法律获得普遍的服从，而大家所服从的法律又应该是制定良好的法律。

律师所具有的专业优势、政治素养以及民意代表性，在立法参与中，有助于不同利益主体的意见得到更充分的表达，使立法这一对“权力资源”和“权利资源”进行制度化配置。立法主体的多元参与成为可能，使公众利益被忽视、被扭曲的潜在可能性被遏止。此外，律师具有职业上的理性优势，谙熟共赢之道，善于促成谈判和达成妥协。其立法参与能够以专业化眼光推动立法博弈的有序化、规则化，避免立法过程陷入无休止的利益争吵。在充分维护所代表主体的利益的同时，坚守立法利益博弈的底线伦理，从而促使立法博弈向着合理化、实效化方向发展，形成一种理性的立法博弈文化。

（三）律师职业属性的需求与根据

政治是法律厚重而坚实的基础，法律权威的树立最稳定的基础在于形成具有较高法律素养者的统治阶层。只有在法律至上的国家，律师群体的价值才能充分地表达。因此，律师在运用法律的同时，不可避免地要谋取政治上的地位和利益，这样才能保证律师自身角色的存在和安全并为社会所尊重与信赖。此外，律师必须关注法律制度的合理性，因为只有在一个有序的社会中，律师才能有所作为。律师的工作是法律能够实现秩序的保证之一，同时，法律的秩序状态也是律师能够得以存在的前提条件之一。因此，律师职业先天具有的政治性，决定了律师业整体必须积极参与国家政治生活，加入到立法参与之中。

律师的职业属性决定了律师自身参与立法的需求，同时，基于律师职业属性，国家政治统治、法治治理、法制稳定亦离不开律师的立法参与。因为在民主宪政框架下，律师制度不仅是国家司法制度的有机组成部分，律师的职业活动对国家立法建设、法律施行、普法宣传等发挥着不可替代的作用。一方面，律师的立法参与迎合了国家层面自上而下寻求政治合法性的需求，以实现所立之法是“民意”产品；另一方面，律师在职业活动中对法律进行运用、弘扬，把国家的政策导向、立法指向、法制动态落实到社会实践之中并获得广大的民众基础，使国家的政治统治能够通过律师的执业活动得以实施和实现。

三、“后体系时代”律师立法参与的背景与途径

法律体系是一个国家现行的全部法律规范按照不同的法律部门分类组合而形成的一个有机联系的统一整体。① 2011 年 1 月 24 日，全国人大常委会委员长吴邦国郑重宣布“中国特色社会主义法律体系形成”。中国特色社会主义法律体系，是中国特色社会主义伟大事业的重要组成部分，是全面实施依法治国基本方略、建设社会主义法治国家的基础，是中华人民共和国成立近 70 年特别是改革开放 40 年来经济社会发展实践经验制度化、法律化的集中体现，具有十分鲜明的特征。② 目前，中国七大法律部门均有了部门基本法及有机联系的法律规范，以宪法为统帅，以宪法相关法、民法商法等多个法律部门的法律为主干，由法律、行政法规、地方性法规等多个层次的法律规范构成的中国特色社会主义法律体系已经形成。中国的立法工作进入“后中国特色社会主义法律体系时代”（简称“后体系时代”）。在这一社会转型发展时期，在这一特殊的立法发展阶段，律师在立法参与中应扮演何种角色，其参与的途径、渠道何在？

---

① 参见张文显主编：《法理学》，法律出版社 2007 年版，第 148 页。

② 参见王兆国：《关于形成中国特色社会主义法律体系的几个问题》，《法制日报》2010 年 11 月 15 日。

(一)"后体系时代"律师立法参与的背景

中国特色社会主义法律体系的形成,说明我国的法治建设、国家法律制度已经到了一个比较成熟的阶段。然而任何一种静态的、"凝固的"法律体系,都不可避免地会有各种疏漏、欠缺与滞后之处。法的"完整性只能是永久不断地对完整性的接近而已"①。法律体系的形成与完善也只能是暂时的、相对的。这就需要不断地对已经成型的法律体系进行修补扬弃,不断为之注入新的生机与活力。

"后体系时代"律师立法参与面临着新形势下我国立法趋势的转变:一是在立法理念上,从"国本"法律观回归"人本"法律观,从重管理逐步向重权利保障转变,把保障权利作为立法调整和规范的核心。二是在立法领域上,更多地从以经济立法为主逐步向经济立法、社会立法和其他立法均衡发展转变,在统筹安排立法项目时加大社会领域立法,着眼以人为本,加强科技、教育、文化、生态等方面立法的工作力度。三是在立法产出上,更多地从追求数量向重视立法质量转变。科学的法律体系应当是数量与质量的统一。然而,在我国法治建设初期,立法工作的基本思想是"有比没有好,快搞比慢搞好",其追求的目标在于实现有法可依。随着"后体系时代"的到来,过去大规模粗放式立法时代的结束,如何提高立法质量成为立法工作中的焦点问题。我国立法工作必须迈向更加注重质量的"精耕细作"时代。四是在立法形式上,逐渐由自上而下的立法形式向民众广泛参与的自下而上的形式转变,以吸收民意,汇集民智。五是在立法参考借鉴上,由主要借鉴、吸收他国的立法经验、模式向立足本国实际,逐步回归自身属性转变。六是在立法体例上,由系统性立法向问题立法转变,"拾遗补缺",实现对法律体系的细化、补充和具体化作用。

"后体系时代"不能回避也无法回避当前中国法治建设实践中法律的实施状况不佳这一突出问题。因为如果制定法得不到实施或实施不力,不仅致使法的内容和精神落空,而且会动摇社会成员对法的信心和

---

① ［德］黑格尔:《法哲学原理》,范扬等译,商务印书馆 1961 年版,第 225 页。

信念。[①] 而导致该现状的原因不仅出在执法、司法或守法环节，而且出在立法环节本身。正如周旺生教授所说，中国法之不行或难行的根源，差不多存在于中国法制和法治的各个基本环节，但首先是存在于立法环节。立法环节的种种症状造成了法的先天不足，使法难以实行，甚至无法实行。[②] 法律体系的固有缺陷、立法趋势的转变、法律难以实施、操作性不强，此番种种都是"后体系时代"需要以积极的姿态予以应对。而应对之策，正如党的十七大报告所指出的："要坚持科学立法，民主立法，完善中国特色社会主义法律体系。"党的十八大报告指出："要推进科学立法、严格执法、公正司法、全民守法，坚持法律面前人人平等，保证有法必依、执法必严、违法必究。完善中国特色社会主义法律体系，加强重点领域立法，拓展人民有序参与立法途径。"

（二）"后体系时代"律师立法参与的意义

基于律师职业的职业特点、职业使命，结合"科学立法""民主立法"成为"后体系时代"之立法主旋律。在笔者看来，律师立法参与正契合了"后体系时代"的这种客观立法需求，律师立法参与之优势展现可谓恰逢其时。而律师立法参与中表达者、设计者、评价者、批评反馈者的角色定位在推动科学立法、民主立法中得以凸显。

第一，律师立法参与之于科学立法。律师所具备的素质、法律思维方式、均衡立法利益的能力，在立法参与中作为表达者、设计者、评价者、批评反馈者，有益于科学立法目标的实现。

首先，科学立法要求参加立法的人员必须具备较高的知识水平、道德素养和法律逻辑思维能力，尊重法律的科学性、专业性。而律师职业严格的准入制度，保证了律师具备较高的文化素质、道德素质、法律素质和职业技术。此外，律师执业过程中所要求的言词能力、组织能力以及通过他们的职业经历可以特别培养的自信、辩论技能、说服能力、表达能力、分析综合能力，这些技能为律师参与立法并作为表达者、设计者、评价者、

---

① 参见董开军：《重视解决法的实施问题》，《法学研究》2007 年第 4 期。

② 周旺生：《论法之难行之源》，《法制与社会发展》2003 年第 3 期。

批评反馈者，作出科学、客观的民意需求表达、立法体例设计、立法优劣得失评价及批评反馈提供了更多的技术支撑，确保了立法的科学性内涵。此外，律师作为法律实践的操作环节与表现技术（文书）等的专业掌握和提供者，在立法参与中具有着在社会职业分工的专门化方面的专业性优势。

其次，律师具有运用思维的怀疑与理性的实践。就科学立法中的法律逻辑思维能力而言，律师思维中利导性和偏执性的思维特征①，在把眼前的具体案件与实体法、程序法规范恰当地联系起来的法律思维中因其敏锐性、创造性、动态性更容易发现法律的不足、矛盾和漏洞。律师在立法参与中除贯彻着法律思维的严谨性之外，更具有将一定的司法审判个案与社会普遍的制度规定进行关联和转化的思维趋向，即厘清社会个案背后蕴含的权利、义务、责任的对应关系并进行制度化的论证，将其中的价值判断、论证与一定的利益诉求相结合，将后者上升为前者的形态和高度。在“纠纷解决”日益突出的今天，律师作为表达者、设计者、评价者、批评反馈者对于提升法律的可诉性大有裨益。同时，随着“后体系时代”进展，我国立法日益走向精细化。在政策转化为严格意义的法律之中，这就需要对于法律规范的缜密设计及其可能的风险防范和纠纷解决加以预见，就需要思维转换。而律师作为表达者、设计者、评价者、批评反馈者则显然是一个重要的支持和引入的力量。

最后，科学立法要求立法规范反映经济社会内在规律性的情形。同时也意味着立法符合均衡原则即“协调”“适度”“和谐”及“合乎比例”，强调立法系统结构比例关系上的协调和适度，强调不同的利益之间应保持动态的协调一致。“后体系时代”的立法，在“全面建设小康社会”和“五

① 参见赵玉增：《法律人的思维及其对法治建设的意义》，陈金钊、谢晖：《法律方法》第 7 卷，山东人民出版社 2008 年版，第 100～109 页。利导性是指律师总是以委托人利益作为思维的出发点，律师始终把当事人的合法利益放在优先考虑的地位，这决定了律师总是以追求委托人利益最大化为目标，律师总是尽可能地从最有利于委托人的角度去思考法律和事实问题。律师实现了委托人利益的最大化，也就实现了法律的正义，这决定了律师思维具有利导性。偏执性主要是和法官思维相比较而言的，如果说法官思维是中立的，则律师思维一般是偏执的，律师为了维护当事人的利益，可能会有意或无意地曲解法律、钻法律漏洞、规避法律等。

位一体”，在社会主义制度的全面法律化、规范化的意义上，吸纳律师作为表达者、设计者、评价者、批评反馈者加以参与和发挥助益，在利益表达的均衡、立法调整范围的均衡等诸方面均能给予直接的、有效的推动。

第二，律师立法参与之于民主立法。律师参与立法中作为表达者、设计者、评价者、批评反馈者对主体多元化的丰富、所代表的民间性，昭示了立法民主的本质。

一方面，民主的首要含义在于“社会成员参与”，而民主立法的实质要求立法主体具有广泛性和立法内容具有平等性。律师表达者、设计者、评价者、批评反馈者参与到立法过程之中，相比较于起草主体的单一化、局部化和地方化的立法，更能在立法中平衡不同群体的利益，保护弱势群体的利益。首先，单纯的学者起草有诸多的局限性。学者的使命在于对有关领域的理论进行深入探索，对相关部门和领域的实践状况却缺乏深刻而全面的把握。同时，这种学术研究与立法政策和技术所要求的往往是不同层次的，容易表现为超前性、理想化、深奥性或简单化。其次，单纯的政府部门和行业协会立法，在立法实践中，个别部门或行业容易将本部门的权利不适当地融入一些法规的草案之中，导致所立法律法规部门、行业利益色彩浓重，影响了法律的公正性。如《学生伤害事故处理条例》这样一部涉及千千万万的家庭和孩子的重要法律文件，本应该由全国人大常委会制定，但却由各级学校的主管机关教育部来制定。这样难免使得出台的法规更倾向于保护学校利益，结果免责条款引起不少争议。最后，其他立法参与的个人与律师相比，官员身处行政体制之内，难免因出于维护自己的官本位，而在立法参与中带有部门利益和地方保护的倾向；非法学、法律专家的人大代表或人大常委会委员，虽能广泛代表民意的诉求，但因相关知识储备、实践的不完备，在立法技术、立法水平上存在先天性缺陷不可避免。

另一方面，律师作为表达者、设计者、评价者、批评反馈者来自于民间，是公民私权利的忠实代表和以私权利制约公权力的忠实代表。其始终扎根于现实生活，业务范围遍布社会生活的各个方面；了解社会的真实状况，并能倾听社会各个群体的呼声；了解人民的各种意愿，清楚现实生活中需要法律调整的领域，懂得社会不同阶层人们的利益需求。社会实践是法律的基础，法律是实践经验的总结。律师作为民间力量参与立法，在吸纳和体现民意的基础上参与到立法中的博弈环节，实现民意上达，法合人意，利益均衡，使制定的法律关注民生、回应民意，满足民众现实生活中的迫切需求，展现民主立法立场的同时避免法律规范与时代和社会生活脱节或者超越大众能够接受的程度，在提升公众对法治的期望与信心、赋予法律以民意性和权威性方面发挥着不可替代的作用。

"后体系时代"的到来，或许标志着一个长达30多年由法学专家和政府官员主导的"法律移植运动"的落幕。"后体系时代"律师作为表达者、设计者、评价者、批评反馈者参与立法所展现的专业性、严谨性、民间性对于克服"专家立法"时代法学专家和政府官员主导着规则的制定而导致的超前立法意识下法律规范抽象化、术语化、操作性欠缺，部门利益主导下规章制度片面性、倾向性的弊端，对于弥补法律体系漏洞，践行科学立法、民主立法的基本原则，具有现实的可行性、迫切性与有效性。

（三）"后体系时代"律师立法参与的途径

随着我国法治进程的不断深入，法律制度的不断完善，律师立法参与也越来越受到社会各界的关注。律师参与其中的形式，按不同的标准也可以分成不同的类型。按照律师参与立法的层次级别不同划分，可以分为律师参与中央立法与参与地方立法；按照律师参与立法的部门不同划分，可以分为律师参与人大立法和律师参与行政立法；按照律师参与立法的组织形式不同划分，可以分为律师协会参与立法、律师事务所参与立法、律师个人参与立法。以律师参与立法依赖制度化途径的差异，可以分为法律参与和事实参与；而以律师介入立法的程度不同，则可将律师参与立法分为两种情形：直接参与立法和间接参与立法。

一方面，律师直接参与立法。直接参与立法是指律师直接参与法律法规的制定工作。它主要包括两种模式：第一，律师直接进入立法机关，作为立法者参与立法。其典型形式是通过当选人大代表和政协委员直接参与立法，通过向人民代表大会提出议案、审议和表决议案，行使立法职能或通过行使政治协商、民主监督、参政议政职能影响国家立法。第二,律师接受委托起草法律法规草案或者对法律法规草案提出修改意见。如2001年,重庆市人大打破以往地方立法草案通常由有关职能部门起草的惯例,委托重庆索通律师事务所独立、完整地起草《重庆市物业管理条例》,成为律师参政议政的标杆性事件。2005年年初,天津市人大法工委委托天津市律师协会起草《天津市地方立法听证办法(草案)》,开创地方人大委托律师协会拟法的先河。2008年6月,广西壮族自治区法制办正式委托广西律协起草《广西壮族自治区漓江流域生态环境保护条例》专家建议稿,这是广西区建立委托专家立法制度首次的尝试。

另一方面,律师间接参与立法。间接参与立法就是指律师不直接参与法律法规草案的起草,而是通过提出立法建议、对法律法规的理解和运用以及为社会成员提供法律服务来间接地对立法产生影响。如2008年2月,中华律协向广西壮族自治区人大常委呈交了《关于保护漓江实现可持续发展立法建议》,认为有必要通过立法来保护漓江,实现漓江的全面可持续发展,提议受到广西区人大常委及政府的高度重视。2009年7月18日,四川省李刚、罗毅两位律师在全国率先向全国人大提交立法建议书,建议修改《刑法》,增加"饮酒、醉酒驾驶机动车罪"。2011年2月26日,该立法建议在《刑法修正案(八)》中获得通过。值得注意的是,律师所进行的业务活动也就是在间接地参与立法。通过个案代理参与立法,律师通过诉讼替弱势群体表达利益,把意见向有关部门反馈,这也是律师间接参与立法的形式。此外,律师通过撤销的法案,积极参与备案审查和清理法规工作,通过公众传媒参加立法,通过报纸、书刊、互联网等方式与途径,把握法制部门公开征求立法意见和建议的契机,对立法发表自己的观点和看法,参与立法,也是值得倡导与践行的间接立法参与方式。

四、"后体系时代"律师立法参与的条件与保障

"后体系时代"律师作为表达者、设计者、评价者、批评反馈者参与立法的途径是多元的,律师参与立法的成效一定程度上也得到有关立法部门、社会大众的认可。然而,尽管有政府方面的积极尝试与推动、学术界的理论依据为支撑、律师界的积极响应和参与,但在成就成果的背后,律

师立法参与并非常态,更多的带有偶然性与随机性。律师立法参与的各种形式尚未规范化、制度化、法律化。如何实现"后体系时代"律师立法参与角色得以充分扮演并施展、途径渠道得以畅通并取得实效,由此推动着我国科学立法、民主立法的进程?笔者认为,完善外部环境条件、采取相关保障措施势在必行。

(一)"后体系时代"律师立法参与之外部条件

1. 社会条件

社会长期以来对律师职业存在的认知误区、偏见阻碍了其通向立法之路。对于律师职业,大部分民众在观念上往往将其与古代的讼师和讼棍联系起来。将调词架讼,唯利是图,"操两可之说,设无穷之词","以非为是,以是为非"的古代讼师形象与当代律师职业形象混同,或者认为律师就是在为坏人说话并视律师为坏人的帮凶。律师职业形象、声誉不佳,执业行为不被认同,而立法参与作为公共参与活动,其参与者所应具备的良好的德性、公共参与的精神、维护公共利益的初衷由于种种误读而在律师身上寻觅不到踪影。群众基础的缺失导致律师立法参与好比无源之水,律师立法参与作用的发挥、实效的取得、社会的广泛肯定认同无异于痴人说梦。因此,营造良好的社会环境提高公民法律意识,矫正对律师的认识,通过加强普法教育、法治宣传,认清律师工作的本质,了解律师实现正义的方式,改变对律师职业认知上的误区,为树立律师良好形象奠定良好的群众基础。

2. 政治条件

中国传统的政治决策机制带有很大的封闭性,并不利于参与型政治的形成,决策、立法更近乎是最高统治者和官僚的"专利"。而政治挂帅的时代,律师属于无产阶级专政的刀把子(之一),是司法体系中可有可无的配角。前辈律师曾回忆:律师一度被当作只有外宾来访时才摆上台的政治点缀。① 时至今日,虽时过境迁,但"参与"因子的缺失仍延绵至

① 参见吕良彪、林晓东:《走向"权利政治"——律师政治参与之战略分析》,《法治研究》2007 年第 9 期。

今。无论是作为律师的行业管理组织，还是作为律师个体，尚缺少与体制内主导政治力量对话和交涉的常规渠道和基本条件。重人治、轻法治，部分当权者对律师角色、定位、性质的模糊认识、漠视心理、负面态度导致政府行政机构及其成员排斥乃至歧视律师的现象还非常突出。律师立法参与需要政治决策层的有意安排和接纳，需要当局者逐渐从监督律师到肯定律师，发挥律师的作用，再到尊重律师，并心甘情愿地购买律师服务观念转变。正如全国人大代表、著名重庆律师韩德云所说："无论是立法参与，还是给政府机关提供法律服务，仅仅靠律师去推动是无法想象的。政府法治理念的提升和促进作用才是关键。"①

3. 文化条件

"中国几千年的政治传统文化，是以儒家政治思想为主线的文化传统，这种文化传统导致了中国民众心中形成了崇拜权威、渴望清官'为民做主'的政治意识，丧失了自己独立的政治人格，而这种政治人格的丧失是不利于形成民主气氛的。因此，中国的文化传统是缺乏民主的根基和营养的，而这种民主气氛的阙如、民众政治人格的丧失，反过来又桎梏着公民的政治参与，二者互为因果，互相影响。"②文化传统的"阴影"，导致了民众完全外在于立法过程，而这种结果只能是法律的异化和民众对法律的麻木与陌生。根据哈贝马斯的理论，公共舆论是一个核心领域。律师立法参与不是一个人、一个群体的独角戏，律师立法作用的发挥离不开积极活跃的公共舆论环境。只有关乎每位公民切身利益的立法活动，广大民众不至成为失语者、沉默者，公民才能充分表达自己的意见与看法；理性、建设性关注公共利益和公民权利的现代媒体也参与其中，使公共舆论成为立法中不同声音表达、不同利益博弈的平台，而律师正是在通过这个平台针对立法事项发表专业意见、为民众呼声进行积极的引导或提供理论支撑等与公共舆论完美地结合，以施效于立法决策。

---

① 廉颖婷：《一个群体的有序政治参与——重庆律师参政议政现象解读》，《法制日报》2007 年 3 月 25 日。

② 张西勇：《浅析陪审制度对公民政治参与的促进》，《菏泽学院学报》2008 年第4 期。

(二)“后体系时代”律师立法参与之保障措施

1.完善律师立法参与渠道

现阶段,律师立法参与无论是参与的方式还是参与的程度,都带有很大程度的随机性、偶发性和不确定性。现有法律规定,针对律师立法参与给予的保障性措施更是凤毛麟角几近空白。为使律师立法参与法律化、常态化,实现律师权益保障与律师承担的政治、法律、社会责任相匹配,有必要对《立法法》《律师法》作相应的修改,完善地方立法条例。以浙江省为例。在《关于进一步加强和改进律师工作的实施意见》文件的基础上,制定了《律师权益保护条例》。此外,目前已有的立法提案、立法调查、立法草拟、立法听证、立法审议、立法解析制度等的具体参与内容、方式、途径并未明确规定,可操作性堪忧。如《立法法》颁布后,立法活动有了法律依据,但是其关于听证的规定相当简单,对立法听证的对象范围、立法听证参加人的数量、听证意见的处理等都缺乏明确严格的规定,制度安排人为选择的随意性较大,制度设计的初衷与制度绩效间大相径庭。因此,完善立法听证的内容、规范立法听证的程序并使之良性运转尤为必要。由此观之,在尊重宪法和法律赋予律师的政治权利的前提下,完善律师立法参与的渠道,并将其以法律的形式固定下来,将已有规定明确化、精细化、更富可操作性,这样才能使现实律师立法参与有法可依,依法参与。

2.强化立法参与回应机制

法律是需要全社会实践的,法律不是法学家的,是全体社会的,是人民意志的载体。法律作为立法机关为广大民众提供的“公共产品”,理应吸收民意(包括律师意见),实行开门立法,通过报纸、网络等媒体向社会各界广泛征求立法项目、立法草案。当前,除立法机关确定征求意见的草案随意性较大、无统一标准约束外,公布草案的实际效果也不明显。公布草案只是一个形式或步骤,具体如何吸纳民意、征集的意见是否采纳往往无相关解释与说明。现有的这种方式,一方面民生、民情、民意沟通、对话环节缺失,使公布草案的效果大打折扣,另一方面也使大众对立法部门“开门立法”的诚意产生忧虑,甚至某种程度上消磨了其立法参与的热情。因此,为扭转这种状况,立法机关应搭建沟通平台、建立平等对话机制,在草案公布内容、范围、参与方式标准化基础上,对民众关切的立法事项进行平等对话，给予应有的回应，即在兼具民主、公正、效率的立法理念下，让民众更能理解与认同法律法规所作的规定。

3.构建律师参与立法评议、立法后评估制度

律师站在司法实践的最前沿，谙熟纷繁复杂的社会关系和来自民间的各种利益诉求，对于应予立法规范的事项、立法背后的利益偏向等问题，具有绝对的发言权。在法律制定实施后，其既有对相关法律规范的研究深度，又有因服务民间而形成的实践广度。同时，由于律师了解社会公众对法律制度的认知度、满意度，律师对法律制度的科学性、法律规定的可操作性、法律执行的有效性等均能作出客观评价。因此，将律师纳入立法评议、立法后评估的主体行列，并让其以座谈会、听证会、实地调研等规范化、制度化形式实质性地介入其中，具有内在的科学性、合理性。律师的有效参与，对于改进立法工作，弥补克服立法缺漏，确保法律的可接受性、可操作性将大有裨益。

4.推进法律助理（顾问）制度

法律助理一般由具有法律理论和实践经验的法律专业人士担任，其工作主要是协助人大常委会法制委员会开展立法工作，主要职责包括立法调研、提供建议和参与法律起草。深圳市人大常委会于2002年初在全国率先尝试法律助理制度。相类似的，2009年8月11日，陕西省1052名律师分别为494名省人大代表、558名省政协委员免费担任法律顾问，在全国尚属首例。法律助理制度的建立，对于人大代表来自社会的各行各业而法律专业人士较少、对审议事务很难提出针对性较强的意见和建议，对立法的审议多流于形式而导致的“外行立法”的现象具有较强的针对性，有利于提高立法质量，确保立法的科学性。此外，律师担任法律助理，通过考察民情，收集民意，运用专业知识和自身能力，协助立法者过滤分散、凌乱的民意从而凝聚共识，对于扩充立法的民意基础，加强立法的民主性方面发挥着重要的作用。法律助理制度是基于对国外法律助理制度的了解进行创新的尝试。目前，法律助理制度在实践中已取得一定的成效，但其仅局限于某些地区的尝试与探索。笔者认为，有必要在明确规定法律助理的职责、完善管理制度、保障法律助理的工作经费和工作条件的前提下继续推进律师助理制度，以进一步促进立法的科学化、民主化。

综上所述，律师立法参与有着深厚的历史根基与实践积累，律师立法参与顺应了需求与供给之间相互协调的必然趋势。“后体系时代”律师作为表达者、设计者、评价者、批评反馈者以多元化的途径参与立法，对推进我国的科学立法、民主立法意义重大。而律师立法参与角色的成功扮演、参与途径的畅通和拓展、实际功效的顺利取得，依赖于外部社会条件、政治条件、文化条件的营造，法律层面立法的完善以及制度的创建、推进与深化给予的充分保障。同时，律师参与立法也需要律师协会、律师怀着更加坚定的信念，以更大的热情、更加积极姿态的努力争取，坚持不懈。

当今，我国立法步入“后体系时代”，检讨我国立法参与的现有法律规定，比较粗疏，非常概括。而近年来不论是中央立法还是地方立法，在回应社会关切、纾解立法责难、提高立法能力的旨趣下，均高度重视和积极拓展作为代议民主的有效补充的立法直接参与，并取得良善效果。为此，《立法法》修改应加以肯定、助推，并予以发展的前景。以此透视《中华人民共和国立法法修正案（草案）》[①]，值得肯定的是：第一，修正案第一项强调立法在保障和发展民主上的地位、作用和意义，将其作为立法宗旨的重要导向，有利于统领和推动立法文化中的民主精神得到全面牢固的认同，有利于在实践立法程序与机制上的民主不被忽视和扭曲。第二，修正案第九项将“听取各方面的意见”设定为立法参与的实质，一方面体现出人大及其常委会在立法中的主导地位，以及立法进程的可控性；另一方面，提供了不同立法难度下立法参与在范围和方式上的不同安排，能够兼顾立法过程的正义、效率等价值目标的实现。第三，在一定程度上明确了立法工作主体对参与中提出的利益主张和规范设计所需要担负的程序义务和说明理由的义务。比如第九项、第十项修正案（草案）中就座谈会、论证会、听证会等的召开，均使用了“应当”。再比如第九项、第十项共三处分别规定了“常务委员会工作机构应当收集整理分组审议的意见和各方面提出的意见以及其他有关资料，送法律委员会和有关的专门委员会，并根据需要，印发常务委员会会议”。“征求意见的

---

① 第十二届全国人大常委会第十次会议初次审议，2014 年 8 月 31 日公布，中国人大网，http://www.npc.gov.cn/npc/lfzt/2014/2014-08/31/content_1876776.htm。

情况应当向社会通报。”“评估情况应当在法律委员会审议结果报告中予以说明。”由此增强了立法过程中对参与的重视程度和回应程度，确立了进行立法论证、充实立法说明以及接受参与主体和社会监督的实体的义务，其中必须就不同于所讨论的法律草案而作出的声索要求进行解析，就不同的法律规范设计方案进行比较，就立法所可能带来的冲击情形中的利益受损、利益补偿情形及其公正性，实现帕累托最优的中长期规划、利益共同增进的可得性等进行立法解释、立法推理和立法预测，并就可能的立法草案的修改及其优化进行论述和报告的发布。

但是其中也存在一些问题：

第一，将听取意见建议的法律主体确定为“法律委员会、有关的专门委员会和常务委员会工作机构”，缺乏在立法权利和立法权力之间的基本关系上的主体对称性，对立法职权主体即人大及其常委会面对立法参与的职责和义务的应有明确。

第二，似乎仅仅是一种由下而上的将立法参与作为一种工作中吸纳建言的途径和管道，而对于可能的主动参与立法及其实现方式显然没有应有的前瞻和容纳，没有给出充裕的法律空间。

第三，有关参与表达及其相互之间的冲突性，可能同样是未进入视野的。对于参与过程中多主体理念诉求明显差异的立法表达及其可能带来的立法中的压力以及立法行为中的心态与形态变化①，显然是缺乏考量的。

在认知上忽视了立法参与是一个矢量和变量，是有着其力道、向度和强度的。所以，在面对立法参与的《立法法》本身的完善，就既要维护

① 有学者根据社会压力对立法和立法者的立法目的、政策目标和制度选择及其中的立法设计方式将台湾地区的立法行为划分为管制型立法、粉饰型立法和反思型立法等三类，这就表明立法参与在利益冲突甚至尖锐对立的基础上，将不仅表现为温和地提出意见建议，而是有着与法律草案作为“对案”的立法主张甚至全案否定，因此促使立法审议中的利益博弈更加直面和反映社会利益格局及其复杂的流转情形，体现出立法调整的艰巨性和挑战性，所以，立法参与尽管是作为权力机关代议民主的补充形式即参与民主的实际表现，但绝不应当忽视其中可能的抗争因素及其析出，以及对立法的影响度。参见 Liao I-Ming，“Three modes of legislative behavior in Taiwan and their potential impact on China，”韩国梨花女子大学法学研究所《法学论集》(附刊)2012 年第 16 卷第4 号。

立法机关、代议民主的主导地位，又要开拓社会公众参与立法的互动渠道；既需要诸种立法参与的积极作用，又要预见立法参与可能的难以防控的情形；既要在立法前期过程中明确立法参与的阶段性，又要看到立法参与必然成为后续立法审议、立法草案变化的影响因子和牵引力量。那么，立法参与的程序规则的设计，立法权限划分，立法主体扩容，加强立法监督，维护法制统一，运用宪法和法律解释等，都应当是通盘考虑《立法法》修改中不可或缺的着眼点、着力点和切入点，而不应将其仅仅予以点缀规定或者边角弥补。

我们主张，在立法方式上，可以对立法参与制度的主体、方式、程序以及相应的立法机构的组织保障义务、信息公开义务和说明理由义务及其实现方式与互动程序等作为《立法法》“立法程序”一章中的专节进行规定。首先，要明确规定我国公民享有立法参与权及立法监督权，并强调其组织性。其次，对于立法参与途径应当加以细化和补充，使其更加完整、系统并具有可操作性。最后，对于缺失的立法参与原则和审查制度等，则应当予以创设和尝试，以完善我国的立法参与制度。

总之，《立法法》是我国一部重要的具有宪法性法律地位的基本法律，在保障和规范立法实践依照宪法、民主、科学地开展中具有重要地位。在“后体系时代”完善中国特色社会主义法律体系的同时，《立法法》自身同样需要完善，其中之一即是立法的民主参与制度得到进一步的健全。《立法法》的修改已经拉开了帷幕，社会各界人士对此寄予厚望。随着社会热点问题的涌现，比如校车安全事件，再到一些工业项目、环境公害比如垃圾焚烧填埋场等的公众事件，以及上海外滩踩踏事件等，均表明，在对特定的社会治理进行反思与矫正中，我们越来越倾向于将政策需求转化和提升到制度需求、立法需求的层次上，倾向于进行体制机制的普遍化的、基础性的变革，以提高国家治理能力和保障公众权利利益。所以，立法的项目选择、进程步履和内容设计等的公众关注度必然随之提高，立法参与的积极性必然因应提高，立法博弈趋于共识必然更加艰巨。那么，立法参与在立法中的权重与作用必然更加凸显，立法参与的表达途径更需要畅通，享有和行使立法权力的国家机关面对立法参与的回应能力亟待加强，公民的立法参与权利应当作为公权利得到明确树立和切实实现。因此，笔者认为，《立法法》作为一部宪法性法律，作为我国中央立法、地方立法等全部立法实践活动的最核心、最直接和最全面的法律依据，应当在此次修改中充分重视立法参与特别是立法中的公众直接参与制度的主体、程序、职责等方面的规范设计，要在近年来活跃的立法公众参与实践经验基础上，将之规范化、法律化，将其作为《立法法》修改中完善立法机制、拓展立法过程和规范立法程序的应有内容，并使之发挥夯实立法的民主基础、群众基础和社会基础的应有作用。通过立法参与制度的健全和实施，以进一步助力民主立法、科学立法、依宪立法，提高立法质量，保障宪法和法律实施。

第五节 制度化与法治化：公众立法参与的必然跃迁

着眼于以积极立法加强管治，提高立法动员能力、克服法规实施阻力、追求地方立法特色，地方立法中的公众参与实践探索发挥了一定作用。公众立法参与的机制化、制度化得以开启、巩固和发展。这表明我国公众立法参与已处于由制度化向法治化的发展阶段。这一提升的跃迁过程不是自发的，而是能动的、实践着的。由此，认真检视和提取既有立法参与制度文本中的积极成分和规律性的内容，合理评析和把握各地方的立法参与制度文本在规范设计及其应用中的实效与缺憾，在立法法以及地方立法条例的双重护佑与双层容纳之下，应当确立各类公众参与主体的参与权利及立法职权主体和行为主体的对应义务与责任。在制度基点上，明确规定公民享有包括立法知情权、表达权、监督权等在内的系统性和精细化的立法参与权利，并加强其组织性和有序性；在程序规则上，应对立法参与的主体、方式、程序以及对应的立法职权主体与行为主体的职责义务、问责机制等予以通行规则的刚性规定。

一、问题的提出与研究的综述

公众参与立法是立法力量源泉、内容生成与权威正当的本质要求，是中和立法“专业化”与立法“大众化”二者之间紧张关系的必由之路，是民主立法、科学立法的时代诉求。在党的十八届四中全会《决定》指引下，2015年修改的《立法法》确立了更为完备的公众参与立法制度。学界对该制度的意义、构成、运行及其愿景，已有20余年的研究历程。就当前的研究状况而言①，可以归纳为以下三个方面：第一，侧重从宏观层面，研究完善公众参与立法制度的意义、原则和方式，但此研究没有把公众参与立法制度置于其产生和发展的社会背景，尤其没有从地方立法实践中探寻出当前公众参与地方立法的趋势状况，因而使得该研究内容缺乏针对性、操作性。第二，侧重从微观层面，研究公众参与立法的工作机制，如完善公布草案征求意见的优化措施、立法听证的程序规则等。虽然该研究有助于公众参与立法的不断制度化，但似仅止步于制度化，即未能在《立法法》这一宪法性法律的高度和立法法律关系的结构上，来揭示、完善公众参与立法的一系列具体措施的权利和义务依据及其关系准则

---

① 域外的研究中，有关公众参与立法和规制政策或决策的制定，较早可参见 R. F. Fuchs，“Concepts and policies in Anglo-American administrative law theory，” *Yale Law Journal*，47(4)，1938. pp. 538-576。而行政机关与立法机关之间的立法、决策之中扯皮损耗等消极情形，可参见 E. A. Posner，& C. R. Sunstein，*Institutional Flip-flops*，Social Science Electronic Publishing，2015，p. 94。有关公众的信息缺乏与认知局限和利益偏好可能呈现出“理性的非理性”之上的参与情形，并因此不能够必然促进制度质量的提高和公共利益的浮现（I. Somin，*Democracy and Political Ignorance：Why Smaller Government Is Smarter*，Stanford Law Books，2013. pp. 13-15）。有关研究表明，公众参与并不必然促进立法、决策能力和质量提升，公众参与对正当性的加持和对实效性的增进之间存在着矛盾。但公众参与和立法质效、法律实现的正相关关系是确定的。本章研究指向的公众参与是与公民参与基本一致的，并不包括公民行动主义（citizen activism)，与专家参与有一定的交集但主要还是相并称的（参见 J L. Creighton，*The Public Participation Handbook：Making Better Decisions through Citizen Involvement*，San Francisco，2005. p. 8；朱旭峰：《政策变迁中的专家参与》，中国人民大学出版社2012年版，第一章）。

和形态。因此，构建的具体程序仍似缺乏法治的价值属性与内在约束的反映，而仍是在立法职权主体的垂顾、“开门”视角下的工作层面改革。第三，即使侧重地方实践的层面研究公众参与立法制度中的问题症结并逐一加以对策分析，但此研究未能从中总结出各地立法参与规范化、制度化、法治化的发展必然及其应有的理想状态，从而使得有关见解建议过于具象化，难以“自下而上”地提升提炼、推广适用。

因此，为了消解立法实践中一直以来“所谓的增量民主以及地方立法的貌似作秀的参与民主的推动下，公众立法参与的实效、效力没有实质或者真正的提高”的问题，公众参与立法的完善必须根植地方立法实践，并由初级意义的制度化转向或跃升为法治化。面对设区的市立法所呈现的丰富性、生动性及其直面公众的无可回避的特点，一方面，各地尽管有了立法权，但各地立法工作不平衡。在立法数量上，有些地方立法多，有的地方立法少；从立法内容来看，有的地方自主性立法比较多，敢于创新、试验，有的地方更多的是实施性立法。地方希望通过地方立法解决地方经济社会发展的愿望、指向及其积极措施的规范设计能力与实际效果参差不齐，其中具有和产生法治意义上的进步成分并不多。民主立法或立法民主化固然是我国长期以来坚持的立法原则，但是，在各个地方实践中表现并不相同，包括立法听证、网络征求意见、民主协商等。目前，有些地方率先开始进行有着浓厚的民主质地、良好的实际成效的制度创设与实验，例如立法听证，包括听证代表的遴选，发言程序、辩论环节等，但需要我们进行理性反思、辩证总结和系统再造。可见，梳理和挖掘地方鲜活的参与立法实践之上的制度文本，准确反映地方公众参与立法在机制化、制度化乃至法治化上的渐进性、创造性、有效性，是发掘我国的立法实践规律及其法治生成机理的重要依托。另一方面，法治化即是以良善的法律价值和宪法原则为导向，以公众立法参与权利为基点，以参与程序（机制）为保障，以立法权利和立法权力的协调（协同）运行为指向，从而将公众的立法参与所增进的民主含量与代议制民主之间的互补、互动与统一作为完整和坚实的立法民主的应有支撑。反之，如果立法职权主体——享有和行使立法权的机关及其人员对公众立法参与权利未予尊重甚至侵权，应承担责任并依法予以追究。故，本章通过对地方立法实践中关涉特别是专门规定公众立法参与的十份制度样本，进一步指出公众参与立法规范化、制度化、法治化的演化走向以及应然前景，并给出在立法参与权利和组织机制上的新认识，以促进《立法法》实施阶段立法参与实效的提高和立法参与制度的健全。

二、公众地方立法参与的实践发展与文本累进

研究中国法治发展，不仅要研究法律，更要研究法律在地方的实施情况，尤其要研究各地为法律的实施所提供的规则与制度条件。这些具体的法律实施的制度条件建设，就是地方法治研究的重点。① 地方立法所针对的是地方事务和国家法律与行政法规的实施，因而更贴近公众的实际状况与利益愿望，更具有直接性和针对性。况且我国国家层面的立法是比较框架式的，在其配套或实施立法上会更加依赖行政立法以及地方立法。2000年，《立法法》确立了省级人大和政府的地方立法权。2015 年修改的《立法法》进一步把地方立法权扩大至设区的市。可见，地方立法已是我国立法体系中的重要组成部分，地方立法的质量将直接影响我国法治的发展。有学者指出，公众参与一直是地方治理中的软肋。忽视、阻碍或哪怕只是未能善于利用公众参与的建设性作用，都将极大地掣肘地方治理的进程。② 我们认为，由立法领域审视，地方立法质量乃至地方治理法治化的水准与内涵的实质性的提高，应依赖于代表的权利能动和公众的立法参与的双轮驱动。因此，自《立法法》确定公众参与立法制度以来，尤其是在

① 参见葛洪义:《作为方法论的“地方法制”》,《中国法学》2016 年第 4 期。关于地方治理在西方的研究历程，可参见 Ian Loveland, *Constitutional Law, Administrative Law, and Human Rights*, Oxford: Oxford University Press, 2012, p. 302.

② 参见王堃:《地方治理法治化的困境、原则与进路》,《政治与法律》2015 年第5 期。

2015 年《立法法》更为重视公众立法参与并进而健全相关规定的前提下，基于不抵触、有特色、能管用的立法理念，各地立法职权主体陆续颁布颇具创新性、应用性的制度文本及其变革、充实的实践样本，如广东、甘肃、上海和浙江等，就成为不应忽视的制度资源和研究素材。因此，我们应在此之上勾勒和评析这一制度累积中的适应性、普遍性、可复制的有益因子，并以公众立法参与权的有力行使为依归来予以补强和补益，由此方可知悉我国立法参与的制度化发展到何种阶段，制度化的实效如何，制度化的活力如何，制度化的前景如何。目前，学界对此尚缺乏依托既有立法参与的规范性法律文件进行的实际测度。故，笔者则以 2015 年《立法法》的出台为时间界点，选取广东、甘肃、上海和浙江四省市前后两个时间段的十份立法文本[①]，来实证化地考察、解析公众立法参与制度在地方立法实践中的发展现状，从而总结出该制度在未来的必然发展趋势和应予以完善的路径方向。

（一）公众立法参与的制度改进

随着全面推进依法治国的战略目标的提出，我国业已步入从法律体系到法治体系的历史性转变的征程。置身依宪治国、完善法律规范体系、建立健全法治体系的新的时代背景和发展需求下，地方立法的重点与思路从以往的“粗放型”转向“精细化”[②]，从立法“量”的补足转至立法“质”的提升。公众参与立法被视为一个汇聚合力的管道，《立法法》第五

---

① 四省市十份立法文本，既包括地方立法条例这样的基础性、综合性的地方性法规，又包括公众参与立法的专门地方性法规、地方政府规章。具体分别是 2006 年《广东省地方立法条例》、2016 年《广东省地方立法条例》、2007 年《甘肃省人民代表大会及其常务委员会立法程序规则》、2017 年《甘肃省地方立法条例》、2005 年《上海市制定地方性法规条例》、2016 年《上海市制定地方性法规条例》、2013 年《浙江省地方立法条例》、2016 年《浙江省地方立法条例》、2016 年《庆阳市公众参与制定地方性法规办法》、2017 年《中山市公众参与政府立法程序规定》。

② 有学者提出地方立法的发展应着重在：“精准化的问题导向、精干化的立法框架、精细化的方案设计。”（丁祖年、郑春燕：《中国地方立法的现实与转型》，《地方立法研究》2016 年第 1 期）

条明确规定了“保障人民多种途径参与立法”，但是此规定作为总则条款，仅是总体的导引和统领的间接调整功能，除非通过司法适用，否则难以产生直接规范功能。为此，地方立法机关则在《立法法》这一上位法的基础之上颁行更加细化的实施条例、办法就尤为必要。笔者通过对四省市地方立法文本的初步分析得出，在文本的更新速率方面，自2015年《立法法》修改后[①]，四省市《地方立法条例》的更新速率明显加快，在文本设立的地域分布上则变得更加广泛。其既有东部沿海地区，又有西北部地区。在立法条文的充实程度方面，各地的立法文本分别就总则、立法准备、法规起草、审议与公布和法规评估等阶段对公众的立法参与作了详细的规定（如表8-1）。可见，公众立法参与不断予以完善，并以由点到面地在全国快速展开。由此可以预见，各地公众立法参与的具有法律意义和效力的规则、规程，或在普遍承接2015年《立法法》后修改地方立法条例中、或在专门的规范性法律文件中不断补充、铺陈。

表8-1　　2015年《立法法》颁布前后四省市《地方立法条例》比较

地区 阶段	广东	甘肃	上海	浙江
总则	—	第十条、第十一条	第四条第二款	—
立法准备	第八条	第十四条、第十五条第二款、第二十条第四款	—	第十条
法规起草	第十五条第二款、第十七条	第二十四条、第二十七、二十八条	第五十一条第二款	第十三条

① 就修订后的《立法法》第五条规定的含义及其所明确的立法参与的主体、行为类型，可参见全国人大常委会法制工作委员会国家法室编著：《〈中华人民共和国立法法〉释义》，法律出版社2015年版，第23～26页；乔晓阳主编：《〈中华人民共和国立法法〉导读与释义》，中国民主法制出版社2015年版，第57～59页。

续表

地区 阶段	广东	甘肃	上海	浙江
审议和公布	第五十一条、第五十二、五十三条	第四十八、四十九条	第三十二条第三、四款、第三十三条	第四十条、第四十一条
法规评估	第六十五条	第五十八条	—	—

说明:"—"表示没有新增。

法治化是对制度化的进一步深化、体系化,旨在达到良法善治,既要不断完善法律规范体系,更要监督制约各种职权主体及其活动过程。① 立法参与的法治化,既是对立法参与权利实现的制度机制上的保障,又是通过立法参与权利的实际作用对立法权予以监督制约的力量制衡和协同支持。追溯起来,有学者指出,《广州市规章制定公众参与办法》是我国第一部专门规范公众参与行政立法的地方政府规章。② 2007 年《甘肃省人民代表大会及其常务委员会立法程序规则修正案》中明确规定:"公民可以直接提出或起草立法项目。"2013 年 10 月 1 日起施行的《甘肃省公众参与制定地方性法规办法》,对公众参与地方立法的制度形式、公众意见的处理以及公众参与立法的激励和补偿制度进行了规定。这可谓是地方性法规制定领域国内首部引导、鼓励和保证公众参与立法的地方性法规。其中将公众参与制定地方性法规的主要方式增列为四

---

① 早期针对《立法法》的制定,有学者提出公众参与立法的制度化、程序化,认为公众参与对立法的专业化、正规化是相融合的,是其重要基础。强调立法者应保障和实现民主、利益平衡与协调的责任,并初步提出除采纳全民讨论的本国立法经验之外,不同利益集团参与、征求意见、立法听证等应予以确认。(参见朱景文:《关于立法的公众参与的几个问题》,《浙江社会科学》2000 年第 1 期;黎晓武、杨海坤:《论地方立法中公众参与制度的完善》,《江西社会科学》2004 年第 7 期;黄洪旺:《公众立法参与研究》,福建人民出版社 2015 年版;崔浩:《行政立法公众参与制度研究》,光明日报出版社 2015 年版)

② 参见张红:《行政立法中的公众参与:制度创新与前瞻——针对〈广州市规章制定公众参与办法〉的思考与启示》,《行政管理改革》2011 年第 7 期;刘文静:《地方立法公众参与的循序推进》,《地方立法研究》2016 年第 1 期。

种。同时，规定立法职权主体应当建立激励制度，鼓励公众参与地方性法规制定活动，并对做出突出贡献者表彰和奖励。笔者通过对以上四省市的《地方立法条例》新增部分进行文本比对，在对相互间个性与共性（如表8-2、表8-3）的归纳分析基础之上，可知我国公众立法参与已显现出由制度化向法治化迈进的必然发展态势，且部分地区的发展速度在加快。

表8-2　　四省市《地方立法条例》新增部分的共性归纳

共性 阶段	立法参与制度要素
总则	参与途径：建立基层立法联系点。（不含广东、浙江）
立法准备	均规定：立项前应当科学论证。（不含上海）
法规起草	均规定：专业性较强、内容较复杂的地方立法事项，可以吸收相关领域的专家参与起草工作，或者由相关单位委托专家、教学科研单位、社会组织起草。
审议和公布	均规定：第一，法规案涉及专业性较强的问题，或者需要可行性评价的，应当召开论证会，听取有关专家、部门和各方面的意见。第二，论证情况应当向人民代表大会或者常务委员会报告。第三，法规案有关问题存在重大意见分歧或者涉及利益关系重大调整的，经代表大会主席团或者常务委员会主任会议决定，应当召开听证会。第四，论证情况应当向人民代表大会或者常务委员会报告。第五，草案应当向社会公布，征求意见。征求意见的情况向社会通报。
法规评估	均规定：立法后评估可以根据需要，委托具备评估能力的高等院校、科研机构、立法研究咨询机构、中介组织和行业协会等机构或者单位进行。（不含上海、浙江）

表 8-3 四省市《地方立法条例》新增部分的个性归纳

地区 阶段	广东	甘肃	上海	浙江
总则		参与途径:(1)聘请立法顾问,设立立法研究基地。(2)参与范围与参与人员:涉及本区域经济发展与公共利益的重大事项应与人大代表、政协委员、民主党派、工商联、无党派人士、人民团体和社会组织进行立法协商。	原则性规定:强调保障人民通过多种途径参与立法。	
立法准备	明确论证人员范围:可邀请相关领域专家学者、实务工作者、人民代表大会代表和有关单位负责人参加。	(1)明确未论证的责任:若没有论证,无重大特殊原因一般不被纳入。(2)立项建议项目应当向社会征集,同时规定建议书应当含有的具体内容。		原则性规定:应当广泛征求意见。
法规起草	规定:有关机关、组织、公民可以有权提出草案建议稿;同时在草案起草过程中应注重社会调查和意见征求。	明确起草过程中应当调查研究,并通过召开座谈会、论证会、听证会、协商会和社会公开等方式听取意见。	—	规定:草案起草一般由立法工作者、实务工作者以及专家学者组成。

续表

阶段\地区	广东	甘肃	上海	浙江
审议和公布	(1)论证人员范围:有关专家、部门和省人大代表。(2)听证人员范围:基层和群众代表、部门、人民团体、专家、省人大代表等。(3)公布时间不少于30日。	—	(1)部门争议较大的可引入第三方评估且评估意见应向常委会报告。(2)公布的内容既包括草案,也包括草案的立法背景、主要制度的说明。(3)草案向社会公布不少于15日。	(1)论证人员范围:有关专家、部门和省人大代表。(2)听证人员范围:基层和群众代表、部门、人民团体、专家、省人大代表等。(3)公布时间不少于20日。
法规评估	—	—		

说明:“—”表示没有个性化规定。

具体体现在以下三个方面:

其一,部分立法参与权利在地方性法规中得到明确肯定。这主要是立法知情权。笔者此前就提出,实现公众参与立法制度法治化的关键在于通过科学合理的制度安排来保障有效落实公众参与立法的知情权、表达权与监督权,此三项权利之间并不是相互孤立存在,而是相互联系、相互配合、相互渗透的。① 知情权是表达权与监督权得以施行的前提和基础。因此,知情权的率先保障,有利于公众切实地享有其表达权与监督权。结合表 8-2 的共性归纳——四省市都在审议与公布环节规定“征求意见应当向社会公布”以及表 8-3 的个性归纳——如广东、上海和浙江都

① 参见石东坡、周微:《试论完善立法参与制度的目标、原则与方案——以〈立法法〉修改为指向》,张春生、朱景文:《让每一部法律都成为精品——中国立法学学术研究会学术论文集》,法律出版社 2015 年版。

进一步规定了公布的时间。值得关注的是《中山市公众参与政府立法程序规定》在第一章总则第一条明确规定，立法宗旨为“为保障公众立法参与权”，而不是表述为“立法参与”，这就将公众立法参与权利予以了集成式的概括规定，确立了公众参与的权利支点和制度规范的价值归属，有利于明晰和构建立法权力与立法权利的二元立法实践主体、能动力量之间的互补互助、监督制约的立法基本关系，进而为立法民主化、科学化和立法的可接受性、可操作性确立了基本分析坐标。而且该规定将立法公开作为逻辑前提和职责义务，注重过程性、全程化地体现出参与在立法议程和内容上的权重。因此，在客观上，结合法律解释方法的运用，这样的基础型的权利概括与清晰表达，有利于不限于上述具体立法参与权的分解、细化在实践中的生成和确立，并为此提供了可能。再者，还有地方将参与主体的保障权益予以规定。比如《庆阳市公众参与制定地方性法规办法》第十五条规定：“公民参与地方性法规制定活动时，其所在单位应当提供便利。公民应邀参与地方性法规制定活动所支出的差旅费、误工费等费用，由地方性法规制定机关或者起草单位承担。”可见，四省市均已对基础性的知情权予以保障，这是一个良好开端，尽管其中的公开立法资讯仍然过于单一地局限在立法规划与计划、立法草案和简要说明等，而对其支撑材料、协商过程和审议情形等的公开亟待补足。

其二，公众立法参与程序越发周延。程序是行为过程的要素组合方式，是社会关系的运行程式载体。法定程序是主体互动、权利实现的方式流程的法律依据与拟制管道。缺乏富有实质正当性、形式合理性和现实操作性的程序法律规范，权利不仅缺乏保障的力度，而且根本就难以步入现实从而具有其可及性。因为将无法使权利与对应的义务相结合并进而得以满足；无法对权力施以影响，难以作为应有的力量而依然被困于羸弱的位置。就公众参与立法制度而言，“落地化”程序规则的缺乏，不仅会导致立法机关滥用权力的可能存在，进而致使“部门利益法律化”等问题加重，而且会迫使非理性、脱序化、破坏性的参与、表达的溢出。因此，相对重整正式甚至刻板的立法程序而言，立法机关将其注意力聚焦在对公众立法参与程序的描绘与设计上，“使交涉纳入程序的轨道”①，不失为缓解立法的社会压力、密切立法机关与社会公众之间沟通的紧迫之举。从国家立法的层面反观，地方立法担当的恰恰是制度试验的功能，有着作为“法律程序形成的经验基础”②及其检验以及针对其行为规范进行法定化尝试的理性规整的双重意义。(1)在参与阶段方面，各地由原本集中于某个阶段的参与(如仅多集中于项目、草案的征集环节)拓宽至了除表决外的各个环节都有公众参与。(2)在参与途径方面，各地的参与途径不断多元化，如表 8-2 中增添的基层立法联系点，表 8-3 中甘肃省增设聘请立法顾问和设立立法研究基地的方式等。(3)在立法参与范围方面，对公众可参与的地方立法事项范围予以明确化，如表 8-2 中，四地均在起草环节规定“专业性强、内容复杂的事项”可以吸收公众参与，在审议环节也均规定“法案涉及专业性较强的问题”应当召开听证会，听取公众意见。在表 8-3 中，各地也有创新举措，比如甘肃省明确在总则部分规定，“涉及本区域经济发展与公共利益的重大事项”应吸收公众参与。(4)在参与人员的范围与限制方面，各地都对不同阶段立法参与的主体有所规定和限制。例如在表 8-2 中，四地都规定在法案起草阶段，可以吸收相关领域的专家参与起草工作，或者由相关单位委托专家、教学科研单位、社会组织起草。在表 8-3 中，在法案的准备阶段，广东规定由相关领域专家学者、实务工作者、人大代表和有关单位负责人参加。可见，公众立法参与程序制度的确定性、可选性、闭合性和时效性有所提高。

其三，公众立法参与效力逐渐加强。公众参与效力是指公众参与对公权力的约束力，具有规范化和可执行力的特点。③ 公众立法参与的效力，不能够等同于公权力行为的公定力，而是表现为必须予以认真对待

---

① 季卫东：《法治秩序的建构》，中国政法大学出版社 1999 年版，第 84 页。

② 因此，在一定程度上，将我国的法治进程概称为立法推进主义是言过其实的。参见陈瑞华：《制度变革中的立法推动主义——以律师法实施问题为范例的分析》，《政法论坛》2010 年第 1 期。

③ 参见姚小林：《论地方立法中的公众参与效力》，《法治研究》2013 年第 10 期。

和商谈辨析的话语资料与观点回应，换言之，即其具有的是说服力和推进力的证明效力，当然这不能够仅仅以立法工作机构的参与为限，而必须将其所发挥影响的分析、论证和是否采纳的过程确定和展示为立法全过程的一部分。所以，这里并不是强调公众立法参与一定是照单全收或是将代议机关的主体地位和法定职权置于不顾、将其主导权和决定权置换为民粹般地为社会非理性的声音所左右或决断。所以，尽管美国学者谢莉·安斯坦的梯级模型①有助于评估公众参与的实际影响力和真正话语权，但是并不皆应以"公众权力"(Citizen Power)为尺度，而是应当综合性地将公众关于公共决策的话语权与权力机关的决定权对接起来，将前者通过可行参与方式的链接桥梁输入后者，后者受其羁束并应实质地加以对待和回应，由此公众立法参与的"权力"能量和含量即得以显现。结合对四省市十份立法文本的分析，可以得出我国部分地区公众参与立法的效力已从"象征性参与"类型向"公众权力"类型过渡。例如表 8-3 中，甘肃省在立法准备环节，将程序效力予以明确的法制化，将没有论证且无重大特殊原因的不被纳入立法项目库中。又例如，广东省中山市专门出台的公众参与立法文本，在立项、法规起草和法规实施等过程中，均明确规定，负责的机关在报送时均应当附具公众意见采纳情况说明，且这些材料在后续的立法程序环节中，将作为法制委统一审议、常委会集中审议的必备参考，这样就能够促使公众的立法参与表达不得不受到重视。因此，我国公众的立法参与，在表达的效力上已逐渐加强，并逐步显现出了法治化的刚性特点。

（二）公众立法参与的制度缺憾

当今我国立法步入"后体系时代"，立法中利益、价值的诉求与关注度空前提高，差异与对抗性空前加大，整合与共识度陷入空前挑战。尽管可能出现仓皇或强硬通过者，但是毕竟在主流和基准上，不论是中央立法还是地方立法，在回应社会关切、疏解立法责难、提高立法能力的旨

① 参见唐明良：《环评行政程序的法理与技术：风险社会中决策理性的形成过程》，社会科学文献出版社 2012 年版。

趣上,均高度重视和积极拓展作为代议民主有效补充的立法直接参与。这是积极的、显豁的进步。而地方立法位处无可回转的社会困境,必须和只能以制度的创新和秩序的厘定——哪怕只是在工作流程的层面上予以形式化的接纳、接引,也必须使得参与成为必要,以作为合法性、正当性的佐证条件,所以地方的公众立法参与相对中央立法的参与而言,一定更为朴素、生动,其制度响应和受到的规约力度一定早于、强于中央立法。但基于实效的指向[①],检讨我国立法参与的现有法律、地方性法规等文件,毕竟还是过于粗疏。这主要表现在以下三个方面:

其一,公众立法参与缺乏明晰、全面的权利依据。公众参与立法的途径、机制和具备法治力度的健全,是以公众享有切实获得保障的立法权利为前提和依据的。多元的立法参与主体被确立为"法定"主体,而不是被遴选、裁定的主体,是立法参与获得真实性、拘束力的基础条件。如南非在《宪法》中,将公民权利是否得到保障作为立法机关是否合理地履

① 在《立法法》的实施中,就地方立法中的公众参与,有学者进行检视并提出应充实和加强"具体程序的设置与运作","建立立法民意测验制度"。这表明,在初期制度化之后,基于该制度的适应性和合理性的前提,制度的修正即再制度化具有其必要性和必然性(参见宋方青:《地方立法中公众参与的困境与出路》,《法学》2009 年第 12 期)。较早研究并延续至今的,可参见黎建飞:《利益集团与美国立法》,《法律科学》1991 年第 5 期;陈斯喜:《论我国立法的公众参与制度》,《行政法学研究》1995 年第 1 期;陈伯礼:《美国在立法过程中对利益集团的控制:理论假设与法律规制》,《环球法律评论》1996 年第 4 期;朱丽君:《利益集团与立法规制——从美国的视角》,周旺生:《立法研究》第 4 卷,法律出版社 2003 年版;姜明安:《公众参与与行政法治》,《中国法学》2004 年第 2 期;陈里程编:《广州公众参与行政立法实践探索》,中国法制出版社 2006 年版;褚松燕:《权利发展与公民参与:我国公民资格权利发展与有序参与研究》,中国法制出版社 2007 年版;吴浩:《国外行政立法的公众参与制度》,中国法制出版社 2008 年版;李林:《立法过程中的公共参与》,中国社会科学出版社 2009 年版;侯健:《利益集团参与立法》,《法学家》2009 年第 4 期;万琪:《论美国利益集团对立法的影响》,《山西师大学报》(社会科学版)2012 年第 3 期;王周户:《构建中国特色新型智库的立法参与模式与机制》,《中国高等教育》2015 年第 7 期;袁曙宏主编:《公众参与行政立法:中国的实践与创新》,中国法制出版社 2012 年版;国浩律师事务所编著:《民主立法与律师参与:以全面推进依法治国为背景》,法律出版社 2015 年版;桂萍:《重大行政决策的公众参与制度研究》,苏州大学出版社 2016 年版;张羽君:《论西方利益集团与法律发展的互动》,《湖北社会科学》2017 年第 1 期。

行其促进公民参与义务的检验标准。我国2015年《立法法》似仍缺乏公众参与立法的相关实体权利和程序权利的自觉确认，需要以"权利—权力"的思维架构和价值理念固化、细化公众的立法参与权利，使之过程化、要素化和类型化。如表8-2，四省、市均规定，在审议环节，法规草案涉及专业性较强的问题，或者需要可行性评价的，应当召开论证会。虽然不可否认，设置此规定的目的在于保障公众的参与权，但是由于公众的参与权缺乏分解和展开为诸多阶段性的可选择的参与方式意义的权利以及与之相匹配的请求权、协商权和异议申诉、冲突裁处①的权利，从而使得公众难以对立法机关是否合理地履行了其促进公众有效参与立法的义务进行检验并获得救济。因此，立法机关往往基于此原因，不去以科学合理、客观公正的制度安排来加强听证会、论证会等立法参与"场域"和进程，不去认真辨识其中的话语言说与设计建议，而是依然我行我素，使得论证会常常沦为、蜕变为不应有的"群众表演"形式。可见，在未来《立法法》修改中既要相对开放地容许多样化的公众立法参与权利，又要切实有效地廓清立法参与权利的形式条件、适用范围，这是完善公众立法参与制度的支点所在。②

其二，在立法的各阶段，参与主体被有所限制且相关参与主体缺乏程序法律规范。由表8-2、表8-3可知，在立项、法规的起草、法规草案的审议、法规草案的公布、法规实施后的评估等立法各阶段都有所参与的主体主要为专家、社会组织和人大代表，公民个人的参与仅集中在草案的审议和公布环节。有学者提出，公众参与立法的权利能力在法律面前人人平等，但公众参与立法的行为能力却会因人、因事、因时、因地而异，

---

① 比如，不同地方的审判机关对司法拍卖房产买受人资格的"内部文件"规定与地方政府限购政策之间不一致存在争议。这进一步表明，针对国内法律规范冲突，针对地方性法规、规章的合法性、适用性等的争议调处、化解的法律机制尚待完善。限购是否适用司法拍卖房？江苏高院与南京市高院各执一词。（凤凰资讯，http://news.ifeng.com/a/20170629/51340443_0.shtm。最后访问时间：2017年6月28日）

② 参见石东坡、余凡：《论"后体系时代"律师的立法参与问题》，《法治研究》2013年第2期；石东坡：《怎么看公众有序参与立法》，《学习时报》2015年2月16日。

因此对公众参与主体应结合实际情况有所限制。[①] 若公共机构仅重视专家学者组成的各种政府咨询委员会的参与功能，那么该种参与实质上是公众的缺席。笔者认为，在草案的立项、起草环节应以专业的人士和社会组织为主，但需要适当地引入公众个人的参与，其中专业人士和社会组织的参与应设置与之相配套的程序法律法规。原因在于，法案的立项与起草对立法者的专业水平要求较高，以专业人士和组织化参与为主，可以确保法案的科学性。公民个人为主体形式的参与和表达，例如公民旁听制度，则可以注入法案的民主性。而且，为了防止具有较强话语优势的专业人士和社会组织沦为部门利益驱使的工具，还需要对其设置更具有公开性、更有面向公众进行解释的义务和责任的要求，并以此来进行约束的程序法律规则，从而使其成为公众参与立法的媒介或者说中间环节，而并非某一特定利益集团的代言人。遗憾的是，已有的地方性法规中尚缺乏对专业人士和社会组织的立法参与的限制规定。目前公众立法参与的专门规范性法律文本，亦尚无此类程序规定。在 2015 年《立法法》修改后的两部专门公众立法参与的规定，仅是在其上位法的基础之上，对公众的含义、参与途径、公众参与立法的范围和表达方式、途径等进行确认型的梳理和规定，而没有进一步地细化和创新。确如有学者坦陈，与之相应的“地方民主”还没有真正建立起来。[②] 在未来的立法实践中，全面拓宽公众参与的主体、项目和环节范围，并应针对不同类型的立法参与主体的参与程序权利和义务分别设置不同的程序规定，可能是立法参与“再”法制化必须落实的切入点。

其三，针对立法职权主体和行为主体的责任追究机制缺失。法律责任是保障法律权利与义务实现的法自身的逻辑支点，是法律义务未得履行之后该法律主体继而担负的“第二性的义务”。公众立法参与，由民主性质到法制保障，由权利主张到义务辅助，由开门吸取到尽责回应，是立

---

① 此观点参见李林《立法过程中的公共参与》（中国社会科学出版社 2009 年版）一书。

② 参见封丽霞：《认真对待地方法治：以地方立法在国家法治建设中的功能定位为视角》，《地方立法研究》2016 年第 1 期。

法权力的民主回归，是现代责任政治在立法的法治化、现代化上的实施，是立法、公众立法参与由法制化到法治化的跃迁、分野的分水岭和试金石。因此，如果缺乏问责，将只能是政策型的宣誓条款。在此项下的公众立法参与就会停留在开门纳谏的开明式包容姿态、自上而下的嵌入式工作环节的地步。确如有学者指出，我国此类问题长期存在，其主要表现为立法机关的责任缺失和罚则空白。① 针对四省市十份立法文本进行分析，笔者可以得出相同的判断。以上十份立法文本，都一定程度上明确了立法职权主体对参与中提出的利益主张和规范设计所需履行的说明理由义务和程序方式。如 2017 年，广东省中山市《中山市公众参与政府立法程序规定》在法规起草阶段规定：采纳情况说明书应包括公众意见概述、公众意见是否采纳以及理由等内容。2016 年，甘肃省庆阳市《庆阳市公众参与制定地方性法规办法》在立法准备阶段规定：立项征求意见前，应当发布与公众参与相关的立法信息，且征求时间少于十五日。但是，此十份文本只有这些以行为方式的规定来“推定”立法机关的义务，为确保立法机关认真履行义务的问责机制均付之阙如。可见，即便已经切近民主立法，但距离依法立法、法治化的立法制度、机制和实践尚且有应予正视和弥补的落差。毕竟公众立法参与是民主、法治和科学立法的共同期许和规制之下，由相对立法职权主体的“体制内”立法流程而言的立法实践构成。

三、公众参与立法法治化的原则指引与可能进路

制度化主要针对的是无章可循、单方裁量和个人专断等问题，具有固化、引导和平衡功能。而法治化主要针对的是法律本身及其实施的正当性、有效性和权威性问题，即既包括法律原则如对法律的信念、认识、态度等价值认识和价值判断问题，又包括体系化的规则设定、问责规定和有力

---

① 参见姚小林：《论地方立法中的公众参与效力》，《法治研究》2013 年第 10 期。

的监督保障等实践问题。[①] 为提升我国公众立法参与的法治化，既需要就完善我国立法参与制度的“立法上”的原则予以确立[②]，又需要在《立法法》和地方性法规等法律文件上确定立法参与的权利、程序和条件。立法参与制度的具体安排都要受到一定的立法参与原则或者理念的支配，就是一定的立法参与原则的范型化和过程化。就公众立法参与的基本原则，目前有学者建议在未来《立法法》的修改中，在总则部分增设公开原则、平等原则、便民原则等。[③] 我们此前提出，就立法参与制度，《立法法》应明确全面信息公开原则、依法参与原则、平等参与原则以及特定场合言论豁免原则等。[④] 现在我们进一步认为，基于上述规范性法律文件已对公众立法参与制度加以展开的规定，那么就更需要聚焦在公众立法参与的实践症结上，以督促立法机关积极作为，进而融公众立法参与于立法内涵与质量的实质提升之中为重心和目标，所以在对公众立法参与的保障功能及实现程度上应更为凸显，对立法机关应如何强化义务督促和问责监督应有相应的原则予以指导。因此，笔者认为，为全面确保公众立法参与的权利在地化，应反思和深化、强调和丰富立法参与的民主原则、法治原则以及问责原则。

（一）公众立法参与法治化的原则

1. 民主原则

有学者认为，立法民主体现为主体的广泛性、行为的制约性、内容的

---

① 参见王文兵：《论人民民主的制度化、法律化、法治化》，《北京联合大学学报》（人文社会科学版）2016 年第 2 期。

② 如针对立法听证这一公众立法参与的通行和集中方式的研究，可参见汪全胜：《立法听证研究》，北京大学出版社 2003 年版；李楯编：《听证：中国转型中的制度建设和公众参与（立法建议、实践指南、案例）》，知识产权出版社 2008 年版；许晓娟：《瑞士公众参与立法制度研究》，法律出版社 2013 年版；闫锐：《地方立法参与主体研究》，上海人民出版社 2014 年版。新近有研究以社会整合为视角，重塑以“自治”为核心的基础立法制度，奠定立法参与的理念和价值。[此研究参见傅正中《立法参与的理念建构》（法律出版社 2016 年版）一书]。

③ 参见黄洪旺：《公众立法参与研究》，福建人民出版社 2015 年版。

④ 参见石东坡、周微：《试论完善立法参与制度的目标、原则与方案——以〈立法法〉修改为指向》（张春生、朱景文编：《让每一部法律都成为精品——中国立法学学术研究会学术论文集》，法律出版社 2015 年版）一文。

平等性和过程的程序性。[①] 其中将立法内容作为立法民主的测评基点之一。而我们认为，立法民主主要是指公众乃至人民平等参与、实质影响、支配决定公共政策、法律法规制定的过程和程序。[②] 可见，立法内容的平等是立法民主的间接结果。因此，我国的立法民主原则，应确保立法过程是民意表达、汇集的真实过程，这不仅要追求公众参与立法的广泛性、多元性，而且要设定具备开放、平等、竞争、合意和存异等内涵要素的程序规则。

其中应特别注意落实代议制民主与参与式民主之间的衔接，即人大主导立法、代表审定立法和公众参与立法的联动。具体应从人大代表与公众的纵向贯通和横向连接上切入。

一方面，按照我国宪法规定，我国的根本制度是社会主义制度；根本政治制度是人民代表大会制度。社会主义民主政治的本质和核心就是人民当家做主，人大代表作为组成国家权力机关的受托主体，其立法的表达、设计、选择、决定的权利和权力是复合、统一的，是来自于人民的授权且最终属于人民的。地方人大及其常委会的立法职权，在法源上来自宪法、组织法和立法法的规定；在本源上来自代表的集体议决。可见，在纵向传导上，地方立法的民主根基来自地方人大及其常委会的立法职权依法集体行使，人大代表平等、直接和充分地依法享有和行使立法权利（力），人民群众（公众）依法自主、积极和有序地行使其所保持拥有的宪法和法律规定的立法参与、评价、监督的政治权利、民主权利。这三个方面或层次是并行不悖和顺序叠加的。地方人大及其常委会应当始终依靠、充分尊重和着力实现人大代表对立法的知悉、理解和选择与判断的权利——须知这本身就是权力，是民主与集中相结合的国家权力机关立法权力的本原形态和微观形式。而人大代表必须始终依托和根植于其“大地之母”即人民群众、社会公众，激活和运用其与选区或选举单位之间的法定的代表机制，倾听本真呼声，接受素朴倾诉。对此，我国选举

① 此观点参见周旺生《立法学》（法律出版社 1998 年版）一书。

② 参见陈伯礼：《立法民主：概念与根据》，《河北法学》2006 年第 1 期。

法、代表法、组织法虽有修改，但仍需强化。而地方人大及其常委会的基层立法联系点等的制度实验固然不错，但不应致使人大代表的法定主体地位和法定立法权利(力)虚化或被弃置。[①]

另一方面，人大代表的立法权利(力)与社会公众的立法权利是并存的。后者不因人民向人大代表的授权而被归零，人民群众尚且保留和始终持有最原始的、最根本的参与和评判国家管理、社会治理的权利，这种(些)权利不仅仅是作为并不一定具有刚性效力、纳入制度性保障的民主权利，而且是同样作为对人大代表是否忠实、全面和有效履行代表职责，行使受托权利(力)的督促警示，控制矫正的宪法、法定权利。由此方可避免选举民主被愚弄，基于选举的民主政治沦为寡头政治、精英政治。毕竟，作为形成和确立国家和社会的制度规范体系的立法，在权力基础上绝不是单一地直接导源于立法职权。即便是立法职权，相对于行政权力、审判权力，甚至执政权力所具有的公共性[②]、民主性、人民性应当是最为强烈、浓厚、生动、活泼的，其开放性、可及性和参与性应当是最为鲜明的。

2.法治原则

立法的法治原则：第一，要求合宪性。立法者将立法权力不仅作为一种针对国家和社会利益资源予以全局配置、厘定权利义务与责任的内容与边界及其运作的决断、决策权力，而且更应该作为一种相对于宪法规定和实施的义务、职责，置于宪法的审视和监督之下，并不将其当然地视为合乎宪法意蕴的意志表达。我国《宪法》序言所载明的“维护宪法尊严、保障宪法实施的职责”，首先是作为国家权力机关及其常设机关的第

① 《立法法》修正案(草案)的说明，仅提出“充分发挥全国人大代表在立法中的作用”，而这一作用的性质、地位、权重，相对于其他立法实践主体而言，是缺乏界定的。这不只是修饰词汇的空缺，显然是有认识局限的。我们认为，人大代表在立法中的作用是基础性、决定性和根本性的。(参见李适时：《关于〈中华人民共和国立法法〉修正案(草案)的说明》，《中华人民共和国立法法》，中国民主法制出版社2015年版，第52页)

② 关于权力的公共性，参见郑伟明：《从严治党规律再认识》，湖北人民出版社2015年版，第120页。

一职责。第二,要求自律性。立法机关通过议事规则和“议会警察权”等内控制度、力量维系议事进程的合法性、平等性与有序性,将宪法、法律的价值理念与制度规程内化为立法职权主体和行为主体的认知自觉与行为自律,尤其是在立法项目确定、法案文本起草和法案审议等的“内部”过程之中,这种自我导控更为重要和切实,更加切合立法作为国家权力机关的权力、职能的属性和特征。① 第三,要求制约性。迁就和屈从激变的、操弄和鼓动起来的所谓“民意”,立法将丧失应有的理性和公正。漠视、抹杀哪怕分散和驳杂的民众反应中的具有普遍性、合理性的利益诉求及其行为期待,立法会缺乏应有的回应和能动。这两种情形都是有害的,都无助于在根本上实现依循人民的意志和实践的规律而审慎、科学和民主地立法。要以适度的立法参与作为依法制约和监督立法权力行使的应有力量。

可见,法治不仅意味着立法者应遵守法律程序、接受立法规范的调整,而且意味着立法者应当同样作为权利义务的统一体。遗憾的是截至目前,我国现行法律规定中对权力机关的立法义务的规定是有一定残缺的;上述四省、市新近的立法参与制度规定中出现了积极的变化,对于立法职权主体和行为主体在程序义务及其时限、效力的规定比重在加大,公众立法参与因应于此对立法权的制约权重在加大,这些有助于改变公众参与立法在某种程度上显得较为被动和附属的局面。因此,法治的着力在于使得权力作为法律之下、法治之中的权力,恪守其价值、原则与规范,全链条、全要素和全方位地纳入和接受“法的统治”“宪法之治”,防范和消除特权、滥权、专权和任权的情形与危害。应该在《立法法》中比较准确和完备地明示立法职权主体、行为主体的义务。2015 年《立法法》第4、5 条的原则规定之下,立法机关在立法参与的方式、内容等方面的过度裁量空间应当受到限缩。

---

① 我们认为,尽管法治的精义在于限权,但是这种限制必须建立在所针对权力的运行规律之上,才能够有适用性,而不是一味地以所谓的“法治守卫者”——司法审判的监督审查为单一制约方式。[参见袁付平:《法治及其立法的法治原则》,《山东大学学报》(哲学社会科学版)2001 年第 6 期]

3.问责原则

立法的民主原则：公众立法参与的平等性、包容性和支撑性得以树立。由立法的法治原则，公众立法参与凸显了立法权的有限性、受制性和程序性，确立了公众立法参与不仅是民主的表现，而且是相对于立法权力而言的立法权利、立法参与权利的确证和开展。立法权力和立法权利之间的立法法律关系，转换和实现了立法对人权的制度性保障的宪法关系中的国家义务和责任，或者说是基于此在立法过程中衍生的立法权对公民权的适应、保证，对公众立法参与的引入、检验和评价的尊重、满足、保障和救济。所以，立法权对立法参与权利而言，是一种负有民主义务、法定义务、程序义务和回应义务的公权力。2015 年《立法法》第四条明确规定，立法应当依照法定的权限和程序。这固然是立法的法治原则的申明，但是却并非完整和周全。法治，不仅要求依法确定和限定，而且要求对权力行使，对依据宪法法律所负有的义务、职责的履行的监督、制约，尤其是在义务职责被懈怠、违反，出现侵犯公民、公众合法权益的严重后果情形下的问责、追究。简言之，履行义务的可得性、强制性，未尊重、配合、实现对应的立法参与权利的可责性、惩罚性，便是问责原则的基本要求。

立法责任，是指立法机关基于其违法立法行为而承担的法律后果。问责，是以对权力的监督为主题的权利实现的法律措施。在立法实践中，并非由于立法权由国家权力机关享有和行使，对外具有主权的代表性和统一性甚至最高性，而使立法无需监督和问责。即便最高国家权力机关的立法权，在宪法之下，受到宪法的审验，是其最基本的义务；在参与之上，受到参与的佐证，是其应担负的职责。所以，这就转化为一系列的被分解的立法过程权力、立法程序权力、立法辅助权力、立法准备权力等相对于立法参与权利在立法的不同过程、环节、阶段，由其对应的职权主体、行为主体和参与主体及其组织主体、代表主体等之间的权利义务关系，这些具体的交涉、沟通等参与活动的法治化，就是这种权利义务关系的法律化以及以问责为必要保障手段的刚性化。可见，问责，并非是对立法权力的国家权力性质、在国家权力结构中的地位和功能的否定，而是呈现出立法权力与立法权利之间的法律关系，有着可责性甚至可诉性。即便作为立法者，责任的意识、追责的可能和问责的构成要件与法律后果，是立法权力所不可懈怠和无可回避的，由此公众立法参与才由可能性转换为现实性，成为立法实践中的必要侧面和有机构成，才会避免公众立法参与被羁绊或搁置以及公众立法参与和立法职权活动之间的对立。

（二）公众立法参与法治化的进路

法治化是对社会多元主体作为立法参与权利主体的立法参与和代议人员及其集体构成①的立法职权主体的立法审议之间衔接互动的法的机制的保障。在严格意义的法治化的基本判断和发展走向下，应当确立公众参与主体的一系列参与权利及与之相适应的立法职权主体、行为主体的立法程序、义务与责任。有学者基于人数、利益多元化而对公众立法参与的可能性表示忧虑，认为人数就可能成为影响参与效果的一个关键因素；同时，由于群体的多元化特质，存在于公众之间的分歧则可能使得参与协商无法进行，并可能严重削弱草案以及立法的权威性。而我们认为，首先其片面夸大了人数规模的阻碍、困难。毕竟公民复决等作为决定性的、监督型的立法参与都是世上已然的富有操作性的立法实践。尽管可以在政治哲学的层次上就公众立法参与予以思辨和质疑，但是公众立法参与的组织体制与运行机制不应无视、反倒正是深化公众立法参与研究的应有指向和紧迫议题。其次，将公众参与仅仅视为“立法的协商程序”，忽视了公众参与的全程化及其与立法职权主体的立法项目进程之间的辅助性、互补性（当然不排除可能的对立性情形，比如示威表达对某一立法项目及其内容的反对、否定）关系，混淆了纳入公众参与作为活动环节与其对立法进程和内容的实质影响这样的表里双重内涵。再次，立法参与和立法博弈是互为因果的，利益分化和分歧冲突恰恰是立法博弈的客观前提和整合内容。再者，立法的参与性和决断性尽管是对

① “人大常委会是集体行使权力、集体决定问题，不是首长负责制。”彭真：《彭真文选（1941～1990）》，人民出版社 1991 年版，第 614 页。

立的，但都是立法自身的内在矛盾，不以对方一面的存在而去否定任何一方面。最后，立法的权威性恰恰来自公众对立法的参与、知悉和理解以及信任以至于信赖。因此，针对公众立法参与由法制化向法治化的跃迁走势、当下问题和深层症结，在四省市关涉公众立法参与的地方性法规、地方政府规章的制度积淀和积极进展之上，立法参与应予以坚定推进，并使之与立法的代议民主基础的夯实和内部程序机制的健全相结合。①

1.公众立法参与权利类型化

确立公众参与立法的权利，是“公民—国家”的宪法关系在立法中的转化形式和具体体现，是立法程序设计的目标归宿之一。目前，我国对立法权利的性质、内涵、构成、主体、类型、实现、救济及其与立法权力之间的关系、机制等的研究尚且匮乏。有学者认为，公民的立法参与权是指公民作为参与立法的权利主体和行为主体的知情、建议、陈述意见、质疑辩论、监督等一系列权利的总和。② 还有学者指出，公民立法参与权是宪法上公民基本权利——参与权利的体现和组成部分，立法参与权与直接立法权不同。立法参与权具有防御权和受益权两种功能。应加强公民结社自由的保障，完善立法参与权受侵害时的救济制度。③ 有学者提出，“行政立法参与权”已是社会公众的一项法定权利，在应然层面需包含四项权能，分别是：“进入行政立法程序的权利”，“提出立法意见的权

① 对此，我们认为，立法参与应有的研究开掘宜与立法参与的法治化相契合，而不是犹疑甚至相反，并使之陷入所谓的“政治哲学的晕眩”之中(参见张帆：《多元化、分歧与公众参与立法的难题》，《法律科学》2013 年第 4 期)。关于立法博弈的论述，可参见石东坡、姚瑶、黄信瑜：《美国立法审议中的博弈及其程序规则评析》，张春生、朱景文编：《让每一部法律都成为精品——中国立法学学术研究会学术论文集》，法律出版社 2015 年版；黄信瑜、石东坡：《立法博弈的规制及其程序表现》，《法学杂志》2017 年第 2 期。

② 参见黄红星、沈铁胤：《试论公民的立法参与权及制度保障》，《经济工作导刊》2001 年第 4 期。

③ 该学者提出，公民立法参与权是作为公民基本人权的公民参与权在立法活动的体现，以人民主权、民主立法等理论为基础，具有国际公约和国内宪法、法律上的依据，应在制度和物质等方面予以保障。(参见武立宏：《论公民的立法参与权》，“2008 年全国博士生学术论坛——经济学、法学”会议论文)

利”,“立法意见得到回应的权利”和“合理意见获采纳的权利”。目前,权能方面仅局限为“提出立法意见的权利”,且这个问题也同样存在于人大立法中。① 这些观点尽管不尽一致并且不尽完全适宜,但为深入揭示立法参与权利提供了一定的启发。在举措上,曾有学者主张宪法实有必要确立公民的创制权、复决权,同时还需要法律具体规定创制、复决的范围、原则、方式及程序等。② 有学者提出明确规定我国公民享有立法知情权、表达权、监督权等在内的比较完备的参与立法的权利③,但目前只是分析了这三项权利的理论依据,而对这些权利的权能、权限未作进一步的阐述。权能是指“权利的内容和职能”,是权利包含的、能对实现权利的目的发挥特定功能的资源、手段、方式等各种不可或缺的要素或措施。权能外化和确立为一定条件下的子权利。④ 而权限则是指权利主体对某事项支配、决策、运用和受益的条件、范围、程度,目的在于保障权利之间的兼容、权利义务之间的协调、抑制权利恣意扩张及其危害,权限外化为权利主体的职责义务的实体边界和程序规范的行动边界。因此,着眼立法参与主体同样作为权利义务的统一体、立法参与权利作为权能与权限的统一体,笔者提出,在新一轮《立法法》修改中,应进一步对立法知情权、表达权、监督权的权能与权限予以细化。

其一,立法知情权是指公众在社会公共生活以及立法参与过程中,全面、充分了解立法主体及其活动状况、立法项目进展、内容等的权利。首先,除去对立法职权主体及行为主体的立法信息主动公开义务及其履行应当具体、翔实、及时等加以规定之外,还应当明确规定公众就立法信息公开的申请权及其适用程序。比如立法项目提请审议前,公众具有请

---

① 参见方世荣:《论行政立法参与权的权能》,《中国法学》2014 年第 3 期。

② 该学者认为,公民直接立法权是公民参政权的组成部分,包括创制权(initiative)和复决权(referendum)等在内的直接立法权是可以在我国规定的。(参见罗厚如:《论公民直接立法权》,《法律科学》1996 年第 2 期)

③ 参见黄信瑜:《公众参与地方立法制度创新:实践反思与完善制度》,《学术论坛》2016 年第 12 期。

④ 此论述参见佟柔主编《中国民法》(法律出版社 1990 年版)一书。

求立法机关公布立法的背景资料、法律依据、拟定草案和起草说明等信息的权利。其次，在草案公布后，应具有要求立法机关对立法建议是否被采纳的结果予以反馈，并公布被采纳或者不被采纳的理由及论证的权利。再次，公众应有审议旁听的权利。又次，如果草案是委托第三方起草的，亦应具有要求立法机关公布第三方起草、论证过程及其立法证据信息的权利。最后，应规定对立法中将有可能被赋予行政管理权限、财政资金使用权限的法律主体，公众同样享有申请其信息公开的立法知情权——即使不属于政府信息公开的义务主体范围，以使得公众能够对其法律规范设计方案是否必要、科学、合理等予以慎思。

其二，立法表达权[①]，是针对立法项目、内容和进程，公众依法表达意见建议和愿望的权利。按照是否针对所开展的立法项目，可以将立法表达权划分为一般立法表达权和特定立法表达权两类。前者是指在一般的言论自由、表达自由的宪法权利行使中，表达一定的立法意愿或诉求。后者是指针对特定的立法项目的合法性、必要性、合理性、可行性等进行的意见建议表达。立法表达权的规定是立法参与制度的核心、主干，应对公众的立法表达持以宽容的立场，赋予公众多样化、可选择的立法表达方式，使之在宪法法律规定范围内的不同见解、观点甚至情绪，均能够予以表露。不同的立法表达可以有序汇聚，鼓励公众的立法表达能够与人大代表提案、议案等方式相衔接。对公众的立法表达，地方国家权力机关及其常设机关的工作机构可以通过依法购买公共服务的方式进行大数据储存、处理和研究。相关承接协助开展立法表达的数据信息分析环节的受委托方负有保守立法表达主体信息安全的义务。适应和满足公众运用网络表达方式的发展，相关网站的立法专题设计应更为便捷，鼓励立法意愿的表达更有针对性，更能够在法律规范设计方案的比较、评估和优化上形成明确的建言。不同的意见建议之间能够进行比对和辩论，促使立法表达实质性地提升和改善立法设计。

其三，立法监督权。立法监督制度研究，关注的是法律规范的内容

① 不含依照《中华人民共和国集会游行示威法》《信访条例》的立法意愿表达。

是否与宪法法律规定相抵触，是否破坏国家法制统一，是否侵犯公民人格尊严、合法权益，制定主体、权限和程序是否合法，以及立法监督权限配置、体制机制是否合法、健全和有效。而在公众立法参与研究中，我们关注的是立法监督的表达是否可能，如何有效传递和进入立法实践，如何发挥立法参与对立法的合法性问题的揭示、暴露和督促作用，如何开启与运用监督制约机制，以保障和实现公众的立法评价、判断、甄别的主体地位和法律可能。立法参与视阈中，相较其他立法表达而言，立法监督权，专指针对立法合法性、合理性的异议、疑惑的表达，并为立法机关依照法定程序予以对待和回应的“参与”类型。2016 年，杭州市居民潘某就《杭州市道路交通安全管理条例》致信全国人大常委会申请审查。全国人大常委会认定该条例关于扣留非机动车并强制托运回原籍的规定与《行政强制法》的规定不一致。[①] 这一公民个人提请审查地方性法规合法性的成功例证尽管可能具有一定的偶发性，但已表明这种立法参与途径对剔除立法质量缺陷的必要性和重要性，是对公众立法参与意义的一次有力确证，法治就是如此累积、久久为功地进步的。因此，在立法参与、表达和监督的贯通性上，要进一步重视和健全立法监督权的法律规范。

2. 充分吸纳立法参与主体

在宪法法理上，未被剥夺政治权利和自由的公民，都应享有和行使立法参与权利。每一项立法活动，都应广泛吸收相关利益群体参加，最大限度地保证公众参与立法的全面性、平等性和客观性。但从实然角度看，虽然随着互联网技术的不断发展，全民参与立法活动已成为可能，但具体到某个诸如听证会、论证会、起草环节和审议环节等，由于组织方式、立法成本、参与能力和权力性质等主客观因素，公众立法参与的主体类型、范围等存在一个适度问题。因此，在不同的立法项目上，利害关系

---

① 参见《杭州市民电动自行车被扣致信全国人大纠错地方条例》，新闻频道_中华网[EB/OL][2017. 5. 12.]. http://news. china. com/socialgd/10000169/20170227/30284531. html。最后访问时间：2017 年 6 月 28 日。

人的参与、社会弱势群体的参与、公民和社会组织的参与、专业人士的参与各有特质，应有区分。[①] 我们认为，利益表达是立法参与的实质。除去上述公众立法参与的主体类型划分，可以是否立足切身利益进行利益表达为标准，将立法参与划分为直接表达即自我表达和受托表达或代位表达。前者是社会公众中的不同利益主体、群体就自身利益的立法需求的参与和表达。后者在以律师、行业协会等社会组织、专家等为非人大代表的代表主体通过合法的受托而表达委托者的利益主张和立法愿望。

由此，笔者认为，立法参与主体在未来的立法法和律师法等相关法之中应分别规定不同立法参与主体的行为规则。如，律师等法律实务工作者因具有法律实践经验，善于在当事人的利益实现、权利义务的平衡、权益实现的程序和纠纷预防与化解等的职业视角与经验思维上审视法律规范设计方案的合理性和可行性，发现其存在的风险与漏洞，是对立法的预检验，是执法、司法等法律实施经验教训的反馈输入，应予重视。而公众及通过专家、学者的立法参与方面，英国 2000 年、2004 年的《咨询实务准则》，美国 1972 年的《联邦咨询委员会法》、1990 年的《协商行政立法法》（Negotiated Rulemaking Act）和 2002 年的《电子政府法案（HR2458/ S. 803）》对征求公众意见的立法和决策程序进行了不断改善的规定[②]，就专家学者的立法表达，应坚持公益、中立的准则，负有论理和辩论的义务，接受社会检验；就社会团体、行业协会、公益组织等，属于和代表一定的利益集合体，是基于受托的结社权和表达权进行组织化的参与和表达。我们可以将参与者分类、组合，加强不同利益取向之下的立

① 参见黄洪旺：《公众立法参与研究》，福建人民出版社 2015 年版；饶世权、饶艾：《地方立法公众参与的概念、主体与价值》，《西北大学学报》（哲学社会科学版）2008 年第 1 期；莫纪宏：《论立法的技术路线——专家立法在立法公民参与中的作用》，《广东社会科学》2009 年第 4 期；刘文静：《地方立法公众参与的循序推进》，《地方立法研究》2016 年第 1 期。

② 参见汪全胜、张鹏：《英国立法的公众咨询制度考察》，《南通大学学报》（社会科学版）2013 年第 1 期；汪全胜、张鹏：《加拿大立法过程中的公众咨询制度考察》，《东南大学学报》（哲学社会科学版）2012 年第 3 期；全胜、雷振斌：《美国行政立法的公众评议制度探讨》，《河南财经政法大学学报》2011 年第 Z1 期。

法参与主体的聚合度和表达的代表性，区分利益群体的内部整合与立法参与的直接表达的两个环节或阶段，缓解立法职权主体所面对的立法表达的社会压力，避免径直面对一定的利益群体成员之间的纷争。例如，在英国，机动车协会就自称代表了机动车车主的利益，但却时常不征求其成员同意就发表意见。与此同时，应弥补社团管理的法制弥补短板，就其意见建议特别是以立法参与表达的代表性为内核，在提出准则指导、约束社团内部组织运行机制的同时，要求其建立健全立法意愿表达的授权机制、信用机制和公示机制、惩戒机制。立法职权主体可以要求社会组织提供其在所代表的社会公众群体范围内进行调研分析、数据处理等的意见汇集、论证与提出等材料，以及为立法参与、表达提供的经费支持状况，并可以依法将其公开，以促使社会组织的立法参与活动同样受到监督。

3. 完善立法参与程序机制

要“创新公众参与立法方式，广泛听取各方面意见和建议”①，激发公众参与立法的积极性，实现立法者和社会公众的良性互动，使得人民群众在立法过程及其制度内容尤其是最终通过法律的有效实施有着切实的良善价值和合法权益的全面和实际的“获得感”②。如笔者等有关比较评估研究表明，立法信息公开和社会参与的体制机制要进一步完善。③首先，公众立法参与的程序机制关键可能在于两个要素或者说立法公众参与的制度规范应当至少具备两个条件：创建某种“公共场所”和关于事实与价值的公开辩论。④ 应拓宽多元化的立法参与途径，特别是纳入网上参与方式。不仅要以规范和可行的程序规则保障和吸纳社会公众的

---

① 《习近平关于全面依法治国论述摘编》，中央文献出版社 2015 年版，第 49 页。

② 《习近平总书记重要讲话文章选编》，中央文献出版社 2016 年版，第 208 页。

③ 参见石佑启、潘高峰：《2015 年度中国地方立法评析：以地方性法规为观察对象》，《地方立法研究》2016 年第 1 期；石东坡、朱金艺、叶建平：《2016 温州、湖州、衢州立法比较评估——浙江省设区的市立法实证研究报告系列之一》，《浙江工业大学学报》（社会科学版）2017 年第 2 期。

④ 参见[美]戴维・L・韦默（David L. Weimer）：《制度设计》，费方域、朱宝钦译，上海财经大学出版社 2004 年版，第 186 页。

参与和表达，而且要努力增进其利益和价值诉求的复合性(Pluriformity)[①]，即促使“网络系统中集体行动者的行为方式在何种程度上接近具有稳定偏好的个人”[②]，克服可能的信息传输递减、失真、变形，促使其中感性和纷繁的分散表达，能够被提取和汇聚其中的稳定性和深刻性的成分并使之转化为对社会利益关系的共同意欲。[③] 如瑞士联邦委员会或行政机关应当履行事先告知公众获取立法咨询有关背景资料的途径和方法的义务。[④] 1999 年，欧盟《阿姆斯特丹条约修正案》要求：“在不损害其主动权的前提下，委员会应在提出立法前广泛征求意见并在适当的时候公布咨商文件，除非是特别紧急或机密的情况。”[⑤]美国联邦环保署环保信息办公室开发和使用法规制定电子平台(E-Rulemaking)。英国已运用互联网如电子请愿、微博等各种社交网络作为协商的平台，以及公民评审会议和公民高级会议等途径。爱沙尼亚，已在全国范围内推出 TMO 程序。有学者指出，网上立法意愿的表达和讨论，具有网络集群行为性质，在形成立法供需匹配上欠缺理性沟通和商谈，对立法决策者的信息收集分析能力以及公众的辨识能力都构成挑战。[⑥] 我们进一步认为，这表明，在立法参与的主观意识上升之后，立法参与由社会个体的分散表达向着公众群体的反思、辩驳与求取共识的转化，更需要组织、引导、对话机制的建立健全。因此，在“互联网＋”时代下，我国应

---

① 这种个体的法意志的复合性，是法律能够通过法的实施促成“社会兼容性的行为”的逻辑前提。(参见[德]莱因荷德·齐佩利乌斯：《法哲学》，金振豹译，北京大学出版社 2013 年版，第 79 页)

② [美]戴维·L·韦默(David L. Weimer)：《制度设计》，费方域、朱宝钦译，上海财经大学出版社 2004 年版，第 186、215 页。

③ 有学者称之为“法感”，进而将立法或法的创制和生成理解为：“面向和针对每个个体之内心及其法意识的制度设计。”([德]莱因荷德·齐佩利乌斯：《法哲学》，金振豹译，北京大学出版社 2013 年版，第 327 页)

④ 参见许晓娟：《瑞士公众参与立法制度研究》，法律出版社 2013 年版，第 87 页。

⑤ 参见陈里程主编：《广州公众参与行政立法实践探索》，中国法制出版社 2006 年版，第 382 页。

⑥ 张欣：《网络集群行为参与立法变革的机制和反思——以山东问题疫苗事件为例》，《环球法律评论》2017 年第 1 期。

积极探索“网上民意调查会”“网上听证会”和“网上立法评估会”等，以积极适应和跟进，而不是消极懈怠和武断阻却。其次，应扩大公众立法参与的流程范围。虽然四省市目前在参与范围上相较之前有了扩大，但是仍有部分省市，甚至经济比较发达、利益需求较为多样的地区如上海、浙江（如表 8-1），在参与范围上仍然较为集中在立法准备和法规草案起草后的审议环节，而在立法的完善阶段，如立法监督、立法后评估环节的参与力度和话语强度则显得较为缺乏。实践证明，立法后评估是检验立法质量、接受民意测评的重要体现之一。笔者认为，应不断优化多方立法评估参与主体之间的协同机制，建立多渠道乃至于更为直接地来自公众的立法实施数据采集机制以及评估指标体系，将主观指标与客观指标进行合理配比。

4. 建立健全立法责任追究机制

鉴于立法职权主体是国家权力机关，因此其所承担的法律责任，在并未违反宪法和严重侵害公民法人和其他组织合法权益的实际后果发生之际，其所被追究的责任应主要是程序法律责任、内部组织责任，具有政治道义、风险防控上的功能，因此这种责任将表现在立法行为主体受到的谴责、惩戒和针对规范性法律文件经审查、确认为自始无效、被撤销等方式。义务的界分是权利（力）的限度和责任的前提。

首先，在界定程序义务方面，其与公众立法参与权利相对应，在立法立项、法案起草、内容设定协商审议以及监督评价等的整体或单项的全部开展过程中，应当规定五个层面的立法行为主体的义务、职责：第一，在基本义务上，规定国家权力机关接受人民群众的意见建议、批评监督的职责及实现机制。第二，在立法过程上，针对特定立法项目、立法需求以个体或组织等的集体方式便捷有序地表达其意愿，并由法制工作机构知悉、汇总、分析。同时将立法参与主体和社会公众所应履行的公开、受理、沟通、论证、报告、反馈及说明理由，纳入立法论证、立法过程。第三，“释、改、废”和对一定的社会规范认可如法律解释，可以作为具有立法性质的职权活动，因其可能面对的是富有极大分歧甚至争议的不同立法参与、表达主体的诉求，所以应当在法律规范的语义阐发、要素补全和周延设定方面进行解释，而不必亦不宜就其立法参与、表达进行一一对应的回应，如《全国人民代表大会常务委员会关于〈中华人民共和国香港特别行政区基本法〉第一百零四条的解释》（2016 年 11 月 7 日第十二届全国人民代表大会常务委员会第二十四次会议通过）所进行的那样。第四，在审议职责上，应规定立法项目审议中不论立法工作机构还是人大代表、常委会组成人员均有获得、知悉、运用和接纳公众立法参与所表达的意见、建议和愿望、设想，并以此支持或反对某种法律规范设计方案草案的义务、职责。比如立法工作机构应将公众立法参与表达的意见建议及其分析报告按照工作规程予以印发、援引，人大代表、常委会组成人员可以在发言中应用。进言之，人大代表享有立法表达的主动收集、沟通、报送的义务，这尽管在《代表法》等之中有涉及，但在操作途径和实现方式上还需要更为细化，否则不适宜立法行为主体的立法基层联系点等行政化工作的开展。我们应当将人大代表在立法参与的对接与响应方面的表现作为评价其履职能力和成效的必要指标之一。第五，在专门的立法参与环节与其他立法环节对接上，应规定立法听证会、论证会、民意调查等的主持人或受托组织者就参与状况及其实质影响的报告义务。

其次，在明确法律责任方面：第一，在草案的起草阶段，对缺乏公众参与的立项、草案拟定和提请，应当补充征求意见，或退回法规起草单位重新组织公众参与后再予以修改。第二，在法规的审议阶段，若没有公众参与，立法机关应当不予提请审议或者在审议时应不予通过。① 第三，在立法后评估阶段，若没有公众的有效参与，则评估报告无效。并可以要求立法机关另行组织或委托组织开展公众参与环节并独立提交报告。

最后，在建立惩戒机制方面，着重加强程序性的责任界定和问责监督。如果颁布的法规或者规章，因违反法定程序，即缺乏公众参与，且对公民的权利造成侵害或对公众的合法利益造成严重影响的，应当追究这一立法工作环节的行为主体的政治责任和法律责任。最近，由中国建筑

---

① 参见潘丽军：《地方立法公众参与的问题及对策——以惠州市为例》，《惠州学院学报》（社会科学版）2017 年第 1 期。

业协会向全国人大常委会法工委申请审查北京、山东等14个省级人大常委会制定地方性审计条例或监督条例中有关规定“以审计结果作为建设工程竣工结算依据”。全国人大常委会法工委确认这一规定“限制了民事权利,超越了地方立法权限,应当予以纠正”,并已将研究意见印送各省、自治区、直辖市人大常委会,由其自行清理、纠正。上述杭州关涉电动自行车的地方性法规审查的实例引起了国家的重视。国家针对多地方涉嫌违法、越权的同类现行有效的地方性法规予以严格明确的“限制民事权利、超越立法权限”的两个审查并进行判断,这是国家从行政(监督)权力和民事、商事权利之间的界分、中央立法权与地方立法权的界分、实施性立法权限和自主性立法权力的界分等多种视角对地方性法规制定权的解释,同时要求全国所有关涉此规定的地方性法规均由此负有和履行自我审查、自行清理和报告的义务。此实例因而具有更为突出的示范效应,同时也有助于国家对立法监督权的实施和立法责任追究的程序性规范规定上机制的完善。

第一,公众以一定的主体形式和程序方式,对计划选项、法案起草、设计方案和生效法规均有权予以监督,提出其在合法性、合理性上的质疑。立法过程的相应阶段应当预留一定的征求意见阶段或平行接收有关意见建议。

第二,鼓励、倡导公民法人和其他组织与其所在选区或选举单位的人大代表反映情况,提出针对立法的意见,或向所属行业协会、社会组织等提出。前述案中,中国建筑业协会以自身行业协会的主体资格,组织开展分析评估和调研论证,发现问题的普遍性和严重性,进一步确证该规定存在的违法侵权、越权立法的客观性和危害性,举一反三地、比较彻底地促使地方立法纠正错误,消除法律制度规范层面的缺陷,值得肯定。这种组织化的立法参与、立法监督在所受到的重视程度、所发现问题的严峻程度以及所判别涉嫌违法的审慎程度上,或可优于分散和零散的申请审查提起方式和情形。

第三,基于效力假定原则,已颁法规应被视为具有公定力。鉴于全国、省级人大常委会的实际负担,相较于这些立法监督权力主体的主动审查，更应鼓励、倡导公民、法人和其他组织依法行使申请审查权。

第四，尽管不说明理由并不妨碍申请审查提起的成立，但更应鼓励和倡导以书面方式提请立法监督，并对其理由予以说明。比如本案中，中国建筑业协会针对该规定不仅进行了诸多省、市、自治区的同类规定的汇总比较，而且就其是否能够通过既有法律适用、事后监督和司法追究等方式实现监督和救济，是否具备现行法律的支持，是否利于保护施工企业合法权益，是否符合民事法律制度的平等自愿原则，是否不适宜地扩展了行政监督权力的对象、领域等，进行了多方面的论理，为全国人大常委会法工委作出研判能够提供比较开阔的分析启发、比较扎实的问题揭示。

第五，在常委会法工委的研究调查分析过程中，审查申请人及其代理人、利害关系群体、相关行政执法主体等应当获得参与、表达、听证和提交有关材料的平等权利。常委会可以根据实际情况通过组织或委托第三方组织听证会、座谈会、调研会等，开展网上意见征集。

第六，对立法监督的提请，立法职权主体和行为主体应当进一步将内部工作方式转换为社会主体适度参与的协同评估审查机制，并遵守比较合理的时效约束，避免久拖不决，从而尊重和呵护公众申请立法审查的期待。

第七，应规定即便未被提请审查的“各省、自治区、直辖市人大常委会”中的立法职权主体，同样负有按照全国人大常委会法制工作机构发函要求进行自我审查并报告、提请所在的人大常委会纠正的义务和职责；健全立法法、监督法的有关规定，由全国人大常委会撤销或责令撤销不适当的地方性法规并予公告。

第八，可以试点探索社会组织针对地方政府规章提起行政公益诉讼，或至少在再次修改《行政诉讼法》中赋予一定范围的社会组织这一公益诉讼起诉权。根据2015年的《立法法》，基于省、自治区人大常委会的决定，设区的市可以开始行使立法权，且地方政府规章可以先行规定本应由地方性法规规定的事项，因此地方政府规章的数量规模快速增长，发生违法创设的几率明显增加。除根据《立法法》《监督法》和《行政诉讼法》的职权机关开展审查监督、发现地方政府规章违法问题之外，结合2015年1月1日起实施的修订后的《环境保护法》第五十八条授予社会组织以环境公益诉讼的权利来看，社会组织以提起公益诉讼的方式享有和行使的公共治理权利、参与监督权利业已得以确认。从长远来看，进一步发展确立除检察机关之外社会组织提起行政公益诉讼①，包括附带或单独针对设区的市的地方政府规章的公益诉讼，由此充实和强化立法监督权，维护法治宗旨和法制统一。

第九，应规定涉嫌越权、违法立法的职权主体就其违法立法情况的出现以及清理、纠正状况向全国人大常委会、省级人大常委会等立法监督主体的报告义务和面向社会的公示义务。就其违法立法的危害后果是否应实行追溯补救或责任追究，除去既有的这种通报督促其自行纠正的方式之外，是否有着其他必须面对申请审查人数量众多且要求利益救助、实体权利受损后果救济的责任追究和承担方式，有待进一步研究。

毕竟，设置了规范化和制度化的贯彻程序，以一定的强制力、强制机制，促使已然的法（律）义务得以履行，尤其是“在其被违反之时，经由组织化的强制程序加以实现”，法才是法，即“受保障之法”，法才具有现实性和操作性，并发挥和产生“法实效”。法律主体的“主观之法”——权力和利益才会是可实现的法定权益。② 公众立法参与制度在法治的意义和法制的表现上，宜作为立法程序法的有机组成部分，或者说是与立法职权主体的“内部”立法程序相辅相成的、具有约束力的对立法参与主体、权利、程序及其话语影响力进行确认的议事规则和法律制度。③ 不能如

① 参见王琳：《改进完善地方政府立法过程中公众参与机制探讨——基于北京市政府立法实践的调研》，《理论学刊》2015年第5期。

② 参见[德]莱因荷德·齐佩利乌斯：《法哲学》，金振豹译，北京大学出版社2013年版，第230、36、37页。

③ 另有学者认为，中国公众有序参与立法，应当采取立法机关理性引导和公众自觉、自愿、自律参与相结合的有序协作模式（参见宋方青、宋尧玺：《论我国公众有序参与立法的模式与实现路径》，《法制与社会发展》2012年第6期）。也有学者认为，这应是一种综合模式[参见李杰《构建有中国特色的现代立法综合参与模式》（张永和主编：《社会中的法理》2011年第2卷，法律出版社2012年版）一文]。

传统意义上仅仅视为一个居高临下所利用的征询管道，而是将立法职权行使与公众立法参与的吸纳交接部位予以法治化。

综上所述，“决策惯例和对话惯例这种对立在现实政治中已经结束了”①。那种认为在立法的民主与其政治决断之间存在着不可逾越的鸿沟或完全隔离的断裂，在立法的民主实现程度与科学的切近程度之间不可会通的认识是偏颇的。公众立法参与在更为直接地倾听公众呼声、汲取民众智慧上是不可逆转的，也已成为公共治理中的常态机制和必要组成。就地方立法的公众参与制度化进而法治化的跃迁趋势和实际演进，应始终坚持辩证立场，既要看到地方法治实践中的个性化成分及其对于本土法治化的探索作用，又要防止将其片面夸大。要将其所处的有形和无形的“天花板”——既有制度及其社会情势所构成和预设的地方能够拥有的作为空间与边界限度揭示出来。在地方法治实践成效基础上，将有可能触及、触动这种自上而下的、隐形或显性的规范限制努力加以改变，使得地方的可复制、可推广的立法参与制度试验成果能够得以在国家层面获得肯定和转化。将地方的公众立法参与实践哪怕是分散展开的机制化、制度化的累积和沉淀、反思和重构，作为一个民主与法治交织共生，同时促使社会公众和国家机关逐步扩展共识范围和增进共治能力的具体历史过程。这一过程及其走势已经基本明晰。我们认为，一方面，地方立法已经逐步呈现出：在立法法之下，遵循不抵触原则，通过创制、修改和完善地方立法条例，将其作为传承全国人大制定和修改的立法法在地方实施的基本节点和直接依据，并且以聚焦公众参与地方立法的地方性法规、地方政府规章等规范性法律文件为补充依据和操作规程，即 1＋N 的制度结构形式。另一方面，在立法法的总体制度形态上，未来国家层面的立法法不仅要像现在这样在总则中规定立法参与作为立法民主原则的重要组成部分，而且要在提升地方立法的公众参与制度化、法治化有益经验之上把握三点：第一，将立法参与权利按照主体类型

---

① ［美］戴维·L·韦默（David L. Weimer）：《制度设计》，费方域、朱宝钦译，上海财经大学出版社 2004 年版，第 186 页。

与行为方式进行系统设计，如立法知情权、立法建议权、立法评价权、会议列席权、听证辩论权、受托表达权、立法论证权、立法质询权、立法复决权、申请审查权等都需要权衡设置。第二，将公众的立法参与权利和人大代表的“权力化”的表达、设计、辩论、审议和表决等的立法权利，以及立法职权主体和行为主体的立法职权、职责和义务进行对应性配置，提高公众立法参与权利和代表的直接立法权利（力）的行动力、保障度和可及性。第三，注重立法过程的社会公众参与影响侧面与职权主体循规主导进程之间的对立统一，全程化、精准化地基于立法计划、立法立项、立法调研、立法起草、立法审议和立法评估等的不同环节的不同目标功能，科学、合理地设定公众立法参与有序、合法、有效开展所需的程序规范与问责机制，促使公众立法参与发挥积极作用。为此，将来的立法法典中，我们适宜将之以专节的方式规定公众立法参与的通则。

第九章
科学立法博弈

立法博弈是立法参与主体和职权主体及其组成人员对法案中的利益调整方案进行表达、论辩、审议和在表决中开展利益协调、整合等的行为过程。这是在立法权利设置、立法权限划分、立法程序制度和议事规则以及立法的社会开放机制的法律完善中所必须回应的问题之一。究其原因,是在本质的层面上,立法是对利益资源进行配置的最重要的公共决策及其制度安排。从法理的视角考察,立法是从实利到法益的转换过程,是对于现实的利益存在的自发状况,在遵循和体现经济社会发展客观规律之上,经由一定的政权机关予以其主导价值和立场规范化、制度化、法律化的“扬弃”。

■ 第一节 立法博弈研究的溯源

对于立法博弈的研究,早期主要分布在政治科学、政策科学和制度经济学、法经济学中。我国的法理学、立法学对立法博弈的研究尚处于起步阶段。在我国政治学界近十余年来,政策科学的研究日渐勃兴。有学者在倡导和推进“中层理论”,主张“政治过程的主要内容则是一个政策选择、制定与实施的政策过程”①，对政策过程进行更为实证化和在地化的观察、描述、测量与归纳。② 由此在政治学界对政策形成过程中的立法博弈，出现了初步的关注。而对立法博弈的研究，是将立法作为公共政策的重要环节和行为类型之一为前提的。加拿大学者戴维·伊斯顿指出：“公共政策是对社会的价值作有权威的分配。”③我国学者陈庆云进一步阐发提出：“公共政策是政府依据特定时期的目标，对社会公共利益进行选择、综合、分配和落实的过程中所制定的行为准则。”④博弈，是参与利益表达、存在利益冲突、需要利益整合⑤的多方立法权利（权力）主体以对方行动及诉求的可能变动为诱因，因应其变化，及时调整行动策略，努力实现己方的利益最大化。而己方的利益主张及其论证又反过来成为其他多方利益相关者及其代表者的利益追求所要面对并作出反应的变量因素。有学者对于公共政策过程中利益集团的行动逻辑，提出了动机、资源和策略等三要素的分析，针对利益驱动、利益认知、利益激励和

---

① 徐湘林：《从政治发展理论到政策过程理论：中国政治改革研究的中层理论建构探讨》，《中国社会科学》2004 年第 3 期。

② 早期的相关研究，参见唐代望、周超：《政策研究在中国》，《广东行政学院学报》1990 年第 3 期；陈振明：《政策科学的起源与政策研究的意义》，《厦门大学学报》（哲学社会科学版）1992 年第 4 期；陈振明：《是政策科学，还是政策分析？——政策研究领域的两种基本范式》，《政治学研究》1996 年第 4 期；陈振明：《政策科学的“研究纲领”》，《中国社会科学》1997 年第 4 期；徐湘林：《从政治发展理论到政策过程理论：中国政治改革研究的中层理论建构探讨》，《中国社会科学》2004 年第 3 期。

③ David Easton, *The Political System*, NYC, NY: Knopf, 1953, p. 153. 在我国台湾地区，有学者将其译为“公共政策乃整体是社会价值权威性的分配过程”。（参见鲁俊孟：《谈判理论与实务技巧在现代公共政策过程中的角色与功能》，《竞争力评论》2003 年第 5 期）

④ 陈庆云：《公共政策的理论界定》，《中国行政管理》1995 年第 11 期。陈庆云还认为，公共政策对利益的分配过程有四个环节：利益选择、利益综合、利益分配与利益落实。其后续又强调：公共政策的本质是要解决社会公共利益的增进与分配问题。[此观点参见陈庆云等《现代公共政策概论》（经济科学出版社 2004 年版）一文]

⑤ “利益整合”在政治科学、政策科学中称为“利益综合”，是指“决策者或政治系统把各种利益要求转变为重大政策选择的功能”。（参见[美]加布里埃尔·A·阿尔蒙德、小 G. 宾厄姆·鲍威尔：《比较政治学——体系、过程和政策》，曹沛霖等译，东方出版社 2007 年版，第 209 页）

利益竞夺，及所支配的行动资源的分布、类型，所采取的利益表达、多重游说、合作联盟等行为策略进行了描述和归纳。①

另外，有法学界的学者如张文显教授较早地倡议“法（律）政治学”的研究，得到若干学者的响应，但是这方面的研究进展非常迟缓。一方面仅有约略对法政策学、政策法学的域外如日本、美国、德国的成果的扼要介绍，另一方面还仅仅停留在非常抽象的学科构建的基础工作上，并存在如“法治政治”等基本范畴的成立等问题，也缺乏对政策过程理论、法律构造理论、制度（机制）设计理论等的有机融合。在研究中，大家多将政治与法律（治）的关系作为研究起点，将关系范畴作为分析的基本依托，由此缺乏针对过程视角的法律如何存在并生成于政治、政策的运动过程之中，法律如何“反哺”和作用与社会政治生态和政治政策目标的探讨。如有学者在法政治学中，以法与政治的一体化为目标，分别研究法与政治主体、政治行为、政治责任三者的关系，进而分析法与国家、法治国家、法与权力、法与民主的关系。② 有学者以宪法作为“政治法”为对象，解析政治奠基和塑造法律、法律确认和规范政治、法律延续和表现政治，是政治中的利益角逐与妥协的过程与表现，将之归纳为政治与法律共生关系，提出，法律对于政治的意义在于，它承担着政治权力的道德性、正当性与合理性的意义赋予和意义展现的责任。将政治与法律的关系试图进行相对独立的体系化的学理论述。③ 也有学者比较理想化地提出以人的规则性作为逻辑起点，对法治政治的起源、生成、本质、形式与价值等进行研究的理论分析框架。④

在我国法理学、立法学界，立法博弈的关联研究主要有三个层面：

第一，在法理学中受法社会学派庞德、利益法学派耶林新黑格尔主

① 参见陈水生：《动机、资源与策略：政策过程中利益集团的行动逻辑》，《南京社会科学》2012 年第 5 期。

② 此研究参见卓泽渊《法政治学》（法律出版社 2005 年版）一书。

③ 参见姚建宗：《论法律与政治的共生：法律政治学导论》，《学习与探索》2010 年第 4 期。

④ 参见刘俊祥：《“法政治学”论要》，《光明日报》2007 年 2 月 27 日。

义法学派拉伦茨，以及制度法理学、政策法学派等的思想、方法的影响，对法律与利益的关系、法律的生成与运行机制中的利益形态、利益保障及其解释、衡量方法进行研究。其中，有学者梳理和深化了法律和利益关系问题的研究。首先，将利益进行生活资源界定，以摆脱对于利益的片面物化进而影响到将利益与利益主体割裂开来的思维局限。其次，基于法律本质功能的角度，确立了一般利益、法律利益和法律权利的逐次转化关系，指出法律利益是利益的合法部分，法律权利是利益的法定形式。再次，在法律调处利益冲突或利益关系的要素构成和动态过程中，提出以有效、科学和合理地由法的形式、方法和技术实现“利益的法定化”①。又次，强调指出中国的立法，要特别强调针对权力资源进行调控，健全民主政体，注重权力分立和制约监督以及变革权力与权利的关系，加强权力的责任设定。② 最后，由此在利益层面揭示立法的本质、对象、功能和方法。具体概括为：立法是对权力资源和权力资源制度化进行配置。

第二，汲取政治学、社会学的思想与方法，对立法过程作为政策形成和实施过程中的重要环节与表现形式，利益在其中的表达、冲突、妥协等，特别是其中的利益集团、弱势群体、特定社会阶层与地域族群等的组织或主体形式在立法中的利益表达、利益竞争、协商和整合等进行研究。③ 其中，所运用的基本概念工具有利益表达、利益协调、利益整合、利

---

① 周旺生：《论法律利益》，《法律科学》(西北政法学院学报)2004 年第 2 期。

② 参见周旺生：《论权力资源的法律调控方式》，《法制与社会发展》2004 年第 4 期。

③ 这一方面的研究可以分为两个阶段：早期的研究，是努力揭示立法中的利益层面的实存，强调其客观性；而新近的研究，则对立法中的利益表达和协商等的程序规范的思考已经有更为突出的主观的建构性和问题的针对性。[参见杨炼：《立法过程中的利益衡量研究》，法律出版社 2010 年版；曾祥华：《立法过程中的利益平衡》，知识产权出版社 2011 年版；覃福晓等：《立法过程利益表达与整合机制研究》，中国民主法制出版社 2011 年版；黎晓武：《论地方立法中利益集团利益妥协机制的建立》，《南昌大学学报》(人文社会科学版)2011 年第 3 期；高志宏：《论公共利益的立法表达及立法模式》，《东方法学》2012 年第 5 期]

益衡量、利益均衡等①，以此解析在法律上对利益主体、利益边界、利益内容、利益流传、利益救济等的具体规范及其妥当性，甚至由此对有关司法解释规定的利害进行评价。期间，对立法博弈的趋势分析与理论构想初现端倪。②

第三，对在部门立法项目中，结合特定的利益相关者及其价值倾向和立法中的政策方案与行动策略、程序进度等进行具体的利益表达、衡量、协调等的过程和方法研究。③

总体而言，上述研究达成了一定的理论共识：认同越来越多的大规模群体信访和群体性冲突事件印证和传达着立法过程中的利益表达与整合机制的必要性与紧迫性。如何构建立法过程中的利益表达与整合机制，已经成为立法体制机制改革进而弥合立法与改革、与社会之间的

---

① 第一，关于立法中利益表达、整合以至于体现在法律规范中成为定型化、理想化的利益状态（即法益）、关系及其流程，有关基本理论探讨的论文可见杨建顺：《行政立法过程的民主参与和利益表达》，《法商研究》2004年第3期；张斌：《现代立法中利益衡量基本理论初论》，《国家检察官学院学报》2004年第6期；张斌：《论现代立法中的利益平衡机制》，《清华大学学报》（哲学社会科学版）2005年第2期。第二，关于立法过程中利益表达和协调机制的理论解说和理想建构的论文可参见吴乐乐：《社会转型期多元利益立法协调的宪政逻辑研究》，《郑州大学学报》（哲学社会科学版）2011年第1期；戴激涛：《立法者的审慎义务：宪法商谈下的利益均衡——以哈贝马斯的法律商谈理论为分析框架》，《江汉大学学报》（社会科学版）2014年第5期。第三，有关部门立法问题中的利益调处理念与方法的应用的论文可参见曹叠云：《阳光立法：公众与利益集团代表参与立法——房地产立法个案分析》，《中外房地产导报》1996年第11期；张新宝：《侵权责任法立法的利益衡量》，《中国法学》2009年第4期；吴道霞：《论利益均衡的立法理念与专利制度设计》，《理论界》2009年第3期；张涛：《利益衡量：作为民事立法的方法论选择》，《东南学术》2012年第4期。

② 参见许章润：《从政策博弈到立法博弈——关于当代中国立法民主化进程的省察》，《政治与法律》2008年第3期；袁冬冬：《现时期应加强立法博弈问题的研究》，《人大研究》2013年第4期。

③ 此研究参见布小林：《立法的社会过程：对〈草原法〉案例的分析与思考》，中国社会科学出版社2007年版；周新军：《产品责任立法中的利益衡平：产品责任法比较研究》，中山大学出版社2007年版。另有学者自觉或不自觉地运用立法中的利益分析方法研究婚姻家庭财产、环境资源生态、产业能源、知识产权、动物权益、国际贸易等的立法问题。（参见熊琦：《著作权集体管理制度本土价值重塑》，《法制与社会发展》2016年第3期）

紧张关系的必然选择。其中关涉党对人大立法的领导、与人大立法过程中利益表达与整合发育发展之间的关系，提高人大代表、人民代表大会、人大常委会在立法中的代表性和主导性，进一步焕发我国人民民主的选举民主、代议民主的生机活力，增强在坚持和完善中国多党合作制度中的协商民主对立法中的利益表达和整合的积极作用，以及完善立法中的专家咨询、智库服务、调查听证、社会评估等一系列制度对策。

上述研究成果对深化立法博弈的研究，完善立法学基本理论，特别是助力我国《立法法》的修改完善以及中央地方立法的健康开展，有着积极的意义。然而，在立法博弈的研究中，存在着从政治科学、决策科学视角针对利益博弈的研究与在立法过程层面上对立法博弈在立法起草、法案提请和审议表决等的程序规范、技术规则的研究之间的脱节，在一定程度上制约了立法原理和立法实践之间的对接。为此，本章拟进一步深化立法本体论层面对立法博弈的认知，并由此考察重要条款表决制度等《立法法》修改中所补充的具体制度的法理基础与实施细则。

■ 第二节 确认和规制立法博弈的制度基础

一、调控立法博弈的政治制度和政治保证

首先，坚持和改善党对立法的领导。第一，党对人大立法工作的领导是以党组的形式和环节来实现党对法案中的利益取舍的决断权，以及对法案的立法进程的控制权和选择权的。例如，在实践中，面对物权法的广泛社会层面的论争，党中央审时度势，在坚定不移的改革方向和法治立场上作出了抉择。第二，《中共中央关于全面推进依法治国若干重大问题的决定》提出，加强党对立法工作的领导，完善党对立法工作中重大问题决策的程序。凡立法涉及重大体制和重大政策调整的，必须报党中央讨论决定。党中央向全国人大提出宪法修改建议，依照宪法规定的

程序进行宪法修改。法律制定和修改的重大问题由全国人大常委会党组向党中央报告。可见，在党对立法进行领导、作出决策的职能、程序上有着完善的必要和空间，要积极予以探索。具体到此次《立法法》修改，似乎尚待成熟，因此还难以作出相应规定。第三，要将党对立法工作的领导和决策置于坚实的民主基础上，将党内民主、代议民主、协商民主与参与民主等不同的民主方式和类型有机统一起来，就必须正视、尊重、包容立法博弈，并善于将社会各方面的利益观念的分歧、差异和对立引导和吸纳到包括立法博弈在内的公共政策的形成、制定过程中来，重视在相对充分和成熟的立法博弈基础上，适时地提取在立法博弈中的利益共识成分，而不是将其对立起来。我国的立法博弈，在本质上毕竟是人民内部矛盾的体现，是人民内部的利益差别寻求在特定的社会历史阶段的均衡态势的过程，是在法制的程序与秩序的保障下进行的非对抗性的磋商、争辩与综合的过程。

我国立法实践中的立法博弈，在根本上不同于西方国家。由美国立法博弈可知，在西方议会中基于多党制、两党制，立法博弈是以党团为组织形式的。当然，其中不排除在选区本位主义的立场上，以议员作为利益代表开展的博弈将是其基本形态。就议员个体而言，议员由选区选民直接选举产生。一方面是选民认可的代表，另一方面为了连任等目的也不会贸然背叛选民的意愿。这对议员本身的政治生涯极为重要，也就能够保障所代表的选民意愿的上传与实现。而社会组织自由结社，依据《外国代理人登记法》(1938 年)、《联邦院外活动管理法》(1946 年)和《院外活动公开法》(1995 年)，以“游说者”的法律地位，遵循主动登记制度、定期报告制度与身份表明制度，通过院内、院外的“合法”手段，对立法博弈、审议过程施加影响，则是其常态的作为方式。在此基础上，立法程序将既定的规则加之于不易控制、复杂的利益博弈，在参议院和众议院两院的制衡中，在保证民众的参与度前提下，在尽力控制不合理的院外活动后，维系着立法中的利益妥协和利益综合，保证“多数决”原则下的利益决断与立法进程及其绩效。但是必须看到，能够影响特别是实际左右立法的利益集团仅仅是有财权势力的，对社会弱势群体哪怕是其以组织形态出现和进入立法领域，也难以影响权重。政党、议员、集团等是立法博弈中的主要主体形式，媒体、制度以及事件等是影响立法的主要变量因素。

澄清美国立法博弈的状况与理论①，并非是以此为样本而要求我国进行简单的模仿或改造。通过比较，“相通者可以参考补充，相异者不得比附援引”②。可见，中美在立法过程及其利益博弈上的不同。我国当前和未来的立法是在社会主义法治体系的建设进程中以维护和实施宪法、完善法律规范体系、引领和保障改革为基本指针的，是在社会主义民主政治和政治文明的健全进程中，以发展着的人民民主为坚实基础和内在动力、面向社会复杂的利益格局及其演进，维护最广大人民群众的最根本利益。遵循长远利益、全局利益和公共利益的根本一致原则，在开创性的法治变革实践基础上对待和处理利益诉求、利益冲突和利益整合，并以此拟定、修订和确定立法中的利益主体关系、利益资源配置、利益流转程式和保障正当利益实现的行为模式、法律责任。同时，将人民群众的主体性、能动性、创造性和社会主义建设的规律性、客观的制约性、实践的丰富性这样主客观两方面努力予以统一并进行摸索、探索，因此在根本上，我们是没有模本可以摹写、没有制度可以照搬、没有模式可以框定的，是不可能以某种所谓的理想类型或普世范本来亦步亦趋的。

要尊重、发挥和实现国家权力机关在立法中的主导地位。第一，人民代表大会全体会议本身是直接体现人民民主、反映人民代表大会作为集体的、全权的国家权力机关的宪法性质和宪法地位的决议组织形式和会议决策方式，因此，应当进一步运用人民代表大会全体会议更加直接地进行立法审议和表决决定，这样也能够进一步增强面对立法博弈中的

---

① 有关美国立法中的利益集团以及利益博弈的论文可见陈伯礼：《美国在立法过程中对利益集团的控制：理论假设与法律规制》，《外国法译评》1996 年第 4 期；周小虎：《试析美国教育利益集团对国会立法的影响》，《外国教育研究》2005 年第 10 期；石东坡、姚瑶：《美国立法审议中的博弈及其程序规则评析》，张春生等主编：《让每一部法律都成为精品：中国立法学研究会学术论文集》，法律出版社 2015 年版。

② 罗传贤：《立法学实用辞典》，五南图书出版有限公司 2014 年版，第 481 页。

纷纭主张和不同论点所进行的审议和表决的权威性、有效性。第二，立法机关在程序与实体上的决议主体形式——委员长（主任）会议、主席团会议是发挥主导作用的重要角色，要审慎对待其职权和地位，避免其中隐性地限制和剥夺立法博弈的正常存在和活跃开展。那将是对立法民主的不应有的障碍，并有可能激发在立法机关内部和社会关注群体中间的不满情绪。要看到，立法博弈是立法实践中的客观存在，不能视而不见，也不能打压抹杀，立法博弈的充分性和立法质量、法律权威的提升度之间是正比关系。第三，还需要注意，我国的国家权力机关及其常设机关在立法中是作为一个整体而存在的，不是仅仅作为一个诸种利益发声、聚集和交汇、互搏的场域而存在的；在立法博弈中，是组织者、领导者，而不是当事者、调和者。第四，人大代表利益基点选区化，可能是一个需要进一步重视的趋势。不同发展区域的选民对同一政策问题或立法议题之间必然产生利益分野。

二、健全容纳和规制立法博弈的立法体制

体制是机制的基础。面对转型发展时期日益富有挑战的利益多样化、主体多样化，基于唯物的立场和人民的立场，必须在客观上承认并在体制上健全立法博弈的主体结构。

第一，切实改变政府主导立法的旧有情形，防止部门本位主义的利益偏私和权力固化，推广和顺应负面清单管理模式。对此，有学者以计划经济条件下延续而来的行政主管部门在经济行政权限上的交叉重叠，来解释由各部委作为博弈主体所开展的立法博弈，并认为这样的立法博弈是“官僚竞争的最极致表现”①。笔者认为，该观点在一定程度上揭示了我国大陆地区的立法进程中社会公众不是主体形态的原因，而是行政职能部门多在立法的政策导向、制度设计以及话语表达诸方面有较大的

①　王信贤：《谁统治？论中国的政策制定过程：以〈反垄断法〉为例》，《中国大陆研究》（台湾地区）2000 年第 1 期。但是该文将其概括为“官僚竞争”值得商榷，且有一定的偏见。

作为。但在将来，伴随着社会利益格局的复杂化、多元化，社会主体利益诉求的主动性和组织性的发育，则应更为前瞻地在立法程序制度上予以容纳、疏导，以促进立法中的利益表达有序化并使之在代议民主、协商民主与参与民主的互补融合的基础上得以有效整合。

第二，在立法博弈的主体构成或者说结构上，要始终坚持民众的主体地位并在立法法中以立法权利的方式予以体现和保障。有学者明确提出："我国影响立法的力量主要来自政府机关、民众和学者，三方利益在立法中既存在一致性，也存在冲突性。"[①]我们认为，这是值得商榷的。因为政府机关是以怎样的利益作为基点，是公共利益还是部门利益，是地方利益抑或行业利益？由政府作为利益主体之一参与到立法博弈之中，在设计社会治理的规制措施上能否保持其中立性和公正性，是否会助长行政权力的扩张，是否会有悖于制度廉洁性评估等的立法前期评估的严格实施？这些都需要我们进一步考察。再者，民众不是单一的利益博弈主体，恰恰是因为民众之中存在着差异化甚至冲突性的利益及其主张，所以才产生利益博弈的。可见，在立法博弈的主体形态和类别划分上，需要进行更为精细的甄别。

第三，在立法法的权利义务设定上，立法权限划分是确立立法博弈格局的体制基础。而其中首要的，是需要将立法权力与立法权利的关系予以宪法意义的定位。对于立法权利，如没有相应的承认和赋予，将使得立法的社会参与度降低，并由此可能针对一定立法项目的群体事件甚至社会进行抗争。即便有着立法参与权利的赋予，但是如果不公或者程序渠道不够畅通，甚至立法机关的回应度不高，将使得民众立法参与的意愿受到挫折，同样也会降低立法博弈的成效。

毕竟，博弈不可能是不见利益主体及其代表主体的，否则必然是虚假的博弈。因此，博弈中利益相关者更加直接的导入及其代表者的确定，是活化有序立法博弈的首要环节。尤其需要注意的是，社会正义和

---

① 张舫：《利益冲突中的和谐——对我国立法中各方博弈的分析》，《国家行政学院学报》2008 年第 4 期。

制度正义的实现要求社会弱者不可缺席，社会弱势群体及其利益代言人必然应当纳入立法博弈。除去人大代表自身之外，为了保障和促进包括社会弱势群体在内的各种利益群体以合法的团体、组织方式进行立法需求的表达和主张，增强利益表达和博弈在立法过程中的规范性、合法性与有效性，检讨现行有关法律规定，可以发现，不仅在落实结社自由、募捐及其社会监督等关乎社会组织健康发育的法律完备程度上①，而且在立法调查、立法建议、提案及其论证、立法听证的参与主体资格及其遴选程序、立法异议表达和立法监督审查的提起等环节的立法程序制度上，都需要推进和健全。当然，利益集团多元化情形也在增加立法博弈的复杂性和利益整合的艰巨性。②

又次，立法回避制度应予纠正。2007 年，重庆市就在全国率先正式建立政府立法回避制度，规定与某一立法项目有直接明显利害关系的单位和个人不得参与法规和规章的起草、审查和评审，不得主导立法进程。其主要针对立法起草环节，行政主管部门特别是部门行政主管部门，克服部门本位利益及其在法规草案中对自身权力的扩张，采取委托社会组

---

① 有学者着眼于如何实现社会团体的立法参与、利益表达并增强其中的博弈力度，具体考察了社团立法以及立法程序，进行了针对性的诊断，提出了建设性的举措[参见徐向华、林彦：《我国〈立法法〉的成功和不足》，《法学》2000 年第 6 期；王永刚、施风蕾：《我国利益团体参与立法的法源空间》，《盐城工学院学报》(社会科学版)2005 年第 2 期]。在提出法律案环节中，扩大立法提案权主体的范围是很多学者所吁求的(参见吴芳：《我国立法提案程序中的利益表达机制研究》，《理论导刊》2009 年第 7 期)。

② 关于中外立法实践中的利益集团及其立法游说等的介入和影响，是立法学乃至政治学界的一个研究重点，且已日渐切进我国社会情势与立法实践。可参见论文如邢乐勤：《论中国利益集团对地方立法的影响》，《浙江学刊》2008 年第 5 期；侯健：《利益集团参与立法》，《法学家》2009 年第 4 期；王保民：《当代中国利益集团多元利益立法表达的问题及对策》，《河北法学》2011 年第 2 期；周宇骏：《论立法机关中利益集团的产生及其作用限制》，《温州大学学报》(社会科学版)2014 年第 2 期。关于我国立法中的部门本位或地方利益保护倾向问题，可参见论文如陈洪波：《略论地方立法中部门利益倾向的一般表现形式及其防治对策》，《法学评论》1999 年第 2 期；陈新：《将利益冲突转化为立法争论——兼论地方立法在解决利益冲突中的地位》，《江汉大学学报》(社会科学版)2009 年第 3 期。

织、专家等的起草方式。[①] 对此，有学者认为，由郭京毅案件看，应当警惕立法中的设租情形，防范一定的利益群体和法律法规起草工作者之间的利益勾连和利益输送并因此造就在法规草案中的利益偏颇或者特殊利益保护，进而危害公共利益和社会正义的立法腐败情形，因此，需要在正视和规范立法游说等立法参与的同时，设置有关立法回避等制度。[②] 赞同者如汪全胜教授认为，回避制度的适用范围主要有立法听证的回避制度以及为防止部门"立法走私"的部门回避制度。[③] 还有学者提出："为充分发挥行政立法回避制度的作用，必须从立法上予以完善，明确投标单位、被委托的专家或组织应具备的资质，并走政府规章制定的职业化之路。"[④]这明显是将立法回避制度和委托起草制度混为一谈，并且脱离实际地提出所谓的行政立法起草过程中的"职业化"。另有学者保持了适度的肯定和理论的反思，认为行政立法回避制度只是一种有限的回避，其适用范围和具体运作方式需要从理论上予以构建。[⑤] 盛洪教授认为，"部门立法"存在着系统缺陷，就应修改立法法，设立立法回避制度。改革立法起草的方式和程序，如针对《土地管理法》，甚至可以是多个竞争性"修订草案"，并举行公开广泛的尤其是农民代表参加的听证。[⑥]

对此，我们认为值得商榷，甚至应持反对态度。立法回避制度不是一项单纯的立法程序制度，而是关涉或针对一定的社会主体可否和应否以立法参与主体的法律角色在立法实践中予以出现，以此，在一定意义

---

① 参见张春晓：《重庆率先建立政府立法回避制度》，《大众日报》2011 年 10 月 8 日。有学者如姜明安教授即指出，委托立法并不等于立法回避。

② 参见娄容榕、哈晨路：《关于"郭京毅案"的思考》，《今日南国》（理论创新版）2008 年第 12 期。

③ 参见汪全胜：《立法回避制度论》，《山东大学学报》（哲学社会科学版）2004 年第 4 期。

④ 参见胡峻：《论行政立法回避制度——兼与杨建顺教授商榷》，《现代法学》2008 年第 5 期。

⑤ 参见崔卓兰、卢护锋：《论行政立法回避制度——从重庆市人民政府立法回避的实践切入》，《河南省政法管理干部学院学报》2008 年第 1 期。

⑥ 参见盛洪：《跳出部门立法，建立立法回避制度》，《南方周末》2009 年 7 月 30 日。

上说，是立法主体及其结构关系的权利义务上的反映，是对一定的社会主体设定的禁止参与立法起草等环节的义务限定。因此，属于立法体制的内容。“该制度有违公平正义的现代法治理念，不具有合理性。民主是实现立法公正的程序的关键，而形成不同利益主体间的博弈乃为民主的核心。因此，就民主立法的本质而言，只有让利益的关系者最大范围地参与到立法中来。”[①]立法回避制度是忽视了立法的本质和功能，是作为最为广泛的公共政策创制装置和表现形式，是对于利益资源进行符合社会主流价值原则和理想目标的规范形态和制度表现，背离了立法民主和立法正义应当建立在社会各方面利益主张全面平等地得到反映和表达的基础，简单套用程序正义对于裁判者的中立地位和程序规则的要求。只有通过立法博弈中的论证、解释、说明、反思、讨论、辩驳等，才能够杜绝立法神秘，避免立法操弄和立法交易，从而抑制某一利益主体主张的无限膨胀，克服胜者通吃，形成制约态势，防止利益的不当扩展，以努力保障一定的立法项目上有着对原本主导的草案版本的草案产出并得到辩论，才能在“议场”之中乃至于围绕该立法议题的社会舆论的公共商谈场域之中达成利益调整的更加富有正义性和妥当性的法律方案，或者推动应有的其他立法项目进入法定议程。可见，立法回避貌似是保障立法公正的重要选项，但是实际上是不可能并且不正确的。在公共理性和公共意志的凝聚过程中，我们不可能将任何一方的利益表达加以屏蔽和禁绝。这本身就是非正义的立法。因此，这一所谓的“实践探索”和倡议思考是缺乏科学性和客观性的。

三、重要条款单独表决：基于立法博弈的程序变革

系统地开展基于利益博弈的立法程序制度的改革完善，是《立法法》修改的一个重要取向。需要明确的是，利益博弈尽管为立法审议环节所聚合和聚焦，但却是立法过程中贯穿始终、循环往复的。所以，既不是仅

---

① 秦耘、张玉洁：《从我国立法回避制度看立法博弈机制》，《河北经贸大学学报》(综合版)2010年第4期。

仅通过开门立法，加大信息披露，强化立法公开、立法听证就能够完全奏效的，也不是仅仅瞩目于立法审议环节，贯彻商谈原则，增进辩论成分就可以的。当然这里并不否认，立法审议环节是最为重要的博弈阶段。立法审议占据着正式立法过程的中心地位。① 我们强调的是，需要整体化地在立法参与主体与立法职权主体、立法参与程序与正式立法程序等多方面协调联动地进行立法法修改中的规范设计。因此，有学者提出，“立法过程中的公开与民主、博弈与交涉、监督与救济等程序的科学设计”是立法法修改中应当予以贯彻的，并肯定立法法修改草案中“健全立法起草、论证、协调、审议机制”，“提高立法质量，防止地方保护和部门利益法制化”的改革举措。同时又主张，加强人大代表、社会各界的立法参与以及实行审议、表决、记录的公开，注重立法博弈过程的规范，提出完善统一审议规则，加入辩论环节，细化立法修正案制以及单独表决程序等加以因应，是很有见地的。② 甚至，我们认为可能还需要考虑人大及其常委会组织法与立法法两者之间的协同修改、联动修改。

重要条款单独表决制度③，即是在针对立法博弈中的对立情形——不论是在利益上的还是在认识或立法价值取向上的——所进行的表决

① 参见唐丰鹤：《略论我国立法审议程序的辩论维度》，《法治研究》2011 年第 3 期。

② 参见徐向华：《国家治理现代化视角下的〈立法法〉修改》，《交大法学》2014 年第 3 期；张春生、林彦：《〈立法法〉修改前瞻——访中国立法学研究会会长张春生》，《交大法学》2014 年第 3 期；冯玉军：《〈立法法〉修改建议及理由》，《浙江工商大学学报》2014 年第 6 期。新近，有学者吁求：建立制度化的博弈渠道，包括“设立法案的利益相关方确认程序”以及“培育利益博弈的合格主体”，推动利益表达的组织化。（参见陈舒：《立法过程应当注重全面真实体现相关利益群体博弈（摘要）》，中国人大网，http://www.npc.gov.cn/npc/bmzz/llyjh/2016-06/06/content_1991141.htm）

③ 参见徐向华、许春晖：《人大会议中法案单独表决的制度设计》，《上海人大月刊》2014 年第 3 期；闫鹏涛：《完善单项表决制度的几点思考》，《上海人大月刊》2015 年第 3 期；刘风景：《重要条款单独表决的法理与实施》，《法学》2015 年第 7 期；刘风景：《重要条款单独表决的制度设计与操作》，《北京人大》2016 年第 7 期；易明刚：《一次深入贯彻十八届四中全会精神的立法实践——广东省人大常委会出台〈对法规案中个别重要条款单独表决的决定〉》，《人民之声》2015 年第 3 期；阿计：《立法博弈应坚守公益和民权底线》，《群言》2015 年第 5 期。

制度上的重要增补。党的十八届四中全会通过的《中共中央关于全面推进依法治国若干重大问题的决定》提出:“完善法律草案表决程序,对重要条款可以单独表决。”《立法法》第四十一条第二款、第三款就立法程序中重要条款单独表决问题作出专门规定。第四十一条规定:“法律草案表决稿交付常务委员会会议表决前,委员长会议根据常务委员会会议审议的情况,可以决定将个别意见分歧较大的重要条款提请常务委员会会议单独表决。”第三款进一步授权委员长会议在单独表决某重要条款后的立法进程裁量权限。“单独表决的条款经常务委员会会议表决后,委员长会议根据单独表决的情况,可以决定将法律草案表决稿交付表决,也可以决定暂不付表决,交法律委员会和有关的专门委员会进一步审议。”以此预防因为重要条款上的严重分歧可能导致的某一立法项目的终止,体现出立法的审慎性,也是对立法博弈可能引发某种社会震荡的防范,是对理性立法而不为某种利益的尖锐对立或舆情的民粹倾向所绑架。其实不仅如此,第五十四条规定补充了提出法律案,不论是新创立某一立法项目还是修改已有法律,“法律草案的说明应当包括制定或者修改法律的必要性、可行性和主要内容,以及起草过程中对重大分歧意见的协调处理情况”。这是在增强草案拟定过程中对利益博弈的自觉省察与由此对法律规范设计的科学性、合理性和可行性的反思与论证。因此,重要条款单独表决制度在《立法法》修改中的出现,不是仅仅在立法程序上为了折中立法的民主与秩序或效能,而是使得立法更加坚实地、无可回避但又不是简单放任地置于利益博弈的现实基座之上,不是对立法中的片面利益博弈的任其自流。习近平总书记指出:“我们在立法领域面临着一些突出问题,比如,立法质量需要进一步提高,有的法律法规全面反映客观规律和人民意愿不够,解决实际问题有效性不足,针对性、可操作性不强;立法效率需要进一步提高。还有就是立法工作中部门化倾向、争权诿责现象较为突出,有的立法实际上成了一种利益博弈,不是久拖不决,就是制定的法律法规不大管用,一些地方利用法规实行地方保护主义,对全国形成统一开放、竞争有序的市场秩序造成障碍,损害国家法治统一。"[①]此种情形中的利益博弈并非是立法实践中可以无视的，反而应该是予以正视、承认并着眼于问题导向和本质判别，进而予以以人民根本利益为基、以人的正当需求为本、以社会公平正义为准，统筹兼顾不同群体的利益诉求和利益格局，科学合理地调配运用权利与义务、权力与责任、权力与权利等的"法资源"，遵循立法程序与议事规则，实现立法质量与效益的稳健提升。

综上所述，我国立法的社会参与深度势必加大，党的领导方式在不断改善，权力机关的主导作用要予以加强。与此同时，围绕法案进程及内容的多方利益主体及其资源投入、行动策略、因素联动等的立法博弈挑战越发严峻。值此立法法修改的重要历史契机和现实社会生态，建立在针对和立足立法运作实际状况及其内在的利益调整本质之上的立法法律制度与议事规则，必须以立法博弈的客观实存及其变化挑战来考察，并"经过审慎批判始能修正改进"。可以把握立法参与和立法审议两个重点，在立法审议中进一步针对专门委员会审查草案程序环节，针对立法工作者执笔草拟、组织听证、意见甄别和修改论证法律草案及立法说明的活动步骤，针对法律(制)委员会权限可能过大，管辖权不明晰，协调、讨论过于内部化，立法余地过于宽泛和自主裁量，以及立法审议程序规则粗略模糊等问题要着力进行更为细化和精益的修改完善。总之，就立法博弈，立法法的修改通过重要条款单独表决等相应的新型制度加以客观应对和前瞻设置，给出了相应的程序法律规范的再设计。

---

① 习近平:《关于〈中共中央关于全面推进依法治国若干重大问题的决定〉的说明》,《人民日报》2014 年 10 月 29 日。

第十章 地方立法

2015年修改的《中华人民共和国立法法》对我国立法体制进行了重大调整，赋予设区的市地方性法规、地方政府规章创制权。浙江省是东部地区经济社会相对发达省份，其分两批次确定对设区的市行使立法权，其中湖州市、衢州市、温州市各有特点。我们对三个设区的市在立法条件与能力、立法计划与选项、立法规程与机制、立法活动与内容上的共性和差异进行比较与评价，不仅为切实增进三地的立法质量与成效夯实基础，而且为省级人大常委会有针对性地加强指导与监督廓清前提，从而为地方立法的健康发展、立法引领和规范改革、提升地方治理能力和公民权益保护增强法治内涵与保障能力。

第一节 2016年温州、湖州、衢州市立法比较评估

2016年，杭州市居民潘某就其骑行电动车被交警依据《杭州市道路交通安全管理条例》扣留并托运回原籍，致信全国人大常委会，提出对该地方性法规进行审查的建议。全国人大常委会认定该条例关于扣留非机动车并强制托运回原籍的规定与行政强制法的规定不一致。[①] 杭州市

① 参见《杭州市民电动自行车被扣致信全国人大 纠错地方条例》，新闻频道_中华网，http://news.china.com/socialgd/ 10000169/20170227/30284 531.html。

作为浙江省省会城市，作为原立法法规定的“较大的市”，享有和行使地方立法权经年有余，制定的地方性法规尚且存在违法立法、扩张行政强制权的情形，可见在 2015 年《中华人民共和国立法法》新修改（以下简称《立法法》）后，在大规模快速地由设区的市普遍行使立法权之际，不能不对地方立法质量问题产生忧虑，并由此必须十分审慎地对待地方立法。同时，由该实例可知，立法评估不论是制度上的立法评估还是学理上的立法评价，都具有必要性和重要性，应给予充分的重视。

修改后的《立法法》赋予了设区的市的人民代表大会及其常务委员会地方性法规创制权，通过将权力下移、以地方立法的途径实现对地方性事务的法律治理，有利于对法律、行政法规进行细化、补充，使之在各地得到进一步、更好的贯彻实施。在全国，新赋予地方立法权的 273 个市州中，已有 269 个经省、自治区确定开始制定地方性法规，300 多件地方性法规已经出台。[①] 在浙江，2015 年 7 月，省人大常委会首批确定了温州、金华、台州、湖州、衢州五个设区的市具备制定地方性法规的条件。当年 9 月，确定嘉兴、绍兴、舟山、丽水可以开始制定地方性法规。[②]

各地着力推进地方立法工作建设的同时，在地方性法规和规章制定上都取得了一定的成就，制定了一系列关于城乡建设与管理、环境保护、历史文化保护等方面的地方性法规、规章。但是在肯定地方立法工作成就的同时，也要注意其中的不平衡之处。研究浙江省温州、湖州、衢州三市 2016 年（及此前的立法启动阶段）地方立法情况，通过比较评估，发掘体制机制和规范设计上的亮点，发现其中凸显的共性问题或特殊症结，可以为浙江省地方立法在加快提高地方立法质量提供镜鉴和助力。与此同时，对于其在立法需求与能力基础上的立法权的行使，省人大常委会指导和监督能够更加精准。毕竟这种调控并非仅仅在起始环节，而是长期持续的。为此，基于法制统一、科学民主和法治实效的立场，对设区

---

① 参见乔晓阳：《党的十八大以来立法工作新突破》，《求是》2017 年第 11 期；郭佳法：《地方立法这两年：设区的市行使地方立法权全面推进》，《中国人大》2017 年第 1 期。

② 对此，公开媒体中未见对各设区的市地方立法能力的评估报告，有学者提出质疑。（参见郑毅：《对我国〈立法法〉修改后若干疑难问题的诠释与回应》，《政治与法律》2016 年第 1 期）

的市立法实践予以持续观测和理性评价，既是加强省级人大常委会立法监督的应有之义，也是设区的市提升立法质量的必然要求。

一、温州市、湖州市、衢州市立法基础与立法能力

（一）三市立法工作机构设置

设区的市的立法能力的直接依托是立法机构的建立与健全。法制工作机构是权力机关及其常设机关开展立法的直接辅助机构。地方立法工作机构的设置是地方立法工作开展的基础。《中华人民共和国地方各级人民代表大会和地方各级人民政府组织法》第三十条规定了地方国家权力机关有关专门委员会的机构设置以及工作内容；《立法法》中第七十七条第一款规定，地方性法规案的提出、审议、表决有关的程序是由本级人民代表大会规定；《中共中央关于全面推进依法治国若干重大问题的决定》强调完善专门委员会与立法专家顾问制度。《浙江省地方立法条例》对立法工作机构在草案的提出、调研、提请审议、立法评估等方面均进行了规范。第四十二条规定："法制委员会、有关的专门委员会和常务委员会工作机构开展立法调研。"可见专门委员会、常务委员会工作机构都是地方立法过程中的行为主体。

就此，湖州市、衢州市、温州市均设立了相关的立法工作机构：各市人民代表大会均设置了法制委员会，各市人大常委会下均设置了法制工作委员会（以下简称"法工委"，见表 10-1）。[①] 在专门委员会的设置方面，衢州将教育科技文化卫生委员会与民族华侨委员会合并在一起，称为"教育科技文化卫生民族华侨委员会"。三市人大常委会法工委之下，均设置了有关规范性文件备案审查的科室。各市人大网上对各市人大的组织机构都用了形象的图来表现，温州市人大网在其网站上对法工委内设办公室职能进行了详细说明。[②]

---

① 参见湖州市人大网，http://www. huzrd. gov. cn/col/col11742/index. html；衢州市人大网，http://www. quzhourd. gov. cn/qzrd/DesktopDefault. aspx? tabid=570；温州市人大网，http://wzrd. wenzhou. gov. cn/col/col1219520/index. html。

② 参见温州市人大网，http://wzrd. wenzhou. gov. cn/art/2002/9/27/art_1219540_1581415. html。

表 10-1 各设区的市人大专门委员会、人大常委会工作委员会和人大常委会法制工作委员会工作机构设置情况

各设区的市	人大专门委员会设置		人大常委会工作委员会设置		人大常委会法制工作委员会工作机构设置	
	机构设置	数量(个)	机构设置	数量(个)	工作机构	数量(个)
湖州	法制委员会、内务司法委员会、财政经济委员会、教育科技文化卫生委员会、民族华侨委员会、农业与农村委员会、环境与资源保护委员会	7	法制工作委员会、内务司法工作委员会、预算工作委员会、教育科技文化卫生工作委员会、民族宗教华侨外事工作委员会、农业与农村工作委员会、城乡建设与环境资源保护工作委员会、代表与选举任免工作委员会	8	办公室、规范性文件备案审查处（法规处）	2
衢州	法制委员会、内务司法委员会、财政经济委员会、教育科技文化卫生民族华侨委员会、农业与农村委员会、建设与资源环境保护委员会	6	法工委、财金工委、经济工委、教科文卫民侨工委、农工委、建资环工委、代表与选举任免工委	7		
温州	法制委员会、内务司法委员会、财政经济委员会、教育科技文化卫生委员会、民族宗教华侨外事委员会、城乡建设环境保护委员会、农村和资源保护委员会	7	法制工作委员会、内务司法工作委员会、财政经济工作委员会、预算工作委员会、教育科学文化卫生工作委员会、民族宗教华侨外事工作委员会、城乡建设环境保护工作委员会、农村和资源保护工作委员会、代表工作工作委员会	9	办公室、规范性文件备案审查办公室	2

在地方政府规章制定的工作机构方面，湖州、衢州、温州市政府均设法制办公室，各市近年来都对政府机构、职责等进行了适度调整、改革。湖州市人民政府法制办公室内设机构有行政法规处、执法监督处。[①] 衢州市人民政府法制办公室内设5个职能处室，分别为综合处、监督处、复议应诉处、备案(合同)审查处、立法处。[②] 温州市政府法制办公室同样也设立了5个职能处室，分别为秘书行政处、立法处、法规处、行政复议应诉处、行政执法监督处。立法处主要承担宏观统筹的工作，研究制定市政府立法工作计划，负责有关立法草案的征求意见工作，承担与权力机关的联系工作，承担市政府规章的清理、修改、废止工作。而法规处则主要负责市政府立法具体工作，负责市政府规范性文件的起草、审核、评估、解释、报送备案、汇编等工作，承担规范性文件的清理工作。随着近年来行政复议特别是行政应诉在行政诉讼法修改后的大量增加，各市政府法制办公室的机构设置与人员配备面临更为严峻的考验。

(二)三市立法工作人员配备

1. 三市立法工作机构人员

立法工作人员以其专业技能，深刻影响着中国立法的形式、内容和进程，作为“隐形立法者”是立法权利能力转向立法行为能力的能动因素、重要影响主体。[③] 立法工作人员总体上可认为是参与立法过程的人员，故可划分为领导人员、直接工作人员、外部参与人员。领导人员对立法的立意、进程和重要的制度设计发挥着不可替代的作用。[④] 就直接工作人员，湖州市、衢州市、温州市基本上都是招录法学学历或具有法律实

---

① 参见湖州市政府法制办网站，http://fzb.huzhou.gov.cn/col/col5827/index.html。

② 参见衢州市人民政府法制办公室，http://qzfz.qz.gov.cn/%e6%9c%ba%e6%9e%84%e8%81%8c%e8%83%bd/%e6%9c%ba%e6%9e%84%e8%ae%be%e7%bd%ae/。

③ 参见卢群星：《隐形立法者：中国立法工作者的作用及其正当性难题》，《浙江大学学报》(人文社会科学版)2013年第2期。

④ 参见朱力宇、彭君：《彭真与新中国的民主法制建设——关于彭真民主法制思想研究的综述》，《政法论丛》2013年第1期。

务经验的人员充实到市人大常委会法工委中任职。通过实地调研可知，三市人大常委会法工委人员确是绝大多数都具有与法学有关的本科及以上学历，具有相关的法律实践工作履历。

2.三市地方立法智库

就外部参与人员而言，有学者提出“立法助理”是“协助立法机关及人民代表履行立法职责、完成立法工作的具有专门立法知识的人员”。实践中尝试建立形式多样的立法助理制度，比如聘请教授、律师等协助人大常委会开展立法调研、论证等环节。① 还有学者指出，宜建设立法智库，健全立法专家咨询制度，使得立法决策更加专业化、科学化。②《浙江省地方立法条例》第十条规定：“地方性法规案可以组织由立法工作者、实际工作者及专家、学者等方面人员组成的起草小组起草，也可以委托有关组织和专家、学者起草。”湖州市、温州市的地方立法条例中都有立法专家顾问参与地方立法的有关规定。《湖州市制定地方性法规条例》第八条规定：“专业性较强的地方性法规草案也可以由提案人委托有关专家、教学科研单位、社会组织起草。”《温州市制定地方性法规条例》第十条规定：“法规草案一般由提案人组织起草小组起草，也可以由提案人委托有关专家、教学科研单位、社会组织起草。”根据网上调研，温州市政府组建了政府立法专家库，而网上尚无温州市人大组建专家库的资料。衢州市尚未出台地方立法条例。而2016年《衢州市市区电动自行车管理规定》制定过程中，清华大学法学院公法研究中心“衢州市区电动自行车管理规定”课题组为之提交了立法建议和调研报告，可视为重视和开展专家参与和支持立法的例证之一。

（三）三市立法工作制度

地方立法工作制度是否健全，是体现地方立法能力的一个重要指标。通过网络资料调查，以及向湖州、衢州、温州三市人大常委会和市政

---

① 参见赵颖坤：《专任化与专业化：权力机关立法主体职业化的可能路径》，《福建论坛》（人文社会科学版）2008年第5期。

② 参见冯玉军：《对加快建设新型法律智库的几点思考》，《前线》2016年第6期；石东坡：《新〈立法法〉确立的理念与举措》，《学习时报》2015年4月6日。

府法制办有关同志进行访谈了解情况等方式，收集有关三市地方立法的组织制度、起草制度、论证制度、调研制度、征求意见制度以及审议制度、表决制度等一系列具体工作制度均基本得以建立和运行。通过调研了解，这些制度大多来自对省级人大常委会立法工作流程的模仿，在其适用性、针对性与创新性上有待提升。

二、温州市、湖州市、衢州市2016年立法项目与内容创新

（一）三市立法计划及实施

《立法法》第五十二条第一款的规定强调了立法计划、立法规划的统筹作用。具有指导性的立法规划可以根据经济社会发展作出必要的调整。[①] 2016年《浙江省地方立法条例》对浙江省地方性法规、地方政府规章的立法规划与立法计划有关事项有所涉及。调研中了解到对立法规划与计划的功能，三市立法意识上有所差异。有观点认为，立法规划重在筹建制度体系，而设区的市立法包括实施性立法、自主性立法、先行性立法，主要在于拾遗补缺，因此似没有必要建立立法规划，而更在意瞄准问题，形成立法项目库。

在实践中，衢州市人大常委会审议的立法项目有：《衢州市区电动自行车管理办法》《衢州市城市市容和环境卫生管理条例》《衢州市制定地方性法规条例》《衢州市城市园林绿化条例》《衢州市“五水共治”》《衢州市信安湖环境保护管理条例》。调研的立法项目有：《开发国家公园保护管理条例》《衢州市乌溪江饮用水水源保护条例》。温州市人大常委会立法计划中，有一类立法项目《温州市物业管理条例》（一类审议项目）、《温州市历史文化名城名镇名村保护条例》（一类预备项目），二类立法项目（调研项目）《温州市雁荡山风景名胜区管理条例》《温州市住宅电梯安全管理条例》《温州市国有土地上房屋征收与补偿条例》《温州市珊溪水库饮用水水源保护管理条例》等。

2016年湖州市出台《湖州市制定地方性法规条例》《湖州市生态文明

---

① 参见宋方青：《论立法规划的强化》，《地方立法研究》2016年第1期。

建设先行示范区建设条例》《湖州市市容和环境卫生管理条例》，衢州市出台《衢州市市区电动自行车管理规定》《衢州市城市市容和环境卫生管理条例》，温州市出台《温州市市容和环境卫生管理条例》《温州市制定地方性法规条例》《温州市物业管理条例》等，省人大常委会2017年批准。

（二）三市“民主立法”方式

1. 立法论证会

为对拟立法的规范设计进行论述与证明，立法论证会作为能实现民主立法的一种活动方式，在各市2016年地方立法中充分得以运用。以温州市为例，在温州市政府2016年立法计划中拟审议《温州市物业管理条例》，为广泛听取立法专家的意见和建议，提高地方立法质量，就该条例的送审稿召开了立法论证会，邀请了温州市政府立法专家成员以及其他立法专家、律师等共10人对该送审稿提出了为数众多的意见建议，供温州市政府法制办参考，并对送审稿作出进一步修改。①

2. 立法听证会

2016年6月17日，湖州市人大常委会首次召开立法听证会，就《湖州市市容和环境卫生管理条例（草案）》听取各界意见与建议。出席此次听证会的有人大代表、政协委员、相关行业从业者、法律专家和社会公众代表等各界人士共20名代表。听证会代表的选取具有广泛性和代表性，从而平衡各方利益诉求。除了听证会代表以外，湖州市发改委、公安局、建设局、商务局、环保局、行政执法局、市场监管局有关负责人列席了本次会议，在历时两个多小时的听证会中，就听证代表们提出的意见与建议作出一定的解释说明，予以积极互动。② 温州市在2015年即试水开展了立法协商。

3. 网上征求立法意见

《衢州市制定地方性法规条例》《衢州市区电动自行车管理办法》均

---

① 参见浙江省人民政府法制办公室：《温州市法制办召开立法论证会》，http://www.zjfzb.gov.cn/n133/n193/n196/c131334/content.html。

② 参见张锋：《市人大首次召开立法听证会》，《湖州日报》2016年3月8日。

进行了网上征求意见。衢州市人大常委会对条例草案进行审议后，由法工委将草案印发给市级有关部门以及各县（市、区）人大常委会征求意见，在衢州市人大网上开设人大代表履职服务平台向全体市人大代表征求意见。另外，在衢州市人大网开设立法专题栏目内设栏目链接，在《衢州日报》《衢州晚报》以及市政府法制办官方微信公众号上公开向社会公众征求意见。① 温州尝试了立法问题问卷调查的方式；温州人大网专设地方立法板块，内容丰富，信息及时。调研了解到，三市所有法规草案按要求都有公布草案公开征求意见的环节。各地都采用了立法信息发布的微信公众号。

（三）三市立法内容创新

综观以上三市诸个条例，本着以人为本的法治精神，顺应民生所需，得到了民众的认可、省委的肯定。湖州、衢州、温州市出台的地方性法规在设区的市城乡建设与管理、历史文化保护、环境保护等立法权限范围内，未见超越立法权限的项目和内容。就立法的规范设计的实质创设、创新能力，以《市容和环境卫生管理条例》为例评析可知，《湖州市市容和环境卫生管理条例》规定了奖励机制。《温州市市容和环境卫生管理条例》对影响市容和环境卫生的行为增设处罚较少；上位法已有法律责任规范的，可用转致的表述方式，从而避免重复设置责任；个别有禁无罚的，是全面理解上位法法意和利益衡平的结果。《衢州市市容和环境卫生管理条例》对影响市容和环境卫生的行为规定处罚较多。一些情节比较轻微的情形，湖州市和温州市不予处罚的事项，衢州市则有小数额罚款的行政处罚增设。

1.《湖州市市容和环境卫生管理条例》

该条例第十一条与《衢州市制定地方性法规条例》的第十七条都是不得擅自阻碍、占用道路停车泊位的有关内容。湖州市则更为细化地规定了进一步可能发生情况的处理方式。该条例的第二十三条详细地规

---

① 参见刘威、李征：《公开征集　反映民生　科学立法——市人大常委会就〈衢州市制定地方性法规条例〉答记者问》，《衢州日报》2016 年 3 月 8 日。

定了室外经营摊贩应当遵守的规定，第二十六条体现出湖州市对环保公益组织、环保教育与宣传的重视。该条例对举报查证属实的奖励机制与市容和环境卫生管理工作成绩突出的单位和个人的奖励机制使人注目。第二十七条中的“各类废弃物源头减量工作机制”，“逐步推行新建商品住宅实施全装修成品房交付制度”，便民回收点“采用押金、以旧换新、设置自动回收机等多种方式回收再生资源”都是不同于衢州、温州市的创新之处。但是湖州市该条例的第十五条似值得商榷。

2.《衢州市城市市容和环境卫生管理条例》

该条例第五条规定，鼓励环保公益组织的建立，鼓励公民参与环保公益活动。第二十五条明确“在犬类管理重点区域内饲养犬只”应当遵守的规定。该条例的后半部分规定了从事车辆清洗或者维修的单位和个人在市容和环境方面应当遵守的规定，以及第三十五条至三十八条规定了餐饮服务经营者应当遵守的规定和有关餐饮的一些注意事项。衢州市该条例相比于湖州市、温州市而言，予以罚款的事项较多、罚款数额较大。比如该条例第十一条第一款与《温州市市容和环境卫生管理条例》的第二十二条都规定了不得超出店、窗进行店外经营、展示商品等，但是《温州市条例》对该行为逾期不改正没有规定罚款，而衢州市该条例中规定“可以处一百元以上一千元以下罚款”。

3.《温州市市容和环境卫生管理条例》

该条例明确了建立智慧城管、行政裁量权基准制度等市容管理的基础制度支撑，规范细至责任区合理划分、生活垃圾分类、物件张挂、车轮带泥运输等具体内容。其中第二十三条规定：“鼓励商业服务窗口单位、宾馆饭店以及机关、其他企事业单位附设的内部厕所在工作（营业）时间免费对外开放。”这体现了切实便民的思想，折射出设区的市立法更为具有操作性的努力方向。

关于三市的具体项目可见表10-2、表10-3。

表 10-2　三市市容和环境卫生管理条例中共有项目

序号	共有内容	条款编号			序号	共有内容	条款编号		
		湖州	衢州	温州			湖州	衢州	温州
1	有关主要区域外晾晒物品的规定		7、10	15	11	户外广告设施的		20	24、25、26、27
2	临街一侧隔离设施设置		8	18	12	影响公共环境卫生的行为		23	34
3	公共场地堆放物品		9	20	13	生活垃圾处理问题	24、25	26	36、37、38
4	超出店外经营		11	22	14	建设施工单位有关义务	15	31	41
5	设置临时经营场所、便民摊点	21	12	21	15	建筑垃圾处理问题	28	29、30	42
6	地下管线、架空管线	16	13	17	16	占用道路停车泊位	11	17	
7	公共设施保持完好		14	19	17	任意刻画、张贴	17	19	28
8	井盖的维护和出现破损、移位问题的规定	12、13	15	19	18	饲养宠物、公民及时清除宠物粪便的义务		24	35
9	运输车辆密闭、覆盖问题		16	23	19	有关餐饮服务的相关规定		34、35、36、38	39
10	公共场所派发广告		19	21					

表 10-3 各市市容和环境卫生管理条例中特有项目

湖州市		衢州市		温州市	
条款编号	特有项目	条款编号	特有项目	条款编号	特有项目
7、8、9、10	对有关停车位的设计、增设、收费，以及小区停车位作出相关规定	18	废、旧车处理相关规定	16	空调外机安装
14	确立了城市道路竣工后五年内不得挖掘的一般原则	21、22	禁止在城市建成区范围内开展影响市容市貌的商业宣传活动	29	景观灯光设施
18、19、20	规范农贸市场运作	25	在犬类管理重点区域内饲养犬只应当遵守的规定	30、31、32	环境卫生设施
22、23	对室外摊贩经营作出相关规范	27	城区水域管理单位保持水面清洁的义务	33	公共厕所
26	规定了政府的宣传和引导、支持公益组织；中小学开展有关垃圾分类的活动	28	禁止利用景观水系实施对环境卫生造成影响的冲洗行为	40	化粪池处理的规定
27	建立各类废弃物源头减量工作机制；逐步推行新建商品住宅实施全装修成品房交付制度；规定有关资源回收的体系建设、方式等	32、33	从事车辆清洗、维修的单位或个人应遵守的规定		
29	奖励机制	37	有关露天烧烤的禁止性规定		

整体上，三市市容和环境卫生管理条例除了有关总则、市容环境卫生责任区制度等规定，市容管理、环境卫生管理等的具体规定通过比对可知共同的制度内容比例较高。市容和环境卫生管理包括市容管理和环境卫生管理两大内容。其中，市容管理已有百余项技术规范标准，但仅有道路施工现场设置明显标志和安全防卫设施等五项为强制性规范。环境卫生管理有《城市环境卫生设施设置标准》和《城市环境卫生质量标准》，包括道路保洁、生活垃圾收集、运输和处理等许多内容。因此，地方立法首先宜明确规范概念和框架，既不能心无框架，也不能模糊分类，更不能偏离框架；地方立法宜分清职责功能和基本法理，既不能重复上位法的行为模式，也不能重复其结果模式，更不能随意变更上位法的法意；地方立法宜重视特色依托和操作规范，既要坚持问题导向，也要体现目标导向，更要追求效果导向。

三、温州市、湖州市、衢州市立法开局评价与发展前瞻

(一)三市的立法成就

1. 立法工作机构设置与人员配备上的成就

立法工作机构设置及其人员配备是各市地方立法工作展开的前提基础，是判断是否具备地方立法(行为)能力的基本指标之一。各市取得立法权的前后都十分重视立法工作，成立相应的立法工作机构以负责统筹推进各市的地方立法工作。2015 年确立依法行使立法权以来，这三个设区的市人大均建立健全了法制委员会，人大常委会均下设了法制工作委员会。[①] 相关人员都具有较高的素质和能力，基本适应立法起步阶段的工作开展。

2. 组建立法专家库上的成就

三市都充分认识到了立法专家的作用，并着力运用这一重要支撑力量。对立法专家名单面向社会公开能使之成为汇聚社会利益诉求的渠

① 参见廖小清：《温州、金华、台州、湖州、衢州也将有地方立法权》，http://biz.zjol.com.cn/system/2015/07/28/020759013.shtml。

道，也能够在一定程度上监督、促进立法专家正确履责。《温州市政府立法专家管理办法》中除规定立法专家的聘用条件、应履行职责外，第十二条规定："立法专家不得无故缺席立法活动；连续三次缺席立法活动的，应当予以解聘。立法专家有违法行为、损害政府形象的，应当予以解聘。"以此明确的约束机制确保立法专家严格自律和积极助益。

3.立法选项上的成就

三市未制定五年立法计划，或是因为虑及领导换届、担心实际效果等因素。但是纵观各市的年度立法计划，我们可以看出地方立法特色取向和聚焦的问题。与此同时，统筹兼顾、区别轻重缓急，按照问题亟待解决的迫切程度分成不同类别的立法项目，促进立法形成合力和制度相互衔接，同样是必需的。以衢州市为例，在城市道路交通安全中频发的电动自行车擅自安装遮蔽装置、不带头盔、时速高等问题反映出急需制定相关法规进行管理。因此为规范衢州市市区内电动自行车的骑行问题、降低电动车事故的安全隐患，衢州市遂将电动自行车管理办法作为一类立法项目。而湖州市是首个地级市生态文明先行示范区，将《湖州市生态文明建设先行示范区建设条例》作为一类立法项目可见立法与可持续发展之间的深度融合。当然，其实效如何值得进一步检验。

（二）三市地方立法发展前瞻

1.进一步发挥人大、人大代表的法定职责和积极作用

《立法法》规定："规定本行政区域特别重大事项的地方性法规，应当由人民代表大会通过。"人民代表大会的立法权限相对于常委会而言，应当是具有本源意义、基础意义和全局意义的，因此按照宪法、组织法和立法法的规定，并不构成例外，而是本质上的授权关系。应当尝试规定人大代表不仅提案立法事项，而且可以依照程序提出提请人大全体会议进行某项立法审议的建议。总之，应当坚持进一步切实实现代表权利的努力方向，将代表在一般的人大职权活动中的参与权、决策权与立法过程中的表达权、选择权贯通起来。在发挥人大代表作用上，要求"编制立法规划、年度立法计划应当认真研究市人大代表的议案和建议"；常委会审议法规案，应当通过多种形式征求市人大代表的意见，并

将有关情况予以反馈等等。比如，多少人大代表提议可以和应当列为备选或应立的立法项目，在程序上是否需要规定对人大代表的立法动议予以法制委员会的统一审议等。再比如，就公众意见达到和满足哪些条件的方可采纳，与兼听行政管理部门及行政管理相对人的主张之间的耦合程度如何判断，这都是值得回应的重要挑战。其中还将连带着行政主体的规划权、决策权等的上游行政职权将受到至少程序的制约，应进一步研究和探索。立法审议过程的开放性要增强，审议中对规范设计的优化作用与程度要加大。要重点围绕法规草案与相关法律法规的一致性和协调性、权利义务对等性、内容完整性和周延性、表述准确性，以及行政处罚、行政许可、行政强制等合理适当性等方面进行审议并提出立法设计的新型优化方案上的意见建议，可以适当赋予或明确列席的人大代表的建议权。

2.进一步加强各市立法能力

目前，三市立法能力缺失方面存在的突出问题主要有以下几项：(1)各市人大常委会法工委下设的机构不统一。按照职能要求，法工委的内设机构至少应包括三个处室，即办公室、法规处、备案审查处。办公室主要负责法工委的日常办公事务，法规处主要负责法规的起草、修改、审议等相关工作，备案审查处主要负责报送常委会备案的规章和规范性文件的审查工作等。而从湖州、温州的人大官网上看来，湖州市、温州市人大常委会法制工作委员会的内设机构仅有两个，即办公室和备案审查科。其中湖州市人大网上的组织机构图中法制工作委员会的内设机构表示为办公室、规范性文件备案审查科(法规科)。(2)人大常委会法工委内设的现有科室之间的职责不清。以温州市为例，温州市人大官网上详细地说明了法工委应履行的工作职责和法工委内设科室的职能说明的行为应值得肯定，但是内设科室的职责说明又侧面反映了一个问题就是办公室和备案审查科之间的职责混同、界限模糊。如前文所述将湖州市人大常委会法工委的备案审查科理解为行使备案审查科和法规科的双重职责，温州市人大常委会法工委的备案审查科也行使法规科的职责。(3)各市政府法制办的机构设置与人员配备较为严峻。地方性法规和规章将逐步代替原有的“红头文件”的方式，以及行政复议与行政诉讼的增加，将给政府带来巨大的压力，尤其是政府法制办。目前，法制办的编制人数是否能应对各种事务将成为一个疑问。毕竟，市政府法制办的人员要承担统筹规划市政府立法工作的责任、报送市政府的地方性法规和规章草案的审查工作、管辖范围内的行政复议和行政诉讼的工作。(4)立法专家库问题。立法专家的职责包括负责立法的前期调研、立法前后的评估，首要的是确保立法合法性的重任。应进一步推动立法智库建设的规范化、实效化。

3.切实摆脱制定“红头文件”的思维惯性

在调研过程中可以感受到，各地拥有立法权之后大都抱有较大的热情，希望借助地方立法权克服政府监管不利的瓶颈。但是开展实际的立法工作之后，我们就会发现地方立法并没有想象中的顺利，立法过程显得些许“力不从心”或缺乏效应。比如立法过程复杂，立法前需要对有关事项进行调研，立法前后还要进行评估，或者在立法草案的论证会上问题争议较大，或者是地方立法并没有显现应有的地方特色，有较重的重复上位法现象。在这些因素的影响下，地方立法工作的积极性就会受到很大程度的影响。尤其是政府部门，在承担日常工作之余行政复议与诉讼的案件日益增多，还需要额外承担立法重任后，就会滋生还不如制定规范性文件也即所说的“红头文件”便利的念头。因此，从根本上树立法治思维有待更为加强。

4.进一步提升公众立法参与度与获得感

虽然湖州市、衢州市、温州市在对立法计划的制定与立法草案征求意见等方面设置了多种渠道可供社会公民提出自己的意见与建议、表达自己的利益需求，但是调研中发现，公众总体上对立法的态度不够热情，参与度不高，缺乏积极性，各市相关机构的工作人员表示收集到的公众意见建议比预期要少得多。其背后的原因可能有很多，但是对于立法机关而言，要审视是否是因为立法选项并未切中经济社会民生保障的深层次问题，立法的舆论营造和舆情引导是否能够同频共振，这些在今后的地方立法中应予以关注和改善。

为增进立法质量，要切实加强立法协商。北京市的立法协商在市人大常委会（通过党组）与市委（常委会）、市政协之间进行程序流转，期间通过市委决定是否开展立法协商、批转来自市政协报告、人大采纳报告的重要环节，形成立法协商在立法过程中的嵌入形态、闭合流程的做法和机制，值得借鉴。①

5.着力根植地方实践，推动立法特色化创新

对设区的市立法应予以审慎的评价，必须正视可能产生的“议论多，立得急，过了忘，用得少”的情形。② 设区的市的立法，更应强调针对性和操作性，更多的是实施性、执行性和极少数的先行性、自主性立法。通过前文三市的市容与环境卫生管理条例之间的对比研究，以及与《浙江省城市市容和环境卫生管理条例》的对比研究，可发现法规过于追求完整，规定了各种禁止性规定以及相应的罚则，近似条款占单个条例整体的三分之二以上。虽然湖州、衢州、温州各市在市容和环境卫生管理条例上都有各自的创新之处，也有各自对上位法的细化之处，但是地方立法的创新度仍欠缺，未能很好地凸显各地的地方特色，总体上未能对上位法进行补充细化，实施效果上可能会弱化。

6.需要加大立法公开力度与立法舆情研判

湖州、衢州、温州各市人大网站的信息公开和活跃程度都较好，各市的法制办网站上也较为规范。对于各市人大网站而言，网站版面清晰、条块分明，能够清楚寻找相关内容，但是有的市人大网站未明晰法工委内设机构，未列明该市人大的组织机构，或是政府网站未明确法制办内

---

① 参见《北京市政协立法协商工作务实高效》，《人民政协网》，http://www.rmzxb.com.cn/c/2015-07-16/534663.shtml；殷啸虎：《人民政协参与地方立法协商的目标与路径》，《江西师范大学学报》（哲学社会科学版）2013年第3期；侯东德等：《我国地方立法协商的理论与实践》，法律出版社2015年版；苏绍龙：《地方立法协商制度机制刍议》，《暨南学报》（哲学社会科学版）2015年第5期；芦荆享、尹淑倩：《地方立法视阈下的立法协商探析》，《荆门日报》2017年5月17日。另，有学者认为，有地方“确立了人民政协主导立法协商的类型”，似乎有误，值得商榷。（参见王勇：《国家立法视阈下的地方立法协商制度研究》，《鸡西大学学报》（综合版）2017年第2期。

② 参见公旭明：《佛山地方立法应重视三大原则》，《南方日报》2017年5月11日。

设处室的职责。结合网站作为立法公开的基本载体的建设完善，还要高度重视立法事项的社会评价及其信息的双向交流，要进一步高度警醒、自觉、能动地对待立法舆情。在社会利益多样化、公共政策利益配置越发具有挑战的发展进程中，立法的社会关注度和触发敏感度不断提高，因此，要将设区的市立法的议程设置、创制过程和规范设计等置于多重的社会场域之中加以审视。立法舆情分析诊断和立法吸纳动员能力是立法职权机关的基本能力之一。在域外，有国会图书馆负责"进行立法舆情与报章资料事项"，为立法提供舆情分析参考，以期有效使得立法项目、内容及其进程与社会的关切之间形成因应和互动，在动员和发挥社会对立法项目的支持并化解立法风险的方面能够予以不可或缺的参考作用。因此，建立立法舆情机制是十分必要的。①

综上所述，"人民群众对立法的期盼，已经不是有没有，而是好不好、管用不管用、能不能解决实际问题；不是什么法都能治国，不是什么法都能治好国；越是强调法治，越是要提高立法质量"②。温州市、湖州市、衢州市作为浙江省第一批具备立法能力可以先展开地方立法工作的设区的市，在 2015 年下半年以来相继开启地方性法规的立法工作，取得了奠基性的业绩和开拓性的成就。与此同时，毕竟温州市、湖州市、衢州市都刚获得地方立法权，难免在立法过程中遇到各种显性或隐形的困难。因此，各市地方立法权行使状况需要辩证地对待和科学地研究以及持续地切入，以系统的、深刻的学理反思为立法实践的优化予以应有的指引和镜鉴。浙江省设区的市立法实证分析系列之一是浙江省设区的市立法在权限依据、体制机制、项目内容和实效研究等的实证研究第一步，将在

① 以《大气污染防治法》修订 2015 年 6 月底二审后遭遇的环境法学专家对常委会立法的质疑情形可知，专家建议与审议环节之间存在着信息传递障碍、损耗、失真等。而对立法舆情的基本理论研究以及应用对策研究均有待加强。目前理论研究成果鲜见，似仅有谢小华、林立新、蓝新等《不同行业群体烟草危害认知状况及禁烟立法态度舆情调查分析》(《中国初级卫生保健》2015 年第 1 期)一文。

② 习近平:《在十八届中央政治局第四次集体学习时的讲话》,《人民日报》2013 年 2 月 23 日。

后续展开予以深入的研究和更有针对性的建言，力求为浙江省设区的市地方立法能力的提高和立法质量的增进有所裨益。

第二节 设区的市立法起始阶段比较评估与提升条件

浙江省设区的市创制地方性法规的起始阶段实践，回应各地市改革发展稳定的内在需求，积极稳健地加以开展。设区的市人大常委会在立法的组织、人员、制度等的资源要素配置以及社会舆情等的支持推动上比较完备，立法项目征集遴选确定、立法起草征询协调审议等的过程基本习得，立法结构体例技术语言等的运用总体可行。与此同时，立法的导向与重心有待聚焦，立法程序性自律性的认知有待强化，立法的事权范围的遵循有待清晰，立法的规范设计亟待科学、精细和富有针对性、操作性，立法的合法性、创新性及其有机统一的突出挑战有待基于立法需求、立法设计、立法评估等重要环节上的系统优化予以回应。对此，应进一步夯实民主立法、科学立法的体制机制，激活和焕发对立法性质、功能与效力的深切体认，保持对依法立法及其问责的警醒和恪守，以民众的立法需求和治理的能力提高牵引和推动创新立法、有效立法的实践探索。

一、设区的市立法起始阶段评估的比较及进路

历史地分析，起始阶段的设区的市立法实践，是已经具有其特有的规定性但是尚未全面展开的立法情形，由此既不能将其中尚未达到该事物本质的情形视为其本身，也不能无视其本身区别于其他事物的固有的内在规定性的存在及其外部表现的丰富性。作为评价或评估，便是以该事物的本质上的规定性来对其存在上的多样性的衡量和评判，或者说是该事物产生变化和发展过程中以其自身本质所进行的自我反思、校准和牵引。由此，对设区的市立法评估，在某种意义上，并不是要对其量的规

定性进行揭示，而是对其质的规定性的发育和成长甚至变异的过程的感知和批判。那么，坊间的所谓“评估”及其分值排序所遭遇的质疑，就不仅仅是在其客观性上，而更是在其深刻性上。所以，通过立法文本、人大常委会年度工作报告和专门立法报告、时政资讯、数据资料等的分析，固然是判断设区的市立法实践活动的基本途径和必要方法。但没有比较就没有鉴别，特别是在起始阶段，缺乏纵向的时间轴梳理和自身发展的比对情形。加之对设区的市立法与原来较大市的立法、经济特区立法以及自治条例和单行条例的立法之间的立法权限、功能的显著差异，可比性较弱，由此就必须将对设区的市起始阶段立法实践进行评判、评估。除去进行立法语言、立法技术的评估之外，就需要比较评价，需要进行同一省区内部的政策制度“天花板”之下的比较、不同区域的样本比较，或者某一区域（比如西部地区、长三角地区等）的不同设区的市立法比较。

立法的评估分析应当包括两个方面：一方面是立法项目、内容等成果上的比较，以及实施效果的比较。但是即便在立法前后的比较要表明其实施效果，也不应如一些报道和研究所强调的，即以行政处罚的数量增长作为其良性效果的引征指标之一。另一方面，就是立法过程、立法行为等的行动面上的剖析。对此就不能仅仅通过以上的评价依据和分析方法，而必须通过访谈、旁听、问卷和对立法记录等的阅读分析等方式的综合运用，并以科学的立法理论进行衡量和评判。这种评判，就是以立法的本质判断与系统知识，运用批判思维、创新思维进行设区的市立法的评估。[①] 置换在政策分析的视域中[②]，可以说第一方面是内容分析，第二方面是过程分析，并且两者都会关涉和包含设区的市立法的价值分析。而就成效分析——由以上两个方面针对立法的文本创制和规范设计、制定过程和产出流程的分析延伸到所确立的地方性法规的执行和实施的分析——则是立法后评估所担负的。学界对此的研究在不断深化，

① 参见熊明辉：《创新驱动呼唤批判性创新思维》，《光明日报》2017 年 8 月 7 日。

② 参见吴霓、王学男：《教育扶贫政策体系的政策研究》，《清华大学教育研究》2017 年第 3 期。

出现对某一领域、不同省区或同一省份内的城市立法比较评估，还有学者对上位法与地方性法规的制度设置内容与文本表述方式的重合、重复度的比较分析，或某一立法样本的理念、制度与过程的深度解析。① 但是这种研究多处于工作层面，而在学理层面则缺乏深入总结、评判分析，缺乏学理深化的自觉，缺乏规律特质的挖掘。

为此，针对浙江省内设区的市 2016 年底之前的地方性法规创制情况，就不应止步于数量化的统计分析，而应着力在民主立法、科学立法和依法立法的基本维度上，尽可能地予以批判性、建设性相结合的评价，并将设区的市立法更紧密地置于所在省区的地方法治发展与地方治理实践的场域和过程中，从而澄清设区的市立法健康发展所依赖的政治法治体制理念的前提，提出在其运行机理层面的关键举措和保障条件。

二、设区的市立法起始阶段的进展状况与反思

(一)设区的市立法起始阶段进展与问题

除去杭州、宁波以及温州、湖州、衢州外②，设区的市立法项目除去地方性法规制定程序方面的立法 10 余项，有《嘉兴市秸秆露天禁烧和综合利用条例》《绍兴市大气污染防治条例》《绍兴市水资源保护条例》《金华市金华江流域水环境保护条例》《衢州市区电动自行车管理办法》《衢州市城市市容和环境卫生管理条例》《舟山市海洋特别保护区管理条例》《台州市城市市容和环境卫生管理条例》《台州市城乡规划条例》《丽水市城市市容和环境卫生管理条例》等。

在嘉兴市，2016 年 2 月 19 日，嘉兴首部地方性法规——《嘉兴市秸

---

① 参见郑清贤:《反思与突围:设区市地方立法特色探寻——以福建省 7 个设区市立法为分析样本》,《福建行政学院学报》2017 年第 5 期;俞祺:《重复、细化还是创制:中国地方立法与上位法关系考察》,《政治与法律》2017 年第 9 期;杜群:《三亚市山体保护地方立法的拓展和生态法治创新——〈三亚市山体保护条例〉述评》,《南海法学》2017 年第 2 期。

② 参见石东坡、朱金艺、叶建平:《2016 年温州、湖州、衢州市立法比较评估——浙江省设区的市立法实证研究系列之一》,《浙江工业大学学报》(社会科学版)2017 年第 2 期。

秆露天禁烧和综合利用条例》审议通过。为促进《嘉兴市秸秆露天禁烧和综合利用条例》有效实施，市人大常委会专门发函至市政府，要求自条例施行之日起一年内作出相应配套规定，并报送市人大常委会备案审查。[①] 这尽管体现出对该法规实施的高度重视，但使人困惑的是：已经是设区的市的地方性法规，还需要所在市政府规章或规范性文件等的配套规定进行细化吗？显然该法规的执行性、操作性是值得忧虑的。随之，2016 年 3 月 29 日，《嘉兴市制定地方性法规条例》方才审议通过。而我们认为，对确认开始行使立法权的设区的市而言，立法程序方面的地方性法规，属于自律型的立法，是立法实践的自我约束，是对《立法法》和《浙江省地方立法条例》的省级地方性法规的执行性立法，是依法立法的必然要求。所以，应当是先于实体性法规的创制实践的。相比嘉兴这一情形，无独有偶，对地方立法权孜孜以求的温州以及绍兴等设区的市亦出现此情形。这不能不说是在依法定程序立法上的一种缺憾。

在丽水市，增设人大法制委员会、常委会法工委，制定《丽水市制定地方性法规条例》，编制年度立法计划，建立法规草案起草指引等工作规则，以及立法技术规范、立项办法等制度，确定了首批立法基层联系点，组建了立法咨询专家组，专门聘任地方立法技术规范专家，开展立法培训会，就立法项目的立法协商、立法调研、立法辩论，针对立法项目和草案面向社会公开征求意见、专家论证会等环节均予以开展。丽水市所制定的首部、2017 年前唯一的一部实体性地方性法规为《丽水市城市市容与环境卫生管理条例》。该条例在职责、义务尤其是禁止性的规定同时附随责任追究的处罚规定，就此体例是否适宜值得反思。2017 年，丽水市人大常委会将《丽水市饮用水水源保护条例》《丽水市南明湖管理条例》作为审议立法项目，将传统村落保护管理条例、水生态保护条例作为预备项目，在立法的针对性和在地化上更为突出，值得肯定。但是，第一，不论饮用水水源保护还是特定环境资源、自然生态特定区域的保护，

① 参见《嘉兴：走出地方立法的精准化之路》，http://zj.people.com.cn/n2/2017/0401/c186995-29955048.html。

要在制度创设上作出特色化或独创性规定，值得期待。第二，水源保护和水生态保护之间的项目定位、调整对象、适用范围等之间的关系需要深入论证。

在舟山市，2016 年 2 月 25 日，舟山市六届人大第六次会议第三次全体会议通过《舟山市制定地方性法规条例》。就该条例的制定与实体性的地方性法规的创制关系，舟山市人大常委会明确认识到作为程序性、自律性的法规，是实体性或者说实际行使对社会公共事务在三种立法事权范围内的立法创制权的前提和保障，指出："《条例(草案)》通过并施行后，关于我市城乡建设与管理、环境保护、历史文化保护等方面事项的综合性地方法规才可正式制定颁布。"由此彰显了立法的法治意识。截至 2017 年 1 月，舟山市地方性法规立项工作规则、舟山市地方性法规草案起草工作规则、舟山市地方立法技术规范、舟山市人大常委会地方立法专家库工作规则、舟山市人大常委会基层立法联系点工作规则以及法律委员会的议事规则，均得以健全并汇编执行。

而在立法实践上，2016 年 12 月 1 日，浙江省人大常委会批准《舟山市国家级海洋特别保护区管理条例》这部舟山市首部地方性法规。该法规规定了海洋特别保护区的管理体制、资源与生态保护、适度允许捕捞活动、保护区内的旅游管理、休闲渔业船舶管理等方面内容。由其内容可知：第一，这是一部海洋保护的特别立法。其与《湖州市生态文明先行示范区建设条例》一样，具有集成性、系统性和全局性，但是更为特殊。之所以特别，是因为其"特"在特定地域效力范围、特定保护管理职能、特别严厉管控措施，是以"保护区管理"的海域管理、海洋资源、生态系统和海洋环境的保护、特殊海洋产业监管等在内的综合性、系统性立法规制，由此反观设区的市立法权限在立法事权上的三个方面的规定：是否符合立法权限范围？是否能够视为在作为海南省三沙市之前唯一的群岛立市的地级市的特殊市情基础上，城乡建设与管理和环境保护这两类立法事项需要的整合型运用？是否可以将环境保护的立法事权置换为环境生态保护、自然资源保护并延伸到相关产业、行业的监督管理？第二，该条例在全国首次规定对海钓、生产性捕捞贝藻类实行许可制度。这尽管符合海洋特别保护区的政策导向和保护与修复相统一的理念原则,但是否完全与设区的市立法所能够在《行政许可法》《行政处罚法》《行政强制法》所规定的行政权能及其适用条件下的限制性规定相一致?第三,该条例在全国首次规定相关两项行政许可权限的同时,尽管可以和应当援引和纳入《行政许可法》的法定程序制度,但是,其中核发行政许可证照的法定条件、酌定条件以及违法行为认定的构成要件,后续行政处罚的裁量基准,是否应当在职权法定、程序法定和《立法法》有关行政权力及其义务、职责设定的统一性的原则要求下予以同步、同级的精细规定呢?尤其是否应当就其控制机制的一系列规范予以该条例本身之中有所规定呢?否则将难以体现出依法立法和职权、责任之间的必然对应性。而事实上,却是"另行制定两个相关配套的管理办法"。使人不解的是,为何一定要通过配套规定得以落实呢?由此反观,该法规自身是否存在操作性不足问题?尽管在关涉政府系统内部的职责关系和程序规范上,该条例难以予以调整和规定(这一立法情形,固然可能因为有关执法尚未开展进而缺乏实践经验的累积作为基础),但不可否认,客观上将会明显地疏于对所赋予的行政权力的监督制约。实际上,在该条例实施后的全国首张个人"海钓证"核发之后,短短的两个月间,当地颁发的个人"海钓证"已达3000多张。[①] 由此可见,日均50张,月均1500张,那么由此是体现出该条例的立法初衷——保护与修复优先?还是反之,诱发和促使了海钓这一所谓"海上高尔夫"的蓬勃发展甚至成为特定人群的炫耀式申领?这是否实际上间接实现了以高端群体服务为导向的海洋旅游新业态优先的海洋产业发展的地方政府期待的目标?而执法让位于为特定群体的服务并进而削弱了监管中的约束和控制,导致该行政权力的行使及该监管事项(即该旅游产业项目)均陷入失控的窘境,这是值得考量的。

在台州,《台州市城市市容和环境卫生管理条例》作为台州第一部地

---

① 参见《浙江个人海钓证:舟山地方立法带动经济效益》,http://news.sina.com.cn/sf/news/fzrd/2017-08-21/doc-ifykcypq2037550.shtml。

方性法规，主要是拟新增七大类公众违法行为的认定及其处罚。比如拟增加对发放“传单”类小广告的处罚，并明确通信运营商的配合义务。而如此诸多草案对涉嫌公众合法权益的不当限制甚至缺少上位法依据的竟然增设义务条款。这随后在征求意见等过程中被提议取消、修改。但是其中第二十九条之规定：“停放在公共停车泊位超过三十日的破旧车辆，影响市容环境卫生的，综合行政执法部门可以责令车辆所有人或者使用人在十日内驶离；逾期不驶离的，综合行政执法部门可以将车辆转移至其他场所，并告知车辆所有人申领。”①这个条款仍然赫然在列，使人匪夷所思。《台州市城乡规划条例》中设定了危房重建改建的条件、报批程序和要求。《条例》专门设置了城市公共文化艺术设施建设、地下空间开发利用、地下管线敷设、公共绿地保护等条文。《条例》规定任何单位和个人未经批准，不得擅自新建地下空间。这些许可的增设以及禁止的规定值得在合法性、正当性和可行性上予以商榷。

（二）设区的市立法起始阶段评判与前瞻

对设区的市立法，本项目在进行文本材料解析的同时，还辅之以调研访谈进行立法实践的主观方面的挖掘。所运用的访谈提纲包括的问题有：市人大及其常委会立法进展中人大代表的积极性与提案、提出意见建议等的状况如何？立法深入实践调查研究采取的电话访谈、问卷调查、委托论证等途径是什么？立法协商、立法听证等环节及其实际效果怎样？对人大主导立法的认识和努力是什么？同级党委对报请事项的批示是原则性、程序性的还是实体性的？对法规草案内容在协调中所遇到的困难是否关涉行政编制、层级或事项管辖权等问题是如何克服或化解的？法案中的规范设计遇到的问题是否开展立法前评估、社会风险评估或社会影响评价？在立法项目确定上，就诸多设区的市立法中日渐不约而同地开展某相同立法项目，如何看待和对待？就贯彻实施依法立法

① 该条例实施以来，单是路桥区行政执法分局截至 2016 年 10 月 15 日便行政处罚 1131 起。（参见《首法实施半个月，路桥处罚 1100 多人》，http://www.taizhou.com.cn/news/2016-10/20/content_3197006.htm）

的制度保障或监督机制是怎样思考的？从事立法工作所不同于此前有关法制、政法、司法工作的新感受是什么？通过这一深度访谈，对设区的市立法起步阶段的种种现实问题和实际障碍、立法能力的客观局限等有了更为真实的了解与把握。

可见，浙江省被确认行使立法权的各个设区的市，积极建立人大专门委员会、人大常委会法制工作委员会，配备不少于6名的具有法制工作经验的人员，建立立法专家顾问制度，推进地方立法专家库、基层立法联系点、地方立法研究院（如金华市）和社会参与立法评估的民间非政府组织，业已普遍成为设区的市立法的基本立法能力条件和质量保障措施。一些地方也在继续进行有益的尝试。比如在绍兴，某律师事务所申请报批了一家绍兴市大公法律研究院，其中就包括设立地方立法研究中心，拟更具有中立性、社会化、专业化地承接立法绩效评估、参与立法听证，推动绍兴积极建立律师参与地方立法的征求意见、立法辩论等。① 在宁波，某律师事务所配合收集立法建议，承担立法专项课题调研，提出立法建议项目，探索切实深化立法参与的途径与方式。省人大常委会在发挥指导功能和监督权能上，则在法工委增设法规审查与指导处，专门承担11个设区的市和景宁畲族自治县报请批准法规的审查和指导等工作职能。②

浙江省设区的市创制地方性法规的起始阶段实践，回应各地市改革发展稳定的内在需求，积极稳健地加以开展。设区的市人大常委会在立法的组织、人员、制度等的资源要素配置以及社会舆情等的支持推动上比较完备，立法项目征集遴选确定、立法起草征询协调审议等的过程基本习得，立法结构体例技术语言等的运用总体可行。与此同时，立法的导向与重心有待聚焦，立法程序性自律性的认知有待强化，立法的事权范围的遵循有待清晰，立法的规范设计亟待科学、精细和富有针对性、操

① 参见《关注地方民生　改进地方立法》，http://zjnews.zjol.com.cn/ztjj/2017nzjslh/ycll/201701/t20170119_2863106.shtml。

② 参见田梦海、吴江：《浙江地方立法开启新时代》，《浙江日报》2016年7月14日。

作性，立法的合法性、创新性及其有机统一的突出挑战有待基于立法需求、立法设计、立法评估等重要环节上的系统优化予以回应。对此应进一步夯实民主立法、科学立法的体制机制，激活和焕发对立法性质、功能与效力的深切体认，保持对依法立法及其问责的警醒和恪守，以民众的立法需求和治理的能力提高牵引和推动创新立法、有效立法的实践探索。

三、提高设区的市立法质量与效益的前提要件

一是学习贯彻党的十九大深化依法治国实践的重要论断和战略部署。深刻阐释党的十九大关于中国特色社会主义法治思想、深化法治中国实践等的一系列重要论述，在新的历史方位中基于浙江实际，遵循法治发展和社会发展的客观规律，适应人民日益增长的法治需求，夯实法治浙江建设的思想基础、创新法治浙江的新时代理论内涵，着眼关键，务求实效，深化和提升法治浙江建设，应当是统领法治中国在浙江实践的鲜明时代主题，是设区的市立法作为地方法治的制度创设实践环节的基本方向，是设区的市立法新的时代坐标和立法基点。党的十九大对贯彻全面依法治国方略，建设法治中国、建设中国特色社会主义法治国家作出了一系列重大决策和战略部署。

对此，可以归纳为五点：首先，明确了法治战略目标：到2035年，我国法治国家、法治政府、法治社会基本建成，各方面制度更加完善，国家治理体系和治理能力现代化基本实现。其次，明确了法治的战略地位：坚持全面依法治国，被明确作为十四条新时代坚持和发展中国特色社会主义的基本方略之一。再次，明确了法治所处的战略阶段。“深化依法治国实践”的提法是关于“依法治国”的新论断和新表述。又次，明确了引领法治的顶层设计，决定成立中央全面依法治国领导小组。最后，明确了法治中国的战略资源，确立深化依法治国实践的理论支持。法治思想与法治建设之间具有依存关系，具有先导作用。深入学习贯彻党的十九大精神，在法治的视角，一个基本立足点和最终落脚点，是对我国社会主要矛盾的基本判断，以及我国社会主要矛盾转变发展对法治的全局性影

响。社会是法治的基础和归宿，法治是社会的规范与保障。我国社会主要矛盾已经转化为人民日益增长的美好生活需要和不平衡不充分的发展之间的矛盾。步入新时代，人民群众的物质生活需求相较而言基本满足、比较有保障，精神生活需求、社会生活需求的突出程度、强烈程度、广泛程度、复杂程度明显提高。在民主、法治、公平、正义、安全、环境等方面的要求日益增长。这其中不仅有着明确的法治需求，而且民主的政治需求需要通过法治予以保证；公平、正义、安全的价值需求需要通过对社会利益格局的调整、社会公共资源的配置的法律制度变革与调适得以实现，环境方面的需求需要通过绿色发展的法律制度健全及其严格实施得到满足。综合起来，法治成为人民美好生活需要的聚焦点和聚合点所在，既是美好生活需要满足的必由之路，又是其具有全局性、统筹性的基本目标。

二是立足党内法规及其实施机制建设，发挥依规治党对地方立法的示范引领和保障推动作用，加强党对法治浙江建设中设区的市立法的领导。全面从严治党和全面依法治国的深度结合，是党的十九大开启和推动的一个重要治国理政时代新特点。始终坚持和加强党的全面领导，贯彻全面从严治党，将制度治党和思想建党进一步结合起来，营建执政党的建设和领导的制度化规范化法治化，是中国特色社会主义法治的重要特征和有机构成，是法治体系中不可或缺的重要基石。党内法规的创制、实施和监督体系的逐步健全，是全面从严治党的制度依托和根本保障。《中国共产党党务公开条例（试行）》已经通过，以此为标志，焕发党内民主、改善党的领导、推进依法执政将驶入快车道。这促使我们重新思考和更加重视依法执政在法治浙江布局、结构和体系中的地位、作用。没有依规治党的自觉、实效及其中的体制机制的健全和完善，就不会有法治的自觉、成效及其在科学立法、严格执法、公正司法与全民守法上的真正厉行与真实促动。在这个意义上，依规治党不仅是包括设区的市立法的政治前提，也是其逻辑前提，更是其示范样本。

首先，尝试建立党内法规执行状况评估、报告制度，提高党内法规执行力。以维护中央权威、保障党中央的集中统一领导为主旨，以加强党的政治建设为指向，以严肃党内政治生活、建设健康的党内政治文化和政治生态为目标，借鉴“（职权、程序、责任等）清单模式”，约束党内法规、规范性文件的制定权，创新党内法规建设的制度理念、制度内容及其实施机制。比如，进一步完善和落实各级党委（党组）集体议事规则、决策程序和责任追究制度，加强省委对地方党委的领导和监督。

其次，坚持制度治党，完善激励和约束机制，要层层压实法治建设在地方党委治理中的职责与任务，增强法治思维作为“关键少数”的领导干部战略思维、底线思维的内在支配力作用。亟待制定落实党政主要负责人法治建设第一责任的规范性文件，健全党政主要负责人法治建设第一责任人的职责及其监督考核机制，加强对党委重大决策的党内法规合规性、国家法律合法性与社会政治风险性三位一体的评估、预警和防范机制的探索创新。

再次，以党的组织建设、人才建设、基层建设为重点，加强省委及以下党委的党内规范性文件建设，将依法执政、加强和改善党的全面领导与促进经济社会全面协调发展进行深度融合，增强对各级党委统筹协调的监督评价机制及其效能，加强党委规范性文件备案审查，适当引入开展委托审查、第三方独立评估等，增强规范性文件的法治质量，杜绝不当文件制发。

最后，发挥党委对法治浙江建设的统揽统筹作用，按照中央全面依法治国领导小组设立的职能定位与体制要求，健全省委对法治浙江的领导体制及其运行机制，可以设立省委直接领导的法治浙江协同创新机制，全面加强法治道路、法治理论、法治体系、法治文化的前瞻研究、制度论证和方案设计与实践总结，建设专业化高水平的新型法治浙江智库。落实在设区的市立法上，要加强党对立法的领导，促进人大及常委会立法能力建设，落实中央有关常委会组成人员结构优化等的决策，健全党对立法规划、立法协调、立法协商、立法中的重大利益调整决策方案和社会参与的统筹协调制度机制。

三是合理开展省级人大常委会对设区的市立法的指导，加强立法监督并积极探索立法责任追究的方式和程序，健全设区的市立法的制度环境、法治空间与运行机制。在省级人大常委会与设区的市立法关系上，有学者将省级人大常委会的角色归纳为“法制统一守护人”和“立法监护人”的双重主体、合法性审查、合理性审查的双重监督、政治责任和法律责任的双重责任。其根据是将《立法法》有关设区的市开始行使立法权的“确定”决定，解读为“更是一种政治行为”①，并以现实中省人大常委会法工委“通过提前介入、征求意见、沟通协调、调研论证等方式对各市人大常委会法工委的立法工作开展了全面的业务指导，其范围涵盖了法规的合法性、合理性和可行性”等情形，来认定省级人大常委会发挥着监护的职责。这种上下级人大之间业务上的指导关系和工作上的联系关系被夸大和强化为合理的存在。尽管该论者业已申明这有着在起始阶段的特殊适用性，但是终究显得似是而非，是应予以澄清和纠正的。按照人民代表大会制度的宪法、组织法规定，人民代表大会实行的是集体议决的民主制度和决策机制，其权力的来源和支点在于选民及其意志。人大是依照宪法和组织法履行职责、行使人民赋予的职权，具有其独立性、平等性，在党的领导下有着其意志的自主、权力的自主，应当予以尊重，否则就会被完全置于科层制之下。② 因此，对不利于人民代表大会制度的健全和完善的所谓“实践做法”，不是要去固化，而是要去改进。不否定针对设区的市立法积极的联系、指导，但是不能将其蜕变和归拢在所谓的“政治责任”之下。这种法律上的责任关系，进一步明确了上下级人大及其常委会之间存在法律上的监督关系。其实早前彭真即明确指出，上下级人大常委会要加强联系，但是，它们之间没有领导关系。彭真在1983年6月六届全国人大常委会第一次会议上又讲到，省级人大和它的常委会行使自己的职权，只要同宪法、法律不抵触，全国人大常委会就不干预。只是在发生违宪、违法的行为时，全国人大常委会才行使法律监

---

① 参见廖军权、黄泷一：《提升设区的市立法质量的创新机制：立法点评》，《地方立法研究》2017年第1期；黄龙云、肖志恒：《广东地方立法实践与探索》，广东人民出版社2015版，第146～148页。

② 参见张紧跟：《科层制还是民主制？——改革年代全国人大制度化的内在逻辑》，《复旦学报》（社会科学版）2013年第5期。

督权。[①] 王汉斌指出，全国人大常委会对省级人大常委会可以概括为三个关系：一是法律上的监督关系；二是选举上的指导关系；三是工作上的联系关系。[②] 而以上“立法监护人”的观点及立论，背离人民代表大会制度，背离不同层级人民代表大会之间的民主制度宪制规定，将省级人大常委会的实际工作方式统称为所谓的“政治责任”之下的、当然的监督控制、合法正当的职权及其方式，可能是过于夸大省级人大常委会法工委的功能、作用所致的权力扩张倾向所致。应当明确，人大之间在宪法组织法上的职能关系具有法律属性，是设区的市立法中省级人大常委会与设区的市人大及其常委会在立法实践中的指导监督关系的前提和基础，对设区的市立法的指导、监督的限度和边界亦应以此为准，方式和手段应以法定为据。将设区的市立法起始阶段称之为“监护对象”，意在表明其立法经验匮乏和立法能力低下，似乎欠妥。在法律的意义上，设区的市立法权限的来源和行使的法律依据业已明确，不应将其视为被监护者，即并不具有法律上的完全行为能力以及独立的主体资格的立法权力行使者而非决定者。退言之，尽管省级人大常委会对设区的市立法予以悉心指导可能具有现实的必要性，该论者也以发展的角度指出其所具有的阶段性、暂时性，但是我们要强调的是并不具有充分的合乎宪法、法律的正当性，在强化依法立法的准则下，不宜予以肯定和推广，而是应当尊重和保障、激发和促进其依法独立自主地立法和依法严格审慎地监督。

简言之，将政治责任作为“立法监护人”的理念、思维以及做法的基本前提，值得商榷。况且在法治视域中，政治责任并非无限责任，而是在政治方向、政治原则和政治立场上对其进行的衡量与评价。根据 2016 年 1 月

---

① 刘政：《人民代表大会工作全书》，中国法制出版社 1999 年版，第 1004～1005、1010～1018 页；谢蒲定：《上一级人大常委会对下一级人大常委会的监督、联系与指导研究（上）》，《人大研究》2010 年第 1 期；谢蒲定：《上一级人大常委会对下一级人大常委会的监督、联系与指导研究（下）》，《人大研究》2010 年第 2 期；阚珂：《全国人大与地方人大是什么关系？》，《法制日报》2015 年 7 月 27 日。

② 参见庄永廉：《王汉斌：30 年前设立地方人大常委会是个创举》，《检察日报》2009 年 7 月 13 日。

28日浙江省十二届人大第四次会议《关于修改〈浙江省地方立法条例〉的决定》,第三次修正后的《浙江省地方立法条例》事前、事中、事后均刚性规定了省级人大常委会的指导权、监督权,这在一定程度上必然影响和制约着设区的市立法权限的行使、立法权能的实现以及立法自主的可能。其中第十条、第六十四条、第七十一条的规定及其实施有待持续跟进考察。

综上,立足于上述思想基础,伴随着依规治党严格实施,以设区的市立法的空间容许和能力所及为直接条件,设区的市立法尚需注重以下三点:(1)在权限依据和内容创设上,应严格恪守立法权限,并将立法选项的地方性和创新性聚焦、细化和落实在立法内容的适应性与操作性上,而不是笼统地在立法项目是否属于立法事权上去判断。(2)在主体依托和能力源泉上,切实加快探索人大代表发挥作用的渠道和途径,并健全其立法职责履行评价的自我评价与社会评价机制,作为代表履职和向选民负责的必要内容,并予以公示。(3)在立法机制和实质过程上,首先要以立法设计的比较选优为中心,健全和充实立法前评估的运行机制、指标体系,将立法前评估报告与立法说明适度分离,深化立法中的法律规范设计论证的参与程度与评议强度。其次要重视和化解审议流于过场的突出问题。另外还要适应湾区建设和经济发展新动能需求,增强设区的市立法协调性,探索建立省域设区的市立法协调机制。

第三节 浙江省地方立法的现状

2017年,浙江省地方性法规和规章的创制活动遵循科学立法、民主立法,注重依法立法,在全面深化改革和全面建设小康进程中切实发挥立法的基础和引领作用。浙江省人大及常委会制定了学前教育、河长制、房屋使用安全、无线电、公共信用信息、气象灾害防御、公共文化服务保障、城市景观风貌、中国(浙江)自由贸易试验区等方面地方性法规。各设区的市人大常委会分别就大江东产业集聚区管理、会展业促进、大运河世界文化遗产保护、危险住宅处置、文明行为促进、饮用水水源保护、城市绿化、气候资源开发利用和保护等方面制定了地方性法规。浙江省政府就公共数据和电子政务管理、女职工劳动保护、企业工资支付、取水许可和水资源费征收、地理国情监测管理等方面制定了政府规章。在设区的市政府，制定了地下空间开发利用、城市照明、房屋建筑幕墙、人民防空工程、国有土地上房屋征收与补偿、城市河道、扬尘污染防治、最低生活保障、社会保险费征缴等方面政府规章。浙江省人大及常委会制定 13 件、修改 34 件、批准 26 件、废止 3 件，共 76 件。各设区的市人大及常委会制定 21 件、修改 5 件，共 26 件。浙江省人民政府制定 9 件、修改 11 件、废止 5 件，共 25 件。各设区的市人民政府制定 17 件、修改 18 件、废止 24 件，共 59 件。其中三个设区的市政府规章为 0 件，景宁畲族自治县人大及常委会法规为 0 件。浙江省地方立法规范和保障改革推进，精准选项、精细设置、精干架构，规范创设和先行先试的地方特色鲜明，社会反响良好，同时存在着一定程度的立法效能有待提高，设区的市立法功能发挥不足，立法技术、语言有待规范化等局限，在未来应更加重视人大代表立法职能作用的发挥、立法质量与效益的提升、立法的科学化与智能化。

一、浙江省 2017 年度立法发展状况

在依法治国、依法治省以至法治浙江的进程中，浙江将改革决策与立法决策结合起来，敢于和善于运用地方立法。浙江省人大及其常委会新制定地方性法规 150 件，批准地市人大及其常委会和景宁畲族自治县人大报批的法规、单行条例 242 件，省政府新制定政府规章 161 件。①

① 参见浙江省中国特色社会主义理论体系研究中心：《习近平新时代中国特色社会主义思想在浙江的萌发与实践——法治篇》，2018 年 7 月 22 日《浙江日报》第 3 版；孙笑侠等：《先行法治化："法治浙江"30 年回顾与未来展望》，浙江大学出版社 2009 年版；何跃军、孙晋坤编著：《地方立法与法治浙江》，浙江工商大学出版社 2016 年版；石东坡、朱金艺、叶建平：《2016 年温州、湖州、衢州市立法比较评估——浙江省设区的市立法实证研究系列之一》，《浙江工业大学学报》（社会科学版）2017 年第 2 期；石东坡、尹晓、朱金艺：《设区的市立法起始阶段比较评估与提升条件——浙江省设区的市立法实证研究系列之二》，《浙江工业大学学报》（社会科学版）2017 年第 4 期。

2018 年前的省十二届人大常委会任期的五年，制定修订地方性法规 63 件、修改 86 件，审查批准报批法规 102 件。坚持在整体上进行法规体系的新陈代谢，及时深入开展法规集中清理并使之常态化。2014 年对现行有效法规进行了全面清理，其他各年都开展了法规清理工作，通过清理共修改不适应改革要求的法规 75 件、废止 11 件，既维护了法律的适应性和权威性，又保障了改革和监管的适法性与衔接性。在 2015 年《立法法》修改基础上，省人大常委会根据中央和全国人大部署，在严格落实立法标准和条件的基础上，分两批次明确温州等九个设区的市开始行使立法权的时间，促进设区的市立法能力的有效生成，加强在立法选项、立法起草等各环节的指导监督，保障设区的市立法稳健起步，以及宁波、杭州两地原作为较大的市立法的稳妥转换，重视景宁畲族自治县在民族区域自治中的法治建设，结合加强行政执法监督检查，全面履行人大职权和职责，努力提升全省的治理能力和法治水平。

（一）浙江省人大及其常委会 2017 年立法发展状况

2017 年，浙江省人大及常委会制定 13 件、修改 34 件、批准 26 件、废止 3 件，共 76 件。其中制定《浙江省学前教育条例》《浙江省河长制规定》《浙江省房屋使用安全管理条例》《关于推进和保障桐庐县深化“最多跑一次”改革的决定》《浙江省无线电管理条例》《浙江省公共信用信息管理条例》《浙江省工伤保险条例》《浙江省气象灾害防御条例》《浙江省公共文化服务保障条例》《浙江省公益林和森林公园条例》《浙江省城市景观风貌条例》《浙江省人民代表大会常务委员会关于大气污染物和水污染物适用税额的决定》《中国（浙江）自由贸易试验区条例》；修改《浙江省钱塘江管理条例》《浙江省台湾同胞投资保障条例》《浙江省水土保持条例》《浙江省河道管理条例》《浙江省固体废物污染环境防治条例》《浙江省城市市容和环境卫生管理条例》《浙江省海洋环境保护条例》《浙江省海域使用管理条例》《浙江省气象条例》等 7 件地方性法规，《浙江省促进科技成果转化条例》《浙江省实施〈中华人民共和国消费者权益保护法〉办法》《浙江省社会治安综合治理条例》《浙江省南麂列岛国家级海洋自然保护区管理条例》《浙江省水污染防治条例》《浙江省曹娥江流域水环境保护条例》《浙江省水资源管理条例》《浙江省动物防疫条例》《浙江省农业机械化促进条例》《浙江省公路路政管理条例》《浙江省航道管理条例》《浙江省防震减灾条例》《浙江省实施〈中华人民共和国档案法〉办法》《浙江省旅游条例》《浙江省发展新型墙体材料条例》《浙江省促进散装水泥发展和应用条例》《浙江省审计条例》《浙江省森林管理条例》《浙江省松材线虫病防治条例》《浙江省机动车排气污染防治条例》《浙江省实施〈中华人民共和国节约能源法〉办法》《浙江省绿色建筑条例》《浙江省建设工程勘察设计管理条例》《浙江省建设工程质量管理条例》和《浙江省消防条例》等 19 件地方性法规；批准《杭州市大运河世界文化遗产保护条例》《杭州市大江东产业集聚区管理条例》《宁波市文明行为促进条例》《温州市物业管理条例》《嘉兴市南湖保护条例》《宁波市制定地方性法规条例》《宁波市气候资源开发利用和保护条例》《杭州市道路交通安全管理条例》《杭州市会展业促进条例》《湖州市禁止销售燃放烟花爆竹规定》《绍兴市文明行为促进条例》《绍兴市市容和环境卫生管理规定》《金华市电梯安全条例》《台州府城墙保护条例》《杭州市城乡规划条例》《杭州市机动车驾驶员培训管理条例》《宁波市荣誉市民条例》《宁波市城市绿化条例(修订)》《宁波市韭山列岛海洋生态自然保护区条例》《温州市城市绿化条例》《温州市危险住宅处置规定》《衢州市城市绿化条例》《衢州市信安湖保护条例》《舟山市文明行为促进条例》《台州市电梯安全管理规定》《丽水市饮用水水源保护条例》；废止《浙江省核电厂辐射环境保护条例》《浙江省水路运输管理条例》和《浙江省著名商标认定和保护条例》等 3 件地方性法规。

浙江省人大及常委会制定了学前教育、河长制、房屋使用安全管理以及推进和保障桐庐县深化“最多跑一次”改革、城市景观风貌、中国(浙江)自由贸易试验区等方面的地方性法规，还制定了无线电管理、工伤保险、公共文化服务保障、公益林和森林公园、气象灾害防御等条例，修订了《台湾同胞投资保障条例》，修订了《〈消费者权益保护法〉实施办法》《钱塘江管理条例》等地方性法规，废止了《核电厂辐射环境保护》等地方性法规。省人大常委会还对《电子商务条例》等 3 件法规草案进行了初次审议。[①] 这些法规的制定修订，尤其是其中创制性法规的出台，对深化重点领域改革、保护生态环境、加强和创新社会治理、激发劳动者创造活力、推进治理现代化、保持和推动浙江“两个高水平”建设具有引领促进作用。其中有些立法选项和制度设计具有一定的可复制、可借鉴的意义。

《浙江省台湾同胞投资保障条例》的修订，按照总则、促进投资、优化服务、加强保障、附则这五个方面进行布局，共30条。

一是增强投资保障的稳定性和强制性。《条例》的修订施行，将吸引台湾同胞投资的经验做法和优惠政策升格为地方性法规。比如其中明确了台湾同胞投资企业享受本省民营经济、民营企业或者说社会资本与外商投资企业这样的双方面待遇中更为有利的某一种待遇的享受。这样的“双靠待遇”，通俗地说，即哪一方所给予的优惠条件更好更高更充实，就由哪一方来使台湾同胞的企业同等地予以享有或者享受。

二是发挥法治保障的引领性和创新性。该《条例》修订施行，是在国家层面的上位法修正后各省（市、区）中率先进行的。相比采取规范性文件，哪怕采取地方政府规章的方式而言，更具有其保障和保护的宣示性和有效性。

三是提升权益保障的程序性和规范性。对于台湾同胞投资权益保障的程序、义务、责任作了进一步明确，扩大了台湾同胞投资认定和保障范围，如增加了“再投资”，在知识产权、征收补偿、用地指标等方面均予以了相对“超前”的规定。[②]

《中国（浙江）自由贸易试验区条例》2017年12月27日经浙江省十二届人大常委会第四十六次会议审议通过，2018年1月1日起施行。该《条例》是第三批自由贸易试验区中通过的首个条例。

第一，对自贸试验区发展的目标定位作出了前瞻性的规定，强调其

---

① 参见王辉忠：《浙江省人民代表大会常务委员会工作报告》（2018年1月27日在浙江省第十三届人民代表大会第一次会议上），《浙江日报》2018年2月6日。

② 参见《〈浙江省台湾同胞投资保障条例〉解读》，http://www.crntt.com/doc/1048/9/7/8/104897838.html?coluid=239&kindid=13430&docid=104897838。

独特功能定位和差异化发展，由此对自贸港区建设予以全局指引。

第二，条例规定自贸试验区实行多证合一、一照一码的商事登记模式和企业名称自主申报制度，推行住所（经营场所）申报承诺制、行政许可告知承诺制、“单一窗口”建设，规定省口岸主管部门负责推进“单一窗口”建设，建立跨部门的综合管理服务平台。

第三，规定国际航行船舶保税燃料油经营，并对“一船多供”“一库多供”和“跨关区、跨港区直供”等作出规定，还对国际航运产业发展、国际船舶登记便利和优惠制度、国际航行船舶联合登临检查工作机制、沿海捎带制度、国际配矿贸易中心建设以及拓展国际船舶管理服务等作出规定。

第四，强化落实综合管理，对完善综合监管体系、建立健全国家安全审查机制，加强环境保护和安全监管等内容作了规定。

第五，该条例优化高层次人才、急需人才服务保障制度和外籍人才签证服务保障制度，依法保护投资者合法权益，加强社会信用体系建设和知识产权保护，发展专业化、国际化法律服务机构并推进中外律师事务所联营、合作，建立专业化审判机制，提高商事纠纷仲裁与调解的国际化水平，以及法治工作联席会议制度，在关键要素发育发展和持续深度优化发展的社会生态“软环境”上进行制度保障。

《浙江省学前教育条例》在 2017 年 5 月 26 日于省第十二届人大常委会第四十一次会议上审议通过，于 2017 年 9 月 1 日起实施。该条例共九章五十八条，涵盖了幼儿园保育与教育、幼儿园工作人员规范、对幼儿园的监督管理、法律责任等。

第一，该条例强调“儿童权利最大化”原则的实施。规定幼儿园工作人员如违反本条例规定，虐待、歧视、体罚、变相体罚、侮辱学龄前儿童，实施其他损害学龄前儿童身心健康行为，或者收受、索取学龄前儿童家长财物，尚未构成犯罪的，由所在幼儿园或者教育行政部门给予处分，幼儿园可以依法解除聘用合同或者劳动合同。

第二，有针对性地规定幼儿园实施保育和教育，不得教授小学教育内容和进行其他超前教育或者强化训练，不得组织学龄前儿童参加商业性活动和无安全保障的活动。

第三，规定幼儿园准办标准要求每班至少配备一个半教师、半个保育员，即“1.5 教 0.5 保”，这是最低要求。同时特别提出“增加幼儿园男性教师的数量”。

第四，规定县级以上人民政府应当采取措施，逐步改善和提高幼儿园劳动合同制教师、保育员的工资待遇。幼儿园劳动合同制教师人均年收入不低于上一年度所在地全社会单位在岗职工年平均工资。幼儿园专职从事特殊教育的教师享受国家和省规定的特殊教育津贴。

第五，明确“学前教育实行省、设区的市人民政府统筹协调，县(市、区)人民政府为主，乡(镇)人民政府、街道办事处参与的管理体制”。规定一方面完善布局规划，另一方面“四同步”建设配套幼儿园。有配套园建设任务的地块应当在首期开发建设；配套园必须做到同步设计、同步建设、同步验收、同步交付使用。任何单位和个人不得擅自改变配套园的性质和用途。规定每个乡镇应当至少设置一所公办幼儿园。规定各级人民政府应当将农村地区幼儿园作为新农村公共服务设施进行统一规划、优先建设。

第六，刚性规定县级财政性学前教育经费占同级财政性教育经费的比例不低于5%。

第七，《条例》坚持学前教育的公益性和普惠性，明确了政府兜底的责任，对残疾儿童、流动人口随迁子女、贫困家庭子女等弱势群体给予学前教育资助等特别保护。该条例是全面扎实地强化社会民生保障的一个立法举措样本。

(二)浙江省各设区的市人大及其常委会2017年立法发展状况

2015年《立法法》修改后，省人大常委会分两批分别确定温州等5个设区的市和嘉兴等4个设区的市可以开始制定地方性法规(杭州、宁波原有地方立法权)。浙江省在全国较早实现了所有设区的市可以行使地方立法权。据统计，2015年3月至2018年5月底，浙江省已审查批准94件设区市法规。在立法能力建设上，各级人大普遍强化了法制、内务司法、财政经济等委员会设置，人员配备与结构得到优化。2017年，浙江省设区的市人大常委会分别就大江东产业集聚区管理、会展业促进、大运河世界文化遗产保护、市容和环境卫生管理、物业管理、危险住宅处置、电梯安全(两个设区的市立法选项)、禁止销售燃放烟花爆竹、文明行为促进(三个设区的市立法选项)、台州府城墙保护、南湖保护、信安湖保护、饮用水水源保护、城市绿化(两个设区的市立法选项)、气候资源开发利用和保护等方面制定了地方性法规。

其中杭州市人大及常委会制定 3 件、修改 3 件,共 6 件。制定《杭州市大运河世界文化遗产保护条例》(2017 年 3 月 30 日)、《杭州市大江东产业集聚区管理条例》(2017 年 3 月 30 日)、《杭州市会展业促进条例》(2017 年 9 月 30 日),修改《杭州市道路交通安全管理条例》(2017 年 7 月 28 日)、《杭州市城乡规划条例》(2017 年 11 月 30 日)、《杭州市机动车驾驶员培训管理条例》(2017 年 11 月 30 日)。宁波市人大及常委会制定 4 件、修改 2 件,共 6 件。制定《宁波市文明行为促进条例》(2017 年 3 月 30 日)、《宁波市制定地方性法规条例》(2017 年 5 月 26 日)、《宁波市气候资源开发利用和保护条例》(2017 年 5 月 26 日)、《宁波市荣誉市民条例》(2017 年 11 月 30 日),修改《宁波市城市绿化条例》(2017 年 11 月 30 日)、《宁波市韭山列岛海洋生态自然保护区条例》(2017 年 11 月 30 日)。温州市人大及常委会制定 3 件,共 3 件。制定《温州市物业管理条例》(2017 年 3 月 30 日)、《温州市城市绿化条例》(2017 年 11 月 30 日)、《温州市危险住宅处置规定》(2017 年 11 月 30 日)。嘉兴市人大及常委会制定 1 件,共 1 件。制定《嘉兴市南湖保护条例》(2017 年 3 月 30 日)。湖州市人大及常委会制定 1 件,共 1 件。制定《湖州市禁止销售燃放烟花爆竹规定》(2017 年 9 月 30 日)。绍兴市人大及常委会制定 2 件,共 2 件。制定《绍兴市文明行为促进条例》(2017 年 9 月 30 日)、《绍兴市市容和环境卫生管理规定》(2017 年 9 月 30 日)。金华市人大及常委会制定 1 件,共 1 件。制定《金华市电梯安全条例》(2017 年 9 月 30 日)。衢州市人大及常委会制定 2 件,共 2 件。制定《衢州市城市绿化条例》(2017 年 11 月 30 日)、《衢州市信安湖保护条例》(2017 年 11 月 30 日)。舟山市人大及常委会制定 1 件,共 1 件。制定《舟山市文明行为促进条例》(2017 年 11

月 30 日)。台州市人大及常委会制定 2 件,共 2 件。制定《台州府城墙保护条例》(2017 年 9 月 30 日)、《台州市电梯安全管理规定》(2017 年 11 月 30 日)。丽水市人大及常委会制定 1 件,共 1 件。制定《丽水市饮用水水源保护条例》(2017 年 11 月 30 日)。景宁畲族自治县人大及常委会 0 件。

2017 年杭州市地方性法规数量明显多于其他设区的市,分布上涉及多个领域、方式上除去制定外兼顾修改的运用,具有此前作为省会城市以较大的市先期较长时间享有和行使立法权的经验、基础和特点。在立法的总体目标上,明确持续推进历史文化名城、创新活力之城、东方品质之城和美丽中国样本建设,在大运河遗产保护、大江东产业集聚区、文明行为促进、城市国际化等立法项目上予以承载,形成立法的引领、保障和促进功能合力上,有着各自的着力点和相互的匹配度。在立法项目的选择上,坚持创新、协调、绿色、开放、共享的发展理念,按照“不抵触,有特色,可操作”要求,在认真调研、深入论证的基础上提出立法项目。在法规规范的设计上,切实探索“最多跑一次”改革的有效法律路径。结合审批制度改革以及全国人大常委会合法性审查、关于环境保护法规清理、修改等的要求,对不适应全面深化改革要求以及形势发展需要的现行地方性法规修改(修订)或废止。

《杭州市大运河世界文化遗产保护条例》于 2016 年 12 月 29 日在杭州市第十二届人民代表大会常务委员会第四十一次会议上审议通过,2017 年 3 月 30 日浙江省第十二届人民代表大会常务委员会第三十九次会议批准,自 2017 年 5 月 1 日起施行。该条例未设章,共 38 条。该条例是杭州市继西湖作为世界遗产进行专门立法保护之后,又一部对世界文化遗产进行保护的立法,也是大运河文化带地方立法中以地方性法规而不是地方政府规章的位阶方式,更加具有权威性和有效性的一个重要尝试。

第一,该条例高度重视大运河世界文化遗产的活化保护,在第三条规定中明确统一统筹保护的原则后,强调要“维护大运河遗产的真实性、完整性”。在第四条规定中不仅强调保护大运河的文化生态完整性和城市空间协调性，而且规定要“发挥大运河水工设施遗存的功能价值，保护大运河附属遗存、相关遗产与大运河河道的有机联系，保持大运河沿线传统格局、历史风貌和空间尺度，维护大运河两岸自然生态和景观环境”。在后续具体条文中的保障制度中，一是规定了文化影响评价制度的具体运用，这样首要保障大运河文化遗产的原真性。要求：在大运河遗产区内进行工程建设的，建设单位应当在建设项目立项前报请大运河遗产综合保护部门进行遗产影响评价。有关部门依法作出准予许可决定的，应当同时告知大运河遗产综合保护部门。二是在第三十三条规定了大运河传统文化的传承是市、区两级政府的明确职责，这样将大运河的经济功能持续与文化功能弘扬有机结合起来。要求：市、区人民政府应当组织对大运河非物质文化遗产进行普查、发掘和整理，建立大运河传统民俗档案，组织大运河传统节庆活动，保护大运河传统文化。

第二，健全大运河这一文化带的保护体制。文化线路不同于点状的文化遗产保护，在政府规划、统筹以及基层保障上的要求更具挑战。为此，该条例在第五条规定建立市、区两级的“大运河遗产综合保护协调机制”，就大运河遗产保护、管理、展示、开发、利用、文化交流中的重大问题在政府层级层面上提请进行决策，从而加强大运河保护中的协调性和执行力。但是，其中第六条第三款规定：“大运河综合整治、沿岸土地开发利用、基础设施建设、旅游开发等工作，由市人民政府另行规定。”是否会在关涉大运河文化线路保护的关键基础要素上使得政府在其“另行规定”中缺乏强有力的社会参与和公众监督，进而有削弱本条例的制度拘束力度之虞？这是值得思考的。再者，第五条规定的协调机制之后，第七条将各个关涉的职能部门职责进行分别款项规定，似乎在其统筹协调的整合型治理上的体现还是有所局限。

第三，强化大运河遗产保护规划的基础地位和羁束作用。该条例的第十一条第三款规定：市大运河遗产保护规划经批准公布后，不得擅自变更；确需变更的，应当按照原审批程序批准。但是该条第一、二款的规定中分别明确的大运河遗产保护规划的编制、征求意见、批准以及市人大常委会审议等环节，似乎有两个问题：一则是这一规划的性质和定位。

如属于城乡建设规划，则应城市规划部门主责；如作为文化遗产保护规划，则结合党的十九届三中全会和十三届全国人大一次会议有关机构改革的决定，应将旅游产业等以及文化产业等的产业布局纳入其中一并考量。由此，则应明确与发展改革主管部门之间的衔接和协调，以有利于可持续性的大运河文化遗产保护。但是结合该条例的第十二条第一款规定：市大运河遗产保护规划应当与国家大运河世界文化遗产保护总体规划、浙江省大运河世界文化遗产保护规划相一致，并与杭州市城市总体规划、杭州市土地利用总体规划、杭州市历史文化名城保护规划相衔接。第三款规定：大运河两岸发展规划、产业规划应当符合市大运河遗产保护规划的要求。由此可知，遗产保护规划是一个中观层次的规划。二则，其中尽管为了进一步增进保护规划的实质民主性与合法性，强调需经市人大常委会审议。第十一条第二款规定：市大运河遗产保护规划在报市人民政府批准前，应当先经市人民代表大会常务委员会审议，常务委员会组成人员的审议意见交由市人民政府研究处理，研究处理情况应当及时报告市人民代表大会常务委员会。而这一审议按照如上规定，是属于咨询性质而并非是决策性质的，那么是否属于在杭城所应纳入的国家权力机关的“重大事项决策权”范围，有待研究。该条例的第十四条规定，在大运河遗产区、一级缓冲区内的，占地面积超过 3000 平方米的建设项目，市人民政府应当提请市人民代表大会常务委员会审议决定。就此，是在这一刚性标准之中明确为市人大常委会的决策权范围内。

2017 年，宁波市人大常委会制定并获批地方性法规的量上名列浙江省设区的市之首，在总量上与杭州市持平。《宁波市文明行为促进条例》经 2017 年 3 月 9 日宁波市第十四届人民代表大会常务委员会第三十八次会议审议通过，2017 年 3 月 30 日浙江省第十二届人民代表大会常务委员会第三十九次会议批准，2017 年 7 月 1 日起施行。该条例由总则、基本行为规范、鼓励与支持、实施与监督、法律责任、附则等六章构成，共 44 条。在公共管理中，不仅要维护基本秩序，而且要内在地促进公众文明素养的提升，将城乡运行秩序、社会公共利益的维护与保障建立在更加自觉的公众主体意识和能动行为基础上，因此，文明行为促进不仅是深化文明城市创建的一个目标导引下的具体举措，而且是在根本上维护和实现新时代美好生活的必要进路。由是观之，就文明行为这一颇具涵盖度的范畴，就不限于道德、法律关系的辨析以及由此对法律功能限度及其有效实施条件的犹疑，也就不限于对个体行为选择的任意自由与社会公共的利益、秩序之间关系的个体本位化的偏狭固守，而是在尽最大可能的社会共识度基础上，明确一定行为的非正当性进而以其非法性进行标示，并予以规训、劝导、警示、训诫和处罚以及矫治。所以，文明行为促进的立法尤其是地方立法，即便并不是依托某种创建活动，也应当是一种持久更新的社会共同体健康协调发展之必要和必需。宁波着眼其对已有文明创建的经验做法的制度化，对其蝉联五连冠的现实目标的保障强化，将文明行为促进作为立法选项，切实探索城乡社会公共秩序管理的法律化体制机制，有一定的尝试性和创新性。

第一，该条例重视社会公众的内在向善意识、尊崇意识和自豪情感的焕发，以有效举措激活法律的激励功能，累积对社会、对他人和对规则的法律信任，从而潜移默化地积蓄社会文明、抬升文明基准。该条例第二章“文明行为基本规范”和第三章“鼓励和支持”相呼应，在对倡导、奖励、保障、禁止、惩处等所针对的产生社会公共影响结果的行为分别规定的基础上，与之相匹配地规定社会反应措施，包括政府职权行动。条例集中规定了公共环境文明、公共秩序文明、交通文明和社区公共文明等“四大类文明行为规范”，为社会各单位、各层级的“软法”治理确立了法律尺度。条例第七条规定了倡导性文明行为，如文明节庆、文明婚丧嫁娶、文明祭扫、保护环境、节约资源、遵循职业道德和商业道德规范等。条例第八条至第十一条重点对公共环境、公共秩序、交通出行、小区物业等四大领域存在的不文明行为作了禁止性规定，如公共场所吸烟、违反规定饲养烈性犬、高空抛物等。条例第十三条至第十八条规定了给予表彰、奖励的鼓励性文明行为，如慈善公益、志愿服务、见义勇为、无偿献血、现场急救等，后续则规定了表彰、奖励等鼓励措施。同时，该条例中对特定职业群体设定了实质上更高的文明保障的行为履行义务，尽管这一义务尚且不是完全法定性的。该条例明确规定，国家工作人员、教育工作者以及公众人物应当在文明行为促进工作中发挥表率作用。而对文明行为先进模范人物的鼓励、扶助，该条例规定，建立困难帮扶制度，对生活困难的文明行为先进人物给予帮扶；建立爱心公园、荣誉墙等表彰和纪念设施，作为道德荣誉发布、展示和道德宣传教育活动基地；建立文明行为记录制度，按照当事人自愿原则，对相关文明行为予以记录，并作为实施荣誉表彰、积分入户加分等措施的依据。

第二，该条例的文明行为监督管理、激励约束和促进弘扬的措施设置多样化、具体化，而并非使之行政化。该条例规定了爱心公园（荣誉墙）、文明行为积分奖励、不文明行为曝光、参加社会服务可以依法从轻、减轻或者免除罚款、信用信息记录等多样化文明行为促进机制。其中第二十七条不仅规定管理规约等形式约定本物业管理区域内文明行为管理的权利和义务，而且在第二款规定物业服务企业、业主委员会有职责及时予以劝阻、制止；劝阻、制止无效的，应当及时向有关行政主管部门或者街道办事处、镇（乡）人民政府报告。第三款规定，对多次劝阻、制止无效的，业主委员会可以根据管理规约的约定或者业主大会的决定，将违反本条例规定的有关不文明行为采取适当形式在物业管理区域内予以公示。由此进一步强化社会治理、基层治理和自主治理的约束力，在一定程度上弥补社会自治的不足。《条例》规定，违法行为应当受到行政罚款处罚的，违法行为人可以向行政主管部门申请参加相关社会服务，行政主管部门可以根据违法行为和社会服务岗位设置的实际情况，安排其参加相应的社会服务，违法行为人参加并完成相应的社会服务，并经认可的，可以依法从轻、减轻或者不予罚款处罚。这不失为一个有益的公共治理的经验。

（三）浙江省2017年政府立法发展状况

浙江省人民政府制定9件、修改11件、废止5件，共25件。制定《浙江省餐厨垃圾管理办法》（2017年1月20日）、《浙江省取水许可和水资源费征收管理办法》（2017年3月2日）、《浙江省企业工资支付管理办法》（2017年3月2日）、《浙江省公共数据和电子政务管理办法》（2017年3月16日）、《浙江省女职工劳动保护办法》（2017年4月14日）、《浙江省古树名木保护办法》(2017 年 7 月 7 日)、《浙江省最低生活保障办法》(2017 年 9 月 24 日)、《浙江省地理国情监测管理办法》(2017 年 12 月 4 日)、《浙江省体育赛事管理办法》(2017 年 12 月 15 日)。修改《浙江省农业废弃物处理与利用促进办法》等 10 件规章(2017 年 9 月 22 日)、《浙江省社会消防组织管理办法》(2017 年 11 月 28 日)。废止《浙江省国家建设项目审计办法》等 5 件规章的决定(2017 年 9 月 27 日)。

《浙江省公共数据和电子政务管理办法》2017 年 5 月 1 日起施行。该规章由总则、规划和建设、管理和应用、安全和保障、法律责任、附则共六章四十一条。该办法系浙江省利用信息技术和互联网技术深入推进各项政务服务改革制定的第一部省级政府规章,同时也为国家持续深化“最多跑一次”的行政审批制度改革与建设服务政府、实施大数据和电子政务战略提供了“浙江方案”。

第一,该办法建立统一的管理体制,破解多头管理、数据壁垒、服务碎片、安全脆弱等痛点。《办法》规定:县级以上政府应当加强对公共数据和电子政务工作的领导和协调,由省政府办公厅负责指导、监督全省公共数据和电子政务管理工作。《办法》专门就电子申请、电子签名、电子证照、电子归档等规定:除有法律、法规明确规定外,各级行政机关都应当接受能够识别身份的以电子方式提出的申请,且不得同时要求公民、法人和其他组织履行纸质或者其他形式的双重义务。电子签名与本人到场签名具有同等效力;电子印章、电子证照与纸质证照具有同等法律效力;可以单独采用电子文件归档形式。

第二,对公共数据获取、归集、共享、开放、应用等明确公共数据采集遵循合法、必要、知情原则,明确公共数据统一编目、逐级归集的要求,形成公共数据资源目录,并将目录中的数据归集到公共数据平台,实施人员、法人单位、公共信用等综合数据信息资源库建设。明确公共数据共享为原则,不共享为例外,按无条件共享、受限共享和非共享三类情况分别确定数据属性及共享实现方式。

第三,《办法》强调统筹建设一体化网上政务服务平台,全面推动政务服务在线办理,促进网上网下平台融合和流程再造。该规章聚焦政府自身改革和政府自觉履责，而不为社会和相对人增加义务和负担，从而为浙江简政放权、电子政务改革深化提供了更加坚实的制度基础。

《浙江省女职工劳动保护办法》2017年6月1日起施行。在女职工劳动保护范围、劳动保护内容、特殊期间待遇以及用人单位义务等方面作了细化规定，措施更具可操作性。

第一，《办法》明确县级以上人民政府在女职工劳动保护上的制度性保障义务和职责。

第二，该办法规定，签劳动合同或聘用合同时，用人单位与女职工不能有限制结婚、生育和缩减产假的约定。女职工权益保护专项集体合同要明确女职工劳动保护的内容、女职工一年一次的妇科常见病检查、女职工心理健康辅导等内容。

第三，明确规定孕期女职工休息时间，以及女职工生育后可享受的产假由原来的90天提高到98天，并且符合法律、法规规定生育子女的夫妻，还可以再获得30天的奖励假，即符合法律、法规规定生育子女的女职工产假是128天，并且不影响女职工晋级和调整工资，并计算工龄。未就业妇女符合计生规定的可申请相当于本人3个月失业保险金的生育补助。该办法还对设置女职工卫生室、孕妇休息室、哺乳室等设施进行了规定。

（四）浙江省各设区的市2017年政府立法发展状况

各设区的市政府，制定了地下空间开发利用、城市照明、房屋建筑幕墙、人民防空工程、国有土地上房屋征收与补偿、物业管理、城市河道、扬尘污染防治、国家级海洋特别保护区机动车、钱塘江防潮安全、公共汽车客运、最低生活保障、社会保险费征缴等关涉城市建设与管理、环境保护以及民生保障等方面的政府规章，开展了规章制定程序、市场监督管理行政处罚程序等方面的基础性制度建设。

其中杭州市人民政府制定5件、修改5件、废止8件，共18件。制定《杭州市地下空间开发利用管理办法》（2017年5月12日）、《杭州市市场监督管理行政处罚程序规定》（2017年8月2日）、《杭州市城市照明管理办法》（2017年11月15日）、《杭州市钱塘江防潮安全管理办法》（2017年

12 月 27 日)、《杭州市社会保险费征缴办法》(2017 年 12 月 27 日)。修改《杭州市国家建设项目审计办法》(2017 年 8 月 2 日)、《杭州市人民防空工程管理规定》(2017 年 8 月 2 日)、《杭州市城市绿化管理条例实施细则》等 3 件(2017 年 11 月 27 日)。废止《杭州市有害固体废物管理暂行办法》等 3 件(2017 年 9 月 28 日)、《杭州市组织机构代码管理办法》等 5 件(2017 年 11 月 27 日)。宁波市人民政府制定 4 件,修改 13 件,废止 16 件,共 33 件。制定《宁波市城市房屋建筑幕墙安全管理办法》(2017 年 3 月 3 日)、《宁波市人民防空工程管理办法》(2017 年 3 月 3 日)、《宁波市最低生活保障办法》(2017 年 3 月 14 日)、《宁波市市区城市河道管理办法》(2017 年 3 月 14 日)。修改《宁波市政府投资项目审计监督办法》(2017 年 9 月 11 日)《宁波市人民政府关于修改和废止部分政府规章的决定》(2017 年 12 月 21 日)(含 12 件:《宁波市政府投资项目管理办法》《宁波市政府核准投资项目管理办法》《宁波市消火栓管理办法》《宁波市物业专项维修资金管理办法》《宁波市危险化学品道路运输安全管理规定》《宁波市生猪屠宰管理办法》《宁波市建设工程文明施工管理规定》《宁波市户外广告设施设置管理办法》《宁波市公共机构节能办法》《宁波市电梯安全管理办法》《宁波市大运河遗产保护办法》《宁波市城乡规划实施规定》)。废止《宁波市人民政府关于修改和废止部分政府规章的决定》(2017 年 12 月 21 日)(含 16 件:《宁波市全民所有制小型零售商业、饮食服务企业租赁经营管理规定》《宁波市农村集体资产管理暂行规定》《宁波市建筑施工工地治安管理暂行办法》《宁波市饮食娱乐服务企业环境保护管理办法》《宁波市城市建设档案管理规定》《宁波市培训机构管理办法》《宁波市政府信息资源共享管理办法》《宁波市小型客车特殊号牌号码有偿使用管理试行办法》《宁波市社会福利企业管理办法》《宁波市三轮非机动车、手拉车管理办法》《宁波市古树名木保护管理办法》《宁波市除四害工作管理规定》《宁波市预拌混凝土管理规定》《宁波市损害经济发展环境行为处分处理试行办法》《宁波市重大安全事故行政责任追究规定(试行)》《宁波市行政电子监察管理办法》)。温州市人民政府制定 1 件,共 1 件。制定《温州市区国有土地上房屋征收与补偿办法》

(2017年3月22日)。嘉兴市人民政府0件。湖州市人民政府制定1件,共1件。制定《湖州市人民政府规章制定程序规定》(2017年11月24日)。绍兴市人民政府0件。金华市人民政府制定2件,共2件。制定《金华市物业管理办法》(2016年12月29日)、《金华市扬尘污染防治管理办法》(2017年11月3日)。衢州市人民政府制定1件,共1件。制定《衢州市人民政府制定地方性法规草案和规章程序规定》(2016年12月8日)。舟山市人民政府制定2件,共2件。制定《舟山市国家级海洋特别保护区机动车管理办法》(2017年7月28日)、《舟山市国家级海洋特别保护区海钓管理暂行办法》(2017年5月12日)。台州市人民政府制定1件,共1件。制定《台州市公共汽车客运管理办法》(2017年2月14日)。丽水市人民政府0件。

《温州市区国有土地上房屋征收与补偿办法》经2017年1月23日市人民政府第75次常务会议审议通过,自2017年5月1日起施行。该办法聚焦在城市化进程中易发高发矛盾纠纷、关系公共利益与个人利益、发展效益与保障权益的拆迁征收安置补偿关键问题,作出一系列衡量标准、操作规程的规定,体现更加公正、均衡和有效的制度设计,增强制度规范的可接受性、利益分配的获得感与社会发展的低风险性。该办法有总则、征收决定、征收评估、补偿安置、附则共五章50条。

第一,《办法》设置了一系列公正、公开、公平的房屋征收制度。包括房屋征收范围公示制度、旧城区改建意见建议征询制度、调查结果公示反馈制度、房屋征收决定公告制度。

第二,该办法立足利益相关人实质参与,规定了向被征收人公开和参与决策的程序,其中因旧城区改建征收房屋的,需征得90%以上的被征收人同意,方可实施征收;在规定的签约期限内未达到80%签约比例的,补偿协议不生效,房屋征收决定效力终止。

第三,规定对被征收房屋建筑面积小于最低补偿建筑面积且被征收人属于低收入住房困难家庭的,优先给予住房保障以及有关补偿。

第四,对评估的基本要求、评估机构选择、评估方法和评估报告异议程序等作了规定。在评估机构选定方法、评估结果公示、异议处理机制等进行了健全，并规定加强监督指导，主管部门建立房地产价格评估机构信用记录、公示制度，成立评估专家委员会。

第五，细化列举被征收人权利义务。规定宁被征收人享有知情权、选择权、参与权、救济权；履行配合入户调查登记，及时签订补偿安置协议，在规定期限内完成搬迁、腾空、办理或者委托办理权属证书注销登记手续以及不得在征收范围内实施不当增加补偿费用的活动等义务。[①] 有关义务的规定过于笼统，规定义务的列举尽管并非加重或增设，但在方式和顺序上有待周延，内容和履行的规定有欠细密。

二、浙江省 2017 年度地方立法的特色和亮点

2017 年是浙江改革发展和厉行法治的重要一年。浙江省深入学习贯彻习近平新时代中国特色社会主义思想和党的十九大精神，深刻领会关于健全人民当家做主制度体系、发展社会主义民主政治、法治国家、法治政府和法治社会一体推进的新要求和新部署，紧扣省第十四次党代会确定的目标任务，突出问题导向，选取关键点，凸显浙江特色，确立符合“四个全面”发展战略、践行“八八”战略的正确的立法政策，并以此为核心，实现“立法政策与理念—立法设计与供给—立法规范与技术”的协调联动，保证地方性法规和规章在政治上、在法治上、在发展上、在人民群众的人权实现的切实获得感上经得起检验、发挥正效应，着力推进立法的精准化精细化精干化，为“两个高水平”建设提供法制保障。比如，围绕经济转型升级，修订《促进科技成果转化条例》，对科技成果使用处置、收益分配和所有权制度等方面作出进一步明确，强化对科技人员的奖励和激励。首次在地方立法中规定职务科技成果权属奖励制度。适应深化改革扩大开放的战略决策，吸取国内外自贸区建设发展规律和经验，立足浙江实际，制定《中国（浙江）自由贸易试验区条例》，明确自贸区管理体制，对油品全产业链、大宗商品贸易自由化等进行制度设计，突出自

---

① 参见《〈温州市区国有土地上房屋征收与补偿办法〉政策解答》，http://www.wenzhou.gov.cn/art/2017/3/22/art_1217576_6065393.html。

贸区的浙江创造。针对城乡房屋安全事件频发，在中长期的预测评估基础上，着眼房屋安全与社会公共安全与秩序之间的紧密关联，制定《房屋使用安全管理条例》，明确房屋使用安全责任人、主管部门和相关单位的责任，加强房屋安全的基层管理、处置。[①] 适应人口政策重大调整，及早谋划，健全国民教育体系，适应学前教育的特点与规律，加强政府教育职能保障力度，制定《学前教育条例》，明确每个乡镇应当至少设置一所公办幼儿园等内容，在全国率先就学前教育配比标准、学前教育保障条件与学前教育管理体制作出法规规定，极大地满足民生需求。制定《城市景观风貌条例》，加强城市景观风貌的建设和引导。制定《公共信用信息管理条例》，完善公共信用评价制度，引领社会诚信建设。修订《社会治安综合治理条例》，坚持和发展"枫桥经验"，把 G20 安保工作等好经验好做法上升为地方性法规，有力地提升社会治理法治化水平。

(一)立法决策与改革决策深度融合

省人大常委会在立法中贯穿"最多跑一次"重大改革精神，贯彻国务院"放管服"改革，保障改革于法有据，及时修改完善 29 件地方性法规，作出《关于推进和保障桐庐县深化"最多跑一次"改革的决定》。[②] 这是省级人大及常委会的职权活动中鲜见的。与之相结合，浙江省政府规章《浙江省公共数据和电子政务管理办法》(省政府令 354 号)将实现"最多跑一次"改革的体制保障、技术保证予以了法律化的"点穴式"疏浚。

就"最多跑一次"改革，亟待并最终需要在立法层面予以实现。

首先，"最多跑一次"改革相对既有的法制构设的行政许可在标准、程序、形式、效力上的实质发展有以下方面：

第一，相对人办理事项个数、次数与行政许可设定的项目或事项之间存在巨大落差，前者是由某一主题确定的活动全程，是结果导向的；后者是职能管辖、属地管辖分别设置的环节相对独立化的存在的。二者分

---

① 参见王春：《化解塌楼风险 地方政府应如何作为》，《法制日报》2016 年 10 月 11 日。

② 参见王辉忠：《浙江省人民代表大会常务委员会工作报告》(2018 年 1 月 27 日在浙江省第十三届人民代表大会第一次会议上)，《浙江日报》2018 年 2 月 6 日。

别是总成型和行为型的。

第二，“最多跑一次”改革的“一窗受理，集成服务”，与所谓法定的行政许可办理部门归属的行政化、碎片化之间严重冲突，在部门之间的行政协同关系上进行了搭桥和并联，构筑了平台集中方式的同步审批办理的新格局、新程序与新机制。

第三，“最多跑一次”在纵向上实现两点重要改革：一是政府行政的直接性和统筹性均得到加强，而不是或不再是部门行政执法。有学者将其称为“整体性治理”。二是基层派出机关和乡镇政府的行政监管与服务职能得到充实，在推进“一窗受理，集成服务”改革向基层延伸中，加强乡镇（街道）便民服务平台和村（社区）代办点建设，推行“乡镇（街道）、村（社区）前台综合受理，县级后台分类办理，乡镇（街道）、村（社区）统一窗口出件”的服务模式，努力实现政务服务“就近能办，同城通办，异地可办”。

其次，要深化“最多跑一次”改革，在群众最渴望解决、最难办的事情上寻找突破口，同时坚持贯彻实施全面依法治国、严格依法行政，就必须以改革的深化和法治的优化相匹配、相结合为指引，侧重在制度建制的法治化供给侧保障上作为当前阶段性重点。谨建议以下四个方面：

第一，根据党的十九大精神，申请中央授权浙江省“行政审批与公共服务创新示范区”或者“新型政务示范区”建设，获得有关先行先试立法权。有鉴于触及《行政许可法》等，加之该法修改周期等的限制，因此，可以尝试根据《立法法》，参照广东、上海此前做法，暂停有关法律的实施，授权开展有关“最多跑一次”改革所亟待建立健全的关涉商事登记制度改革、涉政审批中介改革、综合行政执法体制改革、社会信用体系立法，在编制发布单个事项审批标准的基础上，推动行业准入联合审批标准建设，实行行业准入的规划、产业政策、城市管理、环保、消防、卫生、治安等方面的一揽子细化、量化的审批资格条件，并建立与联合审批运作流程相适应的配套规则措施，包括一窗受理、一表申请、联合审图、联合踏勘、信息资料交流共享等制度。

第二，强化“最多跑一次”改革的统筹协调和重心下移，建议还可制定《浙江省人民政府所属部门委托行政许可若干规定》。因为就省人大常委会作出推进和保障桐庐县深化“最多跑一次”改革的决定，既是为桐庐县深化改革提供的重要法制保障，也是推进省委决策部署全面贯彻落实的重要举措。但是，因其针对县级，而其前提是《决定》的第三项：县行政区域内商事主体设立、项目投资建设及其他事项涉及的行政许可，依法应当由省或者杭州市的政府、发展改革、经济信息化、公安、国土资源、环境保护、住房城乡建设、城乡规划、交通运输、水利、卫生、工商行政管理、质量技术监督、安全生产监督管理、食品药品监督、人民防空等有关行政机关实施的，省或者杭州市的有关行政机关可以依法委托桐庐县的有关行政机关实施。故，省级行政机关的委托是能否进行桐庐探索的事先条件，对此，省政府适宜先有一规章。

第三，进一步针对全流程在线办理等提供更加协调和明确的法律制度支持，加快修订有关省政府规章。就国务院《政务信息资源共享管理暂行规定》《浙江政务服务网信息资源共享管理暂行办法》《浙江省促进大数据发展实施计划》《浙江政务服务网电子文件管理暂行办法》的基础上，在政务信息公开与保密、电子签名和电子认证、网络互联互通与局部隔离、电子文档保护等方面，尽快立法规范，改革政府数据治理体系，并在数据产权、数据定价、数据保护等方面创新制度设计，消除阻碍政府数据开放、部门间政务数据共享的制度壁垒，保障公众和相对人的数据信息安全与权益。

第四，深度促进“最多跑一次”改革智能化。杭州不动产登记领域的“数据共享”，主要的还是国土、房管、地税三个核心部门之间的共享，房屋测绘尚未完全融入不动产权籍业务体系，土地测绘、房屋测绘“两张皮”，不动产登记等相关部门无法高效利用测绘成果、提高办事效率；权籍调查系统与测管系统功能定位尚需改进。其他部门支持“最多跑一次”的数据平台和数据共享系统也基本处于这种状况。因此，必须适时适度推进无纸化登记，提升智慧登记水平。

（二）精选立法项目助推转型与发展

《杭州大江东产业集聚区管理条例》经杭州市第十二届人民代表大会常务委员会第四十一次会议审议通过，2017 年 3 月 30 日浙江省第十二届人民代表大会常务委员会第三十九次会议批准，自 2017 年 5 月 1 日起施行。该条例有总则、规划建设和土地利用、产业促进和保障、公共服务和社会治理和附则等共五章三十条，无法律责任条款之规定。这是在总结杭州市人民政府发布的《杭州大江东产业集聚区管理办法》[①]实施经验基础上，进一步促进大江东产业集聚功能的发挥，协调产业发展、科技创新、人才汇聚、公共服务和社会治理之间的关系，提升大江东产业集聚区管理服务效能所制定的，是类同于经济技术开发区等的一部具有组织法律规范、产业政策规范与行政管理规范等的综合地方性法规。其核心是确立大江东产业集聚区的经济管理权限、管理体制及其法律上的主体地位，创设不同于行政管理的地方政府常态管理体制的派驻管理与在地管理相结合的监管体制。其鲜明特点有：

第一，产业导向、创新导向和国际导向明确。其第三条明确规定了三个纲领性规范：一是大江东集聚区的产业重点是先进制造业、战略性新兴产业、现代服务业。二是在集聚区的功能定位上，要求依次四重功能——现代产业功能、高端城市功能、综合服务功能、一流生态功能。而这四种功能不是平行或并列的，而是衍生或复合型的，即以现代产业功能为基点，与之相匹配，又不局限于以往的经济园区或产业园区，而是适应其产业特点和产、城结合的新的时代发展特点，避免造城与产业之间的严重疏离，为产业发展尤其是富有产业集聚的有机性、生态性的城市空间全面支撑，确定高端城市功能、综合服务功能、一流生态功能对上述现代产业功能的保障、辅助作用的。三是大江东集聚区发展战略。这是该条例唯一使用“发展战略”的表述：“实施创新驱动发展战略，发展国际创新创业载体，提升城市国际化水平。”将发展战略法定化，进一步牢固

---

① 该条例实施之际，原此地方政府规章同时废止。

树立创新驱动发展的理念，明确创新驱动在产业引入、产业孵化、产业集聚、产业延伸、产业生态以及所牵引的城市塑造、城市管理、城市文化诸多方面的基础地位和支配作用，激励和促使大江东产业集聚区在非均衡发展中发挥动力源的重要角色。

第二，赋予权限，强化地位，理顺体制。作为新型产业集聚区的治理体制机制，既不能脱离基础的国家行政管理体制，又要更加对焦该区域功能的突出需要，所以，在其实质上，该条例的主要基点是功能取向的特定阶段性的行政主体设定。为此，该条例的主要条文在制度设计上均以此为指向。如第四至九条之规定，分别在杭州大江东产业集聚区管理委员会的性质、地位以及经济管理权限、社会行政管理权限，以及职能机构设置上予以明确，既保障其独立性又维系其在总体的监管、治理之中的协同性，在与市区两级常态行政管理体制之间的承接、衔接、整合、沟通、协调以及预算、统计等的链接上以法的形式予以规定。以“管用的就那么几条”的操作性、针对性视角研判，这就是该条例的关键所在。其中最主要的是第四条，其中第一款界定其基本法律地位是市人民政府的派出机构，第二款规定县级管理权限，第三款明确市级管理权限的授权。

但似应注意，尽管构建协调机制，但毕竟首先现行法律规定中，城乡建设规划、土地利用总体规划等，均以常态市、县两级政府为职权、职责主体。其次，萧山尽管不受有关统计核算影响，但在预算上大江东集聚区管委会独立编制列入市财政。因此，萧山在诸多方面对大江东集聚区管委会的支持配合，难免有其自身的财政、就业以及公共基础设施建设等的考量。所以，在第十条第二款、第三款和第十一条以及第十二条第二款等就控制性详细规划、土地利用总体规划、跨区域基础设施项目等关系到大江东集聚区建设初期的关键资源要素配置上的征求意见、协调协商以及纳入萧山区有关规划并“依法报请批准”的机制和程序规定。[①]是否能够切实消除内耗、增强行政效能以及最终有助于大江东产业集聚发展和周边经济社会协调发展，而并非“飞地”一般地存续甚至于相对自我封闭，有待在精细化的制度设计上加以破解。

就实践中，大江东产业集聚区尝试探索“管委会＋经济实体＋社会中介组织”三位一体的园区开发建设管理和服务体制，实行行政管理主体与开发建设主体相分离，管委会负责行政职能和社会职能，创建“一站式办公，一条龙服务，一个窗口对外”扁平式管理模式。着重构建以行政管理、公共服务、企业服务、招商引资、产业发展、社会保障为核心的服务体系，实现由管理型机关向服务型机关转变。组建专业化运营管理公司，全面承担园区的开发、建设、经营与管理。探索成立相应的集团公司，建立现代企业制度和产权制度，从市场、融资、人才等多个方面推动产业的发展。在投融资、土地开发、设施引建、资产经营、金融担保、物业服务等方面与市场接轨，实行规范的企业运作。这些在该条例中实际并未得以体现或规定，由此使得专业化运营管理公司、集团公司是否实质上作为管委会的下属管理层级，在保障集聚区总体经济效益和国有资源受益的同时，潜在的影响政策传导和创新孵化，需要进行实证的评估。

第三，全面确认产业政策，聚焦构建创新体系。创新的实现，在本质上是创新的科学思维与创新的社会经济文化生态相结合的产物，而就创新个体能否赢得与之相适应的创新环境，哪怕是无干预、无介入和无作

---

① 见该条例的第二章“规划建设和土地利用”中三个条文均有相应规定，如第十条第二款规定：“大江东集聚区的控制性详细规划，应当与萧山区有关规划相衔接。”第三款规定：“控制性详细规划的修改和调整中涉及跨区域重大线性基础设施布局调整的，大江东集聚区管委会应当先征求萧山区、杭州经济开发区和相关部门的意见。”第十一条规定：“大江东集聚区的土地利用总体规划由大江东集聚区管委会组织编制，并纳入萧山区土地利用总体规划，依法报请批准。土地利用总体规划需要修改和调整的，由大江东集聚区管委会提出方案，征求萧山区意见后，报请原批准机关批准。”第十二条第二款规定：“跨区域的交通、水利、电力、通信、地下综合管廊等基础设施项目，由市人民政府协调大江东集聚区和萧山区、杭州经济开发区，确定其建设标准、建设时序、出资比例、建设和运营管理方式。”

为的一种“放任”的社会环境，既取决于创新个体的选择判断，又取决于社会、政府能够遵循创新创造的客观规律，主动积极地顺应和提供应有的社会支持而不是相反。在这一前提下审视该条例，如果就该条例除去所具有的组织法的意义，则在法的行为法律规范角度检视和提取该条例对社会主体、市场主体所具有的“外部”效力，就会发现在第三章“产业促进和保障”的规定，比较全面地就产业政策、创新体制及其要素进行了明确。其中在第十六、十七、十八条对产业指导目录、政策导向、产业基金、产业领域、产业重点、准入标准等进行了概括规定，似乎是提纲挈领地对有关政策文件的强调，也由此具有转致型规范的性质。但是第十八条规定中尽管强化企业和高校院所等的创新组织主体地位，以及协同创新和区域创新资源共享网络，但是缺乏具体举措以及对该校科研院所的吸引与支撑，将其作为一条两款，固然是基于其紧密型联系的加强，但却不利于在大江东集聚区管委会与二者之间的科技创新服务的职权关系与法律关系的明晰，我们认为这一规定的操作性和充分性有待加强。

（三）植根特色化发展锤炼立法特色

地方立法特色由何而来？尽管直接来自特色化、创新性的法规范设计，但从根本上，在实践的、群众的首创精神和成效检验上，来自地方的特色化发展，这是立法项目、立法内容甚至于立法表达的特色本源。如《浙江省城市景观风貌条例》是城市规划领域中强化城市景观风貌保护的全国首部此类专项立法，该条例强调政府实施旧城区改建不得破坏历史文化街区的传统格局、整体风貌和历史文脉，不得擅自迁移、拆除和改建历史建筑。将文物保护、城乡规划、市政建设和文明传承结合起来，明确城市、县、镇人民政府应当通过编制和实施总体城市设计和详细城市设计，加强对城市景观风貌的规划设计和控制引导。明确规定城市、县人民政府因地制宜规划建设城市地下综合管廊。已建成地下综合管廊的，新建管线应当统一纳入地下综合管廊；尚未建成地下综合管廊的，新建管线应当采取地埋的方式。

再比如《杭州市会展业促进条例》，2017 年 8 月 24 日杭州市第十三届人民代表大会常务委员会第五次会议审议通过，2017 年 9 月 30 日浙江省第十二届人民代表大会常务委员会第四十四次会议批准，自2017年12月1日起施行。该条例共有总则、促进与扶持、服务与管理、附则等四章三十条。对会展业进行立法促进，是比较鲜见的。何谓会展业？该条例第三条规定："本条例所称会展业，是指通过在特定场所和一定期限内举办会议、展览、赛事、演艺、节庆等活动，为参与者提供各类会议、展示推介、经贸洽谈、文体交流、休闲娱乐等服务的综合性产业。"

第一，会展业是现代消费业态的高端聚集形式，直接促进本地场馆利用、交通通信、旅游接待、广告策划等的发展，充分弘扬西湖、大运河两大世界文化遗产的文化传播效应，挖掘和发挥作为世界旅游目的地、历史文化名城的经济社会效应。

第二，会展业是以会展为载体，具有较强的关联性和辐射性，现代会展业牵引多个产业链条，不仅是集中展示的舞台，而且是荟萃信息的平台，更是激发业界密集交流、促进创新创业、驻留产业要素的重要契机。

第三，会展业是现代服务业的重要组成部分，是文化旅游业的再升级，会展业与装修装饰、信息咨询、交通住宿、旅游文化、科技商贸、金融服务等方面的产业融合与聚合关系紧密，也是切合杭州经济社会文化生态协调发展的重要增长极，杭州具有得天独厚的优势条件，会展业对杭城的全面发展、提升品质、深度开放，以国际化助推城市发展内涵提升和全面升级具有重要作用。可见，对会展业的立法，选取的立方调整对象十分精准、切合度和针对性很强。统揽其立法内容，预期其实施效果或立法作用，则具有产业促进法、城市发展法和积极（服务）行政法的三重意味。

首先，作为会展业这一新兴产业的"促进法"。

第一，立法目标清晰。在第一条中明确规定，建设国际会议目的地城市，打造国际会展之都、赛事之城。

第二，充分发挥政府在会展业发育发展的起步阶段的积极作用。第五条第一款规定："市人民政府将会展业发展纳入国民经济和社会发展规划，制定市会展业发展专项规划，推动会展业与城市建设、科技文化、旅游休闲、商贸金融等方面的融合，促进会展业国际化、市场化、品牌化、专业化、智慧化、生态化发展。”第六条规定：“市人民政府建立会展业发展领导协调机制。”第七条规定：“市人民政府应当整合会展业服务管理职能，明确会展业主管部门。”同时规定市会展业主管部门负责全市会展业的统筹规划、综合协调、管理服务和引导促进工作所应承担的十项职责。这是具有首创和示范意义的，对省会城市、自治区首府城市以及滨海具有会展业发展基础和优势的城市在都市经济发展上有启发作用，也是对北京、上海、广州等的城市发展繁荣的历史经验和规律做法的有益借鉴。第十条规定：“市人民政府应当逐步整合部门会展项目预算资金，设立会展业发展扶持资金。”第十二条规定：“推动政府、社会和会展企业共同依法设立会展业投资基金，逐步建立政府、企业、社会多元投入机制。”第十六条规定会展场馆建设专项规划。除此之外，在人才、科技等方面也规定了相关措施，体现出对会展业的全面支持，从而保障了会展业在杭州市产业发展中的应有地位的落实。

第三，突出会展业发展尊重市场规律、尊重企业地位、尊重行业自律。该条例第四条规定：“会展业发展遵循政府引导、市场运作、公平竞争、行业自律的原则。”第八条专门规定会展行业协会的地位性质与职责，其中的内容不仅具有系统性，而且具有较强的服务性，包括制定行业服务规范、评估体系和诚信体系、统计监测分析体系、人才培训、品牌会展企业和会展项目引进、协办等促进会展业发展的行业组织、自律等职能。第十二条规定：“市人民政府应当以市场为导向，逐步加大向社会购买服务的力度，加快建立政府办展退出机制。鼓励社会资本进入会展业，推动政府、社会和会展企业共同依法设立会展业投资基金，逐步建立政府、企业、社会多元投入机制。”这就使得在会展业发展上，必须厘清和坚守的政府与市场、政府与协会、政府与民企、政府与社会之间的适宜的关系准则得到具有法律意义的规定。因此，在产业促进法的视域中，要重视政府的作用，但不是为会展业找个“婆婆”，不是要确立一个行政主管部门，并以“许可—处罚—强制”作为行政管理法律法规的标准配置和程序制度，而是首先为其添薪助燃，为其疏浚机制，为其保驾护航。这样的市场主体、市场机制才会得到尊重和焕发，才会有着持久的生机与活力。

其次，作为城市发展法，该条例将会展业发展与城市建设发展联系起来，而不是割裂开来，这样不仅符合会展业依托城市发展水平、检验城市运行功能的显著特点和内在规律，而且最大限度地实现会展业对城市发展的积极促进、对城市品位的显著提升。

第一，该条例对会展业不拘泥于传统的展览展示活动，而是将其视为集成性的产业形态和产业集群，延伸链条，夯实基础，驻留上下游。在调整范围上，条例指出会展业是提供各类会议、展示推介、经贸洽谈、文体交流、休闲娱乐等服务的综合性产业。这样，实际上会展业已经是商贸业、旅游业、运输业、文创业乃至教育、卫生、科技、金融等多重产业或领域的截取式汇聚和回溯式作用的一个中枢性节点，所以对会展业的发展，不是楼堂馆所等的城市体量壮大和形象美化，而是城市多产业的对标带动和市场检验的一种高地搭建。该条例不仅是在杭州成功举办G20会议之后的长效机制建设和产业形态强化，而且是对城市美誉度的业态“放大”。

第二，该条例自觉地将其作为杭州城市发展战略的重要支点，在理顺会展业管理体制、激发行业活力、强化政府服务等的同时，着力塑造城市关联产业、推动城市全面发展。由此在会展业的类型选择上，并非雨露均沾地对各个会展项目和会展方式都毫无甄别。该条例为城市特色化功能定位和持续性发展所着眼，在第十四条规定了会展业的五个重点领域，或者说与杭州历史文化和城市定位相契合的五个发展路径，具体包括：突出本市特色优势和产业优势、历史文化内涵等的特有支撑；重点培育会展品牌、学术论坛、学科会议品牌、国际会议、赛事、特色民俗节庆活动；加强历史人文、旅游休闲、电子商务等具有本地特色会展；高度重视杭州会展品牌化发展；规定“支持和鼓励会展企业通过专利申请、商标注册等方式，保护和开发利用会展名称、标志、商誉等无形资产”。这些折射出杭州市运营者和治理者对会展业发展的宝贵基础与客观规律的深刻体认与高度尊重，展现出杭城城市“经营”的理性与成熟。而这些既是在已有的杭州教育科学文化医疗等的产业、事业基础上的“自然生长”

和“内生需求”，也是为文化、科技等诸方面事业发展、产业振兴所输入的“平台嫁接”和“业界智慧”。又如注重国际化发展。该条例第十五条规定双向国际化、高端化的发展：“市人民政府应当加强与国际会展专门机构的联系，建立国际会展引进和申办联动机制，积极引进国际知名会展。推动联合国相关机构和会议、展览、赛事等方面的国际组织入驻本市或者设立办事机构。鼓励本市会展企业、会展品牌加入国际展览业协会、国际大会及会议协会等国际知名会展业组织，获得国际认证。”

第三，该条例第十八条规定：“鼓励和引导应用现代信息技术发展新兴会展业态，鼓励举办网上会展等服务。”这就促使会展业的勃兴和智慧城市、智慧经济紧密联系在一起，促进城市发展成为重要的商贸集散地和网上丝绸之路信息港，促进和激发创新创业，带动产业发展和产业聚集。

最后，该条例以积极（服务）行政法为基调，寓管理于服务之中，而不是以消极地维护监管秩序为取向。该条例规定，杭州市政府将会展业发展纳入国民经济和社会发展规划，制定市会展业发展专项规划，培育引进专业会议、赛事组织机构，建立国际会展引进和申办联动机制。第二章专门规定了“促进与扶持”内容，包括财政资金扶持、市场主体培育、会展品牌培育、会展环境会展品牌和会展企业的国际化推进、会展场馆规划和建设、会展人才培养和引进，以及会展活动信息化、标准化、目录化等措施。第三章“服务与管理”专门规定了会展业的安全监管包括活动备案、安全责任、知识产权保护、投诉处理以及公安机关、市场监管、城市管理、知识产权等政府相关部门提供的服务和指导等。需要特别说明的是，该条例落实行政审批制度改革，在审批流程再造上体现“最多跑一次”改革的要求。第二十一条规定了一次收文、联合审批、一次办结、一次许可，并最大限度地实行便民服务，规定“举办单位申请年度内在同一场馆举行同等规模或者相同内容的多场次会展活动的，公安、市容环境卫生、文化等部门可以采取一次许可的方式”。上述规定表明，并不创设政府所属专门职能部门，而是采取已有机关中选取和确定较为切近会展业的职能部门，不移动和改变多方监管职责的方式，以整体性、协同型治理的服务行政法理念，弥合不同职能部门在会展活动实现上的权力边界的方式，加强单一事权所关涉的多项行政管理职权的同步行使，并且，不设罚则。总之，这是一部有着鲜明特色、针对性强、覆盖面广、操作性高的地方性法规。

（四）充实民生权益保障的立法供给

地方立法不求全、不求体系，而是有的放矢，持续发力，增强立法的针对性。法律法规制度建设注重解决制约地方经济社会发展的基础性、特有性问题，因此始终坚持问题导向、民生导向，突出阶段性发展的重点问题破解和持续性发展的基础制度短板。通过立法促进改革，尤其是促进社会利益资源配置的制度结构、制度规范和制度约束的改革，是地方立法所应体认和遵循的价值理念与应用思维。2017 年，浙江省人大常委会积极回应民生关切，紧盯群众最关心最直接最现实的利益问题，以立法在制度上的供给维护人民群众在社会发展收益上的参与分配权和实际受益权，全面落实宪法确认的政府制度性保障的义务与职责，制定的学前教育条例、公共文化服务保障条例等，以人民为中心，体现共享改革发展成果。

比如《浙江省学前教育条例》，将学前教育纳入国民经济和社会发展计划上进行了明确，在县级人民政府的财政、师资、建设以及管理等方面的职责进行了强化。在农村幼儿园规划布局和师资配备以及质量监控上、在弱势群体的幼儿学前教育保障上都进行了严格的甚至量化的规定。如浙江省政府制定的《浙江省女职工劳动保护法》，在产假、生育保险等方面的一系列规定具有精细、精准和刚性、切实的显著特点。

又如，《浙江省公共文化服务保障条例》2017 年 11 月 30 日经省十二届人大常委会第四十五次会议审议通过，于 2018 年 3 月 1 日起施行。该条例共 34 条，作为《中华人民共和国公共文化服务保障法》的执行法、实施法，在加快构建现代公共文化服务体系建设，更好地保障人民群众的基本文化需求、文化权益方面作出诸多更为有针对性的具体规定。

第一，强化政府主体责任。在资源保障和政府监管上实行“四个纳入”，即将公共文化服务体系纳入当地经济和社会发展规划，纳入年度工作计划，纳入本级财政预算，纳入政府目标责任制。设置了政府部门协调机制、财政投入增长机制、公共文化资源整合机制等制度。县级以上人民政府要建立公共文化服务协调机构。

第二，推进公共文化服务均等化。该条例规定各级人民政府统筹推进公共文化服务发展，合理确定公共文化设施布局，实现“市有五馆，县有四馆，区有三馆”。省人民政府制定基本公共文化服务标准，设区市和县级人民政府要结合当地实际制定公共文化服务目录，用标准化的形式补齐基层公共文化服务短板。

第三，提升公共文化服务效能。该条例规定对机关、学校和其他企事业单位的文体设施向公众开放的，给予经费补助。向省级中心镇和常住人口5万以上的乡镇（街道）派驻文化工作员，实行基本文化服务项目免费服务。公共文化设施管理单位每年向社会公布上一年度公共文化服务开展情况，接受社会监督。

第四，吸收广泛社会参与。对民营文化企业、民间文化团体的文化人才在评定职称、参与培训、申报项目、表彰奖励等方面实行同一标准，建立反映公众文化需求的征询反馈机制和考核评价机制。通过流动服务、数字服务、购买服务等方式，丰富公共文化服务的内容和样式。

再比如，《台州市电梯安全管理规定》经2017年10月30日台州市第五届人民代表大会常务委员会第六次会议审议通过，于2017年11月30日经浙江省第十二届人民代表大会常务委员会第四十五次会议批准，自2018年3月1日起施行。该条例未分章，共36条。伴随着城市化、老龄化的进程，城市住宅的电梯维护以及改造中的电梯配备日渐成为公众关注的热点问题，加之住宅小区物业管理及其监督长期以来处于松散状态，基层村居委组织自治与监管职能、角色不够明晰和强化，使得电梯安全问题的公共化倾向不断凸显，由此，电梯立法成为在多地的立法选项。但是究其内容，则需反思是否属于、何种情形下属于公共安全问题并由此纳入政府安全保障的义务和职责，也由此成为立法层面的问题？换言之，如果仅仅在电梯生产制造、购买维护、运行保障及其资金保证上，仅仅在物业管理维护上，则属于市场行为，即特定物的购买使用等的合同义务、小区物业基础生活保障设施的增容与安全运维以及消费者权益保障的问题，则并不成为政府监管问题，也不成为立法所需要在权利义务程序责任等的创设、弥补以及强制实施问题。由此，反观该条例以及全国同题的地方立法或者物业管理方面的条例，电梯采购、安装、使用、安全以及资金、人员等的权利义务方面在物业服务企业、业主、业主委员会等之间的立法规定，实质上是以法定化覆盖和替代约定化，是法律的调整范围和力度的延展与加强，是在契约精神与契约履行缺乏应有明晰和约束、在自治——物业管理的自我管理、授权管理与并不反映在公共秩序层面的社区内部自主运行的治理——缺失的情形下再度寻求政府以及立法的介入，而这集中折射在电梯问题上，但能不能就此将其视为在现代社会治理体系和治理能力的发育发展之中的不应有的回潮？姑且不考虑该电梯问题关涉的显在人口与潜在人口之规模与比例，这是一个对地方立法选项上值得反思的问题。毕竟在严格的意义上，除非关涉社会公共利益才适宜进入立法层面进行制度供给。不过，如果上溯到特种设备安全保障以及物权和物业管理服务的有关法律层面的粗疏等的“先天”缺憾，那么，地方立法在补强这一细密的权利义务界分上似乎又有其必要性。所以，在这一背景下审视所谓的执行性立法、补充性立法与试验性立法的划分，其实是这三种不同的成分在地方立法的哪怕某一个项目之中也是并存互补的。

第一，在电梯运维的权利义务上，进行了细化规定。例如，要求在物业服务合同中约定如电梯日常管理、维护保养、一般修理等费用，并规定电梯重大修理、改造、更新费用由物业专项维修资金支出，还规定物业服务企业接管电梯应当履行的义务。其中第十六条规定：物业服务企业接管电梯应当确认电梯状况，并如实记录。物业服务终止前，物业服务企业或者业主委员会应当通知维护保养单位对在用电梯进行全面检查。维护保养单位进行全面检查后，应当出具检查报告。由此在物业服务企业交接之际避免责任认定和费用支付等不清所带来的困扰。而第十八条规定：对确实“需要使用物业专项维修资金进行修理、改造或者更新的”情形，“由物业服务企业或者相关业主提出建议，经业主委员会或者社区居(村)民委员会证明核实，可以直接拨付物业专项维修资金”。这一规定是否属于增设社区村居委的义务，有待考察。

第二,政府在电梯安全上的保障义务及其限度。对此,该条例规定了三个“阶梯”,在政府基于公共安全的角度所履行的职责的规定,尚显笼统。该条例规定:县级及以上城区电梯,维护保养单位接到被困报警后,应当在30分钟内赶到现场实施救援。特种设备安全监督管理部门应当推进电梯应急救援机制和能力建设,加强救援信息共享和专业技能培训,推动电梯行业协会等组织提高社会互助救援能力。第三十一条规定:将电梯应急救援纳入政府综合应急救援体系,将电梯安全应急救援资金列入同级政府预算,由此将电梯安全应急纳入公共安全机制,提高应急救援的响应和保障能力。

(五)加快补强生态文明的法制基础

新时代发展在针对不平衡、不充分基本问题的法治破解,其中一个重要方面,是在“五位一体”的战略格局协调推进中充分发挥法制科学合理的能动调节作用①,引导和促使科学技术、产业应用以及社会资源等在生态文明方面实现环境保护的持续推进和根本改观,实现发展的人本归宿。2017年,浙江省市两级地方性法规、规章,对水源、气候、节能、绿化、海洋以及空气等进行了一系列的制度设计,在生态文明体制的健全与补足上进一步夯实法制基础。

如在全国出台首个河长制规定。《浙江省河长制规定》以“两山理论”②为指引,健全水污染治理和水体保护的监督协调机制,依托落实党政同责、一岗双责和领导干部责任制,基于政府层级监督体制,强化社会参与和部门响应,明确河长的职责定位、五级河长体系设置,进一步厘清

① 法治功能在根本上是对以人民为中心的价值及其实现的社会实践的制度保障和自觉推动,是确立和维护人民主体的社会实践运动的社会构件与运行机制及关于自觉性,参见《列宁选集》第1卷,人民出版社1995年版,第325页。关于自发性、自觉因素的论述以及关于“积极的推动作用”,参见《毛泽东文集》第7卷,人民出版社1999年版,第251页。关于人民,人民所具有的“类”的普遍性和主体性,人民的社会存在的广泛性与内在支配的阶级性的对立统一,参见《马克思恩格斯选集》第1卷,人民出版社2012年版,第136页;侯惠勤:《抵御意识形态风险要加强理论武装》,朱继东:《新时代党的意识形态思想研究》,人民出版社2018年版,序第16页。

② 参见李君:《践行“两山”理论需求真务实》,《中国环境报》2018年9月11日。

河长职责与职能部门法定职责的关系，发挥河长的督导协调、靠前指挥和问责监督功能。

第一，该法规将发端自长兴县 2003 年以来[①]、业已健全为“五级联动”的河长制进行专兼结合的党政组织体制的创造性确认，细化、差异化地规定各级河长职责，拓宽了问题反映渠道，增加河长对部门的评价和制约，规范了河长履职与部门执法的联动机制，增强部门协同管水治水能力。

第二，该法规规定“党政河长＋民间河长”的公众参与联动机制。《规定》建立健全河长公开制、公众投诉举报登记制、公众参与巡查制度，初步建成一个主体、多个层面参与的水治理协同模式。

第三，该法规要求全面实现全省河长制信息平台、APP 与微信平台等全覆盖，搭建融信息查询、河长巡河、信访举报、政务公开、公众参与等功能于一体的智慧治水大平台，为河长制实时化、持续化的实施予以科技保障。

再如，2017 年丽水市人大及其常委会立法并获批的为 1 件，即《丽水市饮用水水源保护条例》。该条例经 2017 年 9 月 22 日丽水市第四届人民代表大会常务委员会第四次会议通过，2017 年 11 月 30 日经浙江省第十二届人民代表大会常务委员会第四十五次会议批准，于 2018 年 3 月 1 日实施。该条例未设章，共 34 条。“后体系时代”，有学者认为是以步入中国特色社会主义法律体系完善的法典化为重要特征和表现形式的时代。而我们认为，在这一新的历史阶段，既要注重在基本法律的法典化需求与取向，又要注重在具体的法律部门之间需要在“体系”的内在有机性和统一性上进行的搭建、贯通、整合、衔接等所表现出的特别法的供给，因此可以说在一定程度上，进入一个特别法的时代，并通过特别法实现基本法律和法律部门在实施过程中的有效支撑和细化延伸的同时，尤其克服不同的法律、法律部门之间缺乏关联的法律保障的积弊。由是观之，水源保护，就是一个十分重要的在水法、水污染防治法、林业法等多

---

① 参见《浙江探索实行河长制调查》，http://www.wzsl.gov.cn/art/2018/2/7/art_1324817_15478048.html。

个法律部门之间进行整合并凸显其特有的法律制度集成化构建的“特别法”。[①] 该条例的创制，其意义和挑战均在于此。

首先，该条例以水源安全的可持续为理念，在水源保护的价值目标上鲜明而牢固，在水源保护的范围上周延而切实。

第一，该条例特别规定“开发利用水资源时，应当优先保障饮用水水源的水量和水质。跨地区的河流、湖库等水资源开发利用，不得影响下游或者相邻地区饮用水水源水量和水质”。将饮用水水源保护和水质安全优先作为明确的法规规范，为诸多利益衡量和项目优选给出了无可置疑的评判标准和价值尺度。

第二，水源保护的基础是水源地保护，但不限于水源地的地理空间保护，而是水源地的地质、林木、生产、交通、生活、居住等多方面以水土涵养和水源永续为目标的综合整治、合力保护。为此，该条例以水源保护为导向性、基础性职能，就关涉的每一个行政主管部门进行了职能强化和职能整合。

第三，条例将适用范围确定为通过集中式公共供水系统向城乡居民提供生活饮用水的地表水水源，将农村的饮用水源管理纳入条例的调整范围。在水源保护和供水安全与质量保证上，率先推进作为关乎公民生命权、健康权的最基础饮用水条件上的城乡一体化，并立足现实，按照城镇集中式饮用水水源和农村饮用水水源两大类进行分类管理。

第四，以长远和根本计，正确对待利益得失，更加严格地保护饮用水源。在法律法规对一级保护区范围居民的生产生活、新建房屋以及产业发展予以禁止和限制的基础上，更加严格地规定实行有计划地对市区和县城集中式饮用水水源一级保护区内的单位和居民搬迁，这样着眼长远较为彻底地保障水源安全，也由此改善和促进原水源地居民生产生活的基础条件。同时，这也是在农村居民总量普遍下降的客观前提下能够通过一段时间的努力可以实现的。再者，在饮用水水源保护区实行严格生

① 参见王春:《泄漏事故反思:饮用水安全缘何脆弱》,《法制日报》2014 年 5 月 20 日。

态保护措施，在上位法已有规定外，因地制宜地补充禁止农药使用、宜耕后备土地资源开发等规定。第十七条规定：在饮用水水源一级保护区内的禁止列举。第十八条规定：在饮用水水源二级保护区内，除法律、行政法规和《浙江省饮用水水源保护条例》规定的饮用水水源准保护区内禁止的行为外，还加以禁止的行为情形。

其次，水源保护措施的系统性、针对性和预警性，关系着作为特别法的水源保护法治化的实效性。该条例在调整范围上，明确为“水源地”加“原水输送”直到水厂或饮用水供水节点。第十五条规定：一级保护区、二级保护区、准保护区的设置，规定交通运输防护和应急设施与措施，规定对饮用水水源保护范围实行目录化管理。第十六条规定：饮用水水源保护区范围内的林地纳入生态公益林管理。第二十条规定：统筹安排农村饮用水工程维修养护资金。第二十一条规定：备用饮用水水源制度。第二十二条规定：水污染防治和生态环境保护，并明确规定确保饮用水水源的水质达到的国家法定标准。第二十三条规定：流域、区域的生态环境建设中加强水源涵养林、人工湿地建设和水土保持工作。并在饮用水水源保护区、准保护区以及相关流域的产业布局和产业结构调整上进行明确规定。第二十四条规定了城乡环境综合整治制度。第二十五条规定了原水输送管道的规范化建设和管理的安全保障制度。第二十七条规定了饮用水水源保护区以及供水单位周边区域的环境状况和污染风险调查评估制度、评估报告制度和饮用水水源污染事故处理应急机制。第二十八条规定：实行直到村（居）民委员会的饮用水水源巡查制度。

再次，健全饮用水水源生态补偿机制，加强利益调整机制的约束作用。该条例第十三条规定：生态补偿对象应当与所在地乡（镇）人民政府、街道办事处签订履行饮用水水源保护责任的承诺书，并强调：生态补偿对象未按照承诺书履行生态保护责任的，所在地乡（镇）人民政府、街道办事处应当责令限期整改；在规定期限内未达到整改要求的，相关部门可以决定缓拨、减拨、停拨或者追回生态补偿资金。

最后，以“枫桥经验”的依靠和发挥群众主体作用为指引，构筑饮用水源保护的全域全员网格化社会治理机制，筑牢饮用水源保护的社会基础。该条例第七条对村(居)民委员会本区域内的饮用水水源保护职责及其纳入基层群众自治范畴进行了原则规定。第十五条第二款进一步明确规定：日供水量不足二百吨的农村饮用水水源，乡(镇)人民政府、街道办事处应当督促和指导所在地村(居)民委员会制订保护饮用水水源的村规民约、居民公约，明确保护范围，并设立警示标志。这样使得水源地的"贴身"保护得以实现。同时，作为地方性法规，充分体现其在法律实施上涵盖政府与社会、执法与司法的优势，在支持和运用司法职能同时又不侵越立法权限的原则下，该条例的第九条规定了对涉水公益诉讼提起环节，环境保护、水行政等有关监督管理部门和水质检测等社会组织的诉前调查支持义务。而这并非是增设的职责，是对本应担负的职责的衔接式的强调。但正是这一地方性法规着眼对有关"迷失"或"沉淀"的法定职责的"唤醒"或"浮现"，即能够防止实践中各自为政、相互扯皮、互不配合等的内耗或损耗情形，从而有力地增强法律实施的严肃性和有效性，构建富有活力的饮用水源保护的社会治理大格局。

与此同时，浙江省 2017 年立法发展中还呈现出以下四个特点：

第一，重视自主性、先行性立法之中，同样重视恪守立法事权边界，重视权利义务和程序责任等法要素的前提与依据的明确性和科学合理设计的传递性、传导性。

第二，重视立法理念的传达、立法设计的优化与立法体例、技术、语言等的有机统一，率先提出立法在结构、规模上的"轻型化、简约化"这一尤其切中地方立法在法治体系、法律规范体系之中的角色担当和职能作用的经验总结和思路遵循。

第三，重视在立法体制机制上的深化、细化与创新、探索的有机统一。如浙江省人大在审议程序中建立常委会组成人员沟通会制度。①。

第四，注重以民意调查、量化论证方式开展立法选项、立法内容与立

① 参见《以高质量地方立法引领和推动浙江高质量发展》，中国人大网，http://www.npc.gov.cn/npc/lfzt/rlyw/2018-09/18/content_2061383.html。

法实施上的针对性衡量，以数据支撑要不要立法、怎样立法、立怎样的法的精准研判，从而有据可查，有备而来，有的放矢。如《宁波市文明行为促进条例》将民主立法与科学立法有机统一起来，尊重和保障公众的感知、评价、表达权利，切实在深厚和生动的生活实践中提取立法所应指向的调整对象，界分其中的奖励、提倡、容忍、禁止、惩戒等不同性质和强度的行为方式，从而防止和克服文明行为的不同分区在光谱式的分布中所可能发生的或者过于拔高或者过于低端的情形。这也启示立法应当更加深入地进行调查研究。

2016 年，宁波市文明办和宁波多家新闻媒体联合开展了“市民最不能忍受的不文明行为”评议活动，受众覆盖超过 200 多万人次，提出意见、建议 20000 多条。其中 30 类不文明行为成为最不能忍受的行为。在此基础上，结合各有关部门和单位、各区县（市）人大常委会、基层立法联系点、市人大常委会立法咨询专家库全体成员和部分市人大代表、群众代表的意见和建议 200 多条，梳理归纳出市民群众普遍关注的 30 类不文明行为、10 类倡导性文明行为和 6 种高尚道德行为，进行分类列举，最终确定了立法需要重点规定的行为种类。① 这可以说是一个加强立法决策量化论证，在“定量”基础上“定性”②，提高立法调查研究成效，从而提高立法效能和品质、提升地方性法规权威性和操作性的鲜活例证。

三、浙江省 2017 年度地方立法的不足与未来展望

（一）浙江省 2017 年度地方立法的不足

党的十九大报告为地方立法深化发展指明了方向，要求加强宪法实施和监督，推进合宪性审查工作。2018 年，第十三届全国人大一次会议审议并通过宪法修正案，确立第三十二至五十二条宪法修正案，其中指导思想、奋斗目标、基本国策，以及中国共产党领导、宪法和法律委员会、

---

① 参见《解读为什么要出台〈宁波市文明行为促进条例〉惩戒措施怎么落实》，搜狐网，https://www.sohu.com/a/140070652_779803。

② 参见石东坡：《大数据时代立法调查的变革与完善》，《人民法治》2015 年第 12 期。

设区的市立法权等的一系列重要规定，在确认设区的市立法权限宪法规范的同时，奠定了地方立法全局意义的体制基础、思想指引和制度环境。全面贯彻实施宪法，是建设社会主义法治国家的首要任务和基础性工作。地方立法承载的宪法实施和实现的根本义务及其所应恪守的宪法边界，在合宪性审查的刚性化发展中日益凸显。《全国人民代表大会常务委员会关于全国人民代表大会宪法和法律委员会职责问题的决定》明确规定：宪法和法律委员会在继续承担统一审议法律草案等工作的基础上，增加推动宪法实施、开展宪法解释、推进合宪性审查、加强宪法监督、配合宪法宣传等工作职责。就祁连山生态保护的省级立法，国家对其中的失职行为严格进行责任追究，是一个关键时间节点上作出的严肃政治宣示。当下和未来，必将进一步严格地方立法的宪法约束与检验，对立法事实的判断和立法调整对象识别、地方立法裁量空间与范围的界定以及法规范设计的思维和方法都将产生深刻而长远的影响。由是观之，2017 年度的浙江省地方性法规和规章精准选项、精细设置、精干架构，规范创设和先行先试的地方特色鲜明，社会反响积极，同时存在着一定程度的立法效能有待提高、设区的市立法功能发挥不足、立法技术、语言有待规范化等局限。①

1. 立法效能有待提高

在其地方性法规上，台州市 2017 年立法 2 件，分别在历史文化保护、城乡建设与管理的立法事权范围中。其中，《台州府城墙保护条例》，经 2017 年 8 月 29 日台州市第五届人民代表大会常务委员会第五次会议审议通过，2017 年 9 月 30 日浙江省第十二届人民代表大会常务委员会第四十四次会议批准，自 2018 年 1 月 1 日起施行。该条例未分章，共 25 条。

第一，该条例属于执行性的立法，在《中华人民共和国文物保护法》《中华人民共和国文物保护法实施条例》《浙江省文物保护管理条例》等

① 浙江省人大常委会工作报告中指出：人大立法主导作用有待更好发挥，精准、精细、精干立法还需深入推进；代表履职有待进一步强化，代表主体作用还需充分发挥。（王辉忠：《浙江省人民代表大会常务委员会工作报告》（2018 年 1 月 27 日在浙江省第十三届人民代表大会第一次会议上），《浙江日报》2018 年 2 月 6 日。

的法律、行政法规和地方性法规之下，就法的实施的基础法律关系业已存在的前提下，应着眼在法律关系向着社会关系转化的过程中的权利义务的具体界分与补充规定进行延伸。因此，立法空间并非没有，而是来自创造性的实践经验总结，包括学习借鉴异地文物保护在新时代的有益做法，由此方可将立法的决策内容与过程作为进一步提升文物保护水平与能力，健全、改革和完善文物保护法律实施体制机制的具有总结性与开创性相结合的法治化过程。纵观各条例，总体上“眼睛向下”的瞩目与固化成分尚可，但是就新形势下文物保护的社会参与机制创新、技术保障创新等的规定相对薄弱。

第二，该条例比较注重文物的静态保护、修复保护和存续保护，并有对宣传、文化、教育活动安排等的规定，以求满足人民群众在精神文化生活层面的需要。但是，在文物形象载体、文化表征符号等的产权化、活化保护、衍生品开发等文化创意产业在文物保护资金筹措、文化资产有益开发、文物保护多重效益良性发挥等方面的创新思维与制度规定尚显不足，在文物保护区域的有关公益活动、文化社团以及文化产业等的布局与引进等方面的规定尚属缺失。固然需要优先保证文物保护的存续性、整体性和原真性，需要对开发性保护可能产生的不可逆的危害后果予以最严格的防范，但是过于止步静态保护，则会导致对其历史文化内涵的挖掘和弘扬不足。因此，该条例第十三第二款规定“城墙标志、名称等非物质文化资源由临海市人民政府统筹规划、合理利用”，显得过于笼统。而与之相结合的文化影响评估、遗产影响评价制度、预警制度、紧急处置制度等的规定也缺乏探索。这是该条例在立意层面的局限，因此难以为《文物保护法》的修改提供应有的这一阶段的经验累积。

第三，散落物品的性质、权属问题，登记造册与回收之间的关系。该条例对此尽管在第十九条有规定，但是第一款对散落城墙砖石以及其他构件的规定是登记造册，并要求有关单位和个人对此予以配合。这并非不可，也有助于最大范围内将城墙流散建筑材料进行清查和可能的再利用，但是该散落物品如何认定属于台州府城墙，对此发生争议该如何处理？如果属于重要构件，可否采取有关信息采集以及留置保全的措施？

该第一款仅仅规定登记造册，而在第二款中对拆除后发现属于城墙构件的则及时回收，那么第一款规定的登记造册认定的，是否纳入回收，就此规定不明。可见，这一保护的实施还存在疏漏，且对城墙构件进行捐赠的鼓励、奖励等的规定也不明晰，对此尚未吸取陕西、江苏、湖北等地的古城遗址保护的有效做法。

第四，城墙保护不是孤立地保护，而是要在城乡规划建设发展、城乡文化空间风貌的尊重历史、保持品味、维系风格并尊重人民群众主体意识和经济社会发展客观规律的基础上进行保护与弘扬。在智慧城市建设、智慧监督管理的发展进程中，物质技术基础和方法一日千里，“雪亮工程”等在安全防范的网络技术和空间应用上已经日臻成熟且高度智能化运算，因此，就城墙数据库建设、城墙可视化全天候保护、城墙内体风险隐患诊断、城墙实景化数据呈现等的物质技术保障已无障碍，这样甚至促使远程城墙实时保护和安全协同维护是完全可以实现的。所以在台州、临海的两级文物保护机构设置及其职权关系、在智慧文保法制化保障上，该条例的创新探索本应有更为充实之规定。

总体上，该条例的创新性、参与度（如探索城墙协会等的公益组织形式）、对所在地村居委甚至乡贤理事会等的协助职能、志愿服务等的规定，网格化等的文物保护社会化运行等等的规定在创设性上都显得不足，开掘不够深入。

2.设区的市立法功能发挥不足

一方面，要充分肯定地方积极立法的在法律规范的生成、确立及其推广、复制等的良性产出机制上的重要作用；另一方面，要正视地方积极立法所处的发展现状、时代背景、历史方位和政治标尺，更加深刻地认识在贯彻新的发展理念中对地方立法的高标准、严要求。要促使改革决策与立法决策同步、融通，重视和协调执行性立法、补充性立法和试验性立法三者并用。对地方立法的制度创新更为积极地看待和对待，宽容和促进地方敢于创新立法。其次，减少“管制性立法”。确立法治意义的价值基点和人民立场，加强对公众权益的切实保障。再次，要准确把握地方立法权限的内容范围。体现在立法合法性上，如在报请批准后的合法性审查中，发现《杭州市机动车驾驶员培训管理条例》第四十七条规定，对未按规定建立学员档案、未如实填写培训记录的违法行为，“可处三百元以上三千元以下罚款”。该行政处罚与《浙江省道路运输条例》第七十六条对上述两种违法行为“处一千元以上一万元以下罚款”的规定不一致。为此，建议修改《条例》时增加一项修改内容，删去第四十七条第五项中的“学员档案”几个字，并删去第六项。《宁波市城市绿化条例》第十一条第一款第三项规定，工业园区内各项目的具体绿地比例在控制性详细规划或者修建性详细规划中明确；第十五条第一款规定，编制总体规划、详细规划和城市绿地系统规划应当划定绿线，报本级人民政府批准后公布。第二十九条第二款规定，因城市规划调整或者城市基础设施建设确需占用城市绿化规划用地、已建成城市绿地或者改变其使用性质，又不具备就近易地补建条件的，应当按照规定缴纳城市绿化补偿费。上述规定与《城乡规划法》《浙江省城乡规划条例》中有关修建性详细规划的编制及作用、城市总体规划的批准权限、规划修改及补偿程序等规定不一致。为此，建议删去第十一条第一款第三项中的“或者修建性详细规划”，将第十五条第一款中的“报本级人民政府批准”修改为“经依法批准”，删去第二十九条第二款中的“确实不具备就近易地补建条件的，应当按照规定缴纳城市绿化补偿费”。

如《宁波市文明行为促进条例》的有关规定在其合法性上有待考究。如第四十一条规定：“有下列情形之一的，作出行政处罚决定的有关行政主管部门除依照《中华人民共和国行政处罚法》的有关规定进行处理外，还应当将行政处罚决定作为当事人个人信用信息予以记录。”那么，个人信用信息记录的载入，是构成一种行政处罚还是一种行政处罚的加重情节，还是对行政处罚的被处罚人的一种再剥夺、限制？在地方立法中，这一应用日渐广泛的措施是否属于其立法权限的范围？这一切都值得分析。再比如就立法技术而言，该条例存在有关语言表述欠严谨之处。如第二十二条“将文明行为纳入教育、教学内容”，应为“将文明行为规范纳入教育、教学内容”。第二十五条“将文明行为培训纳入本单位入职培训、岗位培训内容”，应为“将文明行为规范纳入培训内容”。诸如此类，尚有值得商榷之处。

《宁波市制定地方性法规条例》2017 年 4 月 14 日市十五届人大第一次会议通过;2017 年 5 月 26 日省十二届人大常委会第四十一次会议批准。该条例是在原办法基础上进行的修订,设总则、立法准备、市人民代表大会立法程序、市人民代表大会常务委员会立法程序、地方性法规报批和公布程序、其他规定、附则等七章,共六十五条。2015 年《立法法》修改之后,设区的市立法权被省、自治区人大常委会决定可以依照立法法行使,不论在立法自身能力还是在立法项目实施的角度,尽管缺乏实践经验的累积,但在逻辑上,作为自律形式和最为直接的行为规范,应当将设区的市立法的权限、程序以及技术规范的确认并由此发挥对其自身的规范调整作用。所以,立法条例或办法的制定,或者说程序性的地方性法规的制定,应当是设区的市立法的首要项目。而就由较大的市转而作为设区的市"继续"行使立法权的地方,则以此为契机,进行立法经验的深刻总结与制度再造,在被限定的立法事权范围内开启新的立法阶段,亦应作为必要的立法项目。在该条例中,宁波市的有关规定引人注目,这或可作为管窥设区的市立法规程的制度设计质量问题的一个剪影。

第一,该条例第三条第二款规定中载明:"推进立法精细化,加强与社会公众的联系,拓宽公民有序参与立法途径。"其中不仅"加强与社会公众的联系"之表述累赘,而且因其实质在于保障公众(公民)参与立法,因此,没有必要。其中立法精细化,系浙江省人大常委会所倡导的新时代地方立法的精干、精细与精准的理念或导向之一,核心是立法中的制度规范设计在权利义务上更加精密、细致地直接构建、精准施策。这是立法的针对性、操作性所必需,但是如缺乏与立法项目选择上的精干、立法调整对象上的精准,则精细化能否成立是一个值得反思的问题。

第二,在人大及其常委会的立法职权关系上,这是一个普遍问题。作为国家权力机关的常设机关,但并非其替代机构,因此,必须明确按照人民代表大会制度,根据组织法、立法法、监督法,人大常委会受人大监督、对人大负责、向人大报告工作,因此,地方国家权力机关的立法权应当得到尊重保障和充实与实现,而遗憾的是在《立法法》本身以及《组织法》上并未有地方国家权力机关即人大的立法权限的明确规定。有关地方性法规,也多以宁波该条例第四条第一款规定"市人民代表大会及其常务委员会依照法律规定的权限制定地方性法规"这样的原则或转引式的规定。这在实践探索、政策指引尚难有突破之际,姑且如此。而宁波该条例的第四条第二款规定:"本市特别重大事项的地方性法规,应当由市人民代表大会通过。"这貌似在强化市人大的立法权,但因其中的"特别重大事项"的不确定性,以及并不能援引重大事项决策权的有关重大事项的界分规定。因此,一方面可能使之空转,另一方面则可能反倒由此使得市人民代表大会的审议权、表决(通过)权更受困扰而难以实施。

第三,该条例第八条规定,立法建议项目的主体类型列举为国家机关、社会团体、企业事业组织、人大代表和公民。这存在两点不妥:一是人大代表的立法项目建议权不是基于国家机关的行使自身职责所必要的、保证宪法和法律实施基本职责所延伸的"权利",不是混同于公民的政治权利、民主权利,而是作为人大代表的国家权力机关组成人员的代表职权(职责),因此,其提出立法建议尽管属"建议",但是包含着利益倾向的主张的职权意味,依据是代表法、组织法、选举法,因此,不宜与其他类型主体及其立法建议的提出相并列地加以规定。① 二是针对公民的立法建议项目提出:立法建议项目申请列入年度立法计划审议项目的,应当按照规定提交立法可行性报告、地方性法规草案建议稿和相关材料,是脱离实际的。如前所述,在文明行为的公众诉求上,宁波市文明办与宁波市主流媒体开展了广泛而深入的调查,这一做法有力地夯实了文明行为促进立法的针对性和科学性,也是具有普遍意义的科学立法、民主立法的立法需求调查研究方式,完全可以应用于立法项目建议的民意征集之中,在宁波市地方性法规的立法中加以规定。

第四,该条例第九条规定是浙江省设区的市立法条例中所普遍援引

---

① 类似问题还出现在该条例的第四十一条。该条中"开展立法协商,听取国家机关、人民团体、社会组织、人大代表、政协委员、社会公众等各方面对立法工作的意见和建议"更属不宜。究其原因,不仅如以上所述,而且在已有立法协商之明确表述之后,仍将政协委员单独列出,似乎与立法协商政策文件的有关原则精神之间有出入。

省立法条例在立法项目选定上的规定：年度立法计划草案报送省人民代表大会常务委员会法制工作委员会征求意见，避免就同一事项由设区的市作为立法选项。临时需要增加的立法项目，同样应当事先征询意见。这三点规定，结合在草案征询意见等的后续环节规定，与设区的市立法表决通过后报批，基本上形成“源头—内容—效力”这样的全过程监控，因此，尽管存在着设区的市立法权限由省级人大常委会决定行使，构成在立法法授权前提下的实际赋权情形；存在着在学理上设区的市立法权限并非完整的立法权等观点。但是，这一十分严格的三个关键节点的规定，是否能够保证合宪性、合法性万无一失？如有疏失是否由省级人大常委会（法制工作委员会）与设区的市人大及其常委会共同承担政治与法律上的后果与责任？是否有利于设区的市立法权能的自主发展？是否是将省级人大常委会的指导演变为监控？进而使省、市两级人大之间在立法的职权关系上行政化？这一切都有待实践检验。

3. 立法技术、语言有待规范化

如前述《宁波市制定地方性法规条例》在保证地方性法规的有效实施上，创设报告制度，是很有意义也具有可行性的措施。该条例第六十三条规定：“地方性法规实施情况实行报告制度。法规施行一年后的六个月内，由法规主要实施单位向常务委员会书面报告实施情况。常务委员会可以根据实际情况，要求有关单位报告法规实施情况。”这不仅有着监督法的依据，而且能够更加凸显地方性法规在实施上扎根，切实地面向基层、面向实践和面向一线的特殊性，是值得肯定和推广的。而其中一则规定的法规实施报告提交时限为“法规施行一年后的六个月内”，显属过长，显得约束力不足。因为一般实施一年之后即可安排人大常委会进行执法监督检查，且参照要求一年内制定实施办法等的惯例，故一年之后 2～3 个月以内提交报告为宜。再者，该条还规定：“有关机关和单位为执行地方性法规而制定的实施办法等，应当及时报常务委员会备案。”这固然是与规范性文件备案审查相一致的，但是其中“实施办法”是否专指，似乎不明。再者，该条例的第六章“其他规定”的内容要点过于繁杂，一些适宜在对应有关章节规定的，应分别在有关章节规定，而不宜在这里过于密集和混杂,比如参与立法、立法咨询论证等。再者,第六十四条规定表述存在语病:在聘请专家、听取咨询论证意见的两个行为规定上,语句表达缺失,会产生理解上的歧义。

如《台州府城墙保护条例》在立法语言上,如第二十条规定中的"城墙管理单位应当制定城墙安全事故防范预案,落实安全防护措施,加强日常巡查、养护和保洁等工作,每年及时清理危害城墙安全的植物"。"每年"与"及时"同时使用,略显累赘且在实践中缺乏约束力和时效性。

再如,《丽水市饮用水水源保护条例》立法技术与语言的疏失。如第十四条、第十五条等多个条文中就县一级政府的表述上,"县""县(市、区)""县市"等均有所出现,以至于体例上不尽一致;第十八条中的主文及其列举行为兜底规定上为了周延反而出现的重复;等等。

(二)浙江省地方立法的未来展望

1. 在畅通和加强社会公众立法参与的同时,更加重视人大代表立法职能作用的发挥。近年来共建立立法基层联系点 27 个、代表联络站 2600 多个、网上代表联络站 940 多个;率先建立人大代表分专业有重点参与立法机制。[①] 包括 2017 年在内,五年共邀请省人大代表分专业有重点深度参与立法工作 130 多人次,五年共邀请 460 多位省人大代表列席常委会会议并安排代表发表审议意见。[②] 尽管如此,还需要进一步探索省级人大全体会议对法规草案的审议和表决;需要对人大代表的立法权利的规定和保障予以进一步加强,广泛有序地吸收人大代表分专业重点参与立法,这是人民代表大会制度的必然,是立法民主本质的必然,是党的领导、人民民主和依法行政相统一的必然。截至 2017 年底,浙江省已有 7 个设区的市、一半以上的县(市、区)和乡镇实施了民生实事项目人大代表票决制工作。要认真贯彻中央和浙江省委相关文件精神,在全面推开市、县、乡三级人大民生实事项目人大代表票决制,以及推动各级人大

---

① 参见《以高质量地方立法引领和推动浙江高质量发展》,中国人大网,http://www.npc.gov.cn/npc/lfzt/rlyw/2018-09/18/content_2061383.htm。

② 参见王辉忠:《浙江省人民代表大会常务委员会工作报告》(2018 年 1 月 27 日在浙江省第十三届人民代表大会第一次会议上),《浙江日报》2018 年 2 月 6 日。

讨论决定重大事项机制的完善同时，根据宪法、组织法和立法法，积极稳妥地探索人大立法事项及程序。

还要在创新"一库两机制"的专家参与立法"浙江模式"之上，继续改善参与立法的途径和方式。以律师参与立法为例，应当重视和发挥律师执业群体独特的法治思维、权利思维以及程序思维，在法规的规范设计科学性、中立性与操作性尤其是其程序要素的补足，以及立法语言的规范严谨上，在立法前评估、立法决策量化论证与立法听证等的环节和阶段，使得律师能够尽可能无偏私地予以支持，使之与立法专家库、组建代表专业小组等方式融合起来，通过律师参与度更加充实社会公众参与的实质贡献度。①

2.在加强设区的市地方性法规以及规章创制起始阶段的有力指导同时，更要增强设区的市立法的自主性、内生性、能动性的作为能力，增强实现设区的市人大主导立法的基础能力。不断加强对设区的市立法工作的指导，是浙江省自针对杭州、宁波作为较大市的立法都确立的一个重要经验。当前和未来，还将通过提前参与共同研究、立法资源共享等形式，引导设区的市在立法权限范围内突出重点、提高效益。依法立法，坚持合法性审查，并注重在合宪性审查的高度进行审视和评判。为此，2018年浙江省人大常委会主任会议通过了《关于推进设区的市完善立法工作机制提高依法立法水平的指导意见》②，强化对设区市立法的指导和监督，附有《设区的市地方性法规合法性审查的参考标准》。严格保障设区的市地方性法规同宪法、法律、行政法规和本省的地方性法规"不抵触"原则，并在设区的市立法的全过程中予以落实。在六个方面的举措中，就立法体制机制上，以下三方面的规定既是在杭州市道路交通相关法规违反《行政强制法》的教训汲取、全面整改，又是省人大常委会在

---

① 参见《省律协举办全省暨京沪粤苏浙五地律师参政议政培训交流活动》，http://www.zjsft.gov.cn/art/2018/4/16/art_1371202_17373368.html；石东坡、余凡：《论"后体系时代"律师的立法参与问题》，《法治研究》2013年第2期。

② 参见刘立可、赵晓思：《省人大出台设区的市立法指导意见》，《浙江人大》2018年第6期。

按照2015年立法法对设区的市立法权决定其行使之后，基于立法批准权而对设区的市立法强化监督的体现，也是在设区的市立法权能的分置型的构设的指引，在一定程度上是对设区的市立法权在行使上的多方主体参与博弈和协同化的处置：第一，立法项目论证确定，要求健全立法项目申报前征求省级主管部门意见、立法项目逐项论证评估等机制。这在一定程度上实际上是限制和剥夺了设区的市立法自主权，是以省级人大常委会立法优先权来抑制设区的市立法的可能性。第二，要求起草小组就法规草案提请审议前送省级主管部门征求意见。这尽管有利于增强法规草案的专业性和协调性，但是是否一定程度上将行政性因素过于加重，有待实践观察和实效检验。第三，在法规草案的论证这一已经相对独立化的具有自我反思和监督的功能的重要内部环节，要求通过主要条款逐条合法性论证、重点问题着重调研论证、重视省人大指导意见论证吸收等机制，在法规规范的设计以有效性、操作性为主要指向的同时，保障其在权利义务以及程序的刚性要素上，符合上位法之规定。但是，其他诸如要求确定合法性审查专责人员等来加强内部审查，则是值得商榷的。

3. 在继续有效运用传统立法调查研究方法的同时，敢于和善于掌握运用现代网络科学技术和质性分析方法深化对社会运行机理、行为反应形态的认知与评价，促进数据化、智能化立法。浙江省人大常委会加强“智慧人大”建设，制定了2018～2022年浙江人大信息化应用发展指导意见，确立了立法计划智能化——利用大数据技术精准寻找立法议题，立法设计智能化——利用大数据技术收集民意、构建制度框架，立法评估智能化——利用大数据技术分析法律制度实施情况等具体目标。同时，成立浙江立法研究院，加强立法智库建设，以规范分析、比较分析、社科法学分析、大数据分析等为方法，提升立法技艺。这些走在前列的探索尝试值得期待。

综上所述，改革与法治，在转型发展进程中，呈现出对立统一的形态。一方面，改革为新的更加契合经济社会发展内在规律的法治探路，就其制度进行试错，积累治理经验；另一方面，法治的真正实现，既要立足于已有的法律制度的严格遵守和全面实行，切实发挥对决策及其实施的权力行为的规范调整，维护和保障国家和社会公共秩序、公共利益以及公民合法权益，又要在自身的价值、内容与体制机制上进行更新和优化，以更具良善价值和操作实效的法律制度吸纳和规制包括改革在内的经济社会治理。这样，在改革与法治之间，要实现重大改革于法有据，就需要赋予改革决策的法律授权并加强监督，也需要对改革成果进行法律评价和及时确认。

立法是法治的基础，地方立法是保障宪法实施和实现的必由之路，是实现人民民主、提升制度建设质量的重要途径，是地方治理体系和治理能力的重要载体。浙江省的立法紧密结合经济社会发展实际，充分发挥其补充、先行、创制的作用，体现地方特色，提高针对性、可操作性，在民间金融、河长制、自由贸易区、消费者权益保护、城市景观风貌、信访和社会治安综合治理等的立法中创造性地提供了可复制、可推广的经验、样本，赢得广泛称道，为全国所瞩目。

在新时代的坐标系中，浙江省围绕中心大局，加强重点领域立法，统筹立法资源与立法需求，侧重形成创制性立法成果，出台一批引领经济高质量发展的法规、一批支撑实施乡村振兴战略的法规、一批加强社会主义民主法治的法规、一批回应民生关切的法规、一批加强和创新社会治理的法规、一批保障“两山”理念落地生根的法规，特别是突出完成保障“最多跑一次”改革规定等若干探索性、标志性、引领性的地方立法项目。简言之，立法要形成以“六个一批”为重点的法规体系，要推动大湾区建设、产业转型发展、乡村振兴、民生改善和生态文明，要将社会主义核心价值观贯穿立法环节；在完善立法规划、健全立法体制机制、提升立法质量效益上面临着新挑战。

而立法实践和其他实践领域一样存在着薄弱环节，发展改革决策同立法决策的衔接和贯通机制，立法的领导、主导、参与和监督审查的传导和互动机制，立法资源、能力与立法需求、压力之间，立法实践与立法质量之间的供需对接、博弈妥协与投入产出机制，精准化选项、精干化搭建、精细化设计在创制性立法、实施性立法、完善性立法等任何一种地方立法类型中都是不可或缺和需要开创性地予以破解的。概言之，立法尤其是地方立法面临着五个时代议题：第一，怎样在不断健全的宪法监督审查制度中维系合宪性、保证合法性而又增强创新性。第二，怎样在不断焕发的代议民主、协商民主与参与民主的宽厚而生动的社会基础上增进专业性、精准性。第三，怎样在一元两重多层次的立法体制中，切实发挥省级人大及常委会立法特有的承接性、自主性、能动性。第四，怎样在新型决策体制中提高立法决策的实质贡献度，促使立法与改革的同频共振，保证改革于法有据。第五，怎样在大数据、智能化的技术与方法支持下，在增强立法作业的规范化、标准化同时，真正把握和实现立法作为制度创设与供给的原创本质，以此方可呵护立法质量这一立法的生命与活力。

为此，既需要实践探索，又需要理论支撑，才能如浙江省台胞投资权益保障的立法那样富有前瞻空间，又有规范决断，将立法的规定性、指引性和包容性与政策的时效性、针对性和操作性结合起来那样获得由衷赞誉和良善实效。为此，立法实践坚守政治准则、秉持法治思维，深入评估论证，拟出合乎法理、切合实际、创新管用的制度设计方案，是其内在的生机与活力所系。同时，也需要萃取新知，提炼法理。新的时代呼唤新的立法学。我国的立法学历经草创与发展，目前处在深刻变革的前段，富有中国特色社会主义法治品格的立法学的学科、学术和话语体系正处于集聚孕育、凝聚结晶的过程，在浙江省的鲜活立法实践经验与样本的坚实基础上，深刻理解把握，深入总结汲取，探求地方立法的内在规律，为优化地方立法体制机制、内容与质量，为生发地方立法学的丰富内涵与理论体系，应当和完全可以有扎实作为和学理贡献。

第十一章
立法学科

人类社会历史发展的进程，是一个摆脱蒙昧走向文明的进程，是一个不断适应自然界、改造自然界并与自然界和谐相处的实践进程，是一个在外在自然界的资源禀赋的条件下的人类生产力状况和与之相适应、相包容的生产关系以及相应的社会经济制度的基础上，满足人的物质需要的生产及其基本类型更替的过程；是一个在认识、改造自然界的同时认识、改造人自身、改造人的类的存在方式即人类社会自身，促使全体社会成员的交往活动稳定、有序、和谐发展，使之适应生产力不断发展的趋势并满足人的社会存在的过程；是一个改造人的主观世界并形成知识体系、既有个性化认知及其取向又有集体化交流及其共享、满足人作为特有的精神存在的过程；是一个不断实现在生产、社会以及精神等多方面均以人的主体地位为立足点，尊重和发挥人的创造才能、维护和促进人的自由，达致每个人的自由和全体人的自由共生、共存和共进的“自由人的联合体”、满足人作为唯一的价值存在的进程。人类社会的文明历程，是上述四个方面的复合统一。与此同时，人的存在是上述物质存在、社会存在、精神存在和价值存在的复合统一。其中人的物质存在、获得生命和延续生命是人的其他意义和方面存在的前提。而在现实性上，人是一切社会关系的总和，人的社会存在处于核心位次、发挥纽结作用。而人的精神存在和价值存在则是人区别于其他生物的重要特征。

历史地看，改造社会实存状况，调整自发社会关系，维系、改变或改善人的社会存在的实践活动，一直是伴随着人的出现而绵延不绝的。在进入阶级对立或者说存在阶级差别的社会历史发展阶段，这种社会实践呈现出非常复杂的局面，既有层次的分化，又有阶段的区分；既有主体的多元，又有途径的多样；既有特定社会场景中的偶然活动，又有国家政权支配下的必然活动①；既有系统的形态，又有自立的形式；既有互补的关系，又有主导的成分。其中，具有阶级垄断性、国家意志性、普遍强制性、组织专属性、技术工程性等一系列特征的，通过立法供给的法律规范作为依据的法律实践活动成为主要的、影响甚至支配其他调整社会关系的实践活动的最为重要的一种类型。而且也正是由于包含着法律实践在内的政治实践的出现，使得社会步入“文明阶段”；进一步从法治作为迄今为止相比人治、军治、礼治等国家统治和社会治理的基本方略与模式类型而言的技术上与价值上的优越性出发。② 我们可以推断出，法律实践成为覆盖社会经济、政治诸领域之后特别是对于社会政治活动自身进行约束和控制之后，就会使得社会不断增进“真正文明”和自觉自由的比例和成分。自觉是自由的前提，自由是自觉的目标。这里我们可以借助于马克思对生产领域实践活动体现和实现人的自由的分析，来表明即便是在社会公共生活的空间，人的自由，也必须是在自觉地运用和发挥法律调整的作用的基础上的自由，只能是在法律保障和限定下的自由。马克思指出，生产领域之中，“这个领域的自由只能是：社会化的人，联合起来的生产者，将合理地调节他们和自然之间的物质变换，把它置于他们的共同控制之下，而不让它作为盲目的力量来统治自己；靠消耗最小的力量，在最无愧于和最适合于他们的人类本性的条件下进行这种物质变

---

① 这里的“必然”，是“必定发生”“应该发生”的含义，不是客观必然性的一般含义，是指不论社会生活个体的行为及其危害后果如何隐蔽或者被忽视，都会、都应当受到相应的处置。俗谓“法网恢恢，疏而不漏”。（参见高铭暄、马克昌主编：《刑法学》，高等教育出版社 2000 年版，第 207 页）

② 参见周旺生主编：《法理学·宪法》，法律出版社 2002 年版。

换"①。同理，在社会生活领域，以法律制度作为反映社会生活内在规律并且符合人的价值与尊严的要求的规范体系，以法律生成与适用的实践活动，来作为调节社会成员之间的利益流转的自觉力量和理性形式，才是实际的、富有保障力度的"自由"；进一步讲，如果法律的创制切实具有民主的基础与内涵，那么将会是更加充分和广泛的自由。

法律实践活动，不仅仅是在既定的法律制度规范的前提下的"用法"的逻辑三段论式的、如黑格尔所指出的将一般的规则适用于特殊的事实的演绎活动，而是首先包含着在社会生活之中进行感受、感知，从而发觉、发掘法律的需要，抽象和固化法律的内容，创意、创新和设计、设定法律的规则与制度的活动形式与活动过程。有人可能会认为，这个环节只是形成了为实际调整现实社会关系服务的依据和尺度，所制定或变动的规范性法律文件的效力是抽象的、间接的和普遍的，不同于行政行为决定和司法裁判文书等非规范性法律文件的效力，并没有取得实效②，因此不适宜作为"实践活动"。我们不赞同这种认识。从所处领域来看，日渐专门化的法律实践活动处于社会与法律的矛盾运动之中，期间有两个基本阶段：第一阶段，由社会之中提炼法律规范，使其摆脱在社会生活之中潜在、隐含、模糊和混杂的尚且粗疏与初级的层次和形态，与社会自发秩序区别开来，与惯性社会规范区别开来，与政治政策决策区别开来，并不断形成符合客观社会运行规律和适合主观阶级利益追求的较为系统和自足的制度系统。第二阶段，由法律之下调整社会现实，使其摆脱在法律视野之中分散、自为、随机和偶发的充满震荡与异动的流变及倾向，与社会迟缓重复割裂开来，与社会异态变态隔离起来，与倚重权力禀性对立起来，不断切实调控和化解被个案化的社会冲突与纠纷，实现主体间行为交往及其背后的利益关系格局的和谐化并因此保障具有整体支配作用的国家政权的稳定与持久。上述两个阶段都是对于社会生活的实际调整，是辩证统一的。其中第一阶段的立法活动的过程本身就是动

---

① 马克思：《资本论》第3卷，人民出版社1975年版，第926～927页。

② 参见张文显主编：《法理学》，高等教育出版社2003年版，第83页。

员、参与、表达、协商、沟通、妥协的相互了解、自我调适、改变对方，尤其是遵从和适应以及运用立法程序、实质地调整社会关系背后的最为关键的利益分配规则与资源配置状况的社会政治实践。社会与法律之间的双向运动的出现与发展，构成了法律科学研究的现实基础。

在这个意义上，法学成为社会科学的重要组成部分，成为和政治学、社会学等具有密切联系甚至很长时期以来依存包容其中并将仍然相互交织的社会科学研究领域，并且成了不单纯作为现象反映和累积意义上的知识内容，而是同时具有实践技能与操作甚至对抗本领的功用的"社会政治数理"。① 也正是在这种意义上，法学才获得在社会实践及其内在的特殊矛盾的指向上的独立研究对象②，才得以产生和发展，才真正地成为和其他社会科学相区别的具有强烈自身色彩的应用学科。但遗憾的是，由于时代和阶级的需要，法学中对于法的最基本判断存在种种偏颇：或者将法律作为神意的体现和传达③，具有不可怀疑的正当性，仅仅被作

---

① 所以有学者在阐述立法学之所以分离和独立严重滞后的深刻历史原因时正确指出，最为根本的一点是立法实践为统治阶级及其联盟甚至其中的寡头集团所掌控，没有全社会介入和影响的空间及可能。（参见周旺生：《立法学》，北京大学出版社 1988 年版）

② 这一点，才是马克思所指出的，在"立法"产生和确立之后（而并非仅仅开始有了经过习惯的认可的环节一些法律的含量之后），加之以职业的法律群体的出现，才有法学的存在。尽管在学科形态上可能在一些地方没有获得独立性。同时，有关学者特别是哈耶克所谓的法律和立法的二元化（参见[英]哈耶克：《法律、立法与自由》第 1 卷，邓正来译，中国大百科全书出版社 2000 年版；邓正来：《哈耶克法律哲学的研究》，法律出版社 2002 年版；程虹：《自由秩序和制度变迁》，《江汉论坛》1999 年第 12 期），只是在两种意义才成立：第一，法律是社会行为规范的自在的存在和经验的感知，而立法则是社会行为规范的自主的设定和理性的表现；第二，法律相对于立法而言，具有恒久的特点。前者的优越性与后者的"恶劣品质"则是片面的。而我国一些学者如郭道晖、周永坤、李步云、文正邦等所强调的法和法律的区别，按照我们的解读，实质上在逻辑或者说在法的社会渊源上，将前者等同于社会客观规律，而将后者作为国家主观设计的，这样固然具有逻辑分析上的两极对立的思维便利，但是不适宜在历史时序上理解。（参见胡玉鸿、彭东：《试论法律社会渊源的理论基础》，《中国法学》2001 年第 3 期，李步云：《法的应然与实然》，《法学研究》1997 年第 4 期；郭道晖：《论法与法律的区别——对法的本质的再认识》，《法学研究》1994 年第 6 期）

③ 邓正来在有关评述哈耶克的文章中，曾经将各种绝对的价值法学的观点与立场称之为君临其上的"神"。

为先验的适用依据;或者将法律作为法官的良知与智慧,具有难以明定的精确性,仅仅被作为发现的活法潜源;或者将法律作为命令的产物与体系,具有封闭自足的逻辑性,仅仅被作为展开的规范锁链。凡此种种,既是将法律实践活动的基本环节加以割裂,片面重视立法的价值辩护,或者片面地强调司法的终局地位,又是将法律与社会之间的矛盾运动加以割裂,片面夸大了法律对于社会生活的影响作用,遮蔽了法律来自于社会生活的真正源泉,或者从根本上轻漫地对待法律对于社会现实的塑造规制,忽视了法律与其他社会生活规则相迥异的特有本质,甚至在无政府主义[①]的立场上将法律仅作为所谓的严格受制于特定社会地域以及民族的"知识"。最后,还有将法律实践活动的不同构成与层次维度加以割裂[②],片面凸现出法律实践活动中的价值侧面、技术侧面或者社会侧面等的某一方面。[③] 因此,真正的统一法理学,而非拼合的统一法理学,应该是立足于法律与社会之间的基本矛盾,将法律实践活动作为法律制度与社会生活之间的连接纽带,作为生成各种法律现象、实现法律调整目的、发挥法律制度作用的一元化的存在基础,作为法学关注与解剖的基石范畴[④],进而按照法律实践活动中的主体客体构成、完整运动顺序、复合叠加层面进行研究,从而真正地将法律思想发展历程中的自然法学、分析法学和社会法学的科学成分汲取和吸收到立足于唯物的、实践的、辩证的法理学理论体系内容之中来,而并非只是形成一种折中与调和的

---

① 这甚至可以视为另一种形式的浪漫主义,只不过是一种区别于革命的浪漫主义(这里是从其改天换地的行为意义上使用的,没有褒扬意味)的保守的浪漫罢了。

② 这在思维上实际还是一种现象的分析,还不是一种实践的分析。

③ 尽管在认识发展历史中这种"深刻的片面"是必然出现并且是可贵的、积极的。(参见陈兴良:《刑法的启蒙》,法律出版社 1998 年版,第 259 页)

④ 从法律实践的意义上,特别是从立法阶段的法律实践来看,兰盖、马克思关于占有的分析,关于社会现实意义上的占有向法律规则意义上的权利(权力)的分析;万斌关于法的主观与客观矛盾运动的分析;周旺生关于利益、法律利益和第三种正义——法律正义的分析;张文显、李步云、童之伟关于权利的类别与形态及其辩证运动的分析,都具有极大的启发作用,其中蕴含着对于法律与社会关系、法律实践活动的深刻理解。而我们不甚赞同文正邦、吕世伦关于法哲学逻辑起点的观点。

综合或者总和式的理论、只是停留在一种形式上的统合。① 比如在我国法理学界，即如学者所概括的，法学主要研究三个基本问题：(1)应然法：回答法律应当是什么样子，关注的是法律的理想和价值。(2)实然法：法律实际上是什么样子，关注的是律令和技术。换言之，法律的意思是什么。如民法中的不当得利，揭示该制度的要件和技术问题。(3)社会事实：应然法要解决的是法律的道义基础和正当性，实然法使得法律的意思变得明确，如果法律在道义上是正当的，在意思上是明确的，那么，这种法律就果真能够发生作用么？对于一个最基础的法学学科而言，如果法理学的内部结构就是这样的一种拼结和列举的情形，其间的内在关联与有机统一没有得到体现，那么显然是不够的。②

■ 第一节 立法学科发展的含义与意义

对于任何一位具有高度自觉意识和不懈创新精神的立法学研究者而言，当代中国立法学的学科建设问题，必然是一个始终萦绕于心的基础问题。因为但凡开展研究和不间断地推进研究，就必须从这一学科的全局出发，以这一学科的全局相对于现实立法实践的解释能力、指导能

---

① 比如在法理学的结构体系问题上，近些年来，有关典型著述将其分解为本体论、本质论、发展论、运行论、价值论、关联论等等，但是在我们看来，存在以下问题：第一，各论逻辑顺序不够清晰严整；第二，各论内在关系没有得到说明；第三，缺少对于各论的基座(参见刑法学中对于这个词汇的使用)的首要阐发。而这第三点正是导致上述问题的根源。这个基座，就应当是法律实践。

② 就其所受到的法律思想的渊源影响来看，恐怕是和综合法学派的基本视角相传承的。综合法学派的代表者和创立者之一、美国学者霍尔认为："综合法学坚持将概念、事实与法律评价这三个具有重要意义的方面都包括在内，因此综合法学是一种二元或多元的理论形式"，而并非建立在一元的基础之上。正如有学者所紧接着指出其缺陷是："综合法学致力于以上三个方面的综合或整合，而不是指这三个方面分开的、相互关联的作用。"(参见徐爱国等：《西方法律思想史》，北京大学出版社 2002 年版，第 383 页)

力的持续增强为依归。而不甚明了这一学科的现状及其走向，将是不得要领、徘徊不前甚至重复劳作的；同时当代中国立法学的学科建设问题，又必然是一个不断得以印证的前沿问题。因为研究什么、怎样研究、意义如何，都受到关于这一问题的认识基点和认识结论的根本制约，对于这一问题的体认也都会在每一项研究活动之中及其有效性上得到体现和反映。所以，这是一个不可回避、不可不查、不可不明查的立法学的战略层次的首要问题。

对于这个问题的认识，就是要说明：立法实践所亟待完善之处何在、相应的迫切理论需求有哪些，而立法学学科发展进程中已经得到解决或者初步得到解决的问题是什么，必须尽快和即将得以解决的问题是什么，制约着整个学科发展的深层矛盾和具体问题是什么，这些问题之间的关联性和层次性是怎样的，现有的研究格局是怎样的，当前大家所表现出的着力点、兴奋点、切入点在哪里，立法学自身成长与一般学科建设的基本规律之间的吻合程度以及立法学自身建设与法学学科体系的发展状态之间的适应程度有多大。归结起来，就是要判断、论证和说明立法学所面临的形势、所处的阶段及其发展趋势是怎样的，总之，关涉到立法学学科建设的客观基础、经验教训、发展规律、现实挑战、主观条件、基本走势、主要选题等诸方面问题的解答。本章即是力图对其加以回应的一种尝试。

要明确这一问题，首先要对于立法学作出一个初步的厘定。在我们看来，简而言之，立法学就是以立法实践①为研究对象，探寻立法规律，解释立法现象，指导立法活动，明辨立法意识的一门法学分支学科（可以将之称为狭义的、学科意义上的立法学），以及以此为核心学科所形成的、子学科构建在一起的、兼顾若干紧密边缘交叉和综合学科的学科群体

---

① 我们认为，法学的研究对象应当表述为法律实践活动，而不适宜笼统地表述为法律现象[参见石东坡：《应用法学教学改革初探》，《河北大学学报》（自然科学版）1999 年“教学研究与教学改革成果”专刊]。另，关于法学、法理学研究对象的探讨，可以参见何勤华：《西方法学史》，中国政法大学出版社 1996 年版；葛洪义：《探索与对话：法理学导论》，法律出版社 1996 年版；刘作翔：《迈向民主与法治的国度》，山东人民出版社 1999 年版。

(可以将这样的一个整体称之为广义的、未来群体意义的立法学)。作为其研究对象,立法实践是一种文明的、理性的、高级的调整社会关系的专门社会实践活动形式,是以执掌国家政权的阶级及其联盟作为最终支配主体、以特定国家政权机关作为正式实践主体、以规范性法文件的形成和变动作为主要实践表现,针对基本或者主要社会利益关系格局这一实践客体予以普遍调整和强制规范的政治法律实践活动。立法实践是极其复杂的,具有多方面的属性和功能。就其特征而言,至少具有实质上的利益属性、价值属性等政治社会特征以及形式上的程序属性、技术属性等运行机制特征。就其功能而言,具有认识、评价、指导、确认等基本规范功能和沟通、协商、吸附、强制等主要社会功能,尤其是其中的动员、决策、控制、疏导、传播等重要的政治功能。在结构上,立法实践既是一般实践结构在立法活动过程中的展开和反映,又是对立法活动自身复杂多样的实践形式的抽象概括,由认识层面、实践层面(狭义的、感性活动意义上的①)和价值层面等三重构成。其中特别需要指出的是立法实践的全局性、决策性、过程性和技术性因素的综合作用。立法实践是形成和存在纷繁复杂的立法现象的动态源泉和现实依托。对于立法实践的法律科学领域和方法上的剖析,是“纯粹意义的”立法学的定位(另外,有学者在政策科学和政治科学的范围和基础上,将立法学作为从属于其中的分支学科②);对于立法实践的社会科学领域内和相应的多方法的分析,是“发散意义的”立法学的范围。二者之间是核心与外围、局部与整体、独立与依赖的关系。

因此,立法实践是立法学的唯一的、最终的研究对象,而立法思想、

① 参见高清海:《实践观点作为新思维方式的意义》,高清海:《哲学与主体意识》,吉林大学出版社 1988 年版,第 203～206 页。

② 比如日本学者岩井等很多学者就将立法的研究作为政府过程研究的组成部分(参见[日]岩井奉信:《立法过程》,李薇译,经济日报出版社 1990 年版)。该书就是以政治学丛书的一种出现的。我国早期一些学者也主要是从政治学的视角分析立法机关和立法过程的。但是我们坚持认为立法学作为法学的分支学科比较适宜,当然这样并不排除和排斥其他学科领域的研究;反之,将会有利于立法研究的全面深化,相互之间除去差异和平行之外,主要的还是一种互补和融合的关系。

立法过程和相关事物则是从属于立法实践的、特定层面的构成要素或者所依存的环境生态因素。同时，立法实践是立法规律的客观基础，立法规律是立法实践的内在依据。从立法学特别是狭义立法学的角度看，所应当认知的立法规律是观察和描述、分析和研究立法实践的基本结论和成果形式；对于立法规律的客观、深刻、完整并且富有预见性的揭示，是立法学的基本目标和恒久追求，而立法实践对于这些关于立法规律的认识的评判也是检验立法学研究成败得失与真理含量及其作用力度的唯一尺度。这样，基于立法的实践本质，基于立法实践业已成为"复杂和广泛的整体"并不断地强化这样的表现形式，就不仅历史地决定了法学的产生①，而且也决定了和正在决定着立法研究及其学科建设所达到或者实现的独立力度、纵深广度、贯通的可能以及丰富的样态。概言之，立法实践的性质和发达决定了和制约着立法学的构成、内容、领域和视界。

其次，还必须对于"学科"进行一定的说明。学科，一般是指专门研究某一事物、把握其中的特殊矛盾及其辩证运动所形成的知识系统或者体系。这种意义上的"学科"就是某一门比较成型的科学(Science)。② 而在教育学的视野中，"学科"又称"科目"，即教学科目，主要是指依据一定的教学理论组织起来的科学基础知识的体系(Subject)结构。③ 因此，这种"教学科目"和与之相对应的科学学科之间既有联系又有区别。前者是在后者的基础上，以适应基于特定教育阶段和针对教育对象的教育实践活动为指向的、经过教育需求和教育理论的评价、选择、剪裁后形成的一种编排和设计。作为前者的渊源，后者则是在研究逐个侧面问题的基础上按照事物自身的逻辑结构和运动变化来加以再现才形成的一种描摹和论述。当然，就科学而言，还需要区别自身的前期积累阶段的问题研究与后期奠定阶段的系统研究。有学者指出，科学研究是以问题为基

① 参见《马克思恩格斯选集》第2卷，人民出版社1995年版，第539页。

② 参见《法学词典》编辑委员会编：《法学词典》，上海辞书出版社1984年版，第602页。

③ 参见《中国大百科全书》(教育学卷)"学科"词条，中国大百科全书出版社1985年版。

础的，只要有问题的地方，就会有科学和科学研究。[①] 这种意义的科学就是处在前期阶段的形式。而学科是科学研究发展成熟的产物（并不是所有的研究领域最后都能发展成为学科），科学研究发展成熟而成为一个独立学科，就进入到随后的系统化、规范化和稳定化的高级阶段了，包括立法学在内的一切科学、学科的发展都必然历经这样的过程。本章对于立法学，基本上从研究的角度采取后者含义的指称，侧重“作为科学的学科”，并且是在规模覆盖、完备结构和健全体系的学科的意义上运用的，而只是在涉及立法学教学时才在“科目”的意义上使用。

可见，当代中国立法学发展及其学科建设问题是一个学术的新起点，以期达到深化目的和进入真正繁荣新境界的问题。从实践上看，提出这一问题并使之获得客观实在的内容即使之成为一个真实问题，是适应和促进当代中国法治进程和立法实践的必然要求，是观察和诊断当代中国立法实践的制约瓶颈和内在矛盾的必然结论，是反省和回馈当代中国立法思潮和学界激荡与变革状况的必然举措。从理论上看，认识这一问题，并使之得以一定程度的明晰和解决，即使之在形式上得到“持久的”保留，但是在内容上则得到不断的更新，是使具有鲜明的理论联系实际的学风和突出的“经世致用”的品格的中国立法学的学科地位得以巩固[②]，推进立法学研究并使之得以持续深化、延展开拓。

---

① 参见蔡曙山：《“学科发展与学科制度建设”座谈会纪要》，《光明日报》2002 年 6 月 4 日。

② 这里实际上涉及立法学在整个法学体系中的功能、性质和地位问题。在早期一些学者那里，立法学被作为应用法学之一（参见谷安梁：《建立我国社会主义法学体系的刍议》，张友渔等编：《法学理论论文集》，群众出版社 1984 年版，第 232、248 页）。目前，主导的观点认为，立法学是“理论与应用紧密结合的综合学科”（参见周旺生主编：《立法学》，法律出版社 2000 年版，第 7 页）。但我们认为，将立法学表述为综合学科容易引起误解。我们前述的学科群体中的综合学科的含义与这里的不同，是指侧重在对于立法实践进行多角度综合研究的学科类别。

第二节 中国立法学进程的简要回顾

回顾我国立法学的历程，如果考虑到历史的贯通性和连续性，那么，可以也应当将立法研究与立法学研究联系起来，或者将在立法学学科确立之前的立法研究，以及其中形成相当规模的立法思想的局面，称之为“前立法学阶段”（有学者称之为“萌芽时期的立法学”①）。而二者的分界，在我们看来，就是《立法学》②的问世。

一、前立法学阶段

此前，就是在《立法学》之前，在漫长的历史变迁、复杂的政治斗争和稳固的主流意识之中，我国关于立法实践的研究也称得上是非常丰富的。其主要特点是：

第一，对于立法与社会秩序或者社会变革之间特别是与政权稳定和政策变动的矛盾关系进行了侧重的研究，明确了立法的地位、功能等一系列基本问题。③

第二，注重明确立法的指导思想，就立法的根本价值趋向和利益选择准则进行了反复的研究，并且根据不同历史时期的特点与要求，提出了分别以法治、人治与德（礼）治为代表的不同政治主张或理想类型。④

第三，对于立法权力配置以及立法体制构建，立法过程与立法程序制度的研究深受相应的政治观念与政治构架的影响。主要是基于维护和体现专一的君主裁断和高度的中央集权的需要，就其中的辅政权与决

---

① 周旺生主编：《立法学》，法律出版社 2000 年版，第 15 页。

② 周旺生著，北京大学出版社 1988 年版。

③ 参见张国华：《中国法律思想史新编》，北京大学出版社 1998 年版，第 10 页。

④ 参见张国华：《中国法律思想史新编》，北京大学出版社 1998 年版，第 45、86、178 页。

策权的主次关系如何加以调整进行论证。①

第四，关于立法技术，特别是立法表述技术②的研究尚多数停留在经验积累与实际传承之上。

第五，缺少来自不同阶级立场的立法理论体系，特别是封建地主阶级之外的立法理论鲜有集中阐述，并且多数在其系统与精深程度上还是有较大局限的，立法理论争鸣只是发生在极少数的社会重大转折时期。

第六，在根本上，由于法学并没有赢得作为独立的社会科学的起码地位，特别是由于立法实践仅仅是属于上层社会的极少数人直接从事的垄断的、神秘排外的政治实践，“法学之盛衰，与政之治忽，实息息相通”③，因而没有必要和可能使立法学成为一个独立展开的学术领域。

而就中华人民共和国成立以来至20世纪80年代末叶以前的状况来看，立法研究的主要特点是：

第一，将立法研究混同于政治问题的研究，夹杂在政治原则与政治决策的论证之中，过分注目于立法相对于政治的整体上的依赖和附属地位；尽管这在客观上揭示了立法实践在一定侧面所实际存在的、在一个新兴政权建立初期所必须明确强调的政治品性与政治基础，但是却忽视了立法对于其他政治实践的制约与监督功能，无法提供关于立法在高层政治实践和实施民主宪政中的理性规范功能与相对独立运作的理论指导。

第二，立法研究处在零散、分散的地步，在根本上缺少在法治的目标哪怕是“法制”口号的语境之下进行的专门系统的立法研究。究其原因，实在是缺少对于立法在国家政治决策和社会管理中的牢固定位和

---

① 参见张国华：《中国法律思想史新编》，北京大学出版社1998年版，第87、184、404页。

② 参见孙潮：《立法技术学》，浙江人民出版社1993年版，第7页。

③ 沈家本：《历代刑法考》下册，商务印书馆2011年版，第2143页。

普遍共识①,缺少不同阶级阶层、社会利益群体在立法过程中的均等参与和制衡博弈,由此导致立法研究缺少扎实厚重的支持力量和内在广泛的社会需求,不具有强烈的、经常的和稳定的立法需求(这也是立法研究与立法学形成与开展之间的最为根本的客观条件与原则界限),以至于立法研究只能处于偶然为之、“曲高和寡”和应时应急的状态之下,或者只是囿于学者的兴趣,或者只是方便培训的实施,才是开展研究的直接动因。

第三,立法研究所关注的问题还没有达到覆盖立法学的基本范围、探索立法学的宏观结构的必要程度,比较集中的是关于我国立法体制问题的讨论。可见,研究视野还不够开阔,研究内容还有欠均衡,针对性、系统性、国情性都有待加强,不甚具备形成和确立一个学科的主观条件和学术基础。

第四,开始注意从法学与法律制度上提出和思索立法的问题,特别是在 20 世纪 80 年代以来,进行了一些基础的专门问题的研究和基本的文献资讯的译介,本土的素材、问题得到重视,本土化的一些提问方式已经出现,已经有了比较明显的过渡与爬升的色彩,呈现出一门学科得以

① 我们认为,立法、立法决策在法治国家或者正在建设和走向法治的国家,既应当是所有政治决策中的最主要、最重要和最具有支配地位的决策活动,又应当是一切政治决策的必须要有的直接的依据,是国家决策体系和决策机制以及决策形式之中的核心与基础部分。关于立法学的分析,可参见周旺生主编:《立法学》,法律出版社 2000 年版,第 8、537 页以下。关于政治学的分析,可参见王惠岩:《政治学原理》,吉林大学出版社 1989 年版,第 407～408 页。

兴起的前夜景观。①

二、立法学的确立

立法学作为一门独立、专门的法学分支学科在我国的形成和确立，是在历经上述萌芽、酝酿和尝试的前期阶段之后的一个集中的深入求索时期才告以完成的。我们粗浅地认为，就中国立法学形成和确立的过程或轨迹而言，其中又包含了三个小的环节，即创建、完善、巩固阶段。

以《立法学》为界碑，结束了中国法学理论体系和课程体系中没有“立法学”这样一个本属于非常重要的、兼备理论深度与实践向度的、综合性较强的独立法学学科的历史。《立法学》敢于和善于从法学而不是政治学等相关基础学科的前提、视角、逻辑与方法的方面来提出、廓定和思考立法问题，锤炼立法观点，提升立法思想，并牢牢地秉承这一立足点，以一贯之，从立法实践活动本身的固有规律出发，按照历史与逻辑相统一的原则，自然地展开和展现立法学的理论内容并加以流畅的理论构造。在该书的长篇绪论中，作者集中论证了创建中国社会主义立法学的现实根据和理论依据等基本问题，在世界法学学术流变的长河之中清晰地概括和深刻地总结了从立法思想研究到立法学学科形成的基本历程，创造性地提出和解决了立法学作为一门学科所必须具备的专门研究对象、固定研究范围、学科构成体系以及研究态度方法等诸种底限必备、有

---

① 比如张友渔、郭道晖、吴大英、任允正、刘瀚、周新铭等学者的研究。有学者较早地指出立法学应是一门独立的法学分支学科，但是在当时仍然又将之作为法理学的一个重要课题来研究的，还没有从学科的角度进行有意识的建构。以致在我国法学界，长期以来都是将立法学作为理论法学的一个分支（研究方向）来对待的（参见张文显主编：《法理学》，高等教育出版社、北京大学出版社 1999 年版，第 267 页）。另有学者评价说，《中国社会主义立法问题》（吴大英、刘瀚、周新铭著，群众出版社 1984 年版）是中华人民共和国成立以来第一部立法学专著；《比较立法学》（吴大英、任允正著，法律出版社 1985 年版）是中华人民共和国成立以来第一部比较立法学专著（参见刘瀚、刘兆兴、刘翠霄：《法学基础理论研究指南》，天津教育出版社 1988 年版，第 8～9、74～75、204～205 页）。而我们认为，上述判断或可成立，但是《立法学》（周旺生著，北京大学出版社 1988 年版）则可以称之为第一部以“立法学”命名的、自觉注重立法学学科建设的基础性、学理性、系统性的专著。

机统一的初始条件问题，澄清了立法学和其他相关学科特别是和一些关系密切的社会科学、法学学科之间的区别与联系。[①] 在扎实缜密的论述内容上，这一专著全面勾勒了中外立法思想与观念的发展过程，首次对于“立法”给予了规范化的定义和诠释，明确树立了“立法”这一核心范畴及其本质特征，具体提出了立法体制、立法程序和立法技术的理论构成，对于我国立法实践中的立法体制、立法主体、立法制度、法律体系、立法文本、立法完善等重大和急迫问题作出了初步的回应，实现了基本奠定属于立法总论的立法学的体系、基本梳理归纳立法环节的特有法制规律的“两个基本”的学术追求。特别可贵的是，作者高屋建瓴，立足长远，仍然清醒冷静地指出：“中国立法学还没有结束它的形成过程”，展望、提出和整理了需要进一步解决的或理性或实证的若干关键理论问题。[②] 这实质上既是立法学学科发展的战略要求和迫切任务，又是作为一个先行立法学开拓者的长远规划和学术设计，对于后续者具有参照、示范、凝聚和联动的效应。

时隔六年，《立法论》以其十七章 60 万言的鸿篇巨制，在《立法学》的牢固基础上，弘扬其特色，拓展其领域，开掘其深度，进一步推进了中国立法学的学科建设。

第一，《立法论》的场景更加宏大，在引介西方代表性的立法学著述及其观点的方面，以专章的形式，全方位地展示了当代西方立法学研究的面貌，并对于世界范围内的立法学研究主题和相关理论形态进行了全景式的评价。这样做，我们体会，不止是具有文献价值和史料功用，以及具有标示出研究的导向和路径的一般功能，而且更为重要的是，在学科建设的角度来看，起到了标定中国立法学学科的时代背景和理论坐标、反观中国立法学学科的理论含量与学术水准、营造中国立法学学科的全球意识及发展平台的特殊作用。

第二，《立法论》着力探讨和解决立法学中的一些关键的、根本的问

---

① 参见周旺生：《立法学》，北京大学出版社 1988 年版，第 1～25 页。

② 参见周旺生：《立法学》，北京大学出版社 1988 年版，第 11 页。

题，并取得了重要的突破。其一是在法、法律、立法这些基本范畴的完整界定上，特别是在关于法律的特殊本质与特有属性上。其二是在立法权限、立法主体、立法制度、立法技术的基本理论上，比如在立法权的“综合权力体系”的特点上、在立法主体与立法机关的区别与联系上、在立法活动过程的阶段划分问题上、在立法技术的界说与技术性规范的内容上，等等。这些不仅是立法学研究的特有的理论内涵，而且更多的是牵涉整个中国法学普遍面临、为之困扰的一些理论难点或未曾触及的理论空白。

第三，《立法论》在立法原理与立法指导思想和基本原则的问题上，以揭示立法规律为鹄的，进行了深入的理论概括。这里并不借助一些所谓的“新潮语汇”，但是却在立法的出发点与归宿这样的根本问题上取得了重要的理论成果，为以后进一步的立法学中的认识论、本体论以及价值论研究打下了基础。

第四，《立法论》在关乎中国立法的民主化、科学化与法治化的理念、制度与技术的一系列问题上，给予了相当分量的切实关注和具体论述。比如在行政立法、地方立法、授权立法、法案起草、法典结构等方面。这就极大地保证了立法学的结构均衡，充实了立法学的理论含量，增强了立法学的学术特色，凸现了立法学的现实指向，展示了立法学的应用价值。

第五，《立法论》依然非常自觉地注重学科建设和体系构建，将立法学发展科学地定位于立法学草创之后的完善阶段，提出了关于立法学发展的研究队伍、主观心态、方式方法以及客观条件、形势任务等问题的新论断，特别是提出了立法学三种体系样板的构想①，意识到并指出了立法学研究在主观上的主体性和灵活性以及所展示出来的多样化。

第六，《立法论》在写作体例上采取了在专题研究与体系协调相互之间并进并重的布局方式和表达形式。这一点也不应当予以轻视或者简单忽视。我们认为，这种样式意味着这既是研究者本身逻辑思维得以完

① 参见周旺生:《立法论》，北京大学出版社 1994 年版，序第 4～5 页。

整再现的必要，又同时预示着立法学研究所应当采取的未来样态，即至少应当摈弃那种不据出处、简单模仿的、所谓“体系完美”的“产品”形式，昭示着接下来的立法学研究的发展阶段和正确方向。与此同时或先后，以《当代中国立法》（上、下卷）①为代表，我国立法学研究的专门著述不断涌现，一些学者也积极投身其中，取得了斐然的成绩，做出了重要的贡献，使立法学学科建设开始出现一种研究群体化、攻关协作化的态势。②

《立法学》（2000 年）③的出版，依照我们的看法，标志着立法学理论体系的成熟和学科地位的巩固。我们认为，判断理论体系的成熟与否，需要至少从以下几个方面加以衡量：第一，核心范畴的确立；第二，基本命题的支点；第三，对象范围的廓定；第四，逻辑结构的严密；第五，分析方法的适用。理论体系特别是一种基础学科的理论体系的成熟，是在上述条件同时具备并且达到严谨整饬的较高程度的表现。这是一个学科在某种学科体系之中赢得其独立地位并为实践所承认的最重要的决定性的条件。判断学科地位的巩固与否，则应当至少从以下几个方面综合地加以把握：第一，研究对象的抽象性、稳定性与研究主题的核心性、持久性；第二，研究领域的独立性、延续性和研究内容的丰富性、层次性；第三，研究方法的有效性、独特性和研究成果的系统性、应用性。可见，理论体系的成熟是学科地位的巩固的前提与基础，而学科地位的巩固是其自然的结果与整体的反映。

就《立法学》（2000 年）而言，一是不仅翔实阐述了“法”与“立法”这样的基石范畴、基础范畴的内涵与外延，而且进一步明确梳理了立法学的

---

① 郭道晖总主编，中国民主法制出版社 1998 年版。

② 比如郭道晖、李步云、李林、汪永清、蒋劲松、李培传、孙琬钟、谷安梁、孙潮、蔡定剑、黎建飞、曹叠云、许俊伦、陈伯礼、周伟、马怀德、徐向华、苗连营、封丽霞、汪全胜等学者的专著研究成果。而且，这也是下述立法学研究多样化的主体条件与应有之义。

③ 需要注意的是，作为司法部法学教材编辑部组织编审的“九五”规划高等法学教材——基础课系列中的一种，此书是在 1998 年第一版的基础上修订的。在第一版的“说明”中所说的“为本学科构建了新的理论体系”是相对于在此之前的教材或者专著而言的，主要是指将立法原理、立法制度和立法技术三个部分作为体系构成的框架并稳定下来。

范畴体系及其相互之间的层次关系，为立法学的承递和铺展提供了一个清晰和严整的概念群体的依托。[①] 二是不仅顺畅地反映了"由谁立法，如何实施，如何表达"这样三个依次展开的阶段性问题，而且进一步揭示了立法理念、立法制度与立法技术三者在立法实践过程中的关键性作用，这实质上是对于立法实践宏观结构的正确表现，因而就为立法学的体系构造奠定了看似平淡但却牢不可破的客观基础。[②] 三是不仅始终把握立法的民主化、科学化与法治化的价值趋向与变革方向，具有明显的建设与批判的理论指导功能，而且进一步详密地围绕立法与国情之间的依存关系进行了再度深化，提出了完整的立法实践的理论基础即"国情决定论"[③]，回答和论证了立法的资源与阻力及其和立法的主体与能力、立法的过程与技术、立法的质量与效益之间的互动关系，这就既避免了抽象玄虚的极端价值倾向，又避免了法条注释的极端实证痼疾，为具体地、历史地分析和科学地辩证地认识立法实践的各个侧面和环节提供了一个系统的思维进路，也使立法学洋溢着一种现实导向和人文关怀相统一的学术气息。四是不仅继续运用比较研究等分析方法，广泛地进行立法制度层面的论证，而且进一步结合《中华人民共和国立法法》及其历史环境和现实因素，进行了集中的剖析，既有制度内涵的析理，又有制度局限的透视。这样做，我们认为，便是在法治目标和精神的要求下，实证地分析中国当今立法实践的制度供给与制度创新，吸收和加强了立法学中的法解释学的成分。同时，我们还认为，这样的对于《中华人民共和国立法法》立法例的分析，实际上既是立法学研究方法和理论观点的应用和演练，又是也应当看作是一次关于其自身的思维和方法是否适用及其有效

---

① 参见周旺生主编:《立法学》，法律出版社 2000 年版，第 67、73、40 页。当然，一门学科的发展又以新范畴、新命题、新领域、新结构的涌现和确立为表现形式，因此，从发展的角度看，范畴是不可能穷尽的。但是，范畴的系统化显然是学科本身科学化的先决条件之一。[此论述参见张文显《法哲学基本范畴研究》(中国政法大学出版社 2001 年版)一书]

② 周旺生主编:《立法学》，法律出版社 2000 年版，第 5、27 页。

③ 周旺生主编:《立法学》，法律出版社 2000 年版，第 164～166 页。

性的直接检验和证明。所以，这可以说做到了对于立法学学科的理论意义与实践价值的一次成功验证。① 由上述几个方面可知，立法学的基本成熟与地位巩固问题是可以得到综合评判之后的肯定结论的。

如果转换为在学科生成和学科建设的一般理论和通行标准的评价中的结论式话语，那么可以将之表述为立法学“范式”的历史性确立。范式，就我们的理解，实际上是对于一门科学的成熟的理论形态、基本体系与其社会存在得以承认的物化形态的总体概括。尽管自其提出和使用以来有多种含义，并在我国学术界逐步成为流行语汇，但是归纳来看，范式(paradigm)至少有两种比较稳定和认同的含义。一种是库恩所主要指称的，在自然科学中普遍公认的科学成就，这种成就能够在短期内为一群实践者提供模型问题和解答。从社会学和组织学的角度看，这种意义的“范式”是强调了比较集中的研究主题和研究对象、相对稳定的研究立场和具有传承意义的研究方法、相互影响和具有一定内联倾向的研究群体等要素的集合。可见，如果在普遍的层面上看(而不局限于最初库恩对于社会科学尚处于“前范式阶段”的判断)，那么这一含义接近于“学派”，强调一门科学或者学科的社会存在，换言之，至少是包含和强调了“科学共同体”的要素。而另一种则是默顿所指称的，社会学研究中的范式是用来指导一定范围内的调查研究的一组经过明确阐述的概念和命题。这里的“范式”就是指经验研究、实证研究的先期理论前提或者说理论模型(在当前我国法学界，又有学者在“世界观和伦理观”的意义上使用这一语汇，主要是指一定理论体系之中处于深层支配地位的认识论和

① 但是我们注意到，关于“立法与政党、立法与行政、立法与司法”等方面的内容在新版的著述中被删除了，这些在《立法学》(周旺生著，北京大学出版社 1994 年版)、《立法学教程》(周旺生主编，法律出版社 1995 年版)中是以一章或更多章节的独立形式出现的。而今这样的取舍固然可以使立法学作为法学分支学科的特征更加鲜明、结构更加紧凑，内容得以纯化，但是这样处理是否遗留下了缺憾，对于未来的立法学研究会产生怎样的诱导，这恐怕是不宜被忽视的。而至少结合判例法的法律发展机制来看，立法与司法的关系并不是那样明晰的，是颇值得探究的。相关的其他问题亦很费思量。我们还是主张在立法学中对于这些问题仍然加以研究。

方法论以及价值观念等因素)。①

而上述两种“范式”的含义被有关学者在学科和学科建设的角度整合和统一在一起。有学者指出,范式有观念层面的,也有社会建制和社会运作层面的。观念层面上的范式建构,目的在于形成一种知识传统或思想传统,或者具体地说是一种研究纲领。社会建制和社会运作层面上的范式建构,目的在于形成一个学术共同体。它包含着学者的职业化、固定教席和培养计划的设置、学会组织和学术会议制度的建立、专业期刊的创办等。对这一方面的内容,又有学者称之为“学科的制度建设”或者“学科制度结构”。我们进一步将其概括为:前一方面就是该学科的理论范式,后一方面则是该学科的社会范式。正如有学者正确地指出的:一个学科之成为一个学科,就在于它有自己独特的范式(这里更加侧重在理论范式上)。就一个学科而言,她的“学科建设就是在这两个层面上进行范式的建构和巩固”②。综观立法学的理论形态上的变迁,特别是上述立法学的理论体系的形成、理论内涵的稳固以及在此基础上立法学的学科地位所得到的社会与学术上的双重认可程度,加之考量近年来立法学教学应用、课题项目、年刊创办、人才梯队等方面的总体状况,即便根据上述的两个方面的标准加以判别,也可以自信地确证和秉承这样的一个基本结论。

---

① 参见欧阳康:《社会认识论导论》,中国社会科学出版社 1990 年版,第 177～181 页;[英]米切尔主编:《新社会学词典》,上海译文出版社 1987 年版,第 228～229 页;杜宴林、张文显:《后现代方法与法学研究范式的转向》,《金陵法律评论》2001 年春季号。此处的“范式”兼具以上两种意义,但侧重在后者。

② 参见吴国盛、郑杭生:《“学科发展与学科制度建设”座谈会纪要》,《光明日报》2002 年 6 月 4 日。需要说明的是,此处也主张立法学的范式与学科建设应当涵盖这样两个方面,但是囿于现有认识浅薄,因而关于立法学的社会存在、社会范式方面的学科制度建设没有集中深入论述,只是在多样化问题上有所涉及。

■ 第三节 当前立法学境遇的基本评估

一、立法学学科的优势积累

对于当今中国立法学的境状，我们应当辩证地加以看待。一方面，在上述立法学的确立过程中，积累和生成了立法学的学科发展与学科建设的有益经验或者说优势。其中至少可以概括为以下四点：

一是自觉、自醒、自励、自主的主体意识。应当说立法学作为适应立法实践的一门法律科学的发展，尽管是由其实践的最终根基决定着的，但是，其理论认知的程度和理论表现的形式在特定的社会历史时期会是何种具体状况和景象，则是和置身其中的研究者的主观努力密不可分的。研究者的主体意识是一个重要的能动的条件。中国法学理论工作者由于所从事的研究活动是以中国特定社会历史环境与特殊社会变革时期的政治法律实践活动为对象的，本身自然就不可避免地要触及一些政治问题，因此，研究者的主体意识就越发显得必要和可贵。① 立法学研究自始将研究的独立性、使命感、科学观以及个性化作为基本品格加以秉持，因而使得本学科的学术研究具有较强的客观性和长期的稳定性，不会因为某种时尚的提法或者流行的话语而发生理论认识上的偏离甚或转向。

二是扎实稳健、求真务实、与时俱进、开拓进取的优良学风。如果说研究者的主体意识尚可仅仅作为一个个体意义上的重要因素加以强调的话，那么，一种普遍营造的蕴涵激励的学术空气与学术作风则显得对于一个学科的持续健康发展具有值得重视的保障和促进功能，需要倍加

---

① 参见周旺生：《中国法制理论四十年检讨》，张文显、李步云主编：《法理学论丛》第1卷，法律出版社1999年版，第227～228页。

珍惜。这也是经过大家持之以恒并有可能形成良好学术传统的先期环境条件。而这种学风的立足点不是知识上的集体垄断与观念上的故步自封，其中的灵魂应当而且客观上也是创新。立法学的出现与确立本身就是创新的产物，立法学的繁荣与深化自然就是创新的需要，立法学的超越与提升因此就是创新的继续。所以，珍视、传承和发扬立法学研究的学风条件与学术精神，应当是每一个立法学的参与者与推动者的基本义务与操守自律。

三是团结协作、群策群力、平等交流、整体推进的学术机制。在当前这样一个比较浮躁的社会空气中，学界同样缺乏相关的指标评价体系与信用约束机制，也在相当的程度上存在着一种急待净化的浮泛气息，种种表现不一而足，社会科学界尤甚。因此，我们如果全景地、历史地回顾和前瞻一个学科的原创意义的理论进步和实质意义的实践价值的话，就必须自觉地将围绕这样的一个"食槽"[①]的供给和均衡机制与学术共同体的信息沟通和对话机制的完善作为己任。就立法学短暂的"阅历"而言，其研究群体在数量和范围上的相对狭小既是显在的弱点，同时又可以转化为其发展前期得以相互之间直接交流、彼此之间团结切磋、师承之间脉络紧密，进而奠立蔚然学风、建立健全学术交流机制的有利客观条件。通过立法学领域或其方向的若干国家级重点科研项目和有关学术活动，我们既可以感受和印证这一点，又必须学习和汲取这一点，以保障这一尚属"幼小"的学科的富有内涵与适度速率的成长。

四是广博完备、侧重积淀[②]、纵横开阔、讲求实证的研究基础。在人类思想学术史的宏大变迁之中如何面对与拣选纷繁复杂的学术文献，以何种研究方法加以辨析、归纳和整理，是一门学科得以相对独立和顺利发展的必备要件。任何一种理论创新同时又会不断转化为继续前进的思想源流。因此，就立法学的发展来看，能够赢得一个继续研究的优越

---

① 参见宋耀良：《十年文学主潮》，上海文艺出版社 1988 年版，第 19～20 页。

② 参见周旺生主编：《立法学》，法律出版社 2000 年版，第 107～121 页；周旺生：《中国立法五十年》（上）（下），《法制与社会发展》2000 年第 1、6 期。

基础,既是开创者的艰苦努力之所向,又是一个学科在起步阶段的难得土壤。而拓荒,首先就必须将这样的培育和培植工作作为长远发展的必经环节。历经于斯,我国立法学的理论架构不仅是完整的,而且我们更应当看重的,则当属在史料与文本上的范围与流脉、在学术延伸上的纵向与横向的维度和在思维方法上的立场与逻辑,这些相对于已经出现的具体理论观点、某种理论框架而言,似乎是承启者更应当体会和接受的具有方法论意义的成分。如上所述,立法学的典范著述中对于世界范围内的重(主)要的理论典籍的概括,对于立法思想和立法学学科关联的把握,对于立法主体、立法程序与立法技术的比较分析、制度考察、规范研究与实证研究等,有机结合在一起,比较充分地实现了这一点。

二、立法学学科的现实挑战

与此同时,我们认为,应当特别注目于问题的另一方面,这就是基于并追随我国和世界范围内立法实践活动的深刻变化,如同一切学科特别是我国目前的社会科学一样,立法学在这样的一个激荡着社会变迁的主旋律的时代,也面临着急需把握的难得机遇和必须应对的多重重大的挑战。因此,如果我们将学习和继受创新基础、接受和融入创新机制、承递和发扬创新精神作为衡量和鼓舞一个年轻立法学理论工作者的最基本标准和最起码基点的话,就应当看到,正是在与这样的形势吸引和深切呼唤相对接、相适应、相协调的过程中,在客观上凸显出了立法学自身的紧迫课题、薄弱环节、潜在领域和基本走势等关乎学科建设的一系列具体问题的。其中主要的因素,至少有以下四个方面:

1. 以加入世界贸易组织为焦点,集中表现出物质的、宏观的、环境的因素对于立法实践进而对于立法学理论研究的促动。

2. 以中国社会结构的多元化为焦点,集中表现出本土的、内生的、立体的因素对于中国立法实际中的价值、利益、主体与程序甚至技术风格、文化环境等方面将产生以往所不曾有过的深刻裂变,进而对于立法学理论研究发挥促动作用。

3. 以部门法哲学或者说部门法理学的兴起为焦点,立法学的理论层次与学科定位受到一定的冲击。部门法哲学,是指以一定的法理学基本观念为基础,按照法理学的结构与方法,以某一法律部门的制度规范及其实施为对象,揭示其中特殊规律的法学分支学科。它属于特殊法理学的范畴,是法理学与部门法学相交叉形成的中介性的法学学科。部门法理学既是法理学、一般法理学与具体法律部门的法律实践活动相结合,并对于后者进行理论升华的产物,又是部门法学深化自身研究,探求对于该法律部门的内在规律的整体揭示的结果。部门法理学一般围绕该法律部门研究这一部门法的本质与特征,部门法的构成与模式,部门法的历史与类型,部门法的价值目标、指导思想、基本原则,部门法的权利义务配置,部门法的责任及其追究机制,部门法的创制与实施,部门法的文化、经济、社会基础与功能,部门法的研究方法等问题。在中国,部门法理学的发展已经呈现为法学研究中的一个重要趋势。部门法理学的发展,最先呈现出来的就是关于这一法律部门的创制的理论观念、法典结构、认识基础、调整范围等方面的理论,这些理论探讨既是部门法的立法理论,又是立法学、立法学总论的最直接的理论素材和初级形式以及具体推演。因此,伴随着部门法学研究的理论深度的加强特别是部门法理学的兴起,对于立法学的立法理论的丰富与深化、理论体系的检验和调整以及发散意义的立法学学科群体的初见端倪,都具有比较直接的启迪。

4. 以多学科的良性互动、联合协作为焦点,立法学的理论范围受到一定的考验。已经形成学科规模的任何一个科学门类,都在客观上会出现一种潜在的自我维护和自我保障的倾向。这种倾向很难说是惰性,因为这对于一个学科的成长是必然和必需的环节,即自我确证的环节,但是又的确在现实上有着导致学科发展上的迟滞现象。而从学科建设和学科发展的科学史角度来看,边缘的部位是最活跃的部位,这是久经验证的真理。因此对待立法学学科建设,同样既要重视学科自身的相对独立性,又必须正视学科之间相互融合与互补的发展规律与趋势。从实践来看,法学、法理学在现代的发展,就凸现出主流学派相互借鉴、边缘学派异常活跃的态势。同理,作为法学分支学科,立法学也必须在这种发展规律之中主动寻求适应和创新,否则就会人为地进入一种困境。这并不是什么追逐时新，而是自我超越和自我发展的必要条件。当然，对于其他学科的汲取和吸收，不是目的，而是要更全面和深刻地揭示事物自身特殊矛盾中的复杂性，要提炼本学科的更为科学的观念和命题，而决不是单纯地为论证而引用甚至陈列。

由上观之，如果我们以上述经济、政治、社会、文化和学术等诸多因素的综合作用和利导功能为参照，以未来立法实践的先导性及其与社会生活之间的适应性为指向，来反省立法学已有的理论容量，则就会显现出其发展的必要与空间。比如立法学学科体系自身含有需要完善的方面，例如立法制度就难以涵盖立法过程的动态因素分析。[①] 同时，制约立法学发展的不利因素还有很多。比如，立法的信息化与公开化程度不高，严重阻碍着立法学的发展，致使立法学研究缺少最起码的一手资料。立法学研究的基础工作需要进一步加强，除了总汇式的法学百科全书、一般法学辞书、法典或者规范性法律文件的应用汇编之外，立法学的专门辞书还几近空白，极为匮乏。立法学的基础文献真实纪实、忠实描述的资讯素材少得可怜。据悉，《北京大学法学百科全书·理论法学卷》在其中专设“立法学”学科，这将有效弥补这一方面的缺憾。总之，呈现在立法学学科面前的理论与实践态势是不容掉以轻心的。

展望立法学的发展，作为本学科的奠基人物和导航人物，有学者总揽全局，梳理和概括出事关立法学走向、分别属于两个层次的将近 20 个主要学术问题。[②] 这是非常深刻、全面的，就立法学学科的下一步跃升而言也是非常及时的。我们在接受和体会这一观点的基础上，进一步认为，当代中国立法学正在步入专题研究阶段。

---

① 立法过程是立法制度的规制对象，但是立法过程又是立法制度得以形成的实践基础，其中富含诸多偏离制度、超越制度和背弃制度的情形。而在一般的意义上，制度是“社会公认的比较复杂而有系统的行为规则”。这就说明，制度分析和实践分析之间具有矛盾性。（参见孙本文：《社会学原理》上册，商务印书馆 1947 年版，第 57 页；章人英主编：《社会学辞典》，上海辞书出版社 1992 年版，第 273 页）

② 参见周旺生主编：《立法学》，法律出版社 2000 年版，第 20、117～118、120～121 页。

■ 第四节 立法学学科建设的发展趋势

以《立法研究》第1卷的面世为标志，表明立法学专题研究阶段的开始，并且出现哲理化、实证化和多样化三个趋势。在这三种趋势不断地纵深交错发展之中，立法学学科繁荣与深化的局面就在形成和展现之际。

一、哲理化

从柏拉图到马克思，伟大的政治哲学理论大多可以在不仅社会的和历史发展的，而且逻辑的和科学的，最后还有认识论的理论中找到相应观点的根源。每一个法理学流派都是以一定的哲学、经济学或社会学理论为基础的，明确所坚持和主张的法理学基本观点所依存和归属的哲学与社会理论脉系是一个法学流派形成——特别是具有自身逻辑上的自恰性与体系上的严整性的必要条件，任何一种理论法学或者应用法学都难有例外。

不仅任何理论都有其哲学基础，而且理论发展的一个自然的倾向就是哲理化。哲理化基于特定的时代需要和学者的主观追求，会得到加强和放大。哲理化是以实现立法学理论特别是立法学总论在科学体系、逻辑结构以及理论观点的科学性、自恰性、严谨性为目标，以立法实践自身的特有矛盾运动的基本规律为内容，应用哲学的思维方法来研究立法实践所呈现出来的特点和趋势。哲理化和哲学、法哲学的应用具有直接的关联，但是哲理化不是哲学化，尽管二者之间是那样的密切。哲理化是在哲学思维观念的指导下，研究立法实践所赖以存在的基本立场、观点和方法等立法实践的特殊问题。哲学化，就是将法学特别是理论法学中的法理学视为一种应用哲学或者分支哲学，来定位和决定对于立法实践的研究主旨以及研究范围。将法学研究的哲学化作为学术目标加以追求并使之融入哲学体系的最为成功和典型的是德国古典哲学家、哲理法学派的代表人物黑格尔。今天的法学界，日益出现一种倾向甚至也可以说是一种“霸权”，那就是对于哲学的过分青睐、误用和滥用。比如，一些学者特别是青年学者，竟然动辄将管理科学、组织行为学和行为心理学的一些抽象机制的理论概括地称之为“哲学”，甚至对于法律调整规范作用中制约与激励二者之间的相互包容与相互转化关系视若不见(从而制造出二者之间的截然对立和割裂)，甚而对于控制论中“控制”[①]本身所包含的维护、改善的应有之意予以抹杀(从而削足适履地采取理想类型的分析方法，进而去提出所谓的“辩证、科学、全面以及富有价值关怀”的观点)。这种做法本身就是缺乏哲学思维即辩证意识的表现，由此所进行的部门法哲学研究就不能不让人怀疑和困惑。这样做不利于真正的学术发展和学科建设，由此造成的不良后果尽管在短时间内因为一时的繁荣难以显现，但是其中的教训是非常值得汲取的。倘若如此去寻求哲理化，无疑是于事无补的、让人遗憾的。[②] 尽管其中的努力促使法学理论更加富有深度的主观愿望是善良和美好的，但是哲学化并不是一个可以真正标明学术品位与学术价值的完美标签。哲理化才是我们所倡导的着眼点和相关努力的着力点。而我们所主张的是哲理化，即在哲学的问题和思维认识方法的层面上对于立法进行宏观的思考和深入的研究。这就是要运用社会哲学、价值哲学、历史哲学、社会认识论的理论成果和研究方法来分析立法实践的社会基础、特有机制、价值选择以及认知机理等基本规律，分析属于一般立法实践的逻辑前提与理论基础的问题。[③]

---

① [俄]列尔涅尔:《控制论基础》，科学出版社 1980 年版，第 1 页。在法学界的注意和使用，可以参见武步云:《政府法制论纲》，陕西人民出版社 1995 年版，第 131～132 页。

② 参见罗豪才、宋功德:《行政法的失衡与平衡》，《中国法学》2001 年第 2 期。

③ 此研究参见王守昌:《西方社会哲学》，人民出版社 2000 年版；欧阳康:《社会认识论导论》，中国社会科学出版社 1990 年版。我国台湾地区洪逊欣在其《法理学》中就定义“法理学”为“法理学之名词，系指示社会哲学中，以研究关于法及与有关事项之根本问题，尤其以研究法之全体的存在原理及法学方法为其任务之特殊学问”[洪逊欣:《法理学》，(台北)三民书局 1982 年版，第 39 页]。

立法学研究，揭示哲学基础在立法实践上的客观存在、深刻制约及其对立差异，是其哲理化研究的特有内容，这在理论和实践上是有实际依据的。比如在美国当代，立法学界具有理论体系上的代表性，同时又具有极大的实践性影响的R.赛得曼教授①，在其立法实践模式的分类上就提出了“建构主义、渐进主义、问题主义”的划分，并且主张“解决问题”的观点；在其立法观念上概括了“目标计划型（基本需求/结构主义）、经验总结型（自由主义/新古典经济学）和问题解决型（制度改造主义）”，并主张后者在具体的权利义务的配置上也是主张按照上述价值倾向设置立法的基点和重心。这表明一个国家的立法机关和立法者在立法目的和立法功能上的对立、在审议法案中的辩论与修正条款的分歧、在立法实施过程中的不同兴奋点的关注，在实质上都反映着坚持或反对某种哲学观念。比如在实践中看，1848年英国宪章运动之后工人阶级已成为一支独立的政治力量，加之在资本的垄断化过程中，中产阶级也受到了冲击，不少人沦为无产者，而大资产阶级却得到了越来越多的特权。因此，在英国社会原来普遍信奉的自由放任主义及其伦理基础——功利主义遭到批评，社会达尔文主义也受到了指责，以格林为代表，逐渐形成了一种建立在修改自由主义传统基础之上的新自由主义思想。与这种主流思想价值观念相对应，正如英国政治学家E.巴克所描述的：“这时的英国社会正发生公共舆论的变化，法律反映了这一变化，立法正出现从个人主义转向集体主义的趋势。”②又比如，国家主义立场就在立法权与立法主体、立法程序与立法技术等一系列的立法实践的方方面面都有着很大的制约作用。有学者认为，在我国传统法律文化中绵延不绝的国家主义的思想价值观念必然转化为深潜的立法指导思想，外儒内法，明德慎刑，对于封建社会法律制度体系即中华法系的确立和维系具有全局和全程

---

① 有学者认为，R.赛得曼教授的“立法理论的特点是有机融合了分析实证主义法学和社会学法学的观点、方法”，我们认为尚不够贴切。在更加本质的意义上，毋宁说他是坚持波普尔思维方式和社会观念以及法治思想的学者。（参见冯雪薇：《赛德曼立法理论介绍》，周旺生等主编：《立法技术手册》，中国法制出版社1999年版，第606页以下）

② ［英］欧·巴克：《英国政治思想》，黄维新等译，商务印书馆1987年版，第19页。

的影响作用。[①] 而在西方,有学者断言,英美法系和大陆法系之间的一个重要区别就是前者盛行的是极端个人主义观念,而后者盛行的是国家主义观念。[②]

立法学的哲学式的研究即哲理化在有关学者那里受到了较早的关注和提示[③],但是哪些是立法哲学层次的问题?则是需要进一步探究的。我们认为,可以按照一般的哲学研究领域和结构从以下几个方面考虑立法哲学的基本框架和主要命题:

(一)本体论的问题

本体论定义为从一个事物的形成起源和本质上来认识和解释事物的存在,并且以认识事物的本质作为一个基本的学术目标的认识活动和

---

① 参见吕世伦、贺小荣:《国家主义的衰微与中国法制现代化》,《法律科学》1999年第3期;吕世伦、张小平:《论中国法律文化中的国家主义》,《金陵法律评论》2001年春季号。这里的国家主义,即早期学术理论上的绝对主义国家观,参见李达:《法理学大纲》,法律出版社1984年版,第3、87~88页;李达:《社会学大纲》,《李达文集》第2卷,人民出版社1981年版,第519、521页。但是对于国家主义有学者有不同的解释。杨度就将家族主义和国家主义作为社会历史发展的先、后两个阶段,将国家主义作为以个人为本位的西方国家法制的精神和根本的概括。这和多数学者的观点不一致。(参见张国华:《中国法律思想史新编》,北京大学出版社1998年版,第380~381页)

② 参见[美]约翰·亨利·梅里曼:《大陆法系》,知识出版社1984年版,第19页。但是笔者不同意这种观点。因为如果这样去推理,那么就难以合理地解释近代以来英美法系国家和大陆法系国家法律的共同的阶级本质,难以合理地解释《法国民法典》中关于所有权、契约以及侵权行为责任的三大基本原则,难以合理地解释美国《独立宣言》《宪法》中对于美国国家主权和国家利益的保护。所以,笔者认为固然存在这样的偏向,但是从立法实践上看来,两大法系在个人主义、自由主义的基调与主旨上是毫无二致的。倒是在立法思维和法律技术上存在着二者在理性主义和经验主义上的差别。(参见徐国栋:《民法基本原则解释》,中国政法大学出版社1992年版,第204页;秦德君:《政治设计研究:对一种历史政治现象的解读》,上海社会科学院出版社2000年版,第4章;董茂云:《比较法律文化:法典法与判例法》,中国人民公安大学出版社2000年版,第3、4、5章)

③ 在当前立法学界,这些只是处在一种萌芽或者呼唤的地步。周旺生的《立法论》(北京大学出版社1994年版)序第5页有"哲学特色"的提法,周旺生主编的《立法学》(法律出版社2000年版),第20页有"对立法问题做法哲学研究"的提法。如果我们进一步归纳,可以看出至少在立法理论上存在着基于历史唯物主义的"国情决定论"这样的一种理论体系和基本观点。(参见周旺生主编:《立法学》,法律出版社2000年版,第142页)

领域(但是除去休谟的不可知论,还有学者从主张哲学是一种思维方式的学问的观点出发,对于本体论到底是否属于哲学层次中的问题也存有疑义①)。在20世纪80年代初期以来,我国法学界关于法的阶级性和社会性的讨论结束之后,法的本体论已经不再是法学研究的重心和中心,应当说这是一种进步,但是并不意味着法的本体论不是一个必须要回答的问题了。追溯学术的系谱,法的本体论是指关于法的本体的系统理论,是法的最一般理论即法哲学或者法理学的基本组成部分之一。在西方,本体是哲学中的基本范畴和研究领域之一,有两种含义:一是相对于具体事物、变形物而言的“本原物”“基质”“始源”;二是相对于现象而言的“本质”“本相”。本体论就是要回答和研究“事物是什么、事物的本质和本原是什么”的问题。从元哲学的意义上看,在17世纪之前,有本体论思想,并且最早的哲学思维和哲学思想就是在追寻和不断诠释事物的本体问题之中产生的。但只是在17世纪之时,系统和专门的本体论才产生和确立起来。1613年,高克兰纽斯(Rodolf Goclenis)编写的《哲学词典》最早出现了“本体论”一词,其意是指关于存在本身的理论,也即存在作为存在本身具有的本性和规定的学说。本体论的基本逻辑前提是:将事物的存在本质与事物的存在所表现出来的现象区别开来,并以此作为事物的内在矛盾及其运动的内在动力。本体论的基本问题是:认知并找到超感官的、隐藏在直观事物存在背后的、作为事物赖以存在的基础和依据的真正存在。本体论是哲学体系中的基石,任何哲学观念与哲学理论体系都是以某种本体论的观点作为其基础的。某种本体的观念始终是任何哲学家的无法抛弃和不可摆脱的出发点。一般而言,法的本体论与法的认识论、法的价值论等相并列,是法哲学中的必要的组成部分,具有基础和先导的作用。在法的本体论之中,主要研究的问题包括:法的现象与本质,法的内涵与外延,法的内在矛盾,法的社会经济基础,法的政

---

① 参见王干才:《哲学观念变革新论》,西北大学出版社1994年版,第18、106、125页。有学者认为“认识论是近代资产阶级哲学的主题”(李泽厚:《中国近代思想史论》,人民出版社1987年版,第414页)。

治属性与阶级本质，法的社会职能与社会本质，法的本质的层次性，法的结构与功能，法的历史运动与基本类型，法的实现机制与实现形态，法与行为、规范、利益、权利、权力和自由的关系，法与其他社会现象之间的关系等问题。法的本体论是围绕“法究竟是什么”这样一个看似简单但却复杂的基本问题展开的，为此又必须历史地观察和逻辑地概括不同形态的法律实践活动，努力提炼和揭示具有解释力和有效性的法的诸层次的本质。按照马克思主义的世界观和认识原则，法的本体是指法作为一种区别于其他事物的特殊存在的内在规定性，是指法的本质，而法的本质又必须历史地、具体地加以分析。因此，法的本体就必须通过法的本原即法的历史渊源和历史发展与历史类型得到说明，并且还必须对于法进行深刻的逻辑分析，这就使得对于法的本体的解释必须坚持矛盾分析方法，将法的历史与现实、法的现象与本质、法的结构与功能、法的规范与运行等进行辩证的研究。所以，法的本体论的研究既是有单一的核心问题的，又是有着广阔的理论视野的。特别是在关于本质的表现过程以及表现形态与类别上，我们认为也属于本体论的部分，而不适宜像现行的有的教材那样，有本体论之外的运行论、历史论等相并列的组成部分。在我国，关于法的本体论依然是需要不断加强研究的领域，特别是社会主义的法的本质、本体问题。法的本体论的研究对于立法的本质认识的深化具有特别的指导意义，有助于摆脱关于立法的形式化的理解，更好地揭了立法实践的多侧面的特征。立法作为一种最具权威性和强制力的国家政权活动，作为一种一定阶级或者阶级联盟形成、确立和表达国家意志的社会实践活动，是一种明确的、普遍的、肯定的、处于核心地位和属于主干构成的政治设计的组成部分。本来，政治设计是以制度安排为核心的社会设计，而在制度安排的诸多表现形式和众多类别之中，通过立法形成成文法，则成为基础的、主要的、具有定向功能的一种，并且法律制度的确定与变革是一切政治活动的指向和最终表现。

（二）认识论的问题

立法是一种集体的特殊社会认识活动。立法实践中包含着复杂的认识问题①,在立法认识论上,存在着立法的渊源是理性还是经验的两种对立观点。立法认识论属于法的认识论范畴。法的认识论是指在一般认识论的指导下,关于法或者说法律实践活动的特殊认识论。一般认识论,即哲学意义上的认识论,又称“知识论”,是指关于人类认识的普遍本质、一般规律及其基本方法的哲学理论。一般而言,认识论作为哲学的基本构成之一,在理论内容和结构体系上包括认识本质论、认识基础论、认识过程论、认识规律论、认识方法论、认识成果即真理论等,其中认识的实践基础与物质条件、认识的社会过程与心理机制、认识的能动属性与辩证方法等,是马克思主义认识论所强调的。法的认识论是基于法学以法律实践活动为基本研究对象而成为法哲学或者说法理学中的有机组成部分之一的。在一般意义上,法律实践活动作为一种调整社会关系的高级的、理性的、规范的专门社会实践活动,其中包括着认识关系,即法律实践主体对于法律客体和法律手段自身的认识。因此,法的认识论就要集中揭示认识法、法律的可能性及其限度,法律认识的基础、条件与发生机制,法律思维方式,认识法律的基本方法、具体方法以及特殊方法,认识法与法律过程中的特殊规律,法律认识与法律价值的关系,法律认识的推理、逻辑与评价等问题。法的认识论又可以具体针对专门的法律实践活动的某一环节或阶段的认识问题开展研究,分为立法认识论、司法认识论等。由于法律是一种国家制定或认可的调整社会关系的强制性行为规范,法律实践是形成和推行某种以权利和义务与责任为构成要素的行为模式与后果模式的专门实践活动。因此,基于这种认识对象的特殊性,必然在具体认识的过程与方法等方面形成和产生自身的特殊性。立法认识论研究立法实践中的认识的个体与集体的关系问题、立法认知的影响因素与优化机制问题、立法认识的手段与方法问题、立法认识的事实因素与证明过程问题、立法理由问题、立法认识的价值因素及其地位问题等。比如法的生成理论就反映出不同的哲学认识论倾向或

① 参见王干才:《哲学观念变革新论》,西北大学出版社 1994 年版,第 427 页;[英]米切尔主编:《新社会学词典》,上海译文出版社 1987 年版,第 313 页。

偏好，进而就表现为提出“成文立法是否可能?”这样的立法学必须明确而坚定地解答的“元”问题。尽管这里不止是制定法律所面临的问题，而是整个政治制度渊源于成长还是创制的问题。① 再比如研究方法上的差异，不同的研究者采取不同的研究方法。这里就存在着不同方法的普遍适用性问题以及在分析立法实践上的针对性、有效性问题。这是研究者首先要说明和论证的，也属于立法学的哲理化过程中的突出问题。

（三）价值论的问题

这里我们要注意到边沁和奥斯汀的一个观点，即他们都认为法律理论分为两部分：一部分研究“应然的法律”，这就是立法学或道德科学；另一部分研究“实然的法律”，这就是科学的法理学。② 那么这种观点对于我们今天开展立法学研究仍然有借鉴意义，特别是对于我们善于从法学的角度思维的学者而言。我们认为，这虽然不表明立法学应当作为一个应用伦理学学科的归属与基点，但是至少说明忽视或者抛弃立法中的价值、伦理问题是很遗憾的。立法价值论是立法学的哲理化研究的重要领域，是法的价值论的重要组成部分。法的价值论又称“法律价值论”，是指关于法的价值及其实现的一般理论，与法的本体论、法的认识论等相并称，也是法哲学的基本构成部分之一。价值，是指以人为主体，以其他事物为客体，在满足和实现人的一定需要和利益的过程中所形成的关系，是一个在人类实践中形成的关系范畴。法律价值，就是法律在人类社会实践活动中对于人而言满足和实现其一定需要与利益的关系。法的价值论就是专门围绕法的价值问题进行研究的领域和范围的总称。一些法学流派和法学家将法的价值论作为法哲学或者说法理学的基本组成部分之一，甚至将法律价值问题的研究视为法哲学的核心问题。在西方，关于法的价值问题首先是在法律与道德的关系问题中得到研究和展开的。自然法学派将法的价值问题作为一个中心问题，认为法律是追

---

① 参见[英]J. S. 密尔：《代议制政府》，汪瑄译，商务印书馆 1982 年版，第 5、7 页。

② 参见[英]奥斯汀：《法理学范围之确定》（英文版），哈特序言第 XIII 页、第 14 页；李桂林、徐爱国：《分析实证主义法学》，武汉大学出版社 2000 年版，第 53 页。

求和实现一定价值目标的规范体系，本身又具有评价和指导人们行为的价值准则的作用。分析法学派则认为法的正义等价值问题不是法学本身的问题。社会法学派倾向于在社会利益冲突中把握和认识法的作用与价值问题。马克思主义认为，法是体现和反映一定社会统治阶级及其联盟的利益和意志的强制性社会行为规范体系，必然在法律实践中承载一定的内在价值追求的目标，是以一定的社会主导或统治地位的价值观念、价值原则来进行评价和判断的价值规范，因此，法的价值论必然是法哲学或者说法理学研究中的基本范畴。立法中的价值理论问题是法的价值问题的集中展示。其中至少包括：立法价值在法律实践活动中的主观性与客观性，立法价值的宏观结构与微观结构，立法价值主体，立法价值观念、价值原则与价值标准，法律价值的形成与确定，法律价值目标与法的构成要素的关系，法律价值的表达途径与反映手段，法律价值与法律文本、立法价值的实现机制，法律价值与社会价值体系之间的关系，社会文化思潮与法律价值的演变等问题。

今天，非理性主义、后现代主义思潮对于包括立法学在内的诸多人文社会科学提出了严峻的挑战。为应对起见(不止是为了立法学自身的更为严谨透彻的论证)，立法学的哲理化也是必要的。我们认为，要选择急需作出的诸多应对，就必须把握其中的关键。归结起来，其中最为集中的是：科学哲学的代表人物波普尔的基本思维方式和思维观念在法学界、在立法学基本观念上的重大影响。在今天，我国法治实践中或可流露出他的一些思想痕迹，甚至一些法学家就正是自觉或者不自觉地以波普尔式的一系列观念作为论证法治的出发点的。在我国当前法学界，有学者比较鲜明和坦率地表示出在部门法的立法问题研究中所坚持的上述进化论的理性主义哲学立场。比如有学者直接指出：目前实行的引进贯穿所有方法之中的一种相对理性主义观念，为“平衡论”基本确定一个适宜的位置。①

---

① 参见沈岿：《平衡论：一种行政法的认知模式》，北京大学出版社 1999 年版，第61～63 页。

虽然我国较多学者主要追溯到的思想源流和直接引用佐证的文字材料是源自冯·哈耶克的(哈耶克认为立法是人类最危险的发明之一,并将立法作为中央集权之下的单一的自上而下的强制规则供给渠道),但是对于哈耶克与西方哲学传统、与和他同处一个时代的像波普尔这样的思想家之间的传承或者影响关系,换句话说,对于各种法制观念的反对建构主义的认识论基础的上溯还未曾更加深入和清晰地开展,只是有所触及。波普尔的政治法律思想既是其关于自然科学、科学学以及哲学观念的应用与推展,又特别是西方哲学史中与理性主义和科学主义传统相对立的另一面即怀疑主义、相对主义、人文主义的延续。而且,通过波普尔这样的发展,在西方20世纪以来的历史、社会、政治乃至于法律理论研究中,这种哲学观念和历史观念的影响逐渐强盛,并形成了一个比较鲜明的脉络,特别是其关于科学认识的无限或然性、相对可测性和绝对有限性对于社会历史学科的认识结论的可能性与科学性的否定,为自由主义的政治法律思潮提供了新的论证和强化。比较典型的例证就是冯·哈耶克等人。比如冯·哈耶克就在其主要作品《法律与立法、自由》之中不仅"套用"了波普尔的"开放社会"这样一个主要的、基本的、用以凝聚其整个社会历史观的范畴,而且在第一卷第一章中专门论述了"建构与进化"这样的两种不同的认识论。甚至,哈耶克在该书"导论"一章中自觉又明确地指出了这一点,即在我们这个时代,不止是一些科学上的分歧,而且也包括一些最为重要的政治上的(或"意识形态上的")分歧,在最终的意义上都源出于两种思想流派在某些基本哲学观念上的分歧。这样的两种思想流派一种是进化论的(或者如卡尔·波普尔爵士所称之为的"批判的")理性主义,而另一种则是谬误的建构论的(波普尔所谓的"幼稚的")唯理主义。

可见,正如前引哈耶克以及马奇教授所指出的,最终有一个哲学和认识论中相应观点的根源问题。一门应用法学学科的哲学化,或者说诸如行政法哲学、刑法哲学,之所以不同于法律教义学,不是因为以思辨的形式来进行和表述认识,即不是以哲学的方式来处理一个具体的部门法的问题,而是发现、提出并以哲学本身的思维来研究法律实践所蕴涵的认识哲学、社会哲学或者政治哲学的前提性问题，比如社会历史规律与立法的问题、社会个体的主体地位与刑事惩罚权力问题。也就是说，之所以作为法哲学，是因为问题本身就是哲学问题而不是因为考量的方式。所以，从坚持和发展马克思主义、从法哲学的学科建设特别是从我国的立法以及法治实践的导向性问题、政府推进型模式的选择等重大问题上，都表明立法学研究的哲理化已经到了相当迫切的地步。

社会主义国家，从保障个人人权和集体人权出发，从保障社会健康发展出发，保障国家长治久安出发，必然地要求实践法治，而且也能够实践法治。法治在社会主义国家，不是维护权利畸形行使和对社会予以侵夺的制度的外衣，而是对权利、自由和民主的实现的制度性、长期性和根本性的保障，是对社会形成合意、发挥社会集体效能的稳定性、机制性与全局性的维护，是社会协商、对话和沟通，健全社会管理体制的开放性、吸纳性与程序性的系统。总之，社会主义与法治是内生性的结合而不是外在性的粘连的。波普尔将马克思主义等同于机械的决定论，忽视了马克思主义最重要的实践品格和鲜明的辩证品格，将之等同于空想和强制的文化霸权，将社会主义等同于国家主义、集权主义，所以，在根本上是错误的。建立在波普尔思维之上的各种具体观点，是值得认真思考和深刻反思的。① 对于波普尔思想的理解、商榷与反驳，我们认为可以说是一个集中反映多种思潮与立场的舞台，不论是何种主义——国家主义、个人主义、集体主义、整体主义、经验主义、理性主义、自由主义、保守主义等。在这些主义面前，现实的立法实践形态和立法学的理论形态都在并且都必须作出其最后和最终哪怕是最隐秘的选择。

立法学的哲理化研究会直接表现在学术的兴趣与问题的选择上。比如，可能有学者会集中选择一些务虚的问题，去试图构筑另一种模样

---

① 这些论述参见[英]卡尔·波普尔:《历史主义贫困论》，何林等译，中国社会科学出版社 1998 年版；[英]勃里安·马奇:《波普》，何明虹译，中国社会科学出版社 1992 年版；冯·哈耶克:《法律、立法与自由》第 1 卷，邓正来等译，中国大百科全书出版社 2000 年版；朱苏力:《法律研究:人文的还是科学的?》，赵震江主编:《法律社会学》，北京大学出版社 1999 年版。

的立法学。[①] 就像一些部门法学中已经出现的那种状况一样，当然这里并不是说学风是华而不实的，而只是这些问题本身的特点（而我们是反对经院主义的玄学模式的）。

二、实证化

实证化与哲理化既是相互补充的，又是相互需要的。以实证主义为基础的法学思想理论体系至少可以分为逻辑实证主义和社会实证主义两种。我们在这里所指称的实证只是与上述实证主义存有历史渊源上的联系，在应用上则主要是从方法上而不是在哲学的最初出发点和最终不可知论的观念上谈的，不是指那样的哲学立场。当然任何实证研究都有其中不可背弃的哲理基础。[②] 而在这两个方面，其实我国的法学研究中都是比较缺乏的。

"实证，即可检证、可检验、可证实性。""一种观察陈述或假说，只有得到充分的实证材料或实验结果的支持，才被认为是科学的。因此，准确性、精确性、确定性、可重复性等是实证的基本内涵。"[③]从法学史上看来，实证方法、实证主义是使法学能够独立出来，告别并区别于社会哲学、政治哲学和相关具体学科的哲学方法论上的武器和基础，具有重要的历史贡献和恒久价值。但是我们应当注意到，19 世纪法国社会学家孔德的实证主义的法学思想潮流之中的差异，以及这种差异给我们带来的启示。其一，奥斯汀关于法的本体论观念更加具有纯粹性，将其视为一个逻辑的存在——建立在自足逻辑推理基础上的规范体系，并在本源上仅追溯到"主权者的命令"，在其思想中有关于法的分类的观点，但是并没有将其相互之间的矛盾关系作为一个分析的视点，在研究方法上也是基本采取逻辑实证方法。其二，在奥斯汀之后，同样继承孔德的实证主

① 参见周旺生：《立法论》，北京大学出版社 1994 年版，序第 5 页，第 721、724 页。

② 参见沈宗灵：《现代西方法理学》，北京大学出版社 1992 年版，第 143～144、158、185 页；张乃根：《西方法哲学史纲》，中国政法大学出版社 1993 年版，第 326 页；张文显：《二十世纪西方法哲学思潮研究》，法律出版社 1996 年版，第 108、111 页。

③ 欧阳康：《社会认识论导论》，中国社会科学出版社 1990 年版，第 95 页。

义哲学思想的法国法学家、宪法学家狄骥在与此同时又受到了杜尔凯姆的社会学思想的影响，以至于他和奥斯汀一样坚持实证主义的立场，反对法学中在此之前盛行的形而上学的方法，主张“考证事实，只确认用直接观察来证明的事物是真实的”，但是，却在法的本体论上，认为法的本原和本质是一个社会的存在，即“社会连带关系”这样的一个实体，并且在法的分类上主张“客观法”与“实在法”的基本划分，并进一步以二者之间的对立统一作为确立法的效力源泉的立足点。[①] 可见，狄骥的法学思想应当属于社会实证与逻辑实证两个方面相交汇的一种，与其同时代的社会法学派的集大成者庞德相比较，就显得二者要接近一些。因此，如果在法的本质问题上更为客观和全面一些的话，那么在研究方法和研究视野上，就应当兼备上述两种实证的领域和范围。同样的道理，立法学中的实证研究应当包含上述两个方面，并且这两方面应该也是相互补充和相互结合的关系，这是由立法本身的综合特点所决定和要求的。比如，在英国，议会顾问办公室是所有立法的主要起草机构，其工作程序的特点是将法律起草分为政治程序和技术程序。立法政策从政治程序中产生，高级公务员拟订出实施的办法和立法计划；议会顾问并非要对其所面临的问题提出实质性的解决方案，而是仅仅负责文字的工作。[②] 所以，立法政策和立法技术的统一、政治程序和技术程序的统一、立法的表现与表达的统一，是立法实践中必须进行的整合。与上述实证研究的两个方面相对应，立法研究的实证化，也必须从这样的两个方面展开，不可偏废。因为都是立法实践之中的局部构成，都是不可或缺的，所以逻辑实证与社会实证研究的两个方面都应当属于立法学的实证化研究的范围之内。

就实证主义的法学研究与全面的立法学研究而言，为了澄清或坚定一些基本认识，还需要进一步补充和强调：

---

① 参见[法]狄骥：《宪法论》第 1 卷，钱克新译，商务印书馆 1959 年版，第 3 版序言第 11 页；周旺生等：《西方法学名著评介》，辽宁人民出版社 1986 年版，第 226～230 页。

② 参见吴大英、任允正：《比较立法学》，法律出版社 1985 年版，第 214 页；赵庆培：《国外立法起草理论的研究和发展》，《中国法学》1996 年第 4 期；孙潮：《立法技术学》，浙江人民出版社 1993 年版，第 7 页。

第一，从实证主义本身看，有学者指出，法的实证主义“最重要的理论贡献在于对法概念论、法效力论以及法体系论的深刻研究，使得我们能够摆脱法规范内容上的争议，真正在一般性、描述性、形式性的基础上看清任何一种法体系的一些基本而重要的共同特征”①。也正是如此，法实证主义在对象上是限定在实在、实定法的规范体系结构及法律调整的逻辑机制之上的，在前提上是有一个法体系的已然的存在，在基本内容上是更加接近法的解释论或者说形式性分析的法解释学。② 这是其比较有效的学术“领地”；而在立法理论研究的领域中，这至少说明法的实证研究是不足以构成立法学研究的全部的。

第二，再进一步从法学史的角度结合三个主要的法学流派之间的互补性关系与融合性趋势来看③，法学向评价性法理学④，及法理学向伦理学、政治哲学与社会理论衔接的必然性还是存在的。这就启发我们在看待立法学所关照和关注的核心——一个法律规范体系生成中（而不是实施中）的多面过程与多种因素的高度纠合之际，不应当仅仅限于使用实证主义的特别是逻辑实证主义的方法与手段。因此，我们认为，立法学所围绕的实践以及学术领域的全然有效性，是由其多学科有机配备基础

---

① 颜厥安：《再访实证主义》，杨日然教授纪念论文集编辑委员会：《法理学论丛——纪念杨日然教授》，月旦出版社股份有限公司 1997 年版，第 640 页。

② 需注意，不应混淆法解释学与法诠释学，此处不适宜表述为法的诠释学或诠释理论。因为就法的诠释理论而言，其中至少包含或者说更加侧重的是对于法律规范的正当性的证明与道德上的评判。比如德沃金的全体式诠释理论即认为经过道德证立的法律才是真的法律命题，而未经过道德证立的法规范则是“前诠释”的法律（参见颜厥安：《再访实证主义》，杨日然教授纪念论文集编辑委员会：《法理学论丛——纪念杨日然教授》，月旦出版社股份有限公司 1997 年版，第 625 页）。可以说，社会价值法律化的过程就是立法价值论的特有内容。

③ 参见[美]E. 博登海默：《法理学——法哲学及其方法》，邓正来译，华夏出版社 1987 年版，第 199、200 页。

④ 以是否将对于法律的道德评判作为基本命题和核心问题，可以将法理学区分为描述性法理学和评价性法理学，有学者将后者又表述为正当性—诠释性法理学。（参见颜厥安：《再访实证主义》，杨日然教授纪念论文集编辑委员会：《法理学论丛——纪念杨日然教授》，月旦出版社股份有限公司 1997 年版，第 626 页）

上一种更加具有开放性和包容性的理论结构以及多种研究方法的综合运用来实现的。

第三，从立法实践上看，毕竟，“若干社会的、经济的、心理的、历史的和文化的元素以及价值判断影响着和决定着立法和司法”①。加之，在已有的立法学研究中，关于立法中的议会党团与代议人员的生动描述与行为类型的研究实质上已经在这一方面进行了探索和积累。综上，对于立法学适宜在研究的纵深向度上努力实现相关学科的更紧密的联合协作与交流共进。

第四，就原初意义上的“立法学”而言，奥斯汀认为伦理学(实际上是规范伦理学)是实证法与实证道德价值判断之基准。伦理学包括两个部分，其中之一是确定实证法的价值基准为目标的立法学(the science of legislation)，简称“立法”。道德、实证道德属于立法学范围，法律(指实证法)才属于法律学或法理学范围。② 这样看来，这种最初的刻意区分与我们今天对于立法学作为法学学科的对象、范围、体系与地位的认识均不同。由此可以至少得出两点初步结论：其一，今天我国的立法学在对象、结构、范围、特色上是接近但不局限于实证的，是在法学的思维、方法与领域内开创的、基于实证但有综合倾向的、属于法学的分支学科。其二，立法价值论应当是立法学的应有之义和必要构成，尽管立法学的独立生成和专门化的历史是以告别抽象的立法价值观念的研究，转向立法实际

---

① 颜厥安：《再访实证主义》，杨日然教授纪念论文集编辑委员会：《法理学论丛——纪念杨日然教授》，月旦出版社股份有限公司1997年版，第200页。

② 参见戴森雄：《奥斯汀法律与道德论之研究》，杨日然教授纪念论文集编辑委员会：《法理学论丛——纪念杨日然教授》，月旦出版社股份有限公司1997年版，第659、660、680、710页。与一些学者的误解和误读相反，奥斯汀和分析法学派不是将法律与道德分离或孤立，而是强调二者的区别。奥斯汀不是主张在立法上而是主张“在法的适用与执行上”区分道德与法律，进而在法律科学的对象范围上限定在实在、实证法上(参见[美]E.博登海默：《法理学——法哲学及其方法》，邓正来译，华夏出版社1987年版，第363～364页)。这种区分在奥斯汀那里是一种基本的价值立场和思维方法，比如他进一步将犯罪的概念区分为“立法上的”和“司法上的”犯罪，就是上述观念的继续和应用。这一点对于我国学者已经产生影响，陈兴良吸取了这种思路和观点。

问题的研究为醒目标示的，但是战后特别是 20 世纪 70 年代以来以至于当前的立法学研究中“综合、系统地研究立法问题的现象渐成趋势”[①]，也只有在这种综合的、全方位的研究中，立法现象的丰富性和规律性才可以同时得到完整深刻的说明；而且，在社会转型期，这一方面不能够因为研究中出现的玄学式的不良倾向就致使其得以废弃，相反，而是正确地结合我国的立法进程与立法项目展开富有针对性的研究。

就逻辑实证方面而言，至少需要关注以下问题：

1. 立法学中对于法律概念的分析与界定应该是立法具体实施权利资源的有效配置的通用基础与逻辑武器。所以在这一方面，霍菲尔德的学术特色应当是给予充分注视和学习的。他的学术成就也是具有较强的实践功用的。美国在整理判例法的《法律重述》之《财产法重述》中就加以采用了他的一些法律概念分析成果。[②] 而我国学界就这一方面以及立法技术的方面已经有深入的研究，但是在实际应用中却没有得到应有的重视，需要迎头赶上。

2. 制度的实证研究应当是立法学的主要内容，围绕我国立法制度及其完善的研究一直是立法学研究中的主战场。而横向地观察，会注意到在社会学、经济学中关于制度得到了重视和非常深入的研究，就制度的功能、制度的形成、制度的变迁、制度的创新等问题已经形成了重要的新、旧制度经济学派。在法学中，以西方麦考密克等为代表的制度法学理论也已经出现，但是在立法学的视野内制度生成、制度变迁、制度设计和制度创新理论则是需要发展的。[③] 其中的制度设计与制度创新的内在机理是需要集中阐述的。

3. 法律体系及其内部关系的研究。

4. 法律原则与法律规则之间的关系研究。美国有学者甚至认为二

---

① 周旺生主编：《立法学》，法律出版社 2000 年版，第 16 页。

② 参见沈宗灵：《现代西方法理学》，北京大学出版社 1992 年版，第 145 页。

③ 参见冯淑英：《寻找一个好制度》，《市场报》2002 年 3 月 22 日。我们认为，这一篇短文介绍的故事对于制度设计的有效性非常具有启发意义，耐人寻味。

者之间存在对立的一方面。[①]

5. 不同立法类别的实证分析。

6. 法律规范冲突的实证分析。

7. 立法法的实证研究与评价。

8. 法律解释的实证分析。

就社会实证方面而言，法的社会实证研究是一个重要的领域，开展这方面的深入研究也是坚持和实践马克思主义基本观点和认识方法的必然要求。当然即便非马克思主义的学者和学派比如社会法学派也日渐特别关注法和社会之间的互动关系。耶林指出："法是以强制作为保障的社会目的体系。"[②]因为我们所处的特殊时代背景使然，立法学的社会实证分析应当是大有作为的。[③] 其中至少需要关注以下问题：

1. 从立法活动的决策属性出发，综合运用政治学、制度经济学、公共选择理论、博弈论等相关学科的知识素材和研究方法，揭示立法实践过程中的决策形成、修正与协调等的具体活动机制和特殊规律。

2. 从立法活动的经济属性出发，揭示立法过程中遵循经济学的效用最大化原理并努力提高立法效益的规律。

3. 从立法实践的社会属性出发[④]，通过吸收社会病理学、社会工程学等内容，紧紧把握我国当前社会转型时期社会结构、社会主体、社会意识、社会控制方面的直接而深刻的变化发展情况，分析社会失范的内在诱因、公民政治社会化的制度供给与非理性途径，考察人民群众首创的

---

① 比如民法领域的研究可以参见徐国栋：《民法基本原则解释》，中国政法大学出版社 1992 年版；王涌：《民法中权利设定的几个基本问题》，《金陵法律评论》2001 年春季号；刘星：《法律是什么》，中国政法大学出版社 2000 年版。

② 吕世伦、谷春德：《西方法律政治思想史》（下），辽宁人民出版社 1988 年版，第 171 页。

③ 参见周旺生主编：《立法学》，法律出版社 2000 年版，第 8、55、138 页。

④ 立法是在一定社会观、国家观的"直接"作用下进行的，这一点在较早引进介绍马克思主义的历史唯物主义观，尝试建构马克思主义法学的前辈学者那里受到重视。今天这一点仍然需要关注。（参见李达：《法理学大纲》，法律出版社 1984 年版，第 3、87～88 页）

实践经验的科学、合理和现实的成分，并提出这方面的理论模型。[①]

4. 从立法实践的利益属性出发，揭示和洞察社会生活群体特别是其中的弱势群体的愿望要求，从中概括和表达真正的、紧迫的不同种类的立法需求，观察和思考政治组织形式与政治活动主体的自身建设、成长以及相互关系的变化，描述和解释立法活动背后的政治运作过程。[②] 如前所述，自改革开放以来，中国的经济社会结构和思想文化意识发生了巨大的变化，出现了一些新的社会阶层和利益群体，逐步形成了利益多元化的格局。随着改革的深化和深入，利益多元化的状况会进一步加强。一些新型的具有一定立法影响力的政治社会主体将进一步在立法实践中作出更多的介入。民主党派的社会基础很有可能在一定程度上发展壮大。这些都需要纳入立法学的观察和思索之中。[③]

5. 从立法实践的文化属性出发，开展立法活动中的组织、行为、心理和立法文化的研究。[④] 社会法学派、现实主义法学派、行为法学的理论成果都有助于这方面研究的开展。

6. 从立法实践的信息属性出发，开展立法质量与效益的量化评价研

---

① 参见[英]米切尔主编:《新社会学词典》，蔡振扬等译，上海译文出版社 1987 年版，第 12、92、312 页；刘应杰等:《中国社会现象分析》，中国城市出版社 1998 年版，第 242 页。

② 参见[美]格林斯坦、波尔斯比:《政治学手册精选》，竺乾威等译，商务印书馆 1996 年版，第 326 页。

③ 参见王邦佐等编著:《中国政党制度的社会生态分析》，上海人民出版社 2000 年版，第 232 页。

④ 比如就司法实践中的法官行为、当事人行为及其博弈关系的研究，可以给我们一定的启发(参见柴发邦主编:《体制改革与完善诉讼制度》，中国人民公安大学出版社 1991 年版，第一编)。在当代西方法学中，以布莱克为代表的行为主义法学尽管主张“法官的行为就是法律”，存在着夸大法律的不确定性的极端片面性，但是在方法论和学术视野上还是有一定裨益的。这有助于克服在西方传统思维模式上的抽象性和静止性，并且对于我国长期遭受教条主义和“左”的思想束缚的法学研究而言，也是有意义的(参见吕世伦主编:《西方法律思想源流论》，中国人民公安大学出版社 1993 年版，第 237、248 页；沈宗灵:《现代西方法理学》，北京大学出版社 1992 年版，第 374 页、第 22 章)。在立法实践上，已经出现称得上写实的、集中的素材的积累，代表性的有宋汝棼的《参加立法工作琐记(上、下)》(中国法制出版社 1994 年版)。另外，有记者关于立法进程和立法过程的大量专题报道以及少量专集。

究，注重立法信息反馈机制的建立健全。

7. 从立法实践与社会环境之间的关系入手，借鉴生态学的观点和方法，注重定性与定量相结合，研究立法实践与所在环境之间的具体的、动态的相关关系。①

总之，就是要以"我们正在做的事情为中心"，深入中国当前社会转型时期的特有的社会现实存在之中，直面和努力回答现实问题，去真正关怀、理解和推动中国立法和法治化的实际进程。

三、多样化

立法学研究的多样化既是立法学研究不断努力实践上述哲理化和实证化的必然结果，以及由此所呈现出的整体状态；与此同时，也是立法学的学术发展与学科繁荣的内在要求、必要条件。多样化，是指在本学科的范式得以巩固和强化的基础上，在选题范围.体系构成、基础理论、学术风格、学科门类、学术资源、研究方法等诸方面出现的多样化，缺少多样化，在表面看来是一种格调或色彩，实际上是潜藏着危机或者说学术范式的突破的。具备多样化，既是客观上学科活力和实践认同的反映，又是主观上学术队伍具有进取意识、学术交流平等活泼的反映。因此，多样化也应当成为立法学学科建设的一个自觉的追求。

在多样化问题上，其实质是在社会利益格局分化和多样化基础上，相应的社会主体立法需求的差别化、群体化和集团化。今天，立法学作为一门法学分支学科，之所以没有获得应有的重视并发挥应有的作用，原因是多方面的。有学者指出很大程度上是现行的立法者不深入了解

---

① 生态学(Ecology)的概念最早是在1866年由德国生物学家海克尔(E. Hacekel)提出的，用以指研究生物有机体与无机环境之间关系的科学。1935年，英国生态学家坦斯利(A. G. Tansley)提出"生态系统"(Ecosystem)的概念。根据这一概念，任何生物群体及其环境组合的自然整体都可称为"生态系统"。生态分析克服了从个体出发的思考方法的孤立性缺陷，认识到一切有生命力的物体都是某个整体的一部分。其基本概念是生命系统和环境系统及其相互关系。生态分析被用于政治学的研究主要是描述环境对于政治行为的影响。(参见[英]戴维·米勒:《布莱克维尔政治学百科全书》"政治生态学"词条，中国政法大学出版社1992年版，854页)

甚至轻视立法理论的重要性，这一点固然是有的。其实更为重要的是，立法学之所以未成为与之功能相称的一门较为引人注意的学科，我们认为，最直接的是立法决策并没有获得居于全局、战略和主导的地位，最基础的是人民群众并没有普遍强烈的立法意识，社会法律文化之中缺少鲜明的、突出的立法文化的作用。而最要害的是人大代表尚未将提炼、表达和努力实现来自选民即最基本的立法主体的立法需求作为首要的任务，从而去寻求相关的理论支持和智力资源。① 而随着我国社会在经济成分、组成形式、就业方式、利益关系和分配关系的日益多样化，社会个体、利益群体以及阶级阶层的舆论动向、思想观念都在发生广泛而深刻的变化，社会主体的行为空间、利益范围与思想意识的独立性、选择性、多变性和差异性都在不断增强，而社会之中的文化存在历来就是在现阶段尤其是而且将来还必将会呈现出多样化，加之与其自身存在的相对于经济社会发展的传统惯性就是更加复杂的。与此相适应，社会主体的立法意识、观点尤其是其中的立法信念、理想以及对立法的理论要求也必将是多层次、多领域、多形式、多途径的，那么，作为立法学研究和研究工作者，也有可能因为自身的思想意识中的某种偏向或者偏好，而出现某种旨趣上的特色，从而使得立法学的理论研究和理论成果呈现出多样化的状况。当然，我们绝对不能够搞指导思想上的多元化。

在多样化问题上，首先触及的也是其中的主要表现形式是立法学研究课题及其中的研究角度、把握对象、理论层次、分析方法甚至叙事风格等各个方面的多样化。就目前的形势来看，可以说，关于立法学研究的问题尽管一直有其中的焦点，但是已经大大地拓展了（有些甚至都让人认为作为立法学的研究项目不甚鲜明了）。为此，有学者将其区分为“立法本身的（普遍意义的立法和逻辑实证意义的分析两点含义）问题”和“关于立法的问题”两大类别。这一点在立法学研究的主要学术园地——《立法研究》自第 2 卷以来所刊发的论文所涉及的部门法学中的立法问题分布上可见一斑。另外据了解，立法学方向的博士研究生学位论

① 参见周旺生主编：《立法学》，法律出版社 2000 年版，第 130 页。

文在选题上也出现这种局势。[①]

其次，立法学的多样化还表现为立法研究的课题类型的多样化。一是立法个案研究。以"立法支持经济改革丛书"[②]，《中关村立法研究》[③]等为标识，说明针对立法实践特别是围绕立法代表性个案的研究的开展是一片大有作为的天地。研究分析其中的各种立法理念、立法程序、立法构造、立法语言等方面的问题具有综合性、典型性和示范性。比如在《中关村科技园区条例》中富含大量创新性规定，且具备高超的语言和技术水准。经济学家张曙光在《21世纪经济评论》中撰文高度评价《中关村科技园区条例》所确定的法治原则，认为这是在市场经济的法治需求的立法供给上做到的最具有根本意义的一点。由此可见，对于优秀立法例的分析与研究，是立法学应用理论研究和对策研究的重要方式之一。二是特殊立法学也是一个值得关注的领域。各个部门法都在兴起并强化自身研究中的哲理化倾向。这就呼唤立法学在部门法创制中的理论与实践问题上作出一种结合、融合和服务的姿态与切实行动。由此出现了一个"特殊立法学"（部门立法论）。"特殊立法学"或许还不是一个确定而且贴切的概念。在此所要试图表达的是：第一，1988年以来我国学者所探索、创立的立法学，业已具备科学完备的理论体系，但是基本上处于立法学总论的较高的基础理论层次。第二，这个理论层次，尽管可能存在或者偏重理论或者偏重实践或者二者兼顾的三种体系形式的差异，但是主要的仍然集中在共同性、基础性、综合性的一般立法理论与技术问题之上，解决的是立法价值、立法主体、立法程序和立法技术等依次展开的线性发展的立法实践的理论整体模式的构造与特殊规律的揭示的高层理论问题。[④] 第三，具体到部门法律之中的基本法律、其他法律的制定

---

① 据不完全的了解，这些选题有立法质量研究、议会委员会研究、法典编纂研究、立法决策研究、立法效益研究、高科技园区立法研究、利益集团与立法研究、边沁思想与法典化运动研究、国家安全立法研究等。

② 吴大英、周旺生、汪永清主编，中国法制出版社1998年版。

③ 周旺生主编，法律出版社2001年版。

④ 参见周旺生主编：《立法学》，法律出版社2000年版，第39、118页。

之中所包含的特殊的立法问题，特别是基于特殊立法对象而产生的立法内在矛盾、立法权限范围、权利义务配置等特殊的理论问题也应当在立法学的视野之中得到解说，所以应当而且也需要这样一个介于基础理论研究和应用研究之间的应用理论研究层次，以便于进一步贯通普通立法学和部门立法学、实现立法理论的指导功效。所以，我们在有关学者的研究之上进一步明确其为“特殊立法学”。① 就正如一些部门法学的研究之中已经出现的情形那样，部门法理学之中已经包含并且正在积极开展着关于这一法律部门的创制过程中关于权利、义务和责任设定等特有的、基本的、影响整个部门法的面貌与基点的立法问题的研讨了。比如关于刑法调整社会关系的“度”的问题、犯罪构成的客体要件问题、刑事责任的立法技术问题、国家刑罚权与犯罪人的人权保障问题、刑法的法律价值问题等等，关于民法典构造中民事法律基本原则与民事法律规范之间的关系问题、民法解释问题等等，关于行政主体的义务设定问题等等。② 这些也为部门立法论的系统化研究提供了铺垫。

再次，多样化的重要标志是学术研究视野的不断拓宽。一个学科的研究范围是确定性和不确定性的统一。在法学、法理学的研究对象和范围的问题上，综合法学派的创始人霍尔关于广义法理学的基本构成的观点，以及美国学者帕特森关于法学研究对象涉及法的内在方面与法的外

---

① 立法总论，再加上立法史论尤其是部门立法论，就构成了整个立法学学科的体系。（参见周旺生：《立法论》，北京大学出版社 1994 年版，序第 5 页、第 721、724 页）

② 这些研究参见陈兴良：《刑法哲学》，中国政法大学出版社 1992 年版；梁彗星：《民法解释学》，中国政法大学出版社 1995 年版；徐国栋：《民法基本原则解释》，中国政法大学出版社 1992 年版。特别是徐国栋的这一专著的副标题“成文法局限性之克服”是颇有立法学意味的。而且作者在书中还就成文立法与判例法创制这样两种法律适应社会的秩序与规则需求的法律发展途径，从各自的认识论路线上进行了比较，揭示了理性主义与经验主义、建构论与进化论之间的对立这样两种认识秩序对于西方两种法系形成和确立所发挥的深刻影响。甚至作者还对于西方立法思想和立法历史进行了专门的梳理，著有《西方立法思想与立法史略》（《比较法研究》1992 年第 2、3 期）。这些做法和成果是颇值得体会和汲取的。另，关于一般政治实践的认识论路线问题，可以参见秦德君：《政治设计研究：对一种历史政治现象之解读》，上海社会科学院出版社 2000 年版，第 35、59、137、139、295、389 页。

在方面的观点，都对于我们看待立法学研究的“圈地”具有一定的启发作用。[①] 在一个学科的上升阶段，我们倾向于不甚严格地强调该学科的研究领域的界限，这样做可以说是一种比较宽和的态度，也是对于学科建设和发展的自然轨迹和自身规律以及学者研究旨趣的尊重。当然努力提出和回答本学科的特有理论问题。

又次，多样化的基本成熟是立法学的学科群体的出现和生成，换言之，即由狭义的、严格意义的立法学到广义的、发散意义的立法学的推广。这样的立法学学科群体，在构成上可以从以下三个思路出发：一是划分为立法学（基础理论、比较立法学）、立法（制度、思想）史学、应用立法学（立法技术学和部门立法学等）；二是划分为立法哲学、立法学总论、立法学分论这样纵向的三类；三是还可以从基础学科（法理学）、核心学科（狭义立法学）、边缘交叉学科（部门立法学、立法社会学、立法心理学）的角度划分，以便于将立法学与相关学科之间的关系展示出来，促进学科间的有益交流。这样的多样化，恐怕还需要一段很长的路要走。

最后，多样化的最高形态是学派的形成和相互之间的平等对话。但是对立法学而言，我们不愿意一厢情愿地去大胆预测和催发学派，而更应倾向于扎实严谨、循序渐进的专题研究。我们期待着在未来的立法学整体研究阶段，可以通过“立法学文丛（库）”的形式，集中展示立法学学科建设和理论研究的丰硕成果；可以通过有关学术机构、研究团体形成稳定的学术交流机制和学术评价机制。而在当今和以后的一个相当长的时段以内，深具力度的专题研究将会起到一个承上启下的重要作用。

---

① 参见沈宗灵：《现代西方法理学》，北京大学出版社 1992 年版，第 3～4 页。

附　录

立法法

《中华人民共和国立法法》是为了规范立法活动，健全国家立法制度，提高立法质量，完善中国特色社会主义法律体系，发挥立法的引领和推动作用，保障和发展社会主义民主，全面推进依法治国，建设社会主义法治国家，根据宪法，制定的法律。

2000 年 3 月 15 日，第九届全国人民代表大会第三次会议通过《中华人民共和国立法法》，第 31 号主席令公布，自 2000 年 7 月 1 日起施行。

2015 年 3 月 15 日，第十二届全国人民代表大会第三次会议通过全国人民代表大会关于修改《中华人民共和国立法法》的决定，第 20 号主席令公布，分为“总则”“法律”“行政法规”“地方性法规、自治条例和单行条例、规章”“适用与备案审查”“附则”等 6 章，共计 105 条。

2000 年 3 月 15 日第九届全国人民代表大会第三次会议通过，根据 2015 年 3 月 15 日第十二届全国人民代表大会第三次会议《关于修改〈中华人民共和国立法法〉的决定》修正。

第一章　总　则

第一条　为了规范立法活动，健全国家立法制度，提高立法质量，完善中国特色社会主义法律体系，发挥立法的引领和推动作用，保障和发展社会主义民主，全面推进依法治国，建设社会主义法治国家，根据宪法，制定本法。

第二条　法律、行政法规、地方性法规、自治条例和单行条例的制定、修改和废止，适用本法。

国务院部门规章和地方政府规章的制定、修改和废止，依照本法的有关规定执行。

第三条　立法应当遵循宪法的基本原则，以经济建设为中心，坚持社会主义道路、坚持人民民主专政、坚持中国共产党的领导、坚持马克思列宁主义毛泽东思想邓小平理论，坚持改革开放。

第四条　立法应当依照法定的权限和程序，从国家整体利益出发，维护社会主义法制的统一和尊严。

第五条　立法应当体现人民的意志，发扬社会主义民主，坚持立法公开，保障人民通过多种途径参与立法活动。

第六条　立法应当从实际出发，适应经济社会发展和全面深化改革的要求，科学合理地规定公民、法人和其他组织的权利与义务、国家机关的权力与责任。

法律规范应当明确、具体，具有针对性和可执行性。

第二章　法　律

第一节　立法权限

第七条　全国人民代表大会和全国人民代表大会常务委员会行使国家立法权。

全国人民代表大会制定和修改刑事、民事、国家机构的和其他的基本法律。

全国人民代表大会常务委员会制定和修改除应当由全国人民代表大会制定的法律以外的其他法律；在全国人民代表大会闭会期间，对全国人民代表大会制定的法律进行部分补充和修改，但是不得同该法律的基本原则相抵触。

第八条 下列事项只能制定法律：

（一）国家主权的事项；

（二）各级人民代表大会、人民政府、人民法院和人民检察院的产生、组织和职权；

（三）民族区域自治制度、特别行政区制度、基层群众自治制度；

（四）犯罪和刑罚；

（五）对公民政治权利的剥夺、限制人身自由的强制措施和处罚；

（六）税种的设立、税率的确定和税收征收管理等税收基本制度；

（七）对非国有财产的征收、征用；

（八）民事基本制度；

（九）基本经济制度以及财政、海关、金融和外贸的基本制度；

（十）诉讼和仲裁制度；

（十一）必须由全国人民代表大会及其常务委员会制定法律的其他事项。

第九条 本法第八条规定的事项尚未制定法律的，全国人民代表大会及其常务委员会有权作出决定，授权国务院可以根据实际需要，对其中的部分事项先制定行政法规，但是有关犯罪和刑罚、对公民政治权利的剥夺和限制人身自由的强制措施和处罚、司法制度等事项除外。

第十条 授权决定应当明确授权的目的、事项、范围、期限以及被授权机关实施授权决定应当遵循的原则等。

授权的期限不得超过五年，但是授权决定另有规定的除外。

被授权机关应当在授权期限届满的六个月以前，向授权机关报告授权决定实施的情况，并提出是否需要制定有关法律的意见；需要继续授权的，可以提出相关意见，由全国人民代表大会及其常务委员会决定。

第十一条 授权立法事项，经过实践检验，制定法律的条件成熟时，由全国人民代表大会及其常务委员会及时制定法律。法律制定后，相应立法事项的授权终止。

第十二条 被授权机关应当严格按照授权决定行使被授予的权力。

被授权机关不得将被授予的权力转授给其他机关。

第十三条　全国人民代表大会及其常务委员会可以根据改革发展的需要，决定就行政管理等领域的特定事项授权在一定期限内在部分地方暂时调整或者暂时停止适用法律的部分规定。

第二节　全国人民代表大会立法程序

第十四条　全国人民代表大会主席团可以向全国人民代表大会提出法律案，由全国人民代表大会会议审议。

全国人民代表大会常务委员会、国务院、中央军事委员会、最高人民法院、最高人民检察院、全国人民代表大会各专门委员会，可以向全国人民代表大会提出法律案，由主席团决定列入会议议程。

第十五条　一个代表团或者三十名以上的代表联名，可以向全国人民代表大会提出法律案，由主席团决定是否列入会议议程，或者先交有关的专门委员会审议、提出是否列入会议议程的意见，再决定是否列入会议议程。

专门委员会审议的时候，可以邀请提案人列席会议，发表意见。

第十六条　向全国人民代表大会提出的法律案，在全国人民代表大会闭会期间，可以先向常务委员会提出，经常务委员会会议依照本法第二章第三节规定的有关程序审议后，决定提请全国人民代表大会审议，由常务委员会向大会全体会议作说明，或者由提案人向大会全体会议作说明。

常务委员会依照前款规定审议法律案，应当通过多种形式征求全国人民代表大会代表的意见，并将有关情况予以反馈；专门委员会和常务委员会工作机构进行立法调研，可以邀请有关的全国人民代表大会代表参加。

第十七条　常务委员会决定提请全国人民代表大会会议审议的法律案，应当在会议举行的一个月前将法律草案发给代表。

第十八条　列入全国人民代表大会会议议程的法律案，大会全体会议听取提案人的说明后，由各代表团进行审议。

各代表团审议法律案时，提案人应当派人听取意见，回答询问。

各代表团审议法律案时，根据代表团的要求，有关机关、组织应当派人介绍情况。

第十九条 列入全国人民代表大会会议议程的法律案，由有关的专门委员会进行审议，向主席团提出审议意见，并印发会议。

第二十条 列入全国人民代表大会会议议程的法律案，由法律委员会根据各代表团和有关的专门委员会的审议意见，对法律案进行统一审议，向主席团提出审议结果报告和法律草案修改稿，对重要的不同意见应当在审议结果报告中予以说明，经主席团会议审议通过后，印发会议。

第二十一条 列入全国人民代表大会会议议程的法律案，必要时，主席团常务主席可以召开各代表团团长会议，就法律案中的重大问题听取各代表团的审议意见，进行讨论，并将讨论的情况和意见向主席团报告。

主席团常务主席也可以就法律案中的重大的专门性问题，召集代表团推选的有关代表进行讨论，并将讨论的情况和意见向主席团报告。

第二十二条 列入全国人民代表大会会议议程的法律案，在交付表决前，提案人要求撤回的，应当说明理由，经主席团同意，并向大会报告，对该法律案的审议即行终止。

第二十三条 法律案在审议中有重大问题需要进一步研究的，经主席团提出，由大会全体会议决定，可以授权常务委员会根据代表的意见进一步审议，作出决定，并将决定情况向全国人民代表大会下次会议报告；也可以授权常务委员会根据代表的意见进一步审议，提出修改方案，提请全国人民代表大会下次会议审议决定。

第二十四条 法律草案修改稿经各代表团审议，由法律委员会根据各代表团的审议意见进行修改，提出法律草案表决稿，由主席团提请大会全体会议表决，由全体代表的过半数通过。

第二十五条 全国人民代表大会通过的法律由国家主席签署主席令予以公布。

第三节 全国人民代表大会常务委员会立法程序

第二十六条 委员长会议可以向常务委员会提出法律案，由常务委员会会议审议。

国务院、中央军事委员会、最高人民法院、最高人民检察院、全国人民代表大会各专门委员会，可以向常务委员会提出法律案，由委员长会议决定列入常务委员会会议议程，或者先交有关的专门委员会审议、提出报告，再决定列入常务委员会会议议程。如果委员长会议认为法律案有重大问题需要进一步研究，可以建议提案人修改完善后再向常务委员会提出。

第二十七条　常务委员会组成人员十人以上联名，可以向常务委员会提出法律案，由委员长会议决定是否列入常务委员会会议议程，或者先交有关的专门委员会审议、提出是否列入会议议程的意见，再决定是否列入常务委员会会议议程。不列入常务委员会会议议程的，应当向常务委员会会议报告或者向提案人说明。

专门委员会审议的时候，可以邀请提案人列席会议，发表意见。

第二十八条　列入常务委员会会议议程的法律案，除特殊情况外，应当在会议举行的七日前将法律草案发给常务委员会组成人员。

常务委员会会议审议法律案时，应当邀请有关的全国人民代表大会代表列席会议。

第二十九条　列入常务委员会会议议程的法律案，一般应当经三次常务委员会会议审议后再交付表决。

常务委员会会议第一次审议法律案，在全体会议上听取提案人的说明，由分组会议进行初步审议。

常务委员会会议第二次审议法律案，在全体会议上听取法律委员会关于法律草案修改情况和主要问题的汇报，由分组会议进一步审议。

常务委员会会议第三次审议法律案，在全体会议上听取法律委员会关于法律草案审议结果的报告，由分组会议对法律草案修改稿进行审议。

常务委员会审议法律案时，根据需要，可以召开联组会议或者全体会议，对法律草案中的主要问题进行讨论。

第三十条　列入常务委员会会议议程的法律案，各方面意见比较一致的，可以经两次常务委员会会议审议后交付表决；调整事项较为单一或者部分修改的法律案，各方面的意见比较一致的，也可以经一次常务委员会会议审议即交付表决。

第三十一条 常务委员会分组会议审议法律案时，提案人应当派人听取意见，回答询问。

常务委员会分组会议审议法律案时，根据小组的要求，有关机关、组织应当派人介绍情况。

第三十二条 列入常务委员会会议议程的法律案，由有关的专门委员会进行审议，提出审议意见，印发常务委员会会议。

有关的专门委员会审议法律案时，可以邀请其他专门委员会的成员列席会议，发表意见。

第三十三条 列入常务委员会会议议程的法律案，由法律委员会根据常务委员会组成人员、有关的专门委员会的审议意见和各方面提出的意见，对法律案进行统一审议，提出修改情况的汇报或者审议结果报告和法律草案修改稿，对重要的不同意见应当在汇报或者审议结果报告中予以说明。对有关的专门委员会的审议意见没有采纳的，应当向有关的专门委员会反馈。

法律委员会审议法律案时，应当邀请有关的专门委员会的成员列席会议，发表意见。

第三十四条 专门委员会审议法律案时，应当召开全体会议审议，根据需要，可以要求有关机关、组织派有关负责人说明情况。

第三十五条 专门委员会之间对法律草案的重要问题意见不一致时，应当向委员长会议报告。

第三十六条 列入常务委员会会议议程的法律案，法律委员会、有关的专门委员会和常务委员会工作机构应当听取各方面的意见。听取意见可以采取座谈会、论证会、听证会等多种形式。

法律案有关问题专业性较强，需要进行可行性评价的，应当召开论证会，听取有关专家、部门和全国人民代表大会代表等方面的意见。论证情况应当向常务委员会报告。

法律案有关问题存在重大意见分歧或者涉及利益关系重大调整，需要进行听证的，应当召开听证会，听取有关基层和群体代表、部门、人民团体、专家、全国人民代表大会代表和社会有关方面的意见。听证情况应当向常务委员会报告。

常务委员会工作机构应当将法律草案发送相关领域的全国人民代表大会代表、地方人民代表大会常务委员会以及有关部门、组织和专家征求意见。

第三十七条　列入常务委员会会议议程的法律案，应当在常务委员会会议后将法律草案及其起草、修改的说明等向社会公布，征求意见，但是经委员长会议决定不公布的除外。向社会公布征求意见的时间一般不少于三十日。征求意见的情况应当向社会通报。

第三十八条　列入常务委员会会议议程的法律案，常务委员会工作机构应当收集整理分组审议的意见和各方面提出的意见以及其他有关资料，分送法律委员会和有关的专门委员会，并根据需要，印发常务委员会会议。

第三十九条　拟提请常务委员会会议审议通过的法律案，在法律委员会提出审议结果报告前，常务委员会工作机构可以对法律草案中主要制度规范的可行性、法律出台时机、法律实施的社会效果和可能出现的问题等进行评估。评估情况由法律委员会在审议结果报告中予以说明。

第四十条　列入常务委员会会议议程的法律案，在交付表决前，提案人要求撤回的，应当说明理由，经委员长会议同意，并向常务委员会报告，对该法律案的审议即行终止。

第四十一条　法律草案修改稿经常务委员会会议审议，由法律委员会根据常务委员会组成人员的审议意见进行修改，提出法律草案表决稿，由委员长会议提请常务委员会全体会议表决，由常务委员会全体组成人员的过半数通过。

法律草案表决稿交付常务委员会会议表决前，委员长会议根据常务委员会会议审议的情况，可以决定将个别意见分歧较大的重要条款提请常务委员会会议单独表决。

单独表决的条款经常务委员会会议表决后，委员长会议根据单独表决的情况，可以决定将法律草案表决稿交付表决，也可以决定暂不付表决，交法律委员会和有关的专门委员会进一步审议。

第四十二条 列入常务委员会会议审议的法律案，因各方面对制定该法律的必要性、可行性等重大问题存在较大意见分歧搁置审议满两年的，或者因暂不付表决经过两年没有再次列入常务委员会会议议程审议的，由委员长会议向常务委员会报告，该法律案终止审议。

第四十三条 对多部法律中涉及同类事项的个别条款进行修改，一并提出法律案的，经委员长会议决定，可以合并表决，也可以分别表决。

第四十四条 常务委员会通过的法律由国家主席签署主席令予以公布。

第四节 法律解释

第四十五条 法律解释权属于全国人民代表大会常务委员会。

法律有以下情况之一的，由全国人民代表大会常务委员会解释：

（一）法律的规定需要进一步明确具体含义的；

（二）法律制定后出现新的情况，需要明确适用法律依据的。

第四十六条 国务院、中央军事委员会、最高人民法院、最高人民检察院和全国人民代表大会各专门委员会以及省、自治区、直辖市的人民代表大会常务委员会可以向全国人民代表大会常务委员会提出法律解释要求。

第四十七条 常务委员会工作机构研究拟订法律解释草案，由委员长会议决定列入常务委员会会议议程。

第四十八条 法律解释草案经常务委员会会议审议，由法律委员会根据常务委员会组成人员的审议意见进行审议、修改，提出法律解释草案表决稿。

第四十九条 法律解释草案表决稿由常务委员会全体组成人员的过半数通过，由常务委员会发布公告予以公布。

第五十条 全国人民代表大会常务委员会的法律解释同法律具有同等效力。

第五节 其他规定

第五十一条 全国人民代表大会及其常务委员会加强对立法工作

的组织协调，发挥在立法工作中的主导作用。

第五十二条　全国人民代表大会常务委员会通过立法规划、年度立法计划等形式，加强对立法工作的统筹安排。编制立法规划和年度立法计划，应当认真研究代表议案和建议，广泛征集意见，科学论证评估，根据经济社会发展和民主法治建设的需要，确定立法项目，提高立法的及时性、针对性和系统性。立法规划和年度立法计划由委员长会议通过并向社会公布。

全国人民代表大会常务委员会工作机构负责编制立法规划和拟订年度立法计划，并按照全国人民代表大会常务委员会的要求，督促立法规划和年度立法计划的落实。

第五十三条　全国人民代表大会有关的专门委员会、常务委员会工作机构应当提前参与有关方面的法律草案起草工作；综合性、全局性、基础性的重要法律草案，可以由有关的专门委员会或者常务委员会工作机构组织起草。

专业性较强的法律草案，可以吸收相关领域的专家参与起草工作，或者委托有关专家、教学科研单位、社会组织起草。

第五十四条　提出法律案，应当同时提出法律草案文本及其说明，并提供必要的参阅资料。修改法律的，还应当提交修改前后的对照文本。法律草案的说明应当包括制定或者修改法律的必要性、可行性和主要内容，以及起草过程中对重大分歧意见的协调处理情况。

第五十五条　向全国人民代表大会及其常务委员会提出的法律案，在列入会议议程前，提案人有权撤回。

第五十六条　交付全国人民代表大会及其常务委员会全体会议表决未获得通过的法律案，如果提案人认为必须制定该法律，可以按照法律规定的程序重新提出，由主席团、委员长会议决定是否列入会议议程；其中，未获得全国人民代表大会通过的法律案，应当提请全国人民代表大会审议决定。

第五十七条　法律应当明确规定施行日期。

第五十八条　签署公布法律的主席令载明该法律的制定机关、通过和施行日期。

法律签署公布后，及时在全国人民代表大会常务委员会公报和中国人大网以及在全国范围内发行的报纸上刊载。

在常务委员会公报上刊登的法律文本为标准文本。

第五十九条 法律的修改和废止程序，适用本章的有关规定。

法律被修改的，应当公布新的法律文本。

法律被废止的，除由其他法律规定废止该法律的以外，由国家主席签署主席令予以公布。

第六十条 法律草案与其他法律相关规定不一致的，提案人应当予以说明并提出处理意见，必要时应当同时提出修改或者废止其他法律相关规定的议案。

法律委员会和有关的专门委员会审议法律案时，认为需要修改或者废止其他法律相关规定的，应当提出处理意见。

第六十一条 法律根据内容需要，可以分编、章、节、条、款、项、目。

编、章、节、条的序号用中文数字依次表述，款不编序号，项的序号用中文数字加括号依次表述，目的序号用阿拉伯数字依次表述。

法律标题的题注应当载明制定机关、通过日期。经过修改的法律，应当依次载明修改机关、修改日期。

第六十二条 法律规定明确要求有关国家机关对专门事项作出配套的具体规定的，有关国家机关应当自法律施行之日起一年内作出规定，法律对配套的具体规定制定期限另有规定的，从其规定。有关国家机关未能在期限内作出配套的具体规定的，应当向全国人民代表大会常务委员会说明情况。

第六十三条 全国人民代表大会有关的专门委员会、常务委员会工作机构可以组织对有关法律或者法律中有关规定进行立法后评估。评估情况应当向常务委员会报告。

第六十四条 全国人民代表大会常务委员会工作机构可以对有关具体问题的法律询问进行研究予以答复，并报常务委员会备案。

第三章　行政法规

第六十五条　国务院根据宪法和法律，制定行政法规。

行政法规可以就下列事项作出规定：

（一）为执行法律的规定需要制定行政法规的事项；

（二）宪法第八十九条规定的国务院行政管理职权的事项。

应当由全国人民代表大会及其常务委员会制定法律的事项，国务院根据全国人民代表大会及其常务委员会的授权决定先制定的行政法规，经过实践检验，制定法律的条件成熟时，国务院应当及时提请全国人民代表大会及其常务委员会制定法律。

第六十六条　国务院法制机构应当根据国家总体工作部署拟订国务院年度立法计划，报国务院审批。国务院年度立法计划中的法律项目应当与全国人民代表大会常务委员会的立法规划和年度立法计划相衔接。国务院法制机构应当及时跟踪了解国务院各部门落实立法计划的情况，加强组织协调和督促指导。

国务院有关部门认为需要制定行政法规的，应当向国务院报请立项。

第六十七条　行政法规由国务院有关部门或者国务院法制机构具体负责起草，重要行政管理的法律、行政法规草案由国务院法制机构组织起草。行政法规在起草过程中，应当广泛听取有关机关、组织、人民代表大会代表和社会公众的意见。听取意见可以采取座谈会、论证会、听证会等多种形式。

行政法规草案应当向社会公布，征求意见，但是经国务院决定不公布的除外。

第六十八条　行政法规起草工作完成后，起草单位应当将草案及其说明、各方面对草案主要问题的不同意见和其他有关资料送国务院法制机构进行审查。

国务院法制机构应当向国务院提出审查报告和草案修改稿，审查报告应当对草案主要问题作出说明。

第六十九条 行政法规的决定程序依照中华人民共和国国务院组织法的有关规定办理。

第七十条 行政法规由总理签署国务院令公布。

有关国防建设的行政法规，可以由国务院总理、中央军事委员会主席共同签署国务院、中央军事委员会令公布。

第七十一条 行政法规签署公布后，及时在国务院公报和中国政府法制信息网以及在全国范围内发行的报纸上刊载。

在国务院公报上刊登的行政法规文本为标准文本。

第四章 地方性法规、自治条例和单行条例、规章

第一节 地方性法规、自治条例和单行条例

第七十二条 省、自治区、直辖市的人民代表大会及其常务委员会根据本行政区域的具体情况和实际需要，在不同宪法、法律、行政法规相抵触的前提下，可以制定地方性法规。

设区的市的人民代表大会及其常务委员会根据本市的具体情况和实际需要，在不同宪法、法律、行政法规和本省、自治区的地方性法规相抵触的前提下，可以对城乡建设与管理、环境保护、历史文化保护等方面的事项制定地方性法规，法律对设区的市制定地方性法规的事项另有规定的，从其规定。设区的市的地方性法规须报省、自治区的人民代表大会常务委员会批准后施行。省、自治区的人民代表大会常务委员会对报请批准的地方性法规，应当对其合法性进行审查，同宪法、法律、行政法规和本省、自治区的地方性法规不抵触的，应当在四个月内予以批准。

省、自治区的人民代表大会常务委员会在对报请批准的设区的市的地方性法规进行审查时，发现其同本省、自治区的人民政府的规章相抵触的，应当作出处理决定。

除省、自治区的人民政府所在地的市，经济特区所在地的市和国务院已经批准的较大的市以外，其他设区的市开始制定地方性法规的具体步骤和时间，由省、自治区的人民代表大会常务委员会综合考虑本省、自治区所辖的设区的市的人口数量、地域面积、经济社会发展情况以及立

法需求、立法能力等因素确定，并报全国人民代表大会常务委员会和国务院备案。

自治州的人民代表大会及其常务委员会可以依照本条第二款规定行使设区的市制定地方性法规的职权。自治州开始制定地方性法规的具体步骤和时间，依照前款规定确定。

省、自治区的人民政府所在地的市，经济特区所在地的市和国务院已经批准的较大的市已经制定的地方性法规，涉及本条第二款规定事项范围以外的，继续有效。

第七十三条 地方性法规可以就下列事项作出规定：

（一）为执行法律、行政法规的规定，需要根据本行政区域的实际情况作具体规定的事项；

（二）属于地方性事务需要制定地方性法规的事项。

除本法第八条规定的事项外，其他事项国家尚未制定法律或者行政法规的，省、自治区、直辖市和设区的市、自治州根据本地方的具体情况和实际需要，可以先制定地方性法规。在国家制定的法律或者行政法规生效后，地方性法规同法律或者行政法规相抵触的规定无效，制定机关应当及时予以修改或者废止。

设区的市、自治州根据本条第一款、第二款制定地方性法规，限于本法第七十二条第二款规定的事项。

制定地方性法规，对上位法已经明确规定的内容，一般不作重复性规定。

第七十四条 经济特区所在地的省、市的人民代表大会及其常务委员会根据全国人民代表大会的授权决定，制定法规，在经济特区范围内实施。

第七十五条 民族自治地方的人民代表大会有权依照当地民族的政治、经济和文化的特点，制定自治条例和单行条例。自治区的自治条例和单行条例，报全国人民代表大会常务委员会批准后生效。自治州、自治县的自治条例和单行条例，报省、自治区、直辖市的人民代表大会常务委员会批准后生效。

自治条例和单行条例可以依照当地民族的特点，对法律和行政法规的规定作出变通规定，但不得违背法律或者行政法规的基本原则，不得对宪法和民族区域自治法的规定以及其他有关法律、行政法规专门就民族自治地方所作的规定作出变通规定。

第七十六条 规定本行政区域特别重大事项的地方性法规，应当由人民代表大会通过。

第七十七条 地方性法规案、自治条例和单行条例案的提出、审议和表决程序，根据中华人民共和国地方各级人民代表大会和地方各级人民政府组织法，参照本法第二章第二节、第三节、第五节的规定，由本级人民代表大会规定。

地方性法规草案由负责统一审议的机构提出审议结果的报告和草案修改稿。

第七十八条 省、自治区、直辖市的人民代表大会制定的地方性法规由大会主席团发布公告予以公布。

省、自治区、直辖市的人民代表大会常务委员会制定的地方性法规由常务委员会发布公告予以公布。

设区的市、自治州的人民代表大会及其常务委员会制定的地方性法规报经批准后，由设区的市、自治州的人民代表大会常务委员会发布公告予以公布。

自治条例和单行条例报经批准后，分别由自治区、自治州、自治县的人民代表大会常务委员会发布公告予以公布。

第七十九条 地方性法规、自治区的自治条例和单行条例公布后，及时在本级人民代表大会常务委员会公报和中国人大网、本地方人民代表大会网站以及在本行政区域范围内发行的报纸上刊载。

在常务委员会公报上刊登的地方性法规、自治条例和单行条例文本为标准文本。

第二节 规 章

第八十条 国务院各部、委员会、中国人民银行、审计署和具有行政管理职能的直属机构，可以根据法律和国务院的行政法规、决定、命令，在本部门的权限范围内，制定规章。

部门规章规定的事项应当属于执行法律或者国务院的行政法规、决定、命令的事项。没有法律或者国务院的行政法规、决定、命令的依据，部门规章不得设定减损公民、法人和其他组织权利或者增加其义务的规范，不得增加本部门的权力或者减少本部门的法定职责。

第八十一条　涉及两个以上国务院部门职权范围的事项，应当提请国务院制定行政法规或者由国务院有关部门联合制定规章。

第八十二条　省、自治区、直辖市和设区的市、自治州的人民政府，可以根据法律、行政法规和本省、自治区、直辖市的地方性法规，制定规章。

地方政府规章可以就下列事项作出规定：

（一）为执行法律、行政法规、地方性法规的规定需要制定规章的事项；

（二）属于本行政区域的具体行政管理事项。

设区的市、自治州的人民政府根据本条第一款、第二款制定地方政府规章，限于城乡建设与管理、环境保护、历史文化保护等方面的事项。已经制定的地方政府规章，涉及上述事项范围以外的，继续有效。

除省、自治区的人民政府所在地的市，经济特区所在地的市和国务院已经批准的较大的市以外，其他设区的市、自治州的人民政府开始制定规章的时间，与本省、自治区人民代表大会常务委员会确定的本市、自治州开始制定地方性法规的时间同步。

应当制定地方性法规但条件尚不成熟的，因行政管理迫切需要，可以先制定地方政府规章。规章实施满两年需要继续实施规章所规定的行政措施的，应当提请本级人民代表大会或者其常务委员会制定地方性法规。

没有法律、行政法规、地方性法规的依据，地方政府规章不得设定减损公民、法人和其他组织权利或者增加其义务的规范。

第八十三条　国务院部门规章和地方政府规章的制定程序，参照本法第三章的规定，由国务院规定。

第八十四条　部门规章应当经部务会议或者委员会会议决定。

地方政府规章应当经政府常务会议或者全体会议决定。

第八十五条 部门规章由部门首长签署命令予以公布。

地方政府规章由省长、自治区主席、市长或者自治州州长签署命令予以公布。

第八十六条 部门规章签署公布后，及时在国务院公报或者部门公报和中国政府法制信息网以及在全国范围内发行的报纸上刊载。

地方政府规章签署公布后，及时在本级人民政府公报和中国政府法制信息网以及在本行政区域范围内发行的报纸上刊载。

在国务院公报或者部门公报和地方人民政府公报上刊登的规章文本为标准文本。

第五章 适用与备案

第八十七条 宪法具有最高的法律效力，一切法律、行政法规、地方性法规、自治条例和单行条例、规章都不得同宪法相抵触。

第八十八条 法律的效力高于行政法规、地方性法规、规章。

行政法规的效力高于地方性法规、规章。

第八十九条 地方性法规的效力高于本级和下级地方政府规章。

省、自治区的人民政府制定的规章的效力高于本行政区域内的设区的市、自治州的人民政府制定的规章。

第九十条 自治条例和单行条例依法对法律、行政法规、地方性法规作变通规定的，在本自治地方适用自治条例和单行条例的规定。

经济特区法规根据授权对法律、行政法规、地方性法规作变通规定的，在本经济特区适用经济特区法规的规定。

第九十一条 部门规章之间、部门规章与地方政府规章之间具有同等效力，在各自的权限范围内施行。

第九十二条 同一机关制定的法律、行政法规、地方性法规、自治条例和单行条例、规章，特别规定与一般规定不一致的，适用特别规定；新的规定与旧的规定不一致的，适用新的规定。

第九十三条 法律、行政法规、地方性法规、自治条例和单行条例、规章不溯及既往，但为了更好地保护公民、法人和其他组织的权利和利益而作的特别规定除外。

第九十四条　法律之间对同一事项的新的一般规定与旧的特别规定不一致，不能确定如何适用时，由全国人民代表大会常务委员会裁决。

行政法规之间对同一事项的新的一般规定与旧的特别规定不一致，不能确定如何适用时，由国务院裁决。

第九十五条　地方性法规、规章之间不一致时，由有关机关依照下列规定的权限作出裁决：

（一）同一机关制定的新的一般规定与旧的特别规定不一致时，由制定机关裁决；

（二）地方性法规与部门规章之间对同一事项的规定不一致，不能确定如何适用时，由国务院提出意见，国务院认为应当适用地方性法规的，应当决定在该地方适用地方性法规的规定；认为应当适用部门规章的，应当提请全国人民代表大会常务委员会裁决；

（三）部门规章之间、部门规章与地方政府规章之间对同一事项的规定不一致时，由国务院裁决。

根据授权制定的法规与法律规定不一致，不能确定如何适用时，由全国人民代表大会常务委员会裁决。

第九十六条　法律、行政法规、地方性法规、自治条例和单行条例、规章有下列情形之一的，由有关机关依照本法第九十七条规定的权限予以改变或者撤销：

（一）超越权限的；

（二）下位法违反上位法规定的；

（三）规章之间对同一事项的规定不一致，经裁决应当改变或者撤销一方的规定的；

（四）规章的规定被认为不适当，应当予以改变或者撤销的；

（五）违背法定程序的。

第九十七条　改变或者撤销法律、行政法规、地方性法规、自治条例和单行条例、规章的权限是：

（一）全国人民代表大会有权改变或者撤销它的常务委员会制定的不适当的法律，有权撤销全国人民代表大会常务委员会批准的违背宪法和本法第七十五条第二款规定的自治条例和单行条例；

（二）全国人民代表大会常务委员会有权撤销同宪法和法律相抵触的行政法规，有权撤销同宪法、法律和行政法规相抵触的地方性法规，有权撤销省、自治区、直辖市的人民代表大会常务委员会批准的违背宪法和本法第七十五条第二款规定的自治条例和单行条例；

（三）国务院有权改变或者撤销不适当的部门规章和地方政府规章；

（四）省、自治区、直辖市的人民代表大会有权改变或者撤销它的常务委员会制定的和批准的不适当的地方性法规；

（五）地方人民代表大会常务委员会有权撤销本级人民政府制定的不适当的规章；

（六）省、自治区的人民政府有权改变或者撤销下一级人民政府制定的不适当的规章；

（七）授权机关有权撤销被授权机关制定的超越授权范围或者违背授权目的的法规，必要时可以撤销授权。

第九十八条 行政法规、地方性法规、自治条例和单行条例、规章应当在公布后的三十日内依照下列规定报有关机关备案：

（一）行政法规报全国人民代表大会常务委员会备案；

（二）省、自治区、直辖市的人民代表大会及其常务委员会制定的地方性法规，报全国人民代表大会常务委员会和国务院备案；设区的市、自治州的人民代表大会及其常务委员会制定的地方性法规，由省、自治区的人民代表大会常务委员会报全国人民代表大会常务委员会和国务院备案；

（三）自治州、自治县的人民代表大会制定的自治条例和单行条例，由省、自治区、直辖市的人民代表大会常务委员会报全国人民代表大会常务委员会和国务院备案；自治条例、单行条例报送备案时，应当说明对法律、行政法规、地方性法规作出变通的情况；

（四）部门规章和地方政府规章报国务院备案；地方政府规章应当同时报本级人民代表大会常务委员会备案；设区的市、自治州的人民政府制定的规章应当同时报省、自治区的人民代表大会常务委员会和人民政府备案；

（五）根据授权制定的法规应当报授权决定规定的机关备案；经济特区法规报送备案时，应当说明对法律、行政法规、地方性法规作出变通的情况。

第九十九条 国务院、中央军事委员会、最高人民法院、最高人民检察院和各省、自治区、直辖市的人民代表大会常务委员会认为行政法规、地方性法规、自治条例和单行条例同宪法或者法律相抵触的，可以向全国人民代表大会常务委员会书面提出进行审查的要求，由常务委员会工作机构分送有关的专门委员会进行审查、提出意见。

前款规定以外的其他国家机关和社会团体、企业事业组织以及公民认为行政法规、地方性法规、自治条例和单行条例同宪法或者法律相抵触的，可以向全国人民代表大会常务委员会书面提出进行审查的建议，由常务委员会工作机构进行研究，必要时，送有关的专门委员会进行审查、提出意见。

有关的专门委员会和常务委员会工作机构可以对报送备案的规范性文件进行主动审查。

第一百条 全国人民代表大会专门委员会、常务委员会工作机构在审查、研究中认为行政法规、地方性法规、自治条例和单行条例同宪法或者法律相抵触的，可以向制定机关提出书面审查意见、研究意见；也可以由法律委员会与有关的专门委员会、常务委员会工作机构召开联合审查会议，要求制定机关到会说明情况，再向制定机关提出书面审查意见。制定机关应当在两个月内研究提出是否修改的意见，并向全国人民代表大会法律委员会和有关的专门委员会或者常务委员会工作机构反馈。

全国人民代表大会法律委员会、有关的专门委员会、常务委员会工作机构根据前款规定，向制定机关提出审查意见、研究意见，制定机关按照所提意见对行政法规、地方性法规、自治条例和单行条例进行修改或者废止的，审查终止。

全国人民代表大会法律委员会、有关的专门委员会、常务委员会工作机构经审查、研究认为行政法规、地方性法规、自治条例和单行条例同宪法或者法律相抵触而制定机关不予修改的，应当向委员长会议提出予以撤销的议案、建议，由委员长会议决定提请常务委员会会议审议决定。

第一百零一条 全国人民代表大会有关的专门委员会和常务委员会工作机构应当按照规定要求，将审查、研究情况向提出审查建议的国家机关、社会团体、企业事业组织以及公民反馈，并可以向社会公开。

第一百零二条 其他接受备案的机关对报送备案的地方性法规、自治条例和单行条例、规章的审查程序，按照维护法制统一的原则，由接受备案的机关规定。

第六章 附 则

第一百零三条 中央军事委员会根据宪法和法律，制定军事法规。

中央军事委员会各总部、军兵种、军区、中国人民武装警察部队，可以根据法律和中央军事委员会的军事法规、决定、命令，在其权限范围内，制定军事规章。

军事法规、军事规章在武装力量内部实施。

军事法规、军事规章的制定、修改和废止办法，由中央军事委员会依照本法规定的原则规定。

第一百零四条 最高人民法院、最高人民检察院作出的属于审判、检察工作中具体应用法律的解释，应当主要针对具体的法律条文，并符合立法的目的、原则和原意。遇有本法第四十五条第二款规定情况的，应当向全国人民代表大会常务委员会提出法律解释的要求或者提出制定、修改有关法律的议案。

最高人民法院、最高人民检察院作出的属于审判、检察工作中具体应用法律的解释，应当自公布之日起三十日内报全国人民代表大会常务委员会备案。

最高人民法院、最高人民检察院以外的审判机关和检察机关，不得作出具体应用法律的解释。

第一百零五条 本法自 2000 年 7 月 1 日起施行。

主要参考文献

一、著作

[1]《马克思恩格斯全集》,人民出版社 1961 年版。

[2]《马克思恩格斯选集》,人民出版社 1995 年版。

[3]《列宁选集》第 1～4 卷,人民出版社 2012 年版。

[4]《毛泽东选集》第 1～4 卷,人民出版社 1991 年版。

[5]《邓小平文选》第 1～3 卷,人民出版社 1991 年版。

[6]习近平:《习近平谈治国理政》,外文出版社 2014 年版。

[7]习近平:《习近平谈治国理政》第 2 卷,外文出版社 2017 年版。

[8]本书编委会:《地方性法规立法后评估实证研究》,中国政法大学出版社 2017 年版。

[9]布小林:《立法的社会过程:对草原法案例的分析与思考》,中国社会科学出版社 2007 年版。

[10]蔡定剑:《国外公众参与立法》,法律出版社 2005 年版。

[11]蔡定剑:《民主是一种现代生活》,社会科学文献出版社 2010 年版。

[12]蔡定剑:《一个人大研究者的探索》,武汉大学出版社 2007 年版。

[13]陈媛:《大数据与社会网络》,上海财经大学出版社 2017 年版。

[14]陈公雨:《地方立法十三讲》,中国法制出版社 2015 年版。

[15]陈光主编:《立法学原理》,武汉大学出版社 2018 年版。

[16]陈家刚主编:《协商民主》,上海三联书店 2004 年版。

[17]陈中立等:《反映论新论:马克思主义反映论及其在现时代的发展》,中国社会科学出版社 1997 年版。

[18]崔浩:《行政立法公众参与制度研究》,光明日报出版社 2015 年版。

[19]邓世豹主编:《立法学:原理与技术》,中山大学出版社 2016 年版。

[20]董晓波:《我国立法语言规范化研究》,北京交通大学出版社 2016 年版。

[21]冯玉军主编:《新〈立法法〉条文精释与适用指引》,法律出版社 2015 年版。

[22]傅振中:《立法参与的理念建构》,法律出版社 2016 年版。

[23]郭道晖总主编:《当代中国立法》(上、下),中国民主法制出版社 1998 年版。

[24]何悦:《律师法学》,法律出版社 2011 年版。

[25]胡夏枫:《立法与改革 1978~2018 年法律修改实践研究》,中国政法大学出版社 2018 年版。

[26]黄德才:《数据库原理及其应用教程》,科学出版社 2010 年版。

[27]黄德才主编:《数据库原理及其应用教程》,科学出版社 2002 年版。

[28]黄洪旺:《立法与公众参与研究》,福建人民出版社 2015 年版。

[29]蒋立山主编:《中国特色社会主义法治体系研究》,中国政法大学出版社 2017 年版。

[30]金成波:《行政立法成本收益分析制度研究 以美国为例》,中国法制出版社 2016 年版。

[31]康子兴:《社会的“立法者科学”——亚当·斯密政治哲学研究》,上海三联书店. 2017 年版。

[32]雷磊:《法律体系、法律方法与法治》,中国政法大学出版社 2016

年版。

[33]李本森:《中国律师业发展问题研究》,吉林人民出版社 2001 年版。

[34]李锦:《地方立法后评估的理论与实践》,法律出版社 2019 年版。

[35]李林:《走向宪政的立法》,法律出版社 2003 年版。

[36]李龙:《中国特色社会主义法治理论体系纲要》,武汉大学出版社 2012 年版。

[37]李向东:《行政立法前评估制度研究》,中国法制出版社 2016 年版。

[38]李勇:《社会认识进化论》,武汉大学出版社 2000 年版。

[39]廖义铭:《社区正义论:社区日常事务中之无知之幕及其治理问题》,五南图书出版公司 2012 年版。

[40]林喆:《法律思维学导论》,山东人民出版社 2000 年版。

[41]刘平:《立法原理、程序与技术》,学林出版社 2017 年版。

[42]刘松山:《中国立法问题研究》,知识产权出版社 2016 年版。

[43]刘莘:《行政立法研究》,法律出版社 2003 年版。

[44]刘艺编:《新编计算机科学概论》,机械工业出版社 2013 年版。

[45]吕世伦、文正邦主编:《法哲学论》,中国人民大学出版社 1999 年版。

[46]吕世伦主编:《当代西方法学理论研究》,中国人民大学出版社 1997 年版。

[47]罗传贤:《立法程序与技术》,五南图书出版公司 2005 年版。

[48]马庆泉:《新短缺经济学》,求实出版社 1989 年版。

[49]欧阳康:《社会认识论导论》,中国社会科学出版社 1990 年版。

[50]潘伟杰:《当代中国立法制度研究》,上海人民出版社 2013 年版。

[51]乔晓阳主编:《〈中华人民共和国立法法〉导读与释义》,中国民主法制出版社 2015 年版。

[52]全国人大法工委国家法室编著:《〈中华人民共和国立法法〉解读》,中国法制出版社 2015 年版。

[53]沈宗灵:《现代西方法理学》,北京大学出版社 1992 年版。

[54]石东坡:《论当代中国立法学学科建设问题》,《立法研究》第 3 卷,法律出版社 2002 年版。

[55]石东坡:《立法设计过程导论》,光明日报出版社 2010 年版。

[56]石佑启、朱最新主编:《地方立法学》,广东教育出版社 2015 年版。

[57]宋方青、姜孝贤、程庆栋:《我国地方立法权配置的理论与实践研究》,法律出版社 2018 年版。

[58]孙波、郭睿:《地方立法研究》,吉林人民出版社 2017 年版。

[59]孙晓东:《立法后评估的原理与应用》,中国政法大学出版社 2016 年版。

[60]孙育玮:《完善地方立法立项与起草机制研究》,法律出版社 2007 年版。

[61]孙哲:《左右未来:美国国会的制度创新和决策行为》,复旦大学出版社 2001 年版。

[62]谈火生:《审议民主》,江苏人民出版社 2007 年版。

[63]汤唯、毕可志:《地方立法的民主化与科学化构想》,北京大学出版社 2002 年版。

[64]田心铭:《认识的反思》,人民出版社 2000 年版。

[65]涂子沛:《大数据:正在到来的数据革命》,广西师范大学出版社 2012 年版。

[66]万斌:《法理学》,浙江大学出版社 1988 年版。

[67]汪全胜:《立法效益研究:以当代中国立法为视角》,中国法制出版社 2003 年版。

[68]汪全胜:《制度设计与立法公正》,山东人民出版社 2005 年版。

[69]汪全胜:《立法听证研究》,北京大学出版社 2003 年版。

[70]汪全胜等:《立法后评估研究》,人民出版社 2012 年版。

[71]汪全胜:《立法成本效益评估研究》,知识产权出版社 2016 年版。

[72]王利明:《迈向法治——从法律体系到法治体系》,中国人民大

学出版社 2015 年版。

[73]王锡锌:《公众参与和行政过程》,中国民主法制出版社 2007 年版。

[74]王秀秀:《大数据背景下个人数据保护立法理论》,浙江大学出版社 2018 年版。

[75]韦森:《社会秩序的经济分析导论》,上海三联书店 2001 年版。

[76]文正邦:《当代法哲学研究与探索》,法律出版社 1999 年版。

[77]吴庚:《宪法的解释与适用》,(台北)三民书局 2004 年版。

[78]武步云:《人本法学的哲学探究》,法律出版社 2008 年版。

[79]武钦殿:《地方立法专题研究——以我国设区的市地方立法为视角》,中国法制出版社 2018 年版。

[80]肖金明主编:《老年人权益保障立法研究》,山东大学出版社 2015 年版。

[81]谢勇主编:《地方立法学》,法律出版社 2019 年版。

[82]熊春泉:《大数据时代的中国法治建设:一种立法视角的分析》,中国政法大学出版社 2017 年版。

[83]徐爱国等:《西方法律思想史》,北京大学出版社 2002 年版。

[84]徐长福:《理论思维与工程思维》,上海人民出版社 2002 年版。

[85]徐国栋:《民法基本原则解释——成文法局限性之克服》,中国政法大学出版社 1992 年版。

[86]徐微:《地方立法实践研究》,东北大学出版社 2017 年版。

[87]许和隆:《冲突与互动:转型社会政治发展中的制度与文化》,中山大学出版社 2007 年版。

[88]严中卿主编:《人大立法制度研究》,中国民主法制出版社 2017 年版。

[89]杨福忠、姚凤梅:《依宪治国视野下立法问题研究》,河北人民出版社 2016 年版。

[90]杨俊一等:《制度哲学导论》,上海大学出版社 2007 年版。

[91]杨炼:《立法过程中的利益衡量研究》,法律出版社 2010 年版。

[92]杨临宏:《立法法:原理与制度》,云南大学出版社 2011 年版。

[93]杨日然教授纪念论文集编辑委员会:《法理学论丛——纪念杨日然教授》,月旦出版社股份有限公司 1997 年版。

[94]杨幼炯:《近代中国立法史》,河南人民出版社 2017 年版。

[95]尹建国编:《行政法中的不确定法律概念研究》,中国社会科学出版社 2012 年版。

[96]于兆波:《立法决策论》,北京大学出版社 2006 年版。

[97]曾杰、张树相:《社会思维学》,人民出版社 1996 年版。

[98]曾祥华:《立法过程中的利益平衡》,知识产权出版社 2011 年版。

[99]张浩:《法律体系的自治性》,中国政法大学出版社 2012 年版。

[100]张绍华、潘蓉,宗宇伟主编:《大数据技术与应用:大数据治理与服务》,上海科学技术出版社 2016 年版。

[101]张文显:《二十世纪西方法哲学思潮研究》,法律出版社 1996 年版。

[102]张友渔:《建立健全社会主义民主与法制》,现代出版社 1992 年版。

[103]张宇燕:《经济发展与制度选择——对制度的经济分析》,中国人民大学出版社 1992 年版。

[104]赵家祥等:《马克思主义哲学教程》,北京大学出版社 2003 年版。

[105]赵可金:《营造未来——美国国会游说的制度解读》,复旦大学出版社 2005 年版。

[106]郑淑娜主编:《〈中华人民共和国立法法〉释义》,中国民主法制出版社 2015 年版。

[107]中国政法大学中德法学院:《立法权限划分:中德比较》,中国政法大学出版社 2016 年版。

[108]周林彬:《法律经济学论纲》,北京大学出版社 1998 年版。

[109]周旺生:《立法学》,北京大学出版社 1988 年版。

[110]周旺生:《立法学》,法律出版社 2004 年版。

[111]周旺生:《立法学教程》,北京大学出版社 2006 年版。

[112]周旺生、朱苏力主编:《北京大学法学百科全书·法学理论卷》,北京大学出版社 2010 年版。

[113]周旺生主编:《中关村立法研究》,法律出版社 2001 年版。

[114]周叶中、秦前红:《宪法实施与地方立法》,湖北人民出版社 2017 年版。

[115]周祖成、张印:《地方立法文本与实施效果研究》,中国法制出版社 2018 年版。

[116]朱力宇:《地方立法的民主化与科学化问题研究:以北京市为主要例证》,中国人民大学出版社 2011 年版。

[117][瑞典]Bengt Lundell:《瑞典立法过程中公众参与的机制与程序》,陈国刚译,李林主编:《立法过程中的公众参与》,中国社会科学出版社 2009 年版。

[118][德]H. 科殷(Helmut Coing):《法哲学》,林荣远译,华夏出版社 2002 年版。

[119][爱尔兰]J. M. 凯利:《西方法律思想史》,王笑红译,法律出版社 2002 年版。

[120][英]N. W. Barber:《英国立法过程中公众参与的形式》,张凡译,李林主编:《立法过程中的公众参与》,中国社会科学出版社 2009 年版。

[121][俄]T. A. 萨塔罗夫:《反腐败政策》,郭家申译,社会科学文献出版社 2011 年版。

[122][美]阿尔蒙德,[美]鲍威尔:《比较政治学:体系、过程和政策》,曹沛林译,东方出版社 2007 年版。

[123][美]阿尔钦等:《财产权利与制度变迁》,刘守英译,上海人民出版社 1994 年版。

[124][美]安·赛德曼等:《立法学:理论与实践》,刘国福等译,中国经济出版社 2008 年版。

[125][瑞典]博·罗斯坦:《政府质量:执政能力与腐败、社会信任和

不平等》，蒋小虎译，新华出版社 2012 年版。

[126][美]道格拉斯·诺斯：《经济史中的结构与变迁》，陈郁等译，上海三联书店 1994 年版。

[127][意]葛兰西：《狱中札记》，葆煦译，人民出版社 1983 年版。

[128][德]贡塔·托依布纳(Gunther Teubner)：《法律：一个自创生系统》，张骐译，北京大学出版社 2004 年版。

[129][英]哈耶克：《法律、立法与自由》第 1 卷，邓正来等译，中国大百科全书出版社 2000 年版。

[130][德]黑格尔：《法哲学原理》，杨东柱、尹建军、王哲编译，北京出版社 2007 年版。

[131][美]杰克·普拉诺等：《政治学分析辞典》，中国社会科学出版社 1986 年版。

[132][德]卡尔·拉伦茨：《法学方法论》，陈爱娥译，商务印书馆 2003 年版。

[133][英]雷蒙德·瓦克斯：《法哲学：价值与事实》，谭宇生译，译林出版社 2013 年版。

[134][美]约翰·亨利·梅利曼：《大陆法系》，顾培东、禄正平译，法律出版社 2004 年版。

[135]Bo Rothstein, *The Quality of Government: Corruption, Social Trust and Inequality in International Perspective*, The University of Chicago Press, 2011.

[136]Orsini Amandine, Jean Fre′de′ric Morin & Oran R. Young, "Regime Complexes : A Buzz, A Boom or a Boost for Global Governance," *Global Governance: A Review of Multilateralism and International Organizations*, *Vol*. 19, No. 1, January-March, 2013.

[137]Robert O. Keohane & David G. Victor, "The regime Complex for Climate Change," *Perspectives on Politics*, Vol. 9, No. 1, 2011.

[138]Robert O. Keohane, "Twenty Years of Institutional Liberalism," *International Relations*, Vol. 26, No. 2, 2012.

二、论文

[1]白建军:《大数据对法学研究的些许影响》,《中外法学》2015年第1期。

[2]曹凤岐:《温州金融改革与民间金融的合法化》,《中国市场》2012年第37期。

[3]陈伯礼:《美国在立法过程中对利益集团的控制:理论假设与法律规制》,《外国法译评》1996年第4期。

[4]陈尚伟、高永强:《论人的需要及其合理性》,《理论与现代化》2012年第5期。

[5]陈志尚、张维祥:《关于人的需要的几个问题》,《人文杂志》1998年第1期。

[6]崔浩:《行政立法公众参与有效性研究》,《法学论坛》2015年第4期。

[7]邓联繁:《立法廉洁性评估:法治反腐的阿基米德支点》,《民主与法制》2013年第24期。

[8]范进学:《当代中国法治化进程中的五大矛盾辨思》,《学习与探索》2002年第4期。

[9]方世荣:《论行政立法参与权的权能》,《中国法学》2014年第3期。

[10]房宁:《社会主义与人的需要——关于马克思主义需要理论的现实思考》,《马克思主义与现实》1995年第3期。

[11]冯玉军:《论法律均衡》,《西北师大学报》(社会科学版)2000年第4期。

[12]冯玉军:《法律供给及其影响因素分析》,《山东大学学报》(哲学社会科学版)2001年第6期。

[13]冯玉军:《〈立法法〉修改建议及理由》,《浙江工商大学学报》2014年第6期。

[14]高德步:《法律制度变迁的经济分析》,《福建论坛》(人文社会科

学版)2001 年第 1 期。

[15]高庆年:《政府的自利性及其法律调控》,《探索》2000 年第 1 期。

[16]公婷、吴木銮:《我国 2000—2009 年腐败案例研究报告——基于 2800 余个报道案例的分析》,《社会学研究》2012 年第 4 期。

[17]顾肖荣、陈玲:《必须防范金融刑事立法的过度扩张》,《法学》2011 年第 6 期。

[18]桂萍:《域外重大行政决策制度之比较研究》,《苏州大学学报》(哲学社会科学版)2013 年第 6 期。

[19]郭道晖:《论立法决策》,《中外法学》1996 年第 3 期。

[20]郭道晖:《论立法的社会控制限度》,《南京大学法律评论》1997 年第 1 期。

[21]胡凌:《大数据兴起对法律实践与理论研究的影响》,《新疆师范大学学报》(哲学社会科学版)2015 年第 4 期。

[22]胡敏中:《创造认识论何以可能》,《理论前沿》2003 年第 1 期。

[23]黄文艺:《论立法质量》,《河南省政法管理干部学院学报》2002 年第 3 期。

[24]黄文艺:《谦抑、民主、责任与法治——对中国立法理念的重思》,《政法论丛》2012 年第 2 期。

[25]黄信瑜:《立法听证:和谐社会视野下的公众利益表达制度》,《经济问题探索》2008 年第 8 期。

[26]黄信瑜、胡建:《我国台湾地区公众在参与立法中的角色》,《行政法学研究》2012 年第 4 期。

[27]霍小光:《张德江在广东调研时强调:切实提高立法质量》,《中国人大》2013 年第 11 期。

[28]姜旭朝、邓蕊:《民间金融合法化:一个制度视角》,《学习与探索》2005 年第 5 期。

[29]蒋银华:《论国家义务的基本内涵》,《广州大学学报》(社会科学版)2010 年第 5 期。

[30]李丹:《地方立法前评估浅论》,《人大研究》2014 年第 4 期。

[31]李海英:《大数据发展及其立法挑战》,《信息安全与通信保密》2015 年第 4 期。

[32]李声炜、王哲:《法律制度的需求层次、博弈及路径分析》,《河北法学》2004 年第 5 期。

[33]李学尧:《法律职业主义》,《法学研究》2005 年第 6 期。

[34]李振、鲍宗豪:《"云治理"大数据时代社会治理的新模式》,《天津社会科学》2015 年第 3 期。

[35]刘登娟、黄勤:《环境经济政策系统性与我国生态文明制度构建》,《国外社会科学》2013 年第 3 期。

[36]刘风景:《马克思恩格斯的良法理论及其中国实践》,《马克思主义与现实》2015 年第 2 期。

[37]刘惠荣、柏杨:《立法规划的基本要求:科学性与民主性》,《学习与探索》2005 年第 6 期。

[38]刘松山:《修改〈立法法〉的若干建议》,《交大法学》2014 年第 3 期。

[39]刘艳红:《当下中国刑事立法应当如何谦抑?——以恶意欠薪行为入罪为例之批判性分析》,《环球法律评论》2012 年第 2 期。

[40]刘志刚:《〈立法法〉修改的宪法学分析》,《哈尔滨工业大学学报》(社会科学版)2015 年第 1 期。

[41]卢鹏:《论结论性推定与拟制的区别》,《同济大学学报》(社会科学版)2003 年第 1 期。

[42]卢群星:《隐性立法者:中国立法工作者的作用及其正当性难题》,《浙江大学学报》(人文社会科学版)2013 年第 2 期。

[43]吕臣、林汉川、王玉燕:《我国民间金融法律监管的现状、问题及保障体系研究》,《浙江金融》2015 年第 7 期。

[44]栾丽娜:《地方人大立法应关注网络民意》,《楚天主人》2010 年第 3 期。

[45]倪正茂:《论改革时期精神文明建设的法制需求》,《法学》1986 年第 11 期。

[46]倪正茂:《论体制转换关键时期法制建设的需求》,《社会科学》1989 第 2 期。

[47]倪正茂:《略论参政议政的信息立法需求与对策》,《法律科学》1989 年第 3 期。

[48]倪正茂:《决策程序的法律需求》,《民主与科学》1994 第 6 期。

[49]欧爱民:《德国宪法制度性保障的二元结构及其对中国的启示》,《法学评论》2008 年第 2 期。

[50]饶龙飞、许秀姿:《立法时机三论》,《井冈山学院学报》(综合版)2009 年第 1 期。

[51]邵林:《廉洁政治的内涵与评价尺度体系》,《大庆社会科学》2014 年第 2 期。

[52]石东坡:《论非均衡法律发展中的立法需求及其民主内涵》,《河北法学》2008 年第 10 期。

[53]石东坡:《"后体系时代"的立法实践范畴新论——基于修改〈立法法〉的思考》,《江汉学术》2014 年第 1 期。

[54]石东坡:《论法律规范设计中的制度廉洁性评估——以〈立法法〉修正案(草案)为指向》,《甘肃理论学刊》2015 年第 1 期。

[55]石东坡:《群岛新区建设立法需求的逻辑分析》,《浙江工业大学学报》(社会科学版)2011 年第 4 期。

[56]石东坡、余凡:《论"后体系时代"律师的立法参与问题》,《法治研究》2013 年第 2 期。

[57]石谷山:《"立法膨胀论"驳议》,《益阳师专学报》1997 年第 3 期。

[58]孙笑侠:《法律程序设计的若干法理》,《政治与法律》1998 年第4 期。

[59]孙哲:《左右未来:美国国会的制度创新和决策行为》,复旦大学出版社 2001 年版。

[60]谭舜哲、万振东、刘志荣:《关于"紧密型"专家参与地方立法的思考——青岛市地方立法研究会在地方立法中的作用实证分析》,《中国人大》2004 年第 21 期。

[61]唐皇凤、陶建武:《大数据时代的中国国家治理能力建设》,《探索与争鸣》2014 年第 10 期。

[62]田坤:《制度廉洁性评估:理论基础、实践探索及推进策略》,《廉政文化研究》2013 年第 5 期。

[63]佟吉清:《论我国立法公众参与的法理基础》,《河北法学》2002 年第 5 期。

[64]涂青林:《地方立法对公共政策的吸收机制初探》,《人大研究》2013 年第 10 期。

[65]汪全胜:《论法律非均衡——关于法律的制度经济学分析》,《广东社会科学》2005 年第 5 期。

[66]王明国:《全球治理机制复杂性的探索与启示》,《国外社会科学》2013 年第 5 期。

[67]王伟光:《论人的需要和需要范畴》,《北京社会科学》1999 年第2 期。

[68]王锡明:《立法前评估是提高立法质量的积极举措》,《人大研究》2012 年第 11 期。

[69]王玉樑:《论价值哲学研究中的偏向》,《马克思主义研究》2015 年第 4 期。

[70]王兆国:《积极推进新形势下立法工作——王兆国副委员长在第十八次全国地方立法研讨会上的讲话》,《中国人大》2012 年第 17 期。

[71]魏宏:《技术设计过程,还是科学发现过程?——论立法过程的思维和研究方式》,《江苏社会科学》2002 年第 4 期。

[72]邬贺铨:《大数据思维》,《科学与社会》2014 年第 1 期。

[73]吴大英:《我国的立法预测与社会主义现代化》,《中国法学》1984 年第 1 期。

[74]吴芳:《我国立法提案程序中的利益表达机制研究》,《理论导刊》2009 年第 7 期。

[75]吴黎静:《营造代表参与立法“新常态”》,《人民政坛》2015 年第3 期。

[76]吴元元:《信息能力与压力型立法》,《中国社会科学》2010 年第1 期。

[77]席涛:《立法评估:评估什么与如何评估——金融危机后美国和欧盟立法前评估改革探讨》,《比较法研究》2012 年第 4 期。

[78]肖金明:《关于制度廉洁性评估规范化的思考》,《中国行政管理》2011 年第 5 期。

[79]熊永明:《建言增设新罪现象的反思》,《法学论坛》2015 年第 3 期。

[80]徐向华:《国家治理现代化视角下的〈立法法〉修改》,《交大法学》2014 年第 3 期。

[81]徐跃飞:《从醉驾入罪看网络舆情与立法理性的冲突》,《湖南警察学院学报》2012 年第 5 期。

[82]许玉镇、李晓明:《论立法民主参与中公众代表的代表性——以行政立法中的行政相对方为例》,《社会科学战线》2010 年第 7 期。

[83]颜小鹏:《公民宪政需求的概念、理论与实践解析》,《佳木斯大学社会科学学报》2011 年第 1 期。

[84]杨解君:《立法膨胀的负面效应及对策》,《江海学刊》1996 年第3 期。

[85]杨解君:《立法膨胀论》,《法学》1996 年第 3 期。

[86]杨解君:《论契约在行政法中的引入》,《中国法学》2002 年第 2 期。

[87]杨思诚:《抓住重大新闻事件、彰显山东立法特色——〈我省首次对法规进行立法前评估〉点评》,《山东人大工作》2014 年第 1 期。

[88]杨宗科:《试论我国社会转型期的立法需求》,《理论导刊》1994 年第 6 期。

[89]叶传星:《论人的法律需要》,《法制与社会发展》2003 年第 1 期。

[90]余源培:《人的需要和人的全面发展——对我国全面建设小康社会的一种哲学审视》,《学术月刊》2002 年第 11 期。

[91]郁建兴、秦上人:《制度化:内涵、类型学、生成机制与评价》,《学术月刊》2015 年第 3 期。

[92]袁勇:《我国法院的规范审查权及其强化对策》,《山西师大学报》(社会科学版)2014 年第 2 期。

[93]张成福:《开放政府论》,《中国人民大学学报》2014 年第 3 期。

[94]张弛:《大数据思维范畴探究》,《华中科技大学学报》(社会科学版)2015 年第 2 期。

[95]张春生、林彦:《〈立法法〉修改前瞻——访中国立法学研究会会长张春生》,《交大法学》2014 年第 3 期。

[96]张洪涛、胡晟:《我国立法战略选择的经济分析》,《西南交通大学学报:社会科学版》2005 年第 3 期。

[97]张鲁萍:《公众参与行政决策之有效性分析》,《南都学坛》2013 年第 1 期。

[98]张茉楠:《大数据时代的国家治理转型》,《中国工业评论》2016 年第 1 期。

[99]张晓琴:《论公民政治参与权实现之立法参与路径》,《北方民族大学学报》(哲学社会科学版)2012 年第 6 期。

[100]赵立新:《“立法前论证”有着很强的现实性和必要性》,《人大研究》2009 年第 4 期。